AF329053

ANALYSE ET COMPRÉHENSION

DES

ŒUVRES ET OBJETS D'ART

(ANTIQUITÉ, MOYEN-AGE, RENAISSANCE, TEMPS MODERNES)

PRÉSENTÉES DISTINCTEMENT ET CLAIREMENT A L'ESPRIT

DES

AMATEURS, ANTIQUAIRES

EXPERTS, ARBITRES

OFFICIERS MINISTÉRIELS

PAR

ÉDOUARD ROUVEYRE

Officier de l'Instruction publique

Membre de la Commission extra-parlementaire chargée d'étudier toutes les questions relatives
à l'organisation des Musées de Province et à la conservation de leurs richesses artistiques

NEUF CENT QUATRE-VINGT-DIX DOCUMENTS GRAPHIQUES

HUIT CENT QUATRE-VINGT-SEPT MARQUES ET POINÇONS

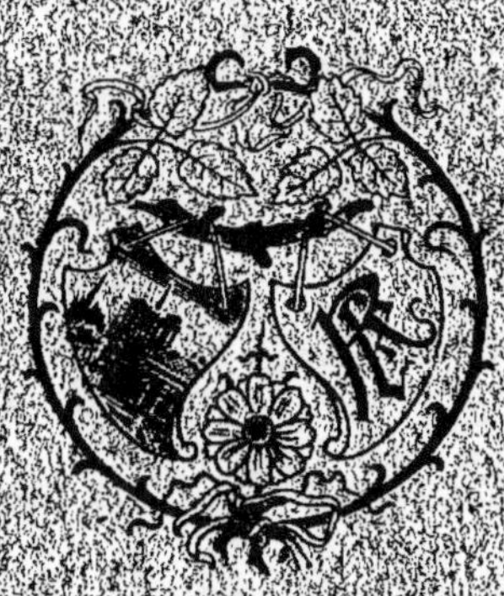

PARIS

LIBRAIRIE EUGÈNE REY, ÉDITEUR

8, BOULEVARD DES ITALIENS, 8

1924

EXTRAIT DE LA PRÉFACE

Désirant faciliter la compréhension des œuvres et objets d'art ancien, nous en définirons les caractères, allant du dessin au relief, de la forme à la couleur, classant les types, fixant les dates, reproduisant marques et poinçons, signalant les provenances, ainsi que les imitations ou contrefaçons, indiquant les procédés pratiques et expérimentés pour les réparations et la conservation.

Un aperçu des mœurs et croyances des sociétés auxquelles les arts se rapportent, quelques réflexions sur la tendance des idées et le choix des sujets, permettront d'analyser et de comprendre les styles.

Nous exposerons tout ce qui doit intéresser les experts, les antiquaires et les amateurs; et, en rappelant les souvenirs de ceux qui savent, nous espérons déterminer, chez les autres, la volonté d'étudier et de se pénétrer d'enseignements d'un si haut intérêt.

NOTE RELATIVE A L'IMPRESSION DES DOCUMENTS GRAPHIQUES

En ce qui concerne l'impression des documents graphiques, nous avons tenu compte de la substance (terre, bois, métal, marbre, etc.) des œuvres et objets d'art représentés.

Il en est résulté des aspects typographiques différents; mais, connaisseurs et amateurs n'ignorent point qu'il faut donner, à un meuble en chêne ou en noyer sculpté, une autre caractéristique que celle convenant à un meuble en marqueterie de bois rares, décoré de bronze ciselé et doré.

Il est évident que des meubles louis douze, en chêne massif et robuste (fig. 650 à 660, page 161), ne peuvent être représentés sous le même aspect que ceux du premier empire, en citronnier ou en acajou (fig. 638 à 649, page 160), et que la décoration hétérogène de ceux-ci ne saurait produire la même sensation artistique que la décoration homogène de ceux-là.

Ces remarques s'appliquent aussi, et principalement, aux œuvres et objets d'art en émaillerie; car l'aspect d'un émail cloisonné ou champlevé n'est pas semblable à celui des émaux d'azur, de niellure, translucides sur apprêt, ou en grisaille, tous différents quant à la mise en œuvre des artisans et à la caractéristique de leurs manières.

BIBLIOTHÈQUE NATIONALE

ANALYSE ET COMPRÉHENSION
DES
ŒUVRES ET OBJETS D'ART

HISTOIRE — TECHNIQUE — PROCÉDÉS
STYLES DE RACES — MANIÈRES DES ARTISANS — STYLES ROYAUX
PROVENANCES CÉLÈBRES — MARQUES ET POINÇONS
RÉPARATION, CONSERVATION, VANDALISME

★

La pagination indiquée en caractère maigre (exemple 7), renvoie au texte,
aux marques et aux documents graphiques. (Pages 7 à 270.)
— La pagination en caractère gras (exemple **271**), renvoie aux quatre mille —
références classées méthodiquement. (Pages **271** à **302**.)
(Consulter les divisions au bas de la page 3.)

L. 1

SOMPTUOSITÉ DES RELIQUAIRES

COMMENT RÉPARER LES ŒUVRES D'ART ANCIEN

COMPRÉHENSION DE TERMES RELATIFS A LA STATUAIRE
QUALITÉ DES MARBRES ET CONTREFAÇON

———— CONSULTER LES PAGES 271 A 302 ————

NOMENCLATURE
DE
QUATRE MILLE RÉFÉRENCES CLASSÉES MÉTHODIQUEMENT

PARTIES COMPOSANTES DES ŒUVRES ET OBJETS D'ART
COMMENT LES DISCERNER ET LES DÉNOMMER

RAPPORT COMPLEXE DES TERMES
SENS ET DÉFINITION DE CEUX EN USAGE DANS LE COMMERCE DE LA CURIOSITÉ

IDÉES ACCESSOIRES GROUPÉES AUTOUR DE L'IDÉE PRINCIPALE

PÉRIODES, STYLES, ÉPOQUES

CITATIONS ET PERSONNAGES HISTORIQUES

TECHNIQUE ET MANIÈRES DES ARTISANS

FAUSSAIRES, MARQUES, POINÇONS, PROVENANCES

EMPLOI DES MOTS MONUMENT ET ÉDIFICE

Par monument, nous entendons désigner les œuvres et objets produits par l'Art et non point, comme il est d'usage, un ouvrage d'architecture qui doit porter le nom d'édifice.

MISE EN PAGE DES DOCUMENTS GRAPHIQUES

La conception des arts du dessin se rattache, par un lien réel, aux mouvements que le regard est obligé d'exécuter pour fournir, à l'intelligence, les sensations dont elle a besoin afin d'arriver à leur entendement.

Tenant compte de ce phénomène de la vision et pour permettre d'analyser sans effort, quelques œuvres et objets d'art dont la compréhension nécessite une description technique, nous en avons placé les documents graphiques à la gauche du lecteur.

On pourra se convaincre de l'intérêt présenté par cette mise en page, en se reportant au texte et aux documents (pages 14 à 17), que nous avons été obligé de disposer dans un sens inverse.

ANALYSE ET COMPRÉHENSION

DES

ŒUVRES ET OBJETS D'ART

(ANTIQUITÉ, MOYEN-AGE, RENAISSANCE, TEMPS MODERNES)

PRÉSENTÉES DISTINCTEMENT ET CLAIREMENT A L'ESPRIT

DES

AMATEURS, ANTIQUAIRES

EXPERTS, ARBITRES.
OFFICIERS MINISTÉRIELS

PAR

ÉDOUARD ROUVEYRE

Officier de l'Instruction publique.

Membre de la Commission extra-parlementaire chargée d'étudier toutes les questions relatives
à l'organisation des Musées de Province et à la conservation de leurs richesses artistiques.

NEUF CENT QUATRE-VINGT-DIX DOCUMENTS GRAPHIQUES

HUIT CENT QUATRE-VINGT-SEPT MARQUES ET POINÇONS

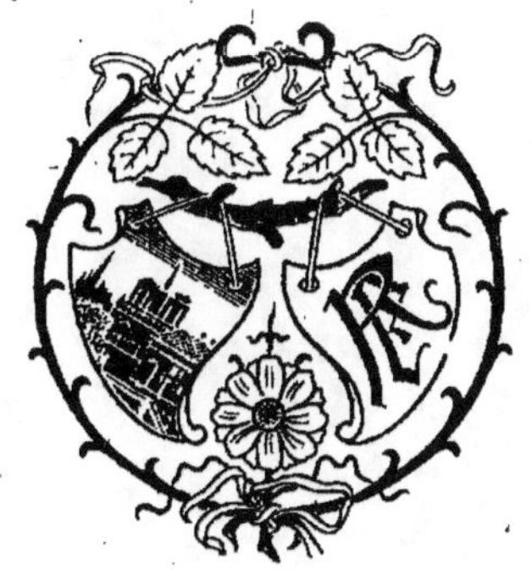

PARIS

LIBRAIRIE EUGÈNE REY, ÉDITEUR

8, BOULEVARD DES ITALIENS, 8

1924

DÉPÔT LÉGAL
Seine
91c 1519
1924

8° V
44276

Droits de reproduction, de traduction et d'adaptation réservés pour tous pays.

— Copyright 1924 by Édouard Rouveyre. —

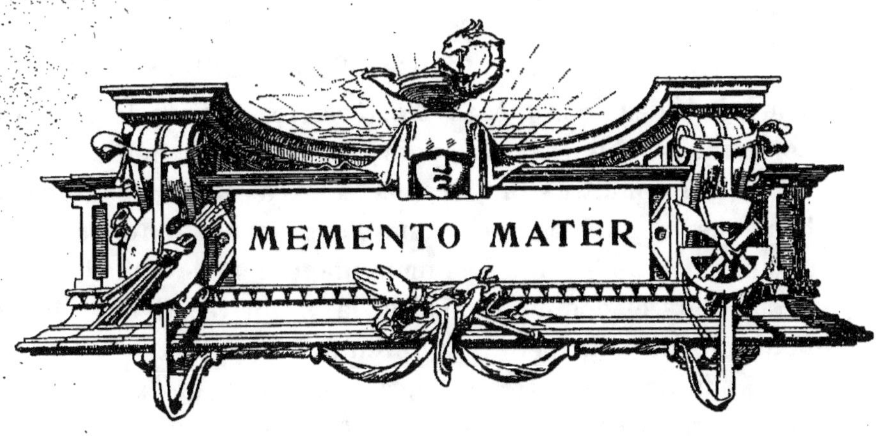

A toute personne qui serait tentée de
sauter la préface pour courir au livre,
je dirais qu'elle a tort, qu'elle ouvre
le livre trop tôt et qu'elle le lira mal.

Eugène Fromentin [1].

APRÈS LE PLAISIR DE POSSÉDER DES ŒUVRES D'ART ANCIEN VIENT CELUI D'EN CONNAITRE LA SIGNIFICATION

Après le plaisir de posséder des œuvres d'art ancien vient celui d'en connaître la signification : cette compréhension de l'Antiquité, du Moyen-Age, de la Renaissance et des Temps modernes, échappe aux antiquaires et aux amateurs, peu familiarisés avec l'histoire, les religions, les usages des peuples auxquels ces œuvres se rapportent.

En conséquence : « rien de plus curieux, écrit Eugène Piot, que de pénétrer, à l'aide d'un interprète, dans les mille pensées que révèlent les œuvres d'art ancien, car l'esprit des peuples n'a pas seulement tissé de couleurs brillantes et de caprices infinis les moindres monuments de leur vie privée; mais, partout, à côté de la beauté de la matière et de la finesse du travail, éclate la foi vive, l'enthousiasme guerrier et jusqu'aux expressions les plus passionnées des poètes ».

Depuis près d'un siècle, de nombreux amateurs, convaincus, enthousiastes, sont partis à la découverte, recherchant armes,

[1] Cf. Eugène Fromentin. *Les Maîtres d'Autrefois*. Vingt-neuvième mille. Paris, Plon-Nourrit et Cie, in-18 (1924).

Pour les renvois indiqués p. 83 et 161, consulter les notes 2 et 3, p. 8 à 10.

armures, meubles, pièces d'orfèvrerie, tapisseries, émaux, céramiques, reliures, etc., puis ces menus chefs-d'œuvre, où les anciens maîtres ont dépensé tant d'esprit, de grâce, de bon sens, et dont chaque exemplaire est une œuvre d'art, un document, une leçon : document inappréciable pour l'histoire des mœurs et des coutumes de la vie privée, leçon féconde pour qui sait analyser et comprendre.

En s'initiant aux trésors de la curiosité, des connaisseurs ont appris à discerner les caractères particuliers à chaque époque, à chaque École, et rendu les plus grands services à l'art; non pas à l'art officiel, mais à l'art intime et familier, souvent rencontré au cours de notre vie (²).

« Ces hommes, d'après Edmond Bonnaffé, savant émérite,

(²) Dans l'étude de l'Art, comme dans celle de l'Histoire, il faut distinguer cinq périodes répondant à ces termes : *Antiquité classique* (avant J.-C.); *Antiquité chrétienne, Moyen-Age, Renaissance, Temps modernes.*

L'*Antiquité chrétienne* s'étend jusqu'au viiie ou ixe siècle, c'est-à-dire jusqu'à Charlemagne (742 + 814); le *Moyen-Age*, depuis lors, jusqu'au milieu du xve siècle; vient ensuite la *Renaissance*, puis la *Transition* et les *Temps modernes*. L'art sorti du paganisme au iie siècle y retourna au xvie, après avoir acquis sa personnalité la plus éclatante au xiiie.

On distingue, dans l'*Antiquité chrétienne*, une première époque à laquelle correspond l'*art des catacombes*, des cimetières souterrains, qui s'étend jusqu'à Constantin-le-Grand (274 + 337); le terme de *haute époque* comprend l'*Antiquité chrétienne*, à l'exclusion des viiie et ixe siècles.

Pris plus rigoureusement, on ne l'applique qu'aux ive et ve siècles, sans exclure les siècles antérieurs, mais sans les indiquer spécialement; on désigne ceux-ci, au contraire, quand on dit la *cime de haute époque.*

Par rapport à l'*Antiquité chrétienne* le viiie et le ixe siècle et, souvent, le viie et même le vie siècle, selon qu'on l'entend, peuvent être compris sous le terme de *basse époque*; le ixe siècle est un *siècle de Transition.*

Le *haut Moyen-Age* va jusqu'au xiiie siècle, *époque de Transition*; au xiiie siècle on est en plein *Moyen-Age*, et on peut considérer y être déjà au xiie et encore au xive. Le terme de *bas Moyen Age* s'applique à l'époque qui suit jusqu'au milieu du xve siècle, puis viennent la *Renaissance*, jusque vers 1588, et la *Transition*, *époque neutre*, sorte de chaos et de débrouillement, commençant à l'avènement de Henri IV (1589) pour se terminer à la fin du règne de Louis XIII (1643). Le début des *Temps modernes*, date de l'avènement de Louis XIV.

On a donné, à la première moitié du xvie siècle, le nom de *grande époque de l'art*, et celui de *basse époque* à la *Transition* comprise entre la *Renaissance* et les *Temps modernes.*

discutent les points obscurs de l'histoire et la philosophie de l'art, expliquent, commentent les origines de certaines œuvres; des anecdotes piquantes varient leur conversation et la font étinceler à force de traits charmants : il est facile de concevoir combien le goût de chacun s'épure au contact de ces esprits délicats ». (⁵)

De nombreuses recherches dans les chapelles, les manoirs, les palais, les maisons des bourgeois et jusque dans les cimetières, ont permis d'écrire une Histoire tout en exemples et en reliques, à laquelle on ne saurait rien comparer; nous apprenons par elle comment le soldat était vêtu, quels harnois protégeaient l'homme de guerre et son destrier, comment était tissée l'écharpe que la châtelaine agitait au sommet de la tour, de quel instrument jouait le page favori; elle nous fait connaître aussi le nom des artisans du Moyen-Age, de la Renaissance et des Temps modernes, qui ont édifié ces châsses, cloisonné, champlevé, peint ces émaux; ciselé ces pièces

---

(⁵) Chaque siècle a, dans les œuvres d'art, un certain *caractère* qui lui est propre, mais il ne faut pas l'entendre d'une manière absolue, on doit tenir compte des dissemblances entre les nations et les Écoles.

Il est des traits, des *caractères*, qui se maintiennent presque identiques pendant plusieurs siècles, d'autres qui varient, selon qu'ils sont considérés au commencement, au milieu ou à la fin d'un même siècle. On comprend qu'entre la fin d'un siècle et le commencement du siècle suivant, il y a plus de rapports qu'entre les dates d'un même siècle : il faut donc faire la part de ce qu'il y a de conjectural dans les divisions de siècles et de règnes.

Il existe aussi des rapports, des *synchronismes*, entre les styles d'édifices et d'œuvres d'art de la même époque, et de contrées différentes. Les édifices, les œuvres d'art du Moyen-Age, offrent bien les mêmes principes de construction ou des types uniformes, mais avec des variétés dans la manière dont les ornements sont traités, l'adoption de formes, habituelles pour une contrée, plus rares dans d'autres; dans l'avancement ou le retard de la marche progressive de l'art; en quelques mots, dans une multitude de détails qu'un expert, un antiquaire ou un amateur sait apprécier avec un peu d'attention.

Chaque édifice ou chaque œuvre d'art, se discerne par des caractères généraux et des caractères particuliers. Le *caractère général* d'une œuvre

d'orfèvrerie, sculpté ces bahuts, damasquiné ces coffrets, ces armures et autres œuvres, devenues des merveilles d'art par le talent qui a présidé à leur exécution.

Ce qui n'avait été d'abord que l'attrait de quelques hommes privilégiés s'est changé, par son développement, en une véritable science : découvrir la beauté des créations d'artisans célèbres, comparer la méthode d'un maître avec celle d'un autre, ne sont pas les parties les moins essentielles et les moins difficiles de la critique! comprendre l'art par l'artiste et par l'artisan, étendre les limites d'un art, en considérant ses rapports avec les autres arts, forment la partie transcendante de cette science, la plus saine aussi, puisqu'elle s'appuie sur la nature éternelle et immuable des choses.

Pour analyser, comprendre, apprécier les œuvres et objets d'art ancien, il faut encore beaucoup de goût et de persévérance ; le choix ne doit pas être guidé par la seule valeur historique, mais par la beauté de la forme, et celle de l'exécution dont le prix est souvent, très supérieur à celui de la matière employée; il est aussi à remarquer que le mérite d'une collection intelligente et rationnelle n'est pas d'être formée en vue de composer un musée, dont les pièces étiquetées, numérotées, conservent strictement l'ordre dans lequel elles

d'art consiste dans des formes extérieures apparentes au premier coup d'œil. Les *caractères particuliers* sont en aussi grand nombre que les individus. On doit se rendre compte que le dessin, les contours et la silhouette des œuvres et objets d'art ancien, sont les moyens d'expression les plus directs du *caractère*. On dit dans un sens absolu, avoir ou n'avoir pas de *caractère* et, d'une manière relative, en parlant d'une œuvre d'art, qu'elle a ou qu'elle n'a pas un *caractère spécial*. Le *caractère*, dans l'art comme dans la nature, apparaît net et saisissant. On exprime aussi, par une épithète appropriée au sujet, qu'une œuvre d'art a son *caractère*, et cela non seulement sous le rapport esthétique, mais encore sous celui de la physionomie particulière à un genre, à une contrée, à une race, à une période : *caractère archaïque, antique, grec, romain, arabe*; *caractère du Moyen-Age, de la Renaissance*, etc.

Il y a lieu d'observer que de nombreux *anachronismes* ont été commis : on a souvent donné, aux personnages représentés, le costume de l'époque où vivait l'artisan et non celui du temps où avaient vécu ces personnages.

ont été placées, mais surtout de s'appliquer à l'usage intime et journalier de la vie privée, de servir à l'ameublement, de se prêter aux habitudes de connaisseurs et d'amateurs, qui se plaisent à s'entourer des souvenirs du passé pour les confondre avec leur propre existence.

C'est dans le but de faciliter la compréhension des œuvres et objets d'art ancien, que nous en définissons les caractères, allant du dessin au relief, de la forme à la couleur, classant les types, fixant les dates, reproduisant marques et poinçons, signalant les provenances célèbres, ainsi que les imitations ou contrefaçons, indiquant des procédés pratiques et expérimentés pour la réparation, la conservation et la mise en valeur.

Un aperçu des mœurs et croyances des sociétés auxquelles les arts se rapportent, quelques réflexions sur la tendance des idées et le choix des sujets, permettront d'analyser et de discerner les styles.

En exposant tout ce qui doit intéresser les experts, les antiquaires et les amateurs, en rappelant les souvenirs de ceux qui savent, nous espérons déterminer, chez les autres, la volonté d'étudier et de se pénétrer d'enseignements d'un si haut intérêt.

Edouard Rouveyre.

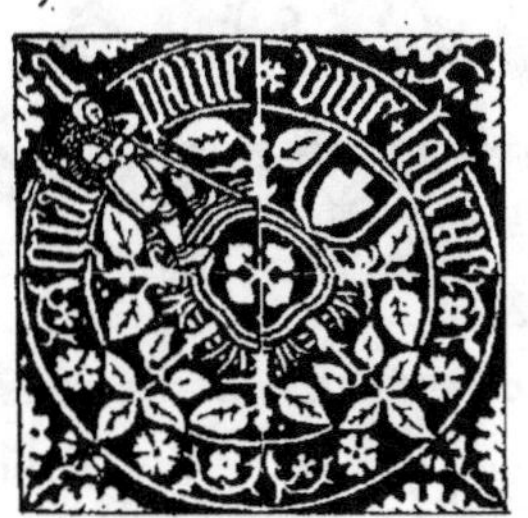

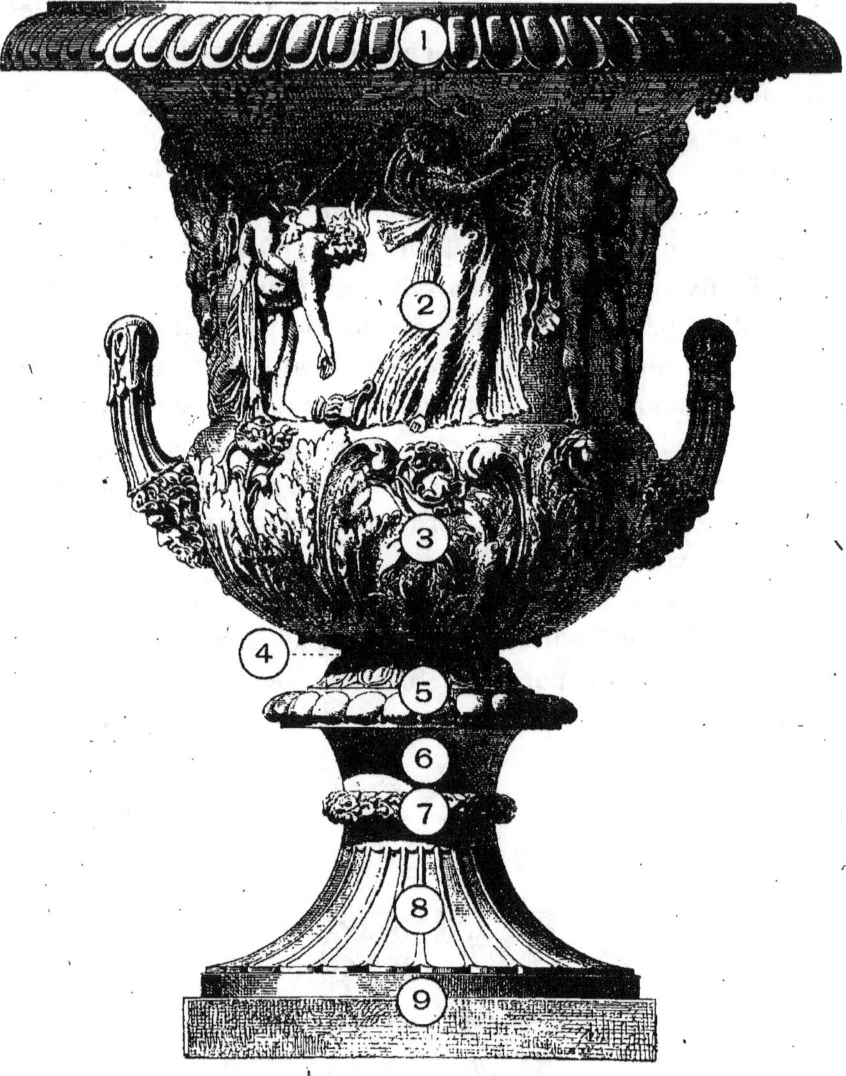

EXEMPLE POUR LA COMPRÉHENSION DES ÉLÉMENTS D'UN VASE

1. Couronne. — 2. Fût. — 3. Corbeille. — 4. Dégagement. — 5. Collerette.
6. Scotie (ombre). — 7. Astragale. — 8. Épanouissement du pied. — 9. Plinthe.

Ce cratère se compose de la *Vasque*, 1, 2, 3 ; du *Pied*, 4, 5, 6, 7, 8 ; du *Socle*, 9.

Le bas-relief représente une bacchanale, grande pompe bachique,
avec Dyónisos, le vieux Silène ivre, des faunes, des satyres et des bacchantes.

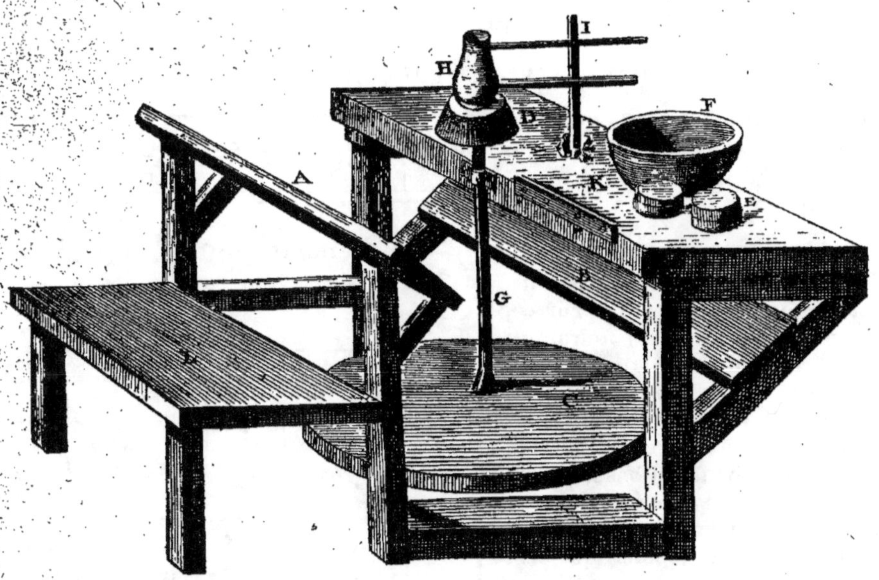

Fig. 1. — Tour a potier. — A. Siège du tour; — B. Planche servant de marchepied;
— C. Zone du tour; — D. Tête; — E. Mottes de terre; — F. Vase contenant de l'eau;
— G. Arbre de la roue; — H. Vase à calibrer; — I. Chandelier de jauge; — K. Etabli; —
L. Marchepied sur lequel l'artisan dépose les mottes préparées.

COMPRÉHENSION DES ŒUVRES D'ART EN CÉRAMIQUE

COMMENT DISCERNER ET APPRÉCIER LES FORMES DES VASES
EN QUOI CONSISTE LEUR BEAUTÉ (¹)

C'est dans le but de pouvoir discerner et apprécier la valeur d'art
d'un vase en céramique, en orfèvrerie ou en verrerie, que les tableaux
d'ensemble, que nous présentons pages 14 à 17, ont été établis par
Émile Reber (1826 † 1893) sur les données techniques fournies par la
pratique du tour (à potier).

Qu'on imagine une masse de terre molle placée au centre du plateau circulaire que mettent en mouvement les pieds du tourneur en
terre : toutes les molécules de cette masse décriront autour de l'axe
de rotation (axe du tour) une série de cercles horizontaux; et si, de
cette masse maniable en mouvement, on approche un profil fixe
(rectiligne ou courbe), découpé dans une matière rigide (bois ou
métal), ce *calibre*, suivant les éléments dont il est composé, détermi-

(¹) Dans un vase, le col, la panse et jusqu'au pied, tout cet ensemble est, si
l'on peut s'exprimer ainsi, comme un reflet cadencé du corps humain. Il est
donc plus difficile de créer un beau vase qu'une belle statue, car la statue
n'est qu'une copie exacte, bien qu'idéalisée, de l'homme, tandis que le vase
est la reproduction d'une harmonie intérieure, c'est-à-dire la plus haute
expression de la poésie de la forme; et, un vase, si beau qu'il puisse
paraître, n'est vraiment une œuvre d'art que : 1°, si l'ornementation ne domine
pas la forme et, 2°, si le modelage et le décor ne détruisent l'élégance des lignes.

nera des formes droites, courbes ou galbées, sur la surface de la masse tournante.

1. TUBES. — Si, par exemple, ce calibre était une simple *règle verticale*, *bande* (1re colonne), le tracé correct de ce calibre (2e colonne) fournirait, par l'opération du *tour*, la forme d'un *cylindre* (3e colonne). On verra, page suivante, à la 4e colonne, les formes typiques de deux de ces cylindres (en proportion haute et basse), et la 5e colonne montre divers spécimens des développements d'art (*Tubes*) dont cette forme géométrique est susceptible. *Cet exemple suffit pour l'intelligence de ce qui suit.*

2. CORNETS. — Dans la 2e *bande*, la règle est inclinée (elle peut l'être en deux sens). (Voir fig. 10, 5e colonne, page ci-contre.)

3. BALLONS. — Dans la 3e *bande*, le *calibre* affecte la forme d'un demi-cercle qui produit, par sa révolution autour de l'axe, une forme sphérique. Deux horizontales divisent ce *calibre* en trois régions *a*, *b*, *c*: celle du milieu, *b*, est le type des vases dits *de capacité*; celle du haut, *a*, celui des *couvercles*; celle du bas, *c*, celui de *vases plats* (coupes, soucoupes, etc.).

4, 5. BAGUES, BARILS. — Par la répétition symétrique de l'élément courbe, il se forme, en cette même figure (3), en *d*, un élément *concave*, et les *bandes* (4) et (5) fournissent les tracés corrects des éléments *convexe* et *concave*, avec leurs développements variés de forme et de proportion.

6, 7. BURSAIRES, BALUSTRES. — Aux bandes (6) et (7), on voit les combinaisons, par tangence sur trois horizontales, de ces deux mêmes éléments, avec les trois familles de formes caractéristiques qui en résultent.

Fig. 2 à 45 (pages 14 et 15).

Nos	Éléments	Calibres et Tracés corrects
1	L'Élément droit (Règle verticale)	
2	L'Élément biais (Règle inclinée)	
3	L'Élément courbe (Le Cercle)	A a, b d, B c
4	L'Élément concave Position du Centre	
5	L'Élément convexe Position du Centre	A, B
6	DEUX Éléments tangents INFLEXION A. Le Point d'inflexion i	A, B, c, Concave, Convexe
7	DEUX Éléments tangents INFLEXION B. Le Point i	Convexe, Concave

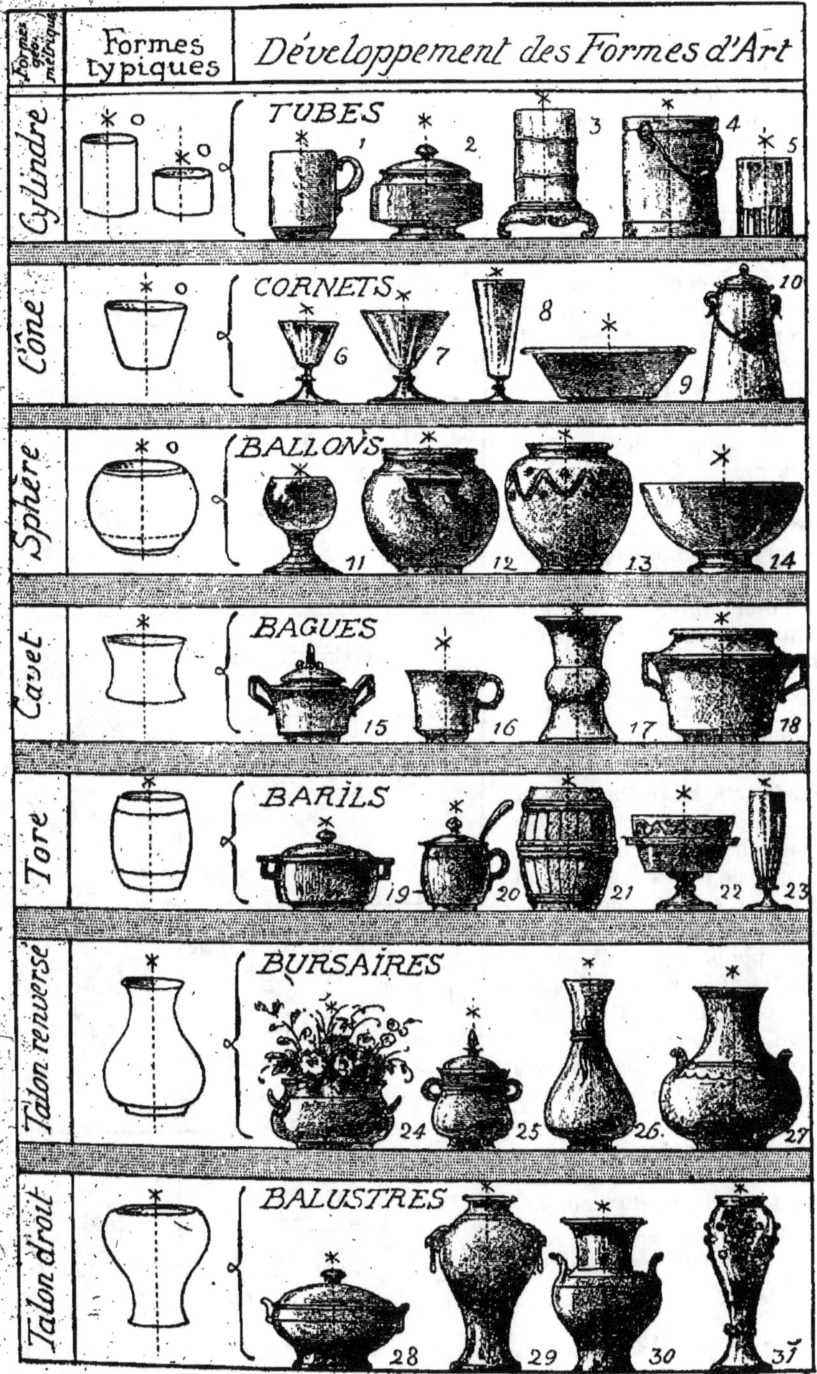
Formes typiques
Développement des Formes d'Art
Cylindre
TUBES
1   2   3   4   5
Cône
CORNETS
6   7   8   9   10
Sphère
BALLONS
11   12   13   14
Cavet
BAGUES
15   16   17   18
Tore
BARILS
19   20   21   22   23
Talon renversé
BURSAIRES
24   25   26   27
Talon droit
BALUSTRES
28   29   30   31

8. CALICES. — A la bande (8), de même que pour les bandes (6) et (7), on voit les combinaisons, par tangence, sur trois horizontales, de ces deux mêmes éléments, avec les trois familles de formes caractéristiques qui en résultent.

9, 10. GOURDES, FUSEAUX. — En (9) et (10) on trouve les combinaisons de *trois* éléments courbes tangents (quatre horizontales), et les tracés corrects indiquent les positions exactes *des points d'inflexion*.

11. OVOIDES. — La *bande* (11) donne le tracé usuel de l'*ovale* (forme de l'*œuf*) avec ses applications variées à des vases *apodes* (sans pied), ou complets (pied, col, panse).

12. GALBES. — Enfin la *bande* (12) montre diverses combinaisons des éléments qui précèdent : ce tableau, pour être intelligible, ne pouvait être présenté que sous l'aspect d'une telle gradation de formes allant du simple au composé.

———

D'après ces données, on verra que la colonne intitulée : *Développement des Formes d'Art*, se rattache aux *familles* principales sous lesquelles viennent se ranger les formes, en nombre infini, dont les vases sont susceptibles, et qui dépendent de l'usage, du climat et du degré de civilisation des peuples qui, de tous temps et dès les âges les plus reculés, ont tenu la Céramique, l'Orfèvrerie et la Verrerie en honneur.

Quant aux *calibres* et *tracés corrects* de la 2ᵉ colonne, on remarquera que le savant Émile Reber s'en est tenu aux *courbes usuelles* citées plus haut, et qui sont simplement obtenues par l'emploi de la règle et du compas.

La forme et les proportions des *calibres* peuvent être modifiées à l'infini.

———

Fig. 46 à 76 (pages 16 et 17).

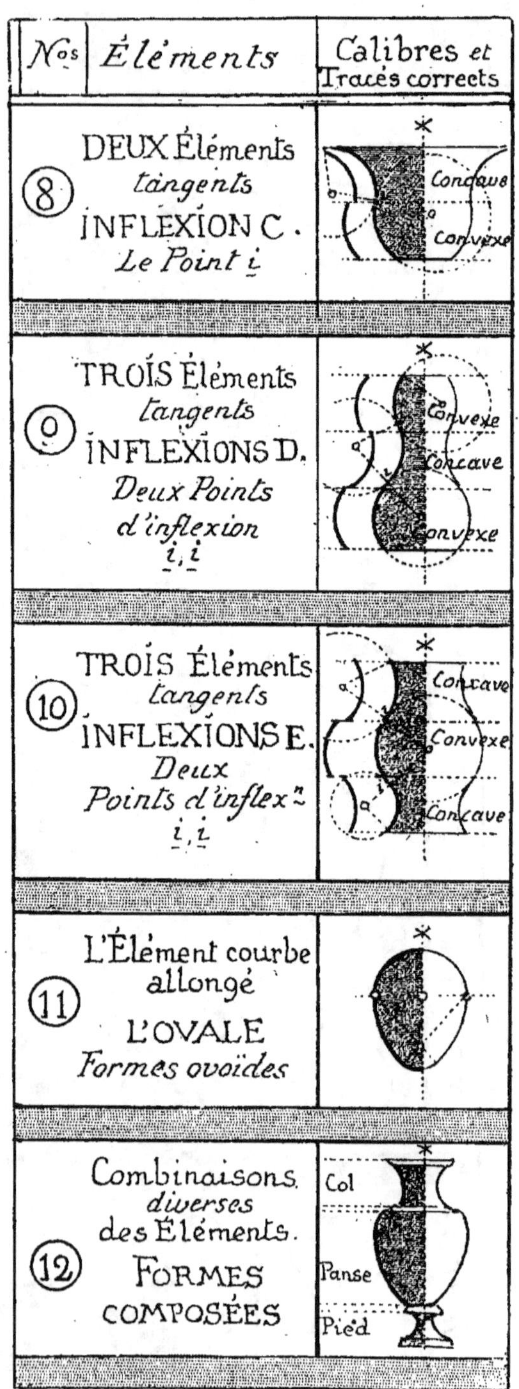

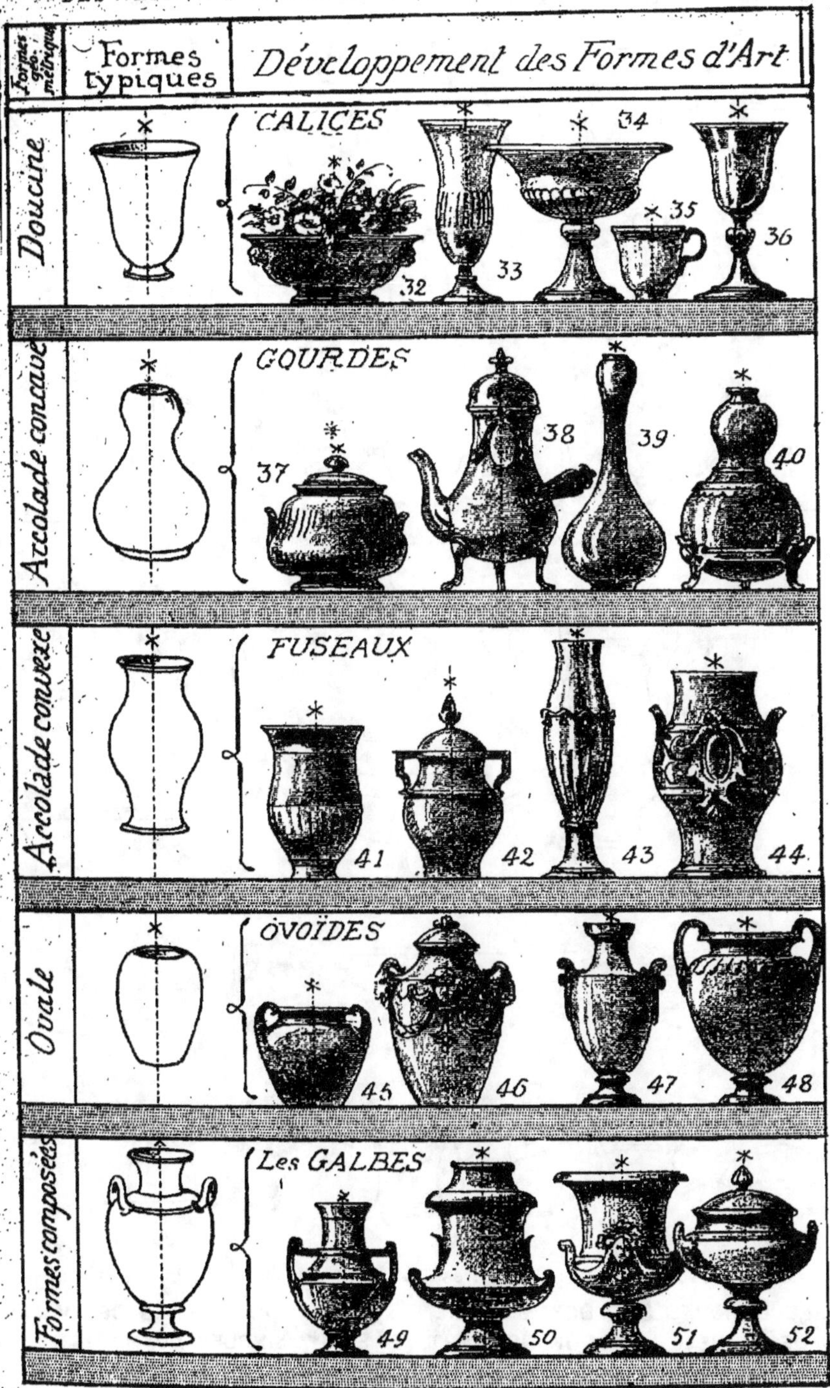
Formes
typiques
Développement des Formes d'Art
Doucine
CALICES
32
33
34
35
36
Accolade concave
GOURDES
37
38
39
40
Accolade convexe
FUSEAUX
41
42
43
44
Ovale
OVOÏDES
45
46
47
48
Formes composées
Les GALBES
49
50
51
52

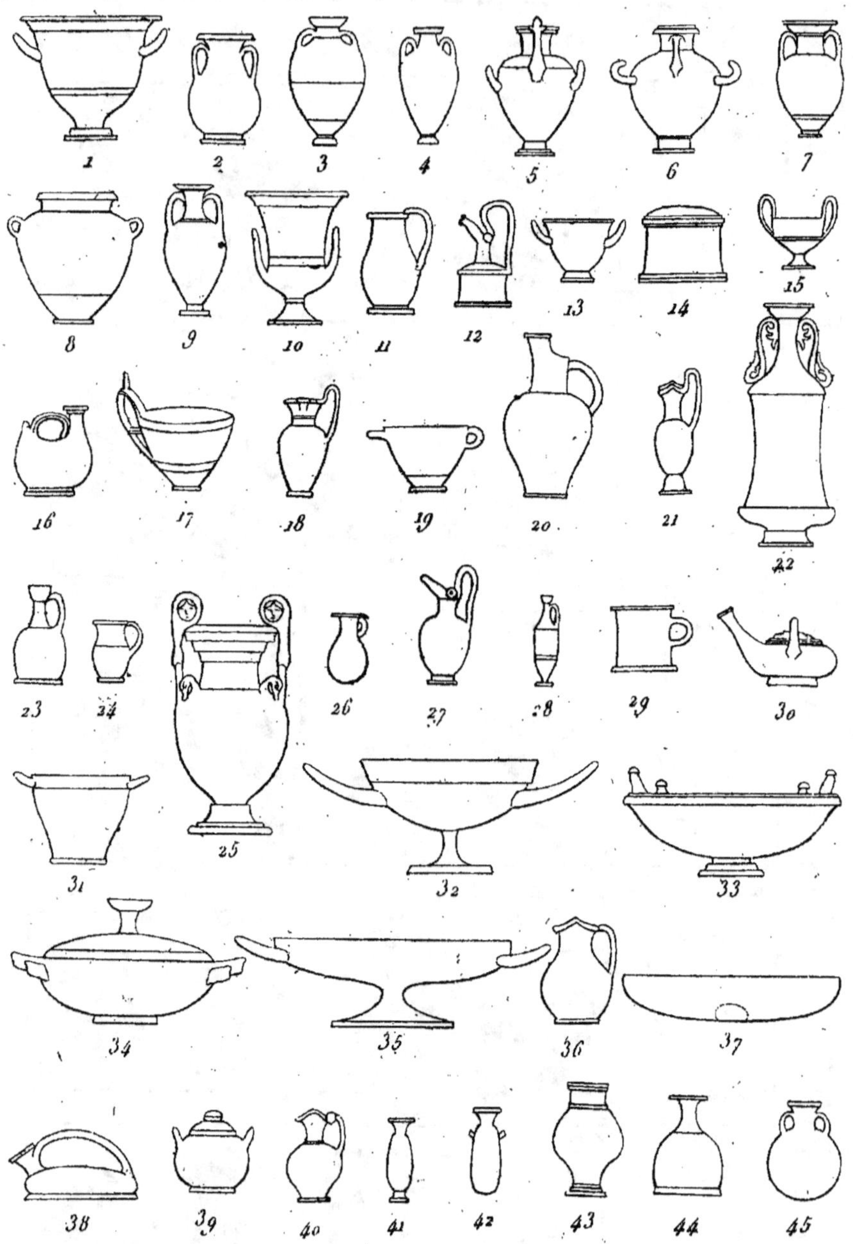

Consulter la nomenclature des figures 77 à 121 (1 à 43), au bas de la page ci-contre.

RELEVÉS FAITS SUR DES MONUMENTS GRECS OU D'APRÈS DES VASES
DE LA BELLE ÉPOQUE DE L'ART (V° ET IV° SIÈCLES AVANT J.-C.)

EN QUOI CONSISTE LA BEAUTÉ DES VASES

Dans un vase, le col. la panse et jusqu'au pied, tout cet ensemble est, si l'on peut s'exprimer ainsi, comme un reflet cadencé du corps humain. Il est donc plus difficile de créer un beau vase qu'une belle statue, car la statue n'est qu'une copie exacte, bien qu'idéalisée, de l'homme, tandis que le vase est la reproduction d'une harmonie intérieure, c'est-à-dire la plus haute expression de la poésie de la forme et, un vase, si beau qu'il puisse paraître, n'est vraiment une œuvre d'art que, 1° si l'ornementation ne domine pas la forme et, 2° si le modelage et le décor ne détruisent l'élégance des lignes [1].

« Tout vase dans la céramique antique, écrivait Henry Houssaye, avait son *type*, sa *figure* (*eidos, kataskeuè*) comme un être vivant. La partie supérieure du vase s'appelait la *tête* (*kèphalé*); l'intérieur d'une coupe était son *visage* (*prosôpon*). « Les habitants de Marseille, dit Athénée, ont coutume de poser les coupes sur le *visage* », c'est-à-dire de les renverser pour empêcher la poussière de s'y mettre ; Homère appelle *coiffure* le couvercle d'un cratère. Il y a des assiettes *à mitres d'or* et des amphores *au front de safran*. D'un vase à rebord, on disait *qu'il cachait son front*. L'orifice d'un vase était *sa bouche*, et les bords étaient ses *lèvres*. S'agissait-il d'un vieux pot, le Grec disait qu'il avait *les lèvres ridées*. Mais le plus souvent un vase *a la bouche en cœur qui appelle le baiser*. Le goulot est naturellement le *cou* du vase ; — *col svelte et élancé*, ou *large encolure*. Du côté opposé à celui l'où on verse à boire, le col se nomme *la nuque*. Un auteur parle des *belles épaules* d'une amphore, et les Mégariens comparaient la *poitrine* et le *dos* des vases aux deux plaques d'une cuirasse. La panse des poteries s'appelait le *ventre*. Où nous disons bouteille pansue, les Grecs disaient une *amphore ventrue*. Tout vaisseau avait, cela s'entend, son *pied* ou ses *pieds* ; et quelques-uns, entre autres le *Cothon*, trouvaient dans leurs anses leurs *bras* et leurs *mains*. »

FORMES ET NOMENCLATURE DE VASES ANTIQUES

LES FORMES DES VASES ANTIQUES MONTRENT QUE LEURS PROFILS OU CALIBRES SONT COMPOSÉS DE COURBE DE DEGRÉ SUPÉRIEUR

La forme savante et très étudiée de ces vases se prête à merveille pour recevoir les peintures, si remarquables, dont les céramistes grecs les ont décorés. Nous en donnons la nomenclature ci-dessous :

Fig. 77 à 121. — 1, Oxybaphon. — 2, Péliké. — 3, Amphore tyrrhénienne. — 4, Amphore panathénaïque. — 5 et 6, Hydrie. — 7, Amphore bachique. — 8, Stamnus. — 9. Amphore de Nola. — 10 et 13, Cratère. — 11, 12, 18, 20, 21, 24, 27, 29, 36 et 40, OEnochoé. — 14, Nola. — 15, Canthare. — 16, Ascus. — 17, Cyathis. — 19, Scyphus panathénaïque. — 22, Amphore candélabre. — 23, Aryballos. — 25, Amphore à mascarons. — 26, Vase apode, dit de Vulci. — 28, 41, 42, 43 et 44, Lécythus. — 30, Tête de satyre. — 31, Scyphus. — 32 et 35, Cylix. — 33 et 34, Nola. — 37, Phiale. — 45, Vase apode.

[1] On devra consulter les nombreux types de vases anciens que M. Morin-Jean, archéologue diplômé de l'Ecole du Louvre, a décrits, analysés et représentés dans son travail : *La Verrerie en Gaule sous l'Empire romain*. Préface par Ernest Babelon, Membre de l'Institut. Cette importante documentation, formant un volume in-4°, acccompagnée de 555 gravures et de 10 planches hors texte, dont 4 en couleurs, a été publiée en 1922-1923, par la Société de Propagation des Livres d'Art. Siège social : Cercle de la Librairie. Secrétariat Général : rue Royale, 10, Paris.

Les travaux des Maîtres sur les *proportions et formes* des vases sont rares; Sébastiano Serlio, dit Bastiano di Bologna, architecte italien (1475✝1554), dans son *Premier livre d'Architecture* donne, à ce sujet, des indications précieuses que nous résumons ci-dessous.

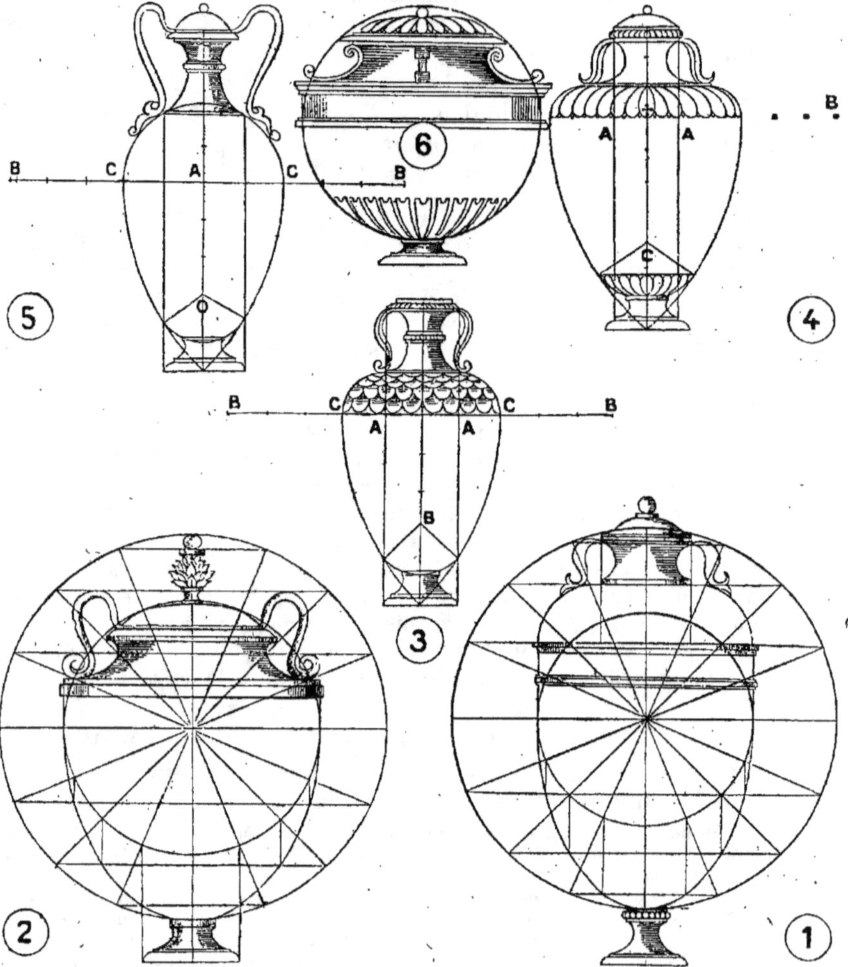

Fig. 122 à 127. — Les types 1 et 2 expliquent le tracé dit *des deux cercles*; les figures 3, 4, 5 ont trait au tracé *en croix* ou tracé de l'œuf qui est de l'intervention de Serlio. La figure 5 fait voir que le *galbe* ou *calibre* du vase est obtenu par une courbe à trois centres, qui sont les points A, B et O; l'horizontale de la *croix* porte 10 divisions égales; la verticale porte 9 de ces divisions, dont 5 au-dessous du centre A. Les figures 3 et 4 en sont des variantes. La figure 6 (vase de *grande capacité*) procède d'un cercle, dont moitié pour la *panse* du vase, moitié pour le couvercle.

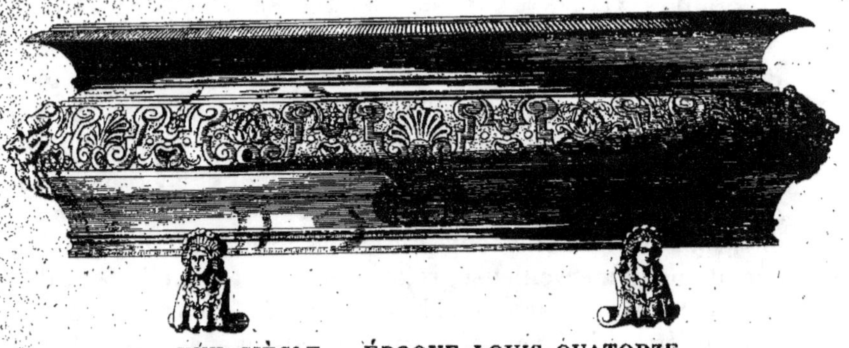

La forme et le décor de ce porte-huilier fournissent la preuve que les décorateurs rouennais prirent, pour modèles de leurs travaux, des types de vaisselle orfèvrerée échappés à la fonte. — Il suffit, pour s'en convaincre, de comparer le décor de deux assiettes de la donation A. Le Véel, au Musée des Thermes et de l'Hôtel de Cluny à Paris, avec celui du porte-huilier représenté ci-dessus.

COMPRÉHENSION DES ŒUVRES D'ART EN FAYENCE

— LA FAYENCE DE ROUEN —

★

RAISONS POUR LESQUELLES LE ROI LOUIS XIV ENVOYA SES SOMPTUEUX SERVICES D'OR ET D'ARGENT A LA FONTE ET LES REMPLAÇA PAR LA VAISSELLE EN FAYENCE DE ROUEN.

Le printemps de 1709 avait succédé à un cruel hiver, et l'été au printemps, mais la misère n'était pas moindre dans toute la France et particulièrement à Paris. Les récoltes étaient nulles, les blés et autres céréales ayant été gelés, les inondations de la Loire avaient étendu le désastre et la famine menaçait de se prolonger.

Nos armées, manquant du nécessaire, étaient assaillies par de nombreux ennemis qui avaient envahi la France; il fallait les repousser et subvenir aux dépenses occasionnées par une guerre acharnée. Les impôts accablaient le peuple, l'or et l'argent monnayés devenaient introuvables. On cherchait à « faire argent de tout »; quelques seigneurs, afin de venir en aide au Trésor, portèrent à la fonte leur vaisselle en métaux précieux et, l'ayant remplacée par de la fayence, virent leur exemple suivi par les financiers et la bourgeoisie.

Ce fait est relaté dans un grand nombre de *Lettres* et de *Mémoires* du commencement du dix-huitième siècle.

C'est d'abord Madame, duchesse d'Oriéans, belle-sœur de Louis XIV qui écrit le 8 juin 1709 : « La famine est si terrible que des enfants sont mangés. Le roi, résolu à continuer la guerre a, hier, remplacé son service d'or par de la vaisselle en faïence ; il a envoyé tous les objets qu'il avoit en or à la Monnaie afin de les convertir en louis. » Puis, la même année, Saint-Simon, dans ses *Mémoires sur le règne de Louis XIV et de la Régence,* où les intrigues de la Cour sont présentées avec un relief saisissant et une intensité merveilleuse, relate que « tout ce qu'il y eut de grand et de considérable se mit en huit jours à la fayence. Le roi décidant de se mettre à la fayence, envoya sa vaisselle d'or à la Monnaie et M. le duc d'Orléans le peu qu'il en avoit. »

A tant de maux, il existait peu de remèdes ; l'épargne des plus riches était épuisée, le papier-monnaie déprécié, la cherté prenait des proportions inouïes. Une partie de la noblesse parisienne envoya, par ordre royal, chez Delaunay, orfèvre du roi, ou directement à l'Hôtel des Monnaies, les somptueuses vaisselles d'or et d'argent conservées, de temps immémorial, dans les familles. Ces dons patriotiques étaient aussitôt fondus et convertis en argent monnayé : le roi se faisait présenter chaque jour, à Versailles, la liste des donataires.

En dépit de ces mesures, au mois d'août 1709, la misère dans Paris atteignait des proportions épouvantables. Aucun corps de métier ne travaillait faute de matières premières et d'outils. Des bourgeois, qui avaient vécu dans une honnête aisance, étaient réduits à la mendicité ; bien peu possédaient encore de quoi faire l'aumône. Aussi la population parisienne était-elle tombée dans un véritable désespoir, et s'en prenait à ceux qui la gouvernaient. Chaque nuit on collait contre les statues, les édifices civils et religieux, des placards des plus séditieux.

Le roi n'osait plus venir à Paris ; son fils, Monseigneur le Dauphin, qu'on appelait le Grand Dauphin, s'étant rendu à l'Opéra, fut assailli par une foule affamée et furieuse, réclamant du pain.

Afin de soulager tant de souffrances on créa ce qu'on nomma, vers la fin du dix-huitième siècle, des « ateliers nationaux ».

Il y avait alors à Paris, sur les boulevards, entre la porte saint Denis et la porte saint Martin, nouvellement achevées, une butte assez élevée qu'il s'agissait de faire niveler ; c'était à cette besogne qu'on employait la partie la plus indigente de la population parisienne. Ces pauvres gens, sous la surveillance des archers de la prévôté, maniaient la pelle, la pioche ou portaient des paniers remplis de terre. Le salaire était modeste ; pas en argent, et pour

cause; chaque terrassier recevait un chétif morceau de pain noir
pour prix de sa journée, et ce morceau n'était, que trop souvent,
son unique nourriture pendant vingt-quatre heures.

Par une *Relation de la fête de Versailles* en 1686, faisant connaître
un certain nombre des pièces composant la vaisselle royale, on se
rend compte de la somptuosité des œuvres d'art qui furent fondues.

« De chaque côté du *buffet* royal, encadré dans une décoration
de verdure, s'élevait sur un portique de dix *pieds* de haut, un grand
guéridon d'argent, chargé d'une *girandole* d'argent qui éclairait
le *buffet*, et accompagné de plusieurs grands vases d'argent; sur
la table et les gradins de ce *buffet*, qui montait jusqu'à un plafond
de feuillée et n'avait pas moins de vingt-cinq *pieds* de hauteur, on
voyait, dans une disposition agréable, vingt-quatre bassins d'argent
d'une grandeur extrême et d'un ouvrage merveilleux; ils étaient
séparés les uns des autres par autant de grands vases, de casso-
lettes et de *girandoles* d'argent.

« Sur la table du *buffet*, la *nef* d'or et la vaisselle de vermeil, à
l'usage du roi, brillaient au milieu de vingt-quatre grands vases
d'argent garnis de fleurs; au devant de cette table, une grande
coquille d'argent en forme de cuvette; aux deux extrémités, quatre
guéridons d'argent de six *pieds* de haut, surmontés de *girandoles*
d'argent.

« Deux autres *buffets*, pour le service des dames, offraient chacun quatre grands bassins et quatre *figures* d'argent accompagnant un grand vase, chargé de *girandoles*. Au-dessus du dossier
de chacun de ces *buffets*, un guéridon d'argent, étincelant de
bougies, faisait miroiter six grands bassins d'argent qui servaient
de fond et plusieurs grands vases d'un prix et d'une pesanteur
extraordinaires. Devant la table de chaque *buffet*, il y avait des
plateaux et des *brancards* en argent, pesant douze cent trente
marcs » (fig. 129).

On peut estimer cette somptueuse vaisselle d'or et d'argent
ciselés, à plus de cent mille *marcs* de métal.

Ce fut celle que le roi envoya à la Monnaie dès 1688 et dont il
ne retira pas trois millions, quoiqu'elle lui eût coûté plus de dix.
Claude Ballin, mort en 1678, ne fut pas témoin de la destruction
de ses chefs-d'œuvre et de ceux de ses élèves.

Tous les magnifiques ouvrages que ce célèbre orfèvre avait modé-
lés et ciselés pour le roi, d'après les ordres de Colbert, surin-
tendant des bâtiments, ne furent pourtant pas fondus et transfor-

més en numéraire : ceux dont la valeur métallique n'était pas suffisante pour en motiver la fonte, restèrent dans le garde-meuble ; quelques-uns furent sauvés en raison de leur perfection inimitable, d'autres échappèrent aux fontes ordonnées en 1709.

Ainsi, le somptueux miroir d'or, pesant quarante *marcs*, exécuté pour Anne d'Autriche, fut conservé dans les appartements de Versailles, où Colbert avait fait rassembler les plus belles pièces d'orfèvrerie composant le *Cabinet des bijoux et curiosités de la Couronne.*

Peu de temps avant que de nombreux chefs-d'œuvre de Claude Ballin ne fussent brisés et mis à la fonte, Delaunay, un des orfèvres les plus dignes de suivre les traditions du Maître, fit des dessins fidèles représentant la vaisselle et autres œuvres d'art en or et en argent sacrifiées aux nécessités de la politique ; la forme et le décor de ces ouvrages ont donc été transmis à la postérité.

Les travaux des orfèvres français contemporains existent aussi, en partie, dans plusieurs *recueils* gravés qui, au point de vue documentaire, peuvent suppléer à la perte d'œuvres d'art somptueux sans, toutefois, donner une idée de leur caractère imposant, de leur élégance et de leur admirable exécution.

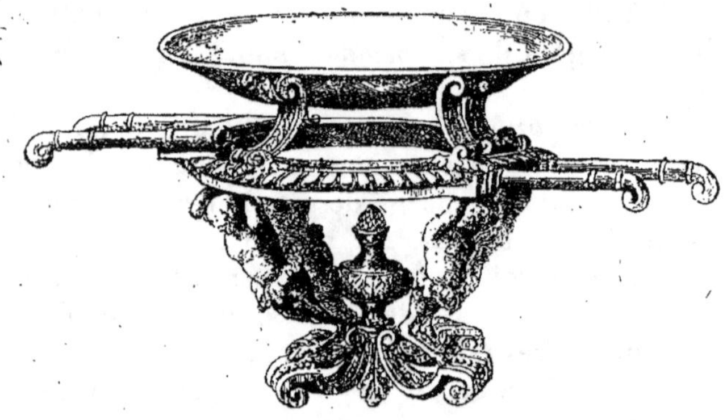

XVII· SIÈCLE – ÉPOQUE LOUIS QUATORZE

Fig. 129. — Plateau et Brancard d'Argent envoyés a la fonte.
Modelés et ciselés par Du Tel.
Représentation d'après la Suite des Maisons Royales (Poids 1230 marcs) (¹).

Le corps du brancard est composé d'une corniche, au-dessus de laquelle se trouvent quatre consoles, terminées en coquille portant un plateau. La corniche est soutenue par quatre satyres posés sur quatre consoles ayant, dans le milieu, une cassolette. Les brancards sont accompagnés de quatre bras et de quatre portants.

(¹) Le *marc* valait 8 *onces* ou 64 *gros*, ou 192 *deniers*, ou 4.608 *grains*, ou un peu moins de 245 *grammes*. (La *livre* valait 2 *marcs*.)

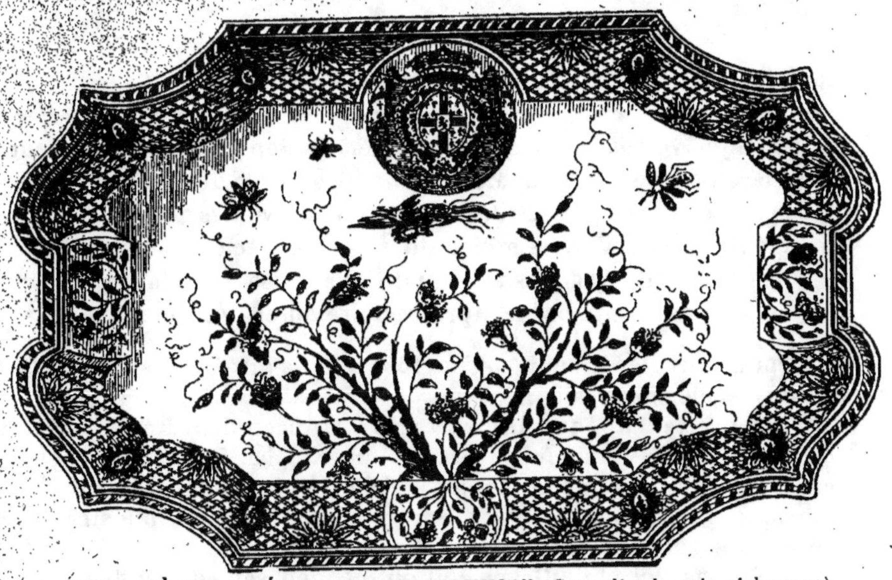

COMPRÉHENSION DES ŒUVRES D'ART EN FAYENCE

— LA FAYENCE DE ROUEN —

★ ★

IMPORTANCE, SUPÉRIORITÉ, PERFECTION

VARIANTES DE LA FLEUR DE LYS — MARQUES NOMINATIVES

MARQUES DÉTERMINÉES ET INDÉTERMINÉES

TYPES DE DÉCORATION

RÉPERTOIRE DE CINQUANTE-QUATRE ATELIERS

Rouen occupe le premier rang dans l'histoire de la céramique française, non seulement par l'importance et le nombre de ses fabriques, mais aussi, et surtout, par la perfection de ses produits.

La fabrication de Rouen a modelé avec autant de supériorité qu'elle a peint, et quelques-unes de ses pièces comptent parmi les merveilles de la céramique. Ses artisans ont compris que ce qui convenait le mieux à leur art, c'était la décoration proprement dite.

Il est assez difficile de déterminer les origines de l'industrie des fayences rouennaises. Les arts céramiques ont laissé, à Rouen, comme partout ailleurs, des traces qui remontent à l'antiquité, mais

Fig. 130. — Plateau (de soupière), à bords découpés, et *marly* quadrillé en vert, avec *réserves* garnies de fleurs polychromes. L'*ombilic* est décoré d'un *bouquet façon la Chine*. Fabrique de Guillibeaux ou Guillibaud.
(Consulter notes pages 31 et 46, et Voir marques pages 32 à 35).
Armes de François II de Montmorency, duc Luxembourg, gouverneur de Normandie.
Musée céramique, Rouen.

L. 4

ce n'est que vers la fin du quinziéme siècle qu'on y constate l'existence régulière de fayenciers ; Charles VIII leur accorde des statuts en 1492. Quelques années plus tard, en 1531, on trouve des pièces authentiquement datées. Vers le milieu du seizième siècle (1548), un potier, *figulus*, Masséot Abaquesne, y fabriquait des carrelages pour le connétable de Montmorency, propriétaire du château d'Ecouen.

Depuis cette époque jusqu'en 1644, c'est-à-dire pendant près d'un siècle, le silence se fait.

C'est à cette date, que des *lettres patentes* accordent une concession de trente ans à un sieur de Grand Val, Nicolas Poirel, huissier du cabinet de la régente Anne d'Autriche, pour l'établissement d'une fabrique de fayence à Rouen : origine de la célèbre industrie d'art céramique rouennais.

Ce Nicolas Poirel de Grand Val obtint, non sans difficultés avec le Parlement, quelques enregistrements de ses patentes ; cependant, il n'exerça guère la profession de céramiste et ne fit pas exploiter longtemps son brevet. En 1647, il céda son privilège à Edme Poterat, sieur de Saint-Etienne, que nous considérons comme le créateur de l'atelier ; il existe quelques pièces, notamment un plat, dont le décor en camaïeu bleu rappelle celui de Savone, importé par de Conrade à Nevers, portant l'inscription : faict à Rouen, 1647, qui en sortent certainement (Voir marque 17, page 53).

En 1663, les fayenciers de Rouen et des environs devaient constituer un corps assez important, puisque Jean-Baptiste Colbert se préoccupe de les protéger et de les faire travailler pour le service du roi, en même temps que les maroquiniers et les tapissiers en cuir doré rouennais. Dans une comparution en vue de la confirmation de leurs statuts, on voit que, en 1665, les fayenciers sont au nombre de quarante-deux. Il n'y aurait plus dès lors qu'à enregistrer de nouvelles créations d'ateliers, des renouvellements de statuts et de privilèges, créations d'autant plus fréquentes que les privilèges primitifs disparurent successivement.

Au début du dix-huitième siècle, les ateliers sont en pleine activité ; en 1722, on comptait, à Rouen, onze fabriques importantes occupant plus de deux mille ouvriers, et ces fabriques prirent une si grande extension que l'abbé J.-J. d'Expilly dans son *Dictionnaire géographique, historique et politique des Gaules et de la France*, publié de 1762 à 1770, écrit que « les Manufactures de fayence du faubourg Saint-Sever à Rouen, à la gauche de la Seine, étaient si considérables, qu'elles pourraient suffire à la fourniture de tout le royaume ».

Le *Mémoire de la Commune de Normandie*, présenté par la Chambre de commerce à Louis XVI, lors de son passage à Rouen en 1785, constatait qu'il y avait dans la ville dix-huit fayenciers, et que les deux tiers de leurs produits, assiettes, plats, plateaux, bannettes, aiguières en forme dite de *casques*, pichets à dates et inscriptions avec sujets de chasse, de cabaret et parfois de religion, *pots à surprise*, écritoires, fontaines, etc., étaient exportés dans les colonies. (Cf. note p. 28.)

VARIANTES DE LA FLEUR DE LYS
PEINTE SOUS QUELQUES PIÈCES DE LA FAYENCE DE ROUEN

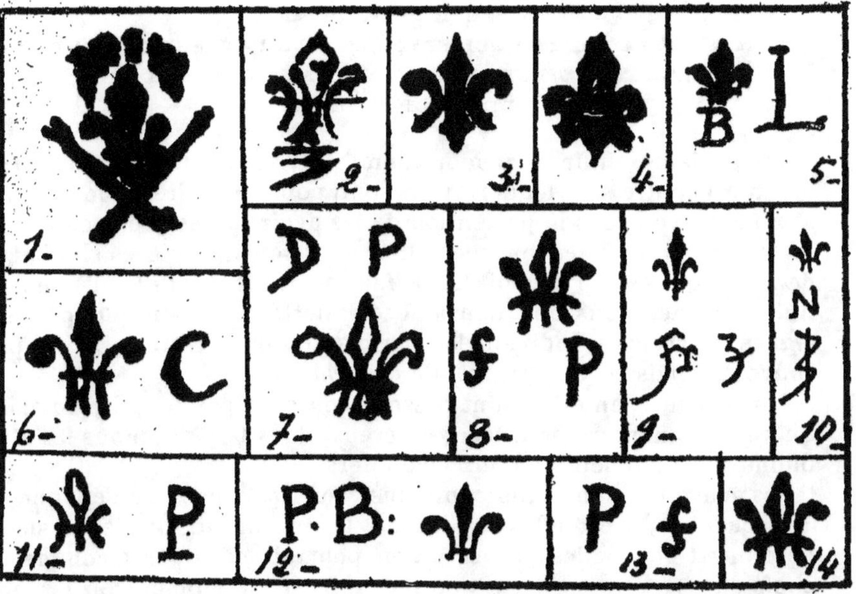

Alexandre Brongniart, dans son *Traité des Arts céramiques*, publié en 1845, écrit que la fabrique de fayence de Rouen fut privilégiée par Louis XIV pour le service de sa Maison, et que les pièces, destinées aux palais royaux, durent porter pour marque une fleur de lys.

Nous ne trouvons aucune trace de cette fabrication, en quelque sorte officielle et, d'autre part, la marque à la fleur de lys qui aurait pu la faire distinguer, existe sur un grand nombre de pièces en fayence de Rouen; on la voit aussi sur des fayences de Strasbourg, de Marseille ou de Nantes, et sur celle de Lille où sa présence est toute naturelle, Lille possédant une fleur de lys dans ses armes.

Ce qui est certain c'est que, dans un *Mémoire sur les Manufactures du Royaume*, de J.-B. Colbert, on trouve ce passage qui ne laisse subsister aucun doute : « Protéger et gratifier les faïenciers de Rouen et environs, et les faire travailler à l'envy. Leur donner des dessins et les faire travailler pour le Roy. » Quoi qu'il en soit, nous avons représenté, page 27, un certain nombre d'initiales accompagnées de la fleur de lys, de façon à en figurer les principales variantes sur la fayence de Rouen.

Ces initiales que nous retrouverons parmi les marques indéterminées, nᵒˢ 20, 22, 45, 54, et 129 (voir pages 36, 37, 38, 40), sont, assurément, sans connexion avec la fleur de lys, qui peut désigner une qualité de fabrication ou être une marque spéciale d'artisans.

A PROPREMENT PARLER
IL N'Y A PAS DE MARQUE SPÉCIALE A LA FAYENCE DE ROUEN
LES DÉCORATEURS ROUENNAIS N'AYANT PAS ADOPTÉ
DE SIGNE COLLECTIF

Les initiales, chiffres, monogrammes et, en résumé, les marques qu'on rencontre sous leurs travaux sont, pour ainsi dire, innombrables et nous n'avons pas la prétention de les avoir toutes représentées.

On trouve aussi des marques différentes sous des pièces similaires; deux marques pour des pièces se faisant pendant, et jusqu'à sept ou huit marques sous une douzaine d'assiettes. Ce sont donc là des signes de repère individuels, parfois de manufacturiers, le plus souvent d'artisans et, surtout, de décorateurs.

Ces marques, en effet, sont presque toujours peintes; il n'en existe qu'un petit nombre de tracées en creux, dans la pâte : nous les attribuons aux modeleurs ou aux façonniers.

Les marques sont plus communes sur les pièces de l'époque de la décadence, c'est-à-dire celles de la fin du dix-huitième siècle. La plupart des belles pièces, qu'on pourrait considérer comme des chefs-d'œuvre, ne sont pas marquées. C'est au moment où les artisans se transforment en ouvriers voués à la routine, en préparant leurs décors au moyen de *poncifs*, qu'ils signent le plus volontiers, et cette constatation peut être faite sur bien d'autres produits, céramiques ou autres que sur celle de Rouen (fig. 131 et 132).

« On donnait, la plupart du temps aux dessinateurs, écrit notre regretté maître Albert Jacquemart, des modèles sans valeur, ache-

Note de la page 27. — Malheureusement, cet état prospère ne devait plus durer. Le traité de commerce conclu avec l'Angleterre, permettant la libre introduction en France de la fayence fine ou terre de pipe, et d'autre part, le développement pris chaque jour par la fabrication de la porcelaine, dont l'emploi devait bientôt se généraliser, eurent pour effet de ruiner à Rouen, comme à Nevers et à Moustiers, cette belle industrie de la fayence française, qui avait brillé d'un si vif éclat pendant plus d'un siècle, et bientôt il n'y resta que le souvenir de ces manufactures autrefois si actives.

tés à vil prix, et ces images, piquées par des apprentis, étaient reportées tant bien que mal sur le vernis et enluminées machinalement par des artisans, qui perdaient ainsi la modeste science acquise.

André Pottier a supposé que l'usage des marques, à Rouen tout au moins, ne trouvait point sa seule justification dans un vain désir d'ostentation. Les peintres travaillaient en chambrées, l'ouvrage leur étant distribué en partage égal par le patron; l'apposition de la marque servait à reconnaître la part de chacun et facilitait les règle-

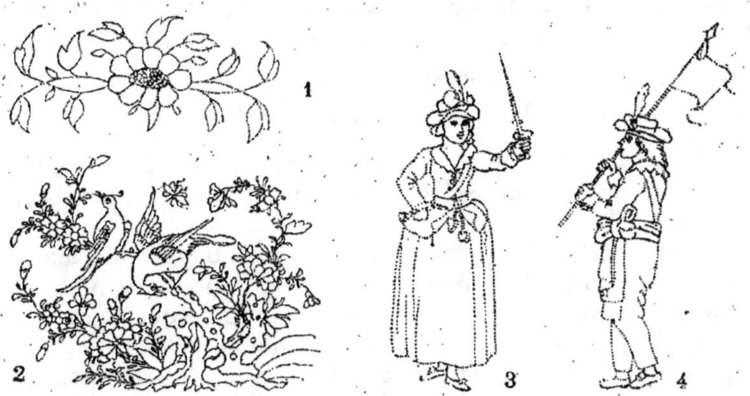

Fig. 131 et 132. — PONCIFS EMPLOYÉS PAR DES DÉCORATEURS CÉRAMISTES.

Les *poncifs* sont des dessins sur carton mince, dont les contours ont été tracés par des trous d'épingle, et qu'on applique sur la surface à décorer.

Pour obtenir un décalque on les frappe avec une *poncette*, enduite de charbon pulvérisé qui, passant à travers les trous, peut reproduire, sur les pièces de fayence et à l'infini, les lignes de points formant l'esquisse du motif ou du sujet à colorier.

ments de compte, ceci est d'autant plus vraisemblable, que les ouvriers s'arrangeaient entre eux pour que la besogne des moins habiles fût terminée, en temps voulu, par les mieux doués ou les plus attentifs, qui obtenaient alors une part de salaire supérieur.

La couleur à l'aide de laquelle les marques des fayences de Rouen sont figurées ne signifie rien; le décorateur se servait pour les peindre de la teinte dont il venait de faire usage.

Si ces marques sont très fréquemment en bleu, c'est que le bleu a été la couleur dominante de toute la décoration appartenant au *système rayonnant*. Dans les innombrables pièces *dites au carquois, à la corne*, etc., les marques sont rouges, vertes, jaunes ou noires, sans qu'on puisse noter aucune régularité dans l'emploi de ces tons, emploi auquel le hasard seul présidait.

On rencontre, sur de nombreuses pièces, des chiffres accompagnant la marque du peintre. André Pottier dans son *Histoire de la fayence de Rouen*, somptueuse publication, accompagnée de nombreuses représentations polychromes, qui fait honneur à la librairie rouennaise Le Brument, en a donné une explication ingénieuse et la plus conforme aux usages universels de la céramique [1].

EXPLICATION DES CHIFFRES ACCOMPAGNANT LES MARQUES

La fabrication ramenait toutes les pièces à une unité déterminée et évaluait la valeur de celles d'un prix supérieur à cette unité, en les assimilant à plusieurs unités réunies; on disait de la sorte, un plat de 2, 3, 4 ou 6 pièces, ce qui indiquait que sa valeur était égale à 2, 3, 4 ou 6 plats de l'espèce prise pour unité.

Ainsi, d'après cette interprétation, un plat (il s'agit du reste, presque toujours de grands plats), marqué 4 ou 6, aurait été de 4 ou 6 pièces.

Cette manière de compter, très générale dans la fabrication et pour la vente de la faïence, avait surtout pour objet de se prêter aux assortiments et aux ordres venant du dehors lesquels, ne pouvant être basés, la plupart du temps, sur une connaissance exacte de tous les types fabriqués, étaient spécifiés, à l'aide d'expressions générales dont les courtiers et les vendeurs possédaient la formule.

Il faut encore observer que les lettres isolées, trouvées sur les poudriers à sucre, avaient probablement pour but de faire reconnaître facilement les deux pièces d'un même objet; c'étaient des points de repère, tracés l'un sous le pied ou à l'intérieur du vase, l'autre sous le couvercle. On ne peut faire aucune remarque particulière au sujet des signes qui, fréquemment, constituent la seule marque des pièces; ainsi, les croix cantonnées de points ne sont que des signatures d'artisans illettrés.

Un esprit ingénieux pourrait, comme on l'a essayé parfois, mettre un grand nombre de noms auprès des cent soixante-dix marques indéterminées que nous allons représenter pages 36 à 43.

Les identifications, rendues plausibles par la présence de certaines initiales ou de dates, pourraient parfois être exactes; mais, le plus souvent, l'amateur ou l'antiquaire seraient victimes d'une simple coïncidence ou d'hypothèses plus ou moins sérieuses, et la prudence est de règle en pareille matière.

Dans les représentations de marques nous n'avons pas multiplié

---

[1] En 1865, le Musée de la ville de Rouen fit l'acquisition de la collection de fayences d'André Pottier moyennant le prix de 24 500 francs. Cette collection, composée uniquement de pièces de fayence dues aux fabriques de Rouen atteindrait, actuellement, un prix considérable.

les variantes qui pourraient être sans utilité pour l'amateur ou l'antiquaire; il suffira qu'ils se souviennent, en les étudiant, que la plupart et principalement celles composées d'initiales, sont tracées en caractères plus ou moins grands, et de tons plus ou moins foncés!

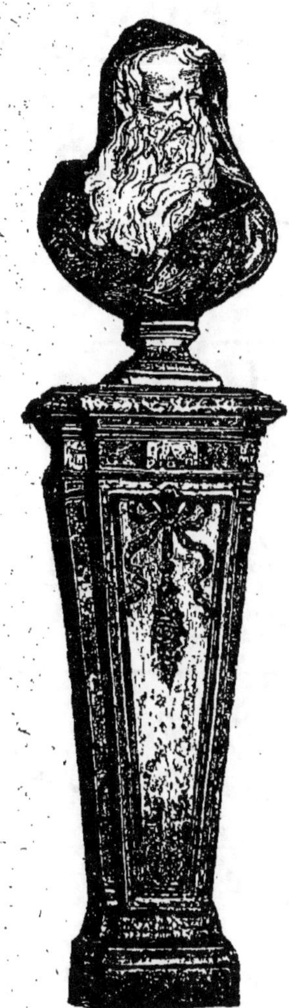

QUELQUES NOTES RELATIVES
AUX
ARTISANS DÉCORATEURS
DE
PIÈCES EXCEPTIONNELLES

CONSULTER LES MARQUES NOMINATIVES
PAGES 32 ET 33.

Quoique les fayenciers de Rouen n'aient que rarement marqué leurs produits, quelques-uns de leurs décorateurs ont identifié des pièces exceptionnelles.

Pierre Chapelle (1725) a signé une des deux sphères qui se trouvent au Musée de Rouen et représentant, l'une le globe céleste et l'autre le globe terrestre. Ces pièces monumentales ornaient le vestibule du château de Choisy-le-Roi. (Voir page 32, marq. 2.)

Claude Borne (1736), décorateur de la fabrique de Guillaume Heugue, a signé des plats de compositions remarquables. (Voir page 32, marq. 1.)

Dieul et Gardin étaient, vers 1756, deux décorateurs de la fayencerie des frères Vallet; on trouve leurs signatures au revers de pièces dites *au carquois*. (Voir page 32, marq. 3, 4 et 6.)

On attribue à Guillibeaux ou Guillibaud, le *décor pseudo-chinois*, composé de *pagodes* ou de plantes fleuries et, surtout, les *bordures quadrillées* en vert avec réserves de fleurs. Les marques G et GB passent pour être ses initiales. (Voir fig. 130.)

Fig. 133. — Parmi les pièces exceptionnelles en fayence de Rouen, il faut citer les Saisons ou Quatre âges de la vie, *bustes* grandeur nature, *drapés à l'antique, décorés au naturel,* et portés sur des *piédouches* élevés sur de hautes *gaines.* (Musée du Louvre, Paris). Ces importants monuments sont attribués à un artisan de la fabrique de Jacques-Nicolas Le Vavasseur. (Voir page 47.)

Les marques nᵒˢ 5, 9, 11, 18 et 19 appartiennent à des fabricants

1. Borne Pinxit Anno 1738

2. A ROÜEN ·1725· PEINT PAR PIERRE CHAPELLE

3. dieuf

4. dieul

5. Fossé

6. gardin

7. Gille +

8. J. Guillaume.

9. Mᵉ Guillibéaux

10. Hilaire 1759

11. LE VAVASSEUR . A ROÜEN

12. Mallet

1. Claude Borne. — 2. Pierre Chapelle. — 3 et 4, N. Dieul. — 5. Fossé. — 6. L.-P.-G. Gardin. — 7. Gille. — 8 et 9. Guillibeaux. — 10. Hilaire. — 11 et 19. Le Vavasseur. — 12. N. Mallet. — 13. Marsollet. — 14. Noyon. — 15. J. Perdu. — 16. Pierre Omond. — 17. Sur une pièce de Edme Porterat. — 18. Sas.

SIGNATURES DE FAYENCIERS ROUENNAIS

Il nous a paru inutile de donner le fac-similé des signatures de décorateurs, dont les noms suivent qui, pour la plupart, sont en capitales.

SIMON ANCEL fils (modeleur); — ETIENNE BARRE — BEDEAU (modeleur); — NOEL CHOPIN (Rouen?) — CHARLES DALOUMER (pour Dagoumer); — J.-B. DELAMARE; — FAIT PAR MOI GABRIEL ANTOINE DELISLE; — LAURENT FAUVELLE (et FAUVEL seul); — LAURENT; — PIERRE FRÈRE; — MODELÉ PAR HENRY; — HUET (modeleur); — LOUIS LECLERT; LAURENT LECLERT; — LEGRIP, à ROUEN (en creux, sur des carreaux de poêle); — LE TELLIER (modeleur); — LOUIS MARETTE; — NICOLAS MALETRA; — MARIE-ANNE CASSAGNE; — FECIT PETRUS MASSE; — MIETTE; — MORLAIT LE JEUNE (modeleur); — NOYON (modeleur); — RAVANNES (modeleur); — SAINT-OUEN; — JEAN SAINT-OUEN; — M. VALETTE.

L. 5

Voir page suivante, note relative au monogramme A R.

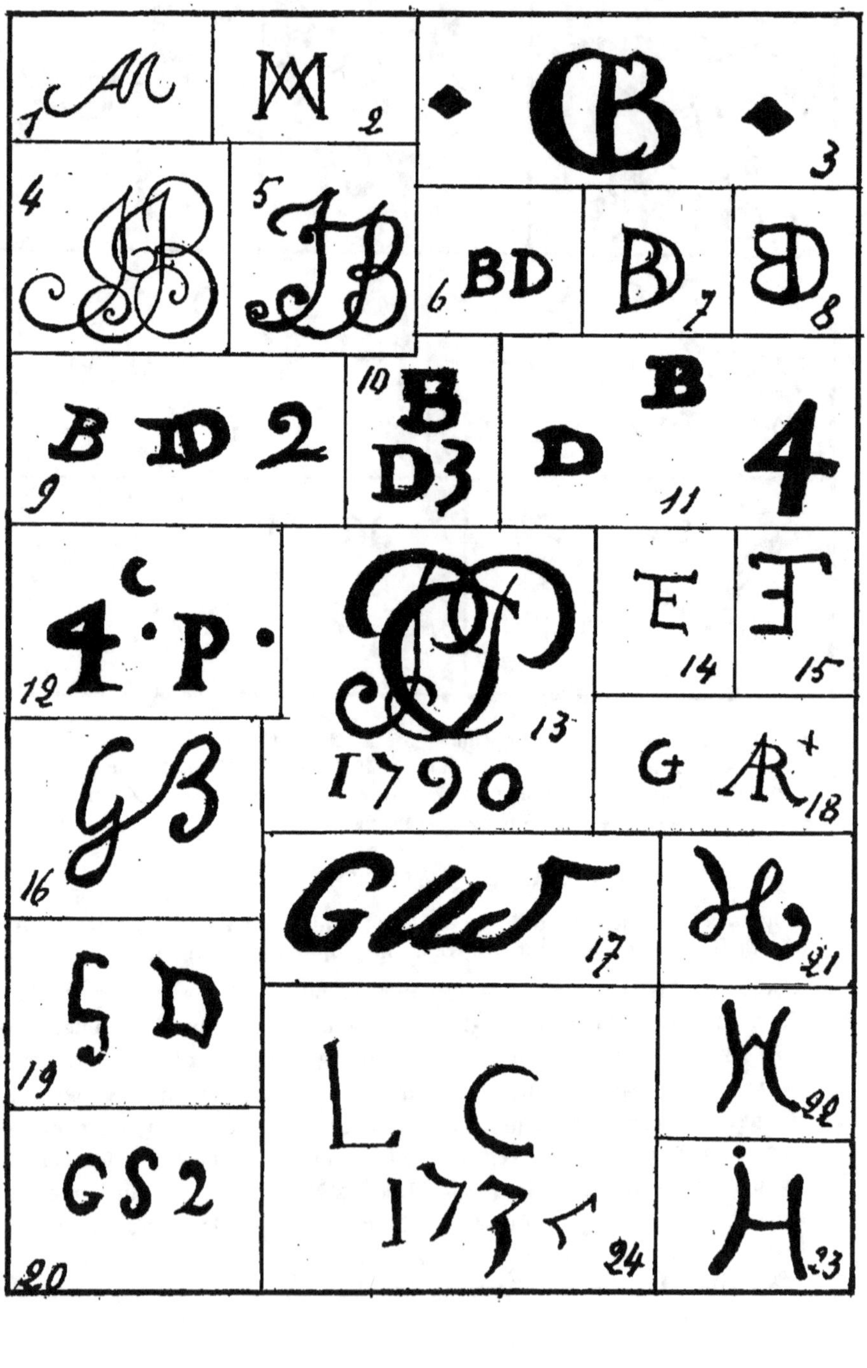

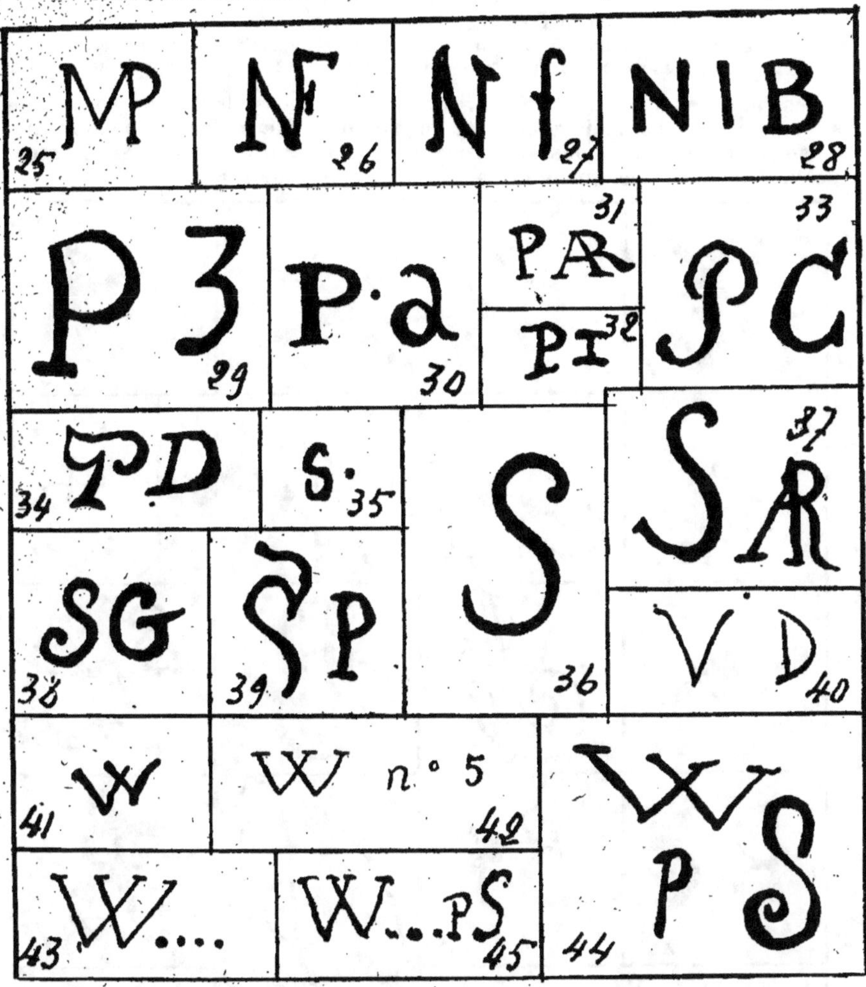

NOMENCLATURE DES QUARANTE-QUATRE MARQUES DÉTERMINÉES

1 et 2, Jacques Maugard. — 3, Claude Borne. — 4 et 5, Jean-Jacques Berlin. — 6 à 11, Jean-Baptiste Dupray. — 12, Henri-Pierre Pinon. — 13, Ce monogramme, avec le millésime 1700, est gravé dans la pâte d'une pièce portant la signature de P. Omont, peintre. — 14 et 15, Pierre-Auguste Tellier ou Le Tellier. — 16, 17, 18. Les Guillibeaux ou Guillibaud. — 19, Charles-Guillaume Dubois. — 20, 35, 36, 37, 38, 39, Gabriel Saas ou Sas. — 21, 22, 23, Les Heugue. — 24, Louis Cornu. — 25 Mouchard. — 26, 27, Nicolas Fouquay. — 28, Jean-Nicolas-Bellenger. — 29, 30, 31, 32, Henri-Pierre Pinon. — 33, Paul Caussy. — 34, Pierre Dumont. — 40. Veuve Dubois? — 41, 42, 43, Le Vavasseur. — 44. W Sturgeon.

NOTE RELATIVE AU MONOGRAMME A. R. ACCOMPAGNANT
LES MARQUES FIGURÉES SOUS LES NUMÉROS D'ORDRE 18, 31 ET 37.

Il est probable que le monogramme A. R. qui accompagne la marque G., nᵒ 18, la marque P. nᵒ 31, la marque S, nᵒ 37, signifie A ROUEN. On en rencontrera des variantes dans les représentations de marques indéterminées que nous donnons pages 36 à 43.

— Méthode de classement adopté. —
La marque composée de lettres séparées est classée à la première.
Les lettres conjuguées ou chiffres sont classés à la lettre la plus rapprochée de l'A.

Ces marques que l'on rencontre sur les fayences de Rouen sont nombreuses et variées, mais aucune ne peut donner une indication de fabrique; ce sont probablement des signatures de décorateurs et, à quelques exceptions, il n'y en a pas qui puissent servir de point de repère.

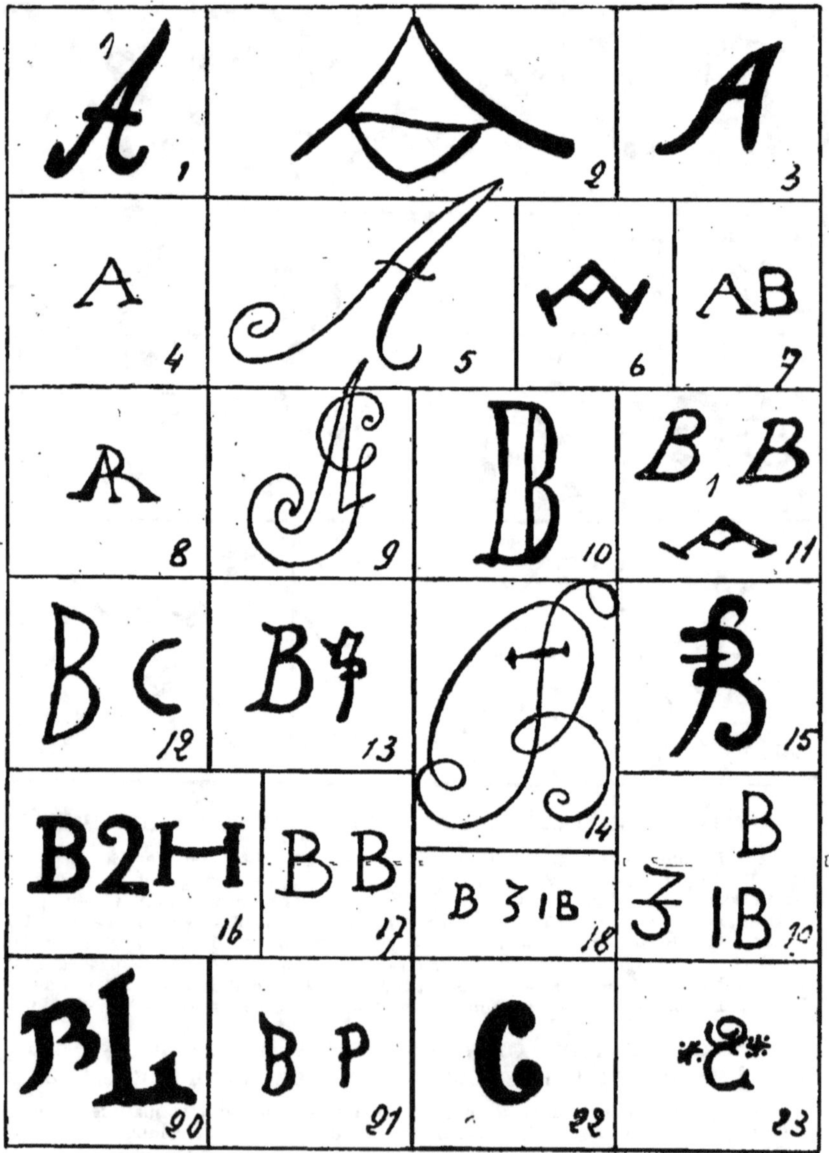

Cb 24	CH 25	CH 26	C|B 27
Co 28	Co 29	30	CS 31
D 32	33	DA 1708 34	35
DB 36	37	DD y 38	39
D g 40	D 41	DL 42	DM 43
DN 44	DP 45	DV 46	DV 47
F 48	f 49	F 50	FB 4 51

F B B 52	53	f P 54	f P 55
R 56	fR 57	frB 58	G 59
G·3 60	G 61	GA 62	GA 63
64	GB 65	66	GD 67
GG 68	G cc G 69	Gha 70	G 71
+GL× 72	G L 73	GM 74	G M 75
❀GN❀ ❀1733❀ 76	77	GRD 2 78	GRD 79

GO *80*	G.W *81*	h *82*	h / X *83*
Ha *84*	HB *85*	HC *86*	HCO *87*
HCJ *88*	h T 1732 *89*	h h *90*	HM *91*
HM *92*	HN xx S *93*	HR *94*	HT *95*
H J 4 *96*	HV *97*	IBG *98*	IBIO *99*
IN *100*	IVLR 1734 *101*	LA *102*	
LR *103*	LD *104*	L D *105*	A Ene *106*

107	*108*	*109*	*110*
111	*112*	*113*	*114*
115	*116*	*117*	*118*
119	*120*	*121*	*122*
123	*124*	*125*	*126*
127	*128*	*129*	*130*
131	*132*	*133*	*134*

P·G 135	P n 136	P/R 137	P S 4 138
PX 139	R· 140	3·R· 141	RA 142
RR 143	R D 144	·R·D 1765 145	Ro 146
S₃ ·B³ 147	T 148	T 149	T P 1776 150
V 151	ψ 152	Vℑ 153	VL 2 154
1773 155	V 156	VLI 157	VR 158
VP 7 159	VR 160	VR 161	WB 32 162

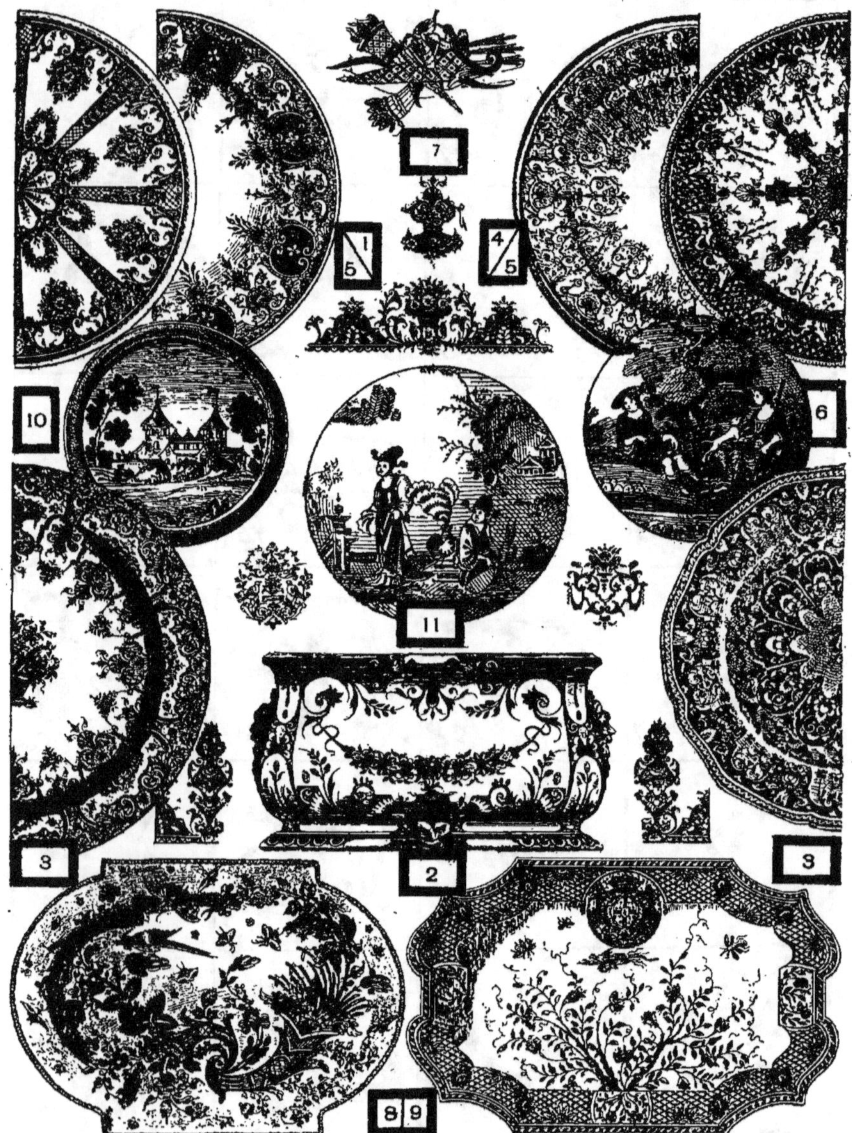

TYPES DES PRINCIPAUX DÉCORS DE LA FAYENCE DE ROUEN

Fig. 134 à 145. — 1,3 (à gauche), décor à broderie; 2, décor à guirlande (voir fig. 146, page 48); 3 (à droite), décor à lambrequin; 4, décor à ferronnerie; 5, décor rayonnant; 6, scènes galantes; 7, décor au carquois; 8, décor à la corne (exemple donné, double corne); 9, décor oriental (Voir fig. 130); 10, décor à la pagode; 11, décor chionis.

Consulter les renseignements donnés ci-contre.

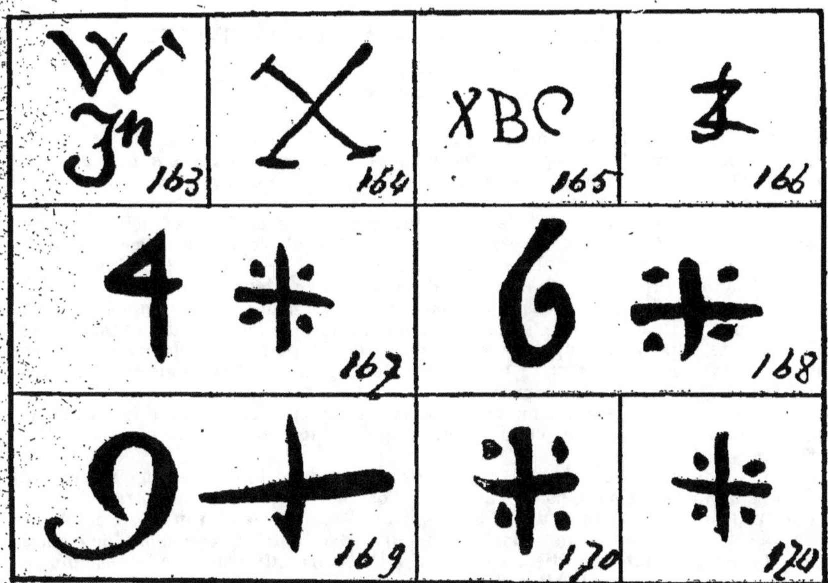

DÉCORATION POLYCHROME DE CINQUANTE-TROIS PIÈCES
EN FAYENCE DE ROUEN
PORTANT DES MARQUES REPRÉSENTÉES PAGES 36 à 43.

LES NUMÉROS RENVOIENT A CEUX DES MARQUES

— DÉCORS A LAMBREQUIN, GUIRLANDE, BRODERIE, —
FERRONNERIE ET RAYONNANT.

A) *TONS BLEU, BLEU ET ROUGE, ET POLYCHROMES SIMPLES*
N°° 1, 11, 23, 25, 26, 30, 50, 60, 65, 68, 72, 74, 80, 81, 83, 113, 127, 140, 147, 159, 162.

B) *TONS BLEUS, REHAUSSÉS DE NOIR*
N° 37, 47, 114, 122.

C) *TONS BLEUS, REHAUSSÉS DE NOIR, AVEC TONS VERT DE CUIVRE*
N° 4, 111, 120.

— DÉCOR GENRE ROCAILLE, SCÈNES GALANTES OU CHAMPÊTRES, —
TROPHÉE, CARQUOIS, TULIPE, CORNE D'ABONDANCE.

TONS POLYCHROMES VIFS
N°° 28, 29, 39, 41, 42, 82, 91, 95, 103, 115, 124, 133, 134, 145.

— DÉCOR ORIENTAL, CONFUSION DU ROUEN ET DU SINCENY. —

TONS POLYCHROMES VIFS DOMINÉS PAR LE JAUNE CITRON
N°° 9, 17, 36, 64, 76, 128, 131, 132, 141, 144, 146.

RÉSUMÉ DES NOTES RELATIVES
AUX
MARQUES, LETTRES, MONOGRAMMES, CROIX, ETC.
DES
FAYENCIERS ROUENNAIS

Nous avons dit que, à proprement parler, la faïence de Rouen n'a pas eu de marque spéciale : contrairement à l'usage, les décorateurs rouennais n'ont pas adopté de signe collectif. — Les marques, lettres, monogrammes, chiffres, croix, etc., qu'on rencontre sur leurs travaux sont nombreux.

On trouve aussi des marques différentes sous des pièces similaires ; deux marques, par exemple, sous des pièces se faisant pendant, et jusqu'à sept ou huit marques différentes sous une douzaine d'assiettes. Ce sont là des signes de repères individuels, parfois de manufacturiers, le plus souvent d'artisans décorateurs.

Ces marques, en effet, sont presque toujours peintes ; il n'en existe qu'un petit nombre de tracées en creux dans la pâte, nous les attribuons aux modeleurs ou aux façonniers.

Les marques sont beaucoup plus communes sur les pièces de l'époque de la décadence. — Il faut remarquer que la plupart des belles pièces, considérées comme des chefs-d'œuvre, sont sans marque.

C'est au moment où les artisans se transforment en ouvriers voués à la routine, en préparant leurs décors au moyen de *poncifs*, qu'ils signent le plus volontiers. (Voir fig. 131-132.)

Toutefois, André Pottier suppose que cet usage, à Rouen tout au moins, ne trouvait point sa seule justification dans un vain désir d'ostentation : les peintres travaillant en chambrées, l'ouvrage leur était distribué en partage égal par le patron ; l'apposition de la marque servait à reconnaître la part de chacun et facilitait les réglements de compte, ceci d'autant mieux que les artisans s'arrangeaient entre eux pour que la besogne des moins assidus et des moins habiles fût terminée, en temps voulu, par les mieux doués ou les plus attentifs, qui obtenaient alors une part de salaire supérieur.

Nous avons fait remarquer que la couleur, à l'aide de laquelle sont tracées les marques des faïences de Rouen, ne signifie rien ; l'artisan se servait pour les peindre de la teinte dont il venait de faire usage dans le décor. Si ces marques sont très fréquemment en bleu, c'est que le bleu a été la couleur dominante de toute la décoration appartenant au *système rayonnant*. Pour les innombrables pièces dites *au carquois*, à *la corne*, etc., les marques sont rouges, vertes, jaunes ou noires, sans qu'on puisse noter aucune régularité dans l'emploi de ces tons, emploi auquel le hasard seul présidait.

Les lettres isolées que l'on voit sur les *poudriers à sucre* avaient probablement pour but de faire reconnaître les deux pièces d'un même objet ; c'étaient des points de repère, tracés l'un sous le pied ou à l'intérieur du vase, l'autre à l'intérieur du couvercle.

On ne peut faire aucune remarque particulière au sujet des signes qui, fréquemment, constituent la seule marque des objets ; ainsi, les croix cantonnées de points sont des marques d'illettrés (voir marques 167 à 170, page 43).

Un esprit ingénieux pourrait, comme on l'a essayé parfois, mettre un grand nombre de noms auprès des marques indéterminées que nous avons représentées.

Les identifications, rendues plausibles par la présence de certaines initiales et même de dates, pourraient parfois être exactes ; mais, le plus souvent, les amateurs et les antiquaires seraient victimes d'une simple coïncidence, ou d'hypothèses plus ou moins sérieuses.

Nous n'avons pas abusé des variantes, très nombreuses, sans utilité pour l'amateur et l'antiquaire ; il suffira qu'ils se souviennent que la plupart des marques, et principalement celles composées d'initiales, sont tracées en caractères plus ou moins grands et de tons plus ou moins foncés.

NOTE RELATIVE A L'INSIGNE RARETÉ DE LA PORCELAINE DE ROUEN

Louis Poterat, le fils du créateur de l'industrie de la faïence à Rouen, fut, en 1673 et par privilège spécial, autorisé à fabriquer de la *porcelaine, la première faite en Europe*, si l'on excepte les tentatives imparfaites des Médicis au seizième siècle. (V. EDME POTERAT, pages 47-48.)

La *porcelaine* de Rouen, d'une insigne rareté, se distingue de la *porcelaine* de Saint-Cloud par la coloration un peu verte de sa pâte, et aussi par des dessins qui reproduisent les motifs usités pour la décoration ordinaire des faïences de Rouen. (Voir fig. 134 à 145.)

RÉPERTOIRE ALPHABÉTIQUE
DE
CINQUANTE-QUATRE ATELIERS DE LA FAYENCE DE ROUEN

Rien ne complètera mieux ce qui précède que le répertoire alphabétique des ateliers de la fayence de Rouen. On y trouvera des noms auxquels ne correspondent aucune signature ou marque ; mais, en rendant plus plausibles certaines suppositions, il aidera aux déterminations.

BELLENGER fils, Jean-Nicolas, cité en 1788 comme fabricant en *blanc* et *brun*, mort en 1794.

BERTIN, Jean-Jacques, cité dès 1708, mort en 1723.

BERTIN, dame Catherine-Dorothée, née Huet, veuve du précédent, exerçait en 1740, 1747, avec deux fours ; morte en 1758.

BRÉARD, cité en 1729.

CARRÉ, fabricant de *terre brune*, 1722.

CAUCHOIS, fab¹ de *terre brune*, 1722.

CAUSSY Pierre-Paul, et CAUSSY fils, Pierre, cités dès 1700 environ pour le premier, dès 1715 pour le second ; en 1749 et 1757, avec trois fours, mais le père était mort en 1731. Pierre Caussy eut un fils des mêmes prénoms, et un second fils, Pierre-Clément, son associé en 1740, 1742.

DE BARC DE LA CROISILLE, associé, en 1757, de Pierre Mouchard, puis marchand.

DE LA HOUSSIETTE, Louis-Jean-Baptiste Picquet, écuyer, ancien officier, mort en 1788, cité alors comme fabricant en blanc ; il était allié aux descendants des Poterat, fondateurs des ateliers rouennais.

DE LA METTAIRIE, Jacques-Nicolas, fabricant et marchand, cité dès 1747, mort en 1786. Son fils Pierre-Jacques, mort en 1841 fut aussi manufacturier.

DESPORTES, cité en 1749 avec trois fours. Un Jacques Desportes est mort en 1763, un François Desportes en 1769.

DIONIS, François-René, ancien avocat au parlement de Normandie, épouse, en 1741, Anne-Jeanne Le Boullenger, maîtresse de manufacture, morte en 1771, et exploite avec elle, sans prendre le titre de manufacturier. La fabrique d'Anne Le Boullenger passait pour la plus ancienne de Rouen et ne serait autre, ainsi, que celle d'Edme Poterat.

DUBOIS, Jacques-Charles-Noël, cité dès 1783, mort en 1790, fabricant *en blanc et brun*. Son fils Charles-Guillaume, cité en 1781, 1786.

DUMONT, Pierre, cité en 1764, mort en 1791, eut plusieurs fils également fabricants, Sébastien, Louis et Antoine, qui paraissent lui avoir succédé ; il dit lui-même être le successeur de De Barc de la Croisille.

Dupont, cité en 1770, puis, en 1775, comme tenant la fabrique de Gabriel Sas.

Dupray, Jean-Baptiste, 1753.

Faupoint, 1722.

Flandain ou **Flandrin**, fabricant de fayence *brune* et *agate* en 1749, 1757, cité encore en 1798. Il y eut deux personnages de ce nom, Antoine, mort en 1748, et son fils, Jean-Baptiste-Antoine.

Fossé, Gabriel, cité en 1740, mort vers 1753 ; sa veuve est citée en 1757.

Fouquay, Nicolas, natif de Paris, acquiert en 1720 l'atelier de Louis Poterat ; mort en 1742.

Framboisier, Charles, cité dès 1760, mort en 1763, et son fils de même prénom. Une veuve F. exerce en 1775.

Gibon, fabricant de poterie en 1798.

Guillibeaux ou **Guillibaud**, Jean-Baptiste, cité dès 1720, mort en 1738 ; avait épousé Marie-Madeleine Loüe, veuve de Jean-Marie Levavasseur, qui continua l'exploitation après la mort de son second mari — auquel, du reste, elle avait apporté la fabrique — et la transmit à Jacques-Nicolas Levavasseur, son fils du premier lit.

Heugue, famille importante dans les annales de la fayence de Rouen. Le fondateur de la dynastie fut Pierre

H., cité dès 1710, mort en 1740. Guillaume H., son fils, cité en 1734, mort en 1768, eut un frère, Guillaume-François, aussi manufacturier. La veuve de Guillaume H. succéda à son mari et exerçait encore en 1783 ; deux autres dames de la famille sont citées comme fabricantes. Séraphine H., en 1753, Marie-Adélaïde-Julie, en 1775. Guillaume-François dit François H., signe Heugue l'aîné et exerce en 1749, 1757, mort en 1784 ; François-Philippe H., son fils, 1784, 1794. François-Henri H., signe Heugue fils, né en 1732, cité jusqu'en 1791. La fabrique de Jean-Baptiste H., cité en 1775, passe aux Dubois. Adrien H., 1791. Jean-Baptiste-François-Augustin H., frère du précédent, exploita avec lui, pendant quelque temps du moins, une fabrique qui avait été celle de Louis Poterat. Citons encore Michel-Antoine-Guillaume H., mort en 1780, et Pierre H., né en 1733, cité en 1770. D'autres membres de la famille ont été artisans céramistes.

Himbert, Pierre-Antoine-Félix, 1783.

Huet, Jacques-Pierre, ouvrier fayencier, mérite d'être signalé ici à cause de ses propositions réitérées, à l'assemblée provinciale, d'établir à Rouen une fabrique de *fayence* dans le *genre anglais* ; 1789.

Jourdain, Pierre-Paul, fut un des meilleurs fabricants de la dernière époque ; son atelier était encore en activité en 1805. Voir à Maletra.

Lambert, Amédée, mort en 1851, dernier en date des fayenciers rouennais, successeur de Levavasseur par son mariage avec Sophie de la Mettairie, veuve de Philémon-Jacques Levavasseur. Sa fabrique tomba en déconfiture ; continuée pendant quelque temps par un certain M. Avenelle, elle se ferma définitivement en 1851, et la fayence de Rouen se termina ainsi.

LE BOULLENGER, Anne-Jeanne. Voir à Dionis et à Villeray. 1741.

LECOQ DE VILLERAY Mme, reprend la fayencerie d'Edme Poterat.

LEGRIP, Claude, fabriqua aussi des *carreaux de poêle*, 1773, 1798.

LE PAGE, Pierre-Charles, 1771, mort en 1779 ; sa veuve, née Heugue, exerce encore en 1783. Ce Le Page, descendant d'une famille de fayenciers, avait embrassé une autre profession ; pour reprendre le métier de ses pères, on le voit demander un privilège au roi en 1771, en l'appuyant sur les talents de son épouse, fille d'un des plus anciens manufacturiers du faubourg Saint-Sever, et en manifestant l'intention de construire deux fours pour fabriquer de la fayence ordinaire et celle à l'*imitation de Strasbourg*.

LE TELLIER, Hubert, est connu surtout pour ses échantillons de *biscuit de fayence blanche* fabriquée avec l'argile de la forêt de la Londe, présentés à l'Académie de Rouen en 1805.

LEVAVASSEUR, Jacques-Nicolas, cité dès 1743, mort en 1755 ; sa veuve, née Roussin, exploita l'atelier sous la raison sociale « Roussin, veuve Levavasseur », et mourut en 1791. Leurs fils, Pierre-Jacques-Amable et Marie-Thomas-Philémon (mort en 1793), furent aussi fabricants, de même que Philémon-Jacques, fils du précédent, mort en 1810.

LHOMME, Nicolas, fut associé, momentanément du moins, avec la veuve Le Page, en 1783 ; il est cité déjà en 1781.

LOÜE-GUILLIBAUD, veuve, 1740. Voir à Guillibeaux.

MACAREL, Nicolas-Roch, cité dès 1740, mort en 1752 ; son fils, Pierre-Michel, exploitait en 1788 ; un autre fils, Nicolas-Louis-François, était mort en 1773. Une femme P. Macarel exploitait en 1783.

MALETRA, Nicolas, 1740, mort en 1747 ; sa veuve, née Cassaigne, continua l'exploitation avec Robert-Thomas Pavie, son second mari, jusqu'en 1778. La manufacture des Maletra passa alors au sieur Jourdain. Voir à Jourdain et à Pavie.

MAUGARD ou MAUGRAS, Jacques, épousa une fille de la famille Levavasseur ; il est cité dès 1722. D'autres membres de la famille M. ont été manufacturiers et alliés à d'autres dynasties de fayenciers.

MOUCHARD, Pierre, cité dès 1748, avait un frère, Thomas M...., qui était peintre sur fayence. Charles Mouchard est cité en 1788 et paraît avoir succédé à L. de la Houssiette ; il mourut en 1793.

PAVIE, Robert-Thomas. Voir à Maletra.

PINON, Henri-Pierre, sieur des Bréards, cité en 1722 ; le même probablement qu'un Bréard cité en 1720.

POIREL, Nicolas, sieur de Grand Val 1644.

POTERAT, Edme, sieur de Saint-Étienne, né vers 1612, entreprit son exploitation en 1647, âgé de 32 ans, et la poursuivit jusqu'en 1687, année de sa mort; il fonda, en 1673, un second établissement pour Louis Poterat, son fils, mort en 1696; ce dernier avait continué les traditions paternelles et perfectionné la fabrication en puisant, pour le décor, des *inspirations nouvelles dans le décor des faïences hollandaises et dans celui des porcelaines de Chine* que les Pays-Bas importaient en Occident. La descendance des Poterat se poursuivit jusqu'à la fin du XVIII° siècle.

POTTIER, André, cité dès 1757 et encore en 1798.

RÉINCOURT, Girard de, continue, en 1742, la manufacture de Fouquay, mort sans enfant, manufacture citée alors comme la plus ancienne, ce qui est une erreur. L'atelier acquis par Nicolas Fouquay était celui de Louis Poterat, fondé en 1673.

SAAS ou SAS, Gabriel, mort en 1788.

STURGEON William, Irlandais, 1783; ne pratiquait plus en 1791.

SULMONT, L., cité en 1730, 1740.

THAREL, Guillaume, dont les peintures étaient recherchées à son époque (1798). — THIEUVIN, 1741.

VALLET, Michel-Mathieu, cité en 1768, 1783, 1791, est associé à son frère Michel dès 1757. Un Vallet est déjà cité en 1722 et on trouve un Mathieu Amable Vallet fils en 1798.

VILLERAY, Charles Le Coq de, écuyer, cité en 1722, aurait succédé à l'un des Poterat dans l'exploitation d'un des anciens ateliers; ayant cessé sa fabrication en 1740, son successeur aurait été Dionis.

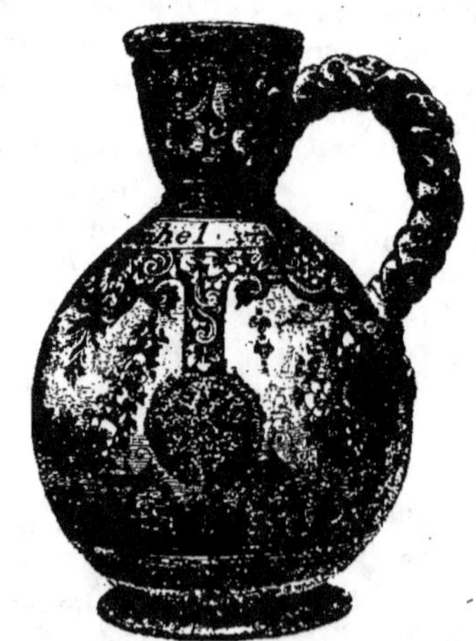

XVIII° SIÈCLE. — ÉPOQUE LOUIS QUINZE

Fig. 146. — POT A CIDRE OU PICHET, 1731, Décor dit à la Guirlande.

Musée des Thermes et de l'Hôtel de Cluny, Paris (Don A. Le Véel).

Fayence blanche; décor à fond *bleu (en réserve)* sur lequel se détachent des fleurs et rinceaux modelés en hachures *brun rouge*; quelques touches de *jaune* dans la guirlande. Sur les deux faces, une rosace en relief et *réticulée*. Anse mouchetée de *bleu*.

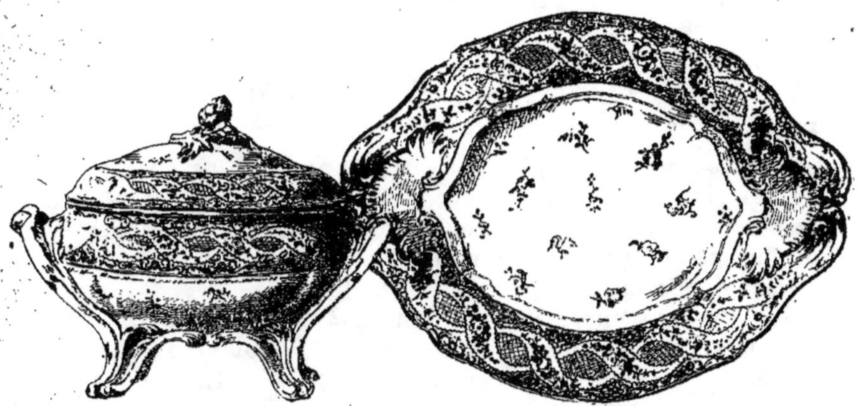

PORCELAINE DE SÈVRES, DITE PATE TENDRE.
Musée de la Manufacture de Porcelaine, Sèvres.

Fig. 148 et 149. — Soupière à *oreilles* et à pieds. forme *feuilles de céleri*, munie du plateau. Décor, bouquets détachés, par Baudoin (marque n° 10, page 65) ; *Marly*, décor à guirlandes et dorure de Le Bel jeune (marque n° 76, page 69).
Porte, en dessous, la lettre T, fixant la date de la fabrication, 1772 (Voir page 62).

COMPRÉHENSION DES ŒUVRES D'ART EN PORCELAINE

LA PORCELAINE DE SÈVRES

DÉCOUVERTE DU KAOLIN EN FRANCE
CE QU'ON ENTEND PAR PATE DURE ET PATE TENDRE
IMITATION, SUR DÉCORATION, CONTREFAÇON
CONCORDANCE DES LETTRES ET DATES DE FABRICATION
MARQUES OFFICIELLES, MARQUES ET DÉCORS DES ARTISANS
COMMENT IDENTIFIER CENT SOIXANTE-TROIS MARQUES

Dans un curieux document, extrait du manuscrit, n° 434, de la Bibliothèque de la Sorbonne, à Paris, et publié par Buchon, dans son *Panthéon littéraire,* nous trouvons la preuve que, dès le quinzième siècle, la porcelaine orientale a été introduite en France.

Sous la date de 1447, Mathieu de Coussy, historien du règne de Charles VII, rapporte le texte d'une lettre-missive, adressée au roi de France par le soudan d'Égypte de Babylonie. C'est la réponse aux ouvertures diplomatiques qui avaient été négociées auprès de ce protentat par Jehan de Villaga, l'un des facteurs du célèbre argentier Jacques Cœur, pour favoriser le commerce français aux Échelles du Levant. Cette lettre se terminait ainsi : « Si te mande par ledit ambassadeur un présent : c'est à savoir du baume fin de nostre sainte vigne ; *trois escuelles de pourcelaine de Sinant* (trois assiettes de porcelaine de la Chine) ; *un plat de pourcelaine de Sinant; deux grandz platz ouvrés de pourcelaine; deux touques* (bateaux ou bouts de table) *verdes* (vertes) *de pourcelaine; deux bouquetz* (bouteilles à anses) *de pourcelaine; ung lavoir ès mains* (un bol à laver les mains) et *ung gardemanger* (plat couvert) *de pourcelaine ouvré* ; une jatte de gingembre vert, etc. » Ces pièces, d'un service de table destiné au *dressoir* du roi de France, furent sans doute le premier exemple de l'usage de cette poterie nouvelle, qui devait mettre plus de trois siècles à se répandre.

Au dix-septième siècle il existait, à Paris, plusieurs collections de porcelaines chinoises ou japonaises. De nombreux efforts furent tentés dès lors pour fabriquer de la porcelaine en Europe ; les missionnaires, et surtout le père d'Entrecolles, envoyèrent de la Chine, la description des procédés de fabrication, ainsi que des échantillons des matières premières, consistant en une argile blanche, le *kaolin* (1), inconnue en occident, quoiqu'elle s'y trouve en grande quantité, et en un minéral fusible, le *feldspath* (2).

Mélangées en proportion convenable, la première donne à la porcelaine du corps et de la solidité, et la seconde, sa demi-transparence et la propriété qu'elle possède de se ramollir à une température très élevée. On essaya de fabriquer de la porcelaine avec le *feldspath* seul ; les pièces ainsi préparées s'affaissèrent au feu.

En 1695, on réussit à faire, en France, une espèce de porcelaine de belle qualité, sans employer les mêmes matières premières que les Chinois : c'était la *porcelaine tendre* dite *pâte tendre*. La première fabrique en fut établie à Saint-Cloud par un habile potier, nommé Morin, qui avait consacré vingt-cinq ans de travaux à la recherche d'une porcelaine, faite avec les matières premières qu'on pouvait trouver en France. Plusieurs autres fabriques s'établirent, notamment à Mennecy-Villeroy et à Chantilly en 1735.

La fabrique de Chantilly fut fondée par les frères Dubois, ouvriers de Saint-Cloud, qui en installèrent une autre à Vincennes en 1738, pour le compte du marquis Orry de Fulvi.

Les frères Dubois ne réussirent pas ; mais Gravant, un de leurs ouvriers, parvint à faire de la porcelaine de belle qualité ; la fabrique prospéra rapidement et fut transférée à Sèvres en 1756, dans un bâtiment construit par l'architecte Lindet. Louis XV la racheta en 1760 et, depuis cette date, la manufacture de Sèvres s'est maintenue au premier rang parmi les fabriques de porcelaine.

---

(1) Le *kaolin* fournit la pâte et le *feldspath* donne la *couverte*, que le feu transforme en un émail très dur. Le *kaolin* est une sorte d'argile provenant de la décomposition du granit, qui est un composé de mica, de quartz et surtout de *feldspath*.

(2) Les *feldspaths* ne sont autre chose que des silicates d'alumine et d'alcali (potasse ou soude). Lorsque l'alcali passe à l'état de carbonate, il se dissout dans l'eau, et il ne reste plus que du silicate d'alumine. Ce silicate est en général fortement mélangé dans toute la masse des autres éléments du granit, grains de quartz, paillettes de mica, etc., dont on peut difficilement le dégager. Mais, dans certaines régions où il y a une variété de granite à très gros grains et à feldspath prédominant, le résultat de la décomposition est le *kaolin*, argile très pure qu'il est facile de recueillir.

Dès l'année 1765, époque à laquelle on découvrit le kaolin de Saint-Yrieix, la fabrication de la *porcelaine dure*, dite *pâte dure*, porcelaine ordinaire, marcha concurremment avec celle de la *porcelaine tendre* jusqu'en 1804, époque à laquelle cette dernière fabrication fut abandonnée comme étant très coûteuse et nuisible à la santé des ouvriers.

Vers 1860 on reprit, à Sèvres, cette incomparable fabrication de la *porcelaine tendre*; elle fut amenée, pour ainsi dire, jusqu'aux dernières limites de la perfection et de l'élégance. De plus, la Manufacture de Sèvres est devenue une véritable École de céramique, dans laquelle toutes les variétés de poterie sont représentées, sans que cependant les anciens modèles fussent pris servilement comme types, et en conservant à tous les produits leur cachet de fabrication française.

C'est en Saxe qu'on a réussi, pour la première fois en Europe, à fabriquer de la véritable *porcelaine dure* avec les mêmes matières dont les Chinois font usage. Cette découverte est due à un *arcaniste*, Jean-Frédéric Böttger (1682 † 1719), qui fut d'abord élève en pharmacie, puis alchimiste ordinaire du roi de Prusse, Frédéric-Guillaume Ier. Craignant de ne pas réussir à faire de l'or et de s'attirer la persécution du roi, l'inventeur de la *porcelaine dure* européenne s'enfuit de Berlin et se réfugia près de l'Électeur de Saxe, Frédéric-Auguste Ier.

J.-F. Böttger travailla plusieurs années avec un autre savant, nommé Tschirnhaus, et réussit à trouver une espèce de poterie rouge qui acquit de la célébrité. Cette poterie nouvelle fut appelée *porcelaine rouge*, qualification fausse appliquée à une espèce de grès-cérame, auquel on donnait de l'éclat par une glaçure, fondant à basse température, ou par le polissage sur le tour des lapidaires.

Quoique comblé de faveurs par l'Électeur, J.-F. Böttger, surveillé avec le plus grand soin, était constamment accompagné d'un officier dans ses moindres voyages, son protecteur craignant toujours qu'il n'emportât ses secrets à l'étranger.

En 1706, Charles XII ayant envahi la Saxe, Frédéric fit conduire dans la citadelle de Kœnigstein, Böttger et Tschirnhaus, avec leurs ouvriers et tout leur matériel ; ils n'en sortirent qu'un an après.

Au commencement du dix-huitième siècle, le *kaolin* fut découvert près Aue par un maître de forges nommé Jean Schorr, qui pensa que cette terre, éminemment blanche, pourrait servir avantageusement comme poudre à perruques au lieu de farine de froment ; en effet Schorr en vendit de grandes quantités dans toute la Saxe.

On prit des précautions particulières pour conserver les secrets de fabrication découverts par Böttger ; la fabrique, établie à Meissen, gardée comme une place forte, était entourée de fossés ; le pont-levis ne s'abaissait que la nuit. Les ouvriers prêtèrent serment de ne jamais rien révéler des procédés de fabrication. L'exportation du *kaolin* d'Aue était interdite sous les peines les plus sévères ; le transport de cette précieuse terre s'opérait dans des tonnes scellées et sous la garde de gens assermentés. Malgré ce surcroît de précautions pour en conserver le secret, des transfuges s'échappèrent de Meissen et allèrent le dévoiler par toute l'Allemagne.

Chaque petit souverain voulut avoir sa manufacture de *porcelaine dure* et employa la corruption ou la persécution, pour enlever les ouvriers de la fabrique de Meissen ou de celle de Vienne, cette dernière fondée en 1720, à tel point que l'Électeur de Mayence fit arrêter le porcelainier Bengraf, et le priva de nourriture jusqu'à ce qu'il eût consenti à révéler ses procédés de fabrication.

En 1761, un Strasbourgeois nommé Hannong, qui avait travaillé dans la fabrique de Frankenthal, apporta à Sèvres le secret de la *porcelaine dure* ; mais, comme il ne pouvait procéder qu'avec du *kaolin* de Passau, sa communication demeura infructueuse jusqu'à l'époque de la découverte du *kaolin* de Limoges.

C'est en 1765 que le premier gisement de *kaolin* fut découvert en France par Guettard, membre de l'Académie des Sciences, aux environs d'Alençon ; mais ce *kaolin*, de qualité médiocre, ne donna qu'une *pâte dure*, grise, assez laide et d'un grain inégal. Un second gisement, d'une pureté parfaite et d'une grande richesse, fut reconnu presque à la même époque à Saint-Yrieix-la-Perche, près Limoges, d'où proviennent les pâtes employées à Sèvres, et dans presque toutes les autres manufactures de France.

La découverte de ce précieux gisement est due à une singulière circonstance : Mme Darnet, femme d'un médecin de Saint-Yrieix, recueillit, dans un ravin des environs, une terre blanche, onctueuse au toucher, qu'elle croyait propre au savonnage ; son mari, en examinant cette argile blanche, pensa que ce pouvait être le fameux kaolin qu'on cherchait depuis si longtemps en France, que le savant chimiste Pierre-Joseph Macquer (1718 † 1784), attaché à la Manufacture de Sèvres, avait signalé à l'attention des naturalistes et des voyageurs. Darnet se rendit à Bordeaux et montra un échantillon de cette terre à un pharmacien de ses amis, qui l'envoya à Macquer ; ce dernier y reconnut tous les caractères d'un *kaolin* très pur et, en 1760, installa la fabrication de la *porcelaine dure* à Sèvres.

Quant au chirurgien Darnet, il n'eut ni l'honneur ni le profit de la trouvaille de sa femme, et mourut pauvre. En 1825, une femme, vieille et misérable, frappait à la porte de la Manufacture de Sèvres, implorant un secours : c'était Mme Darnet. Ce secours lui fut accordé par le roi Louis XVIII, qui acquittait ainsi une dette française pour une découverte, fortuite il est vrai, mais qui a donné à la France une de ses industries les plus belles et des plus productives.

La *porcelaine* est une poterie à *pâte toujours dure*, c'est-à-dire non rayable par l'acier ; elle est *translucide*, tandis que les produits qu'on pourrait confondre avec elle, comme les faïences, les grès, ne le sont qu'accidentellement, et dans leurs parties les plus minces.

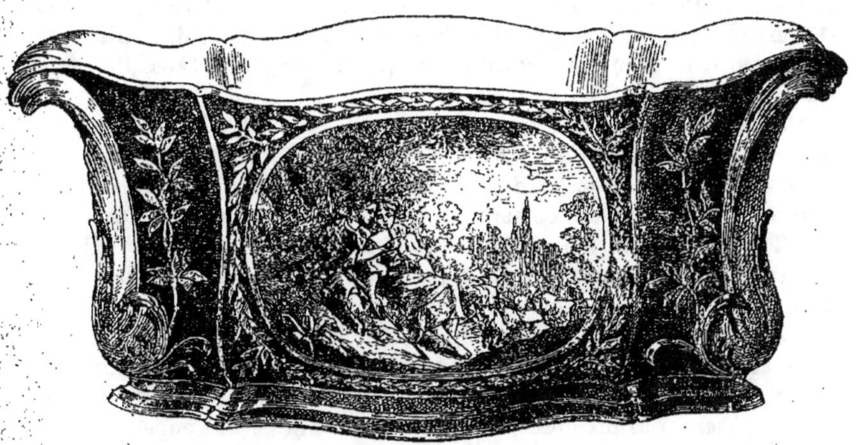

XVIIIe SIÈCLE. — ÉPOQUE LOUIS XVI
PORCELAINE DE SÈVRES, DITE PATE TENDRE.

Musée Jacquemart-André, Paris.

Fig. 147. — Jardinière, forme dite *commode*, bleu de roi, avec médaillon représentant la *Leçon de flûte*, d'après F. Boucher, peint par Chabry (Voir marque n° 32, page 66) et bouquets de roses d'or au dos.
Porte, en dessous, la lettre M, fixant la date de fabrication 1765 (Voir page 62).

CE QU'ON ENTEND PAR PATE TENDRE ET PATE DURE

La *porcelaine tendre française* est la *porcelaine artificielle* à pâte marneuse, d'une texture presque vitreuse, fusible à une haute température, dont le vernis est transparent, *rayable par l'acier* ; elle doit son nom de porcelaine à une analogie d'aspect, et la qualification de *tendre* à une comparaison.

Cette qualification de *pâte tendre* fut créée lorsqu'on eut à distinguer ses produits de ceux de la *pâte dure*.

L'expression de *pâte tendre* ne s'applique donc point à la résistance de la pâte, mais : 1° à la faible résistance de cette porcelaine à l'action d'une haute température comparativement à celle qu'y présente la *porcelaine dure* ; elle y fond longtemps avant que cette dernière ne soit cuite ; 2° à la tendreté du vernis, qui se laisse rayer par l'acier.

Les *porcelaines tendres* sont plus *dures* que la faïence, la terre de pipe, etc., mais elles sont tendres *comme pâte*, relativement aux porcelaines chinoises, qui supportent une température de 140° du pyromètre de Wedgwood, et plus tendres encore *comme couverte*, puisque leur vernis, composé de silice, d'alcali et de plomb, se cuit à une température inférieure au ramollissement du *biscuit*.

L'Angleterre eut des fabriques de *porcelaine tendre naturelle* dès l'année 1745. Le *kaolin* de Cornouailles fut découvert en 1768 et, depuis cette date, les porcelaines anglaises ont atteint la plus grande perfection, tout en conservant une partie des caractères de la *porcelaine tendre*.

Par allusion au mélange de marne argileuse et d'argile figuline ayant pour fondant une *fritte*, Alexandre Brongniart (1770 † 1847) a désigné la *porcelaine tendre de Tournay* sous le nom de *porcelaine tendre commune* ; mais ce serait une erreur de penser que cette poterie artificielle est inférieure comme technique ou comme artielle.

Les *porcelaines hybrides* ou *mixtes* sont des produits d'un caractère assez singulier. Les premières, d'origine italienne, comme la *porcelaine dite des Médicis*, ont l'aspect dur bien que le *kaolin*, dont leur pâte est composée, diffère complètement de ceux de Chine et de France. Les secondes, fabriquées en Espagne et dans le Piémont, se caractérisent par un élément magnésien. A ces différences techniques s'ajoute un sens artistique particulier très saisissable.

La fabrication de la *porcelaine à pâte dure* ne fut introduite dans l'établissement royal de Sèvres que vers 1760, lors de la découverte du *kaolin* de Limoges. Cette porcelaine est cuite à la plus haute température céramique, c'est-à-dire à blanc. On y applique ensuite les peintures, mais seulement au feu de moufle, rouge-cerise.

Soumise dans sa première cuisson à une chaleur moins intense, la *pâte tendre* est moins vitrifiée que la *pâte dure* et, par conséquent, moins compacte, plus limpide, d'une texture, fine, serrée, douce et veloutée.

COMMENT DISCERNER LA PATE DURE DE LA PATE TENDRE

La supériorité de la glaçure de la *pâte tendre* sur celle de la *pâte dure* est incontestable. On s'en rendra compte en comparant la *couverte* et le décor de la première avec ceux de la seconde. Dans la *pâte tendre*, les tons sont fondus et forment corps, pour ainsi dire, avec la *couverte*, tandis que, dans la *pâte dure*, les tons sont plus secs, moins brillants.

Et si, pour examiner attentivement une pièce en *pâte tendre*, on la prend en main et qu'on l'a place de côté, en sorte que la lumière frappe également les réserves blanches et les tons, on constatera qu'il n'existe aucune différence dans leur limpidité.

Le contraire, c'est-à-dire une sensation de relief, si légère soit-elle, se manifestera dans une pièce en *pâte dure* et accentuera la sécheresse du décor.

Une autre remarque, servant à les distinguer, c'est qu'en dessous une pièce en *pâte tendre* a conservé tout son émail, tandis qu'une pièce en *pâte dure* est, également en dessous, dépolie vers les bords.

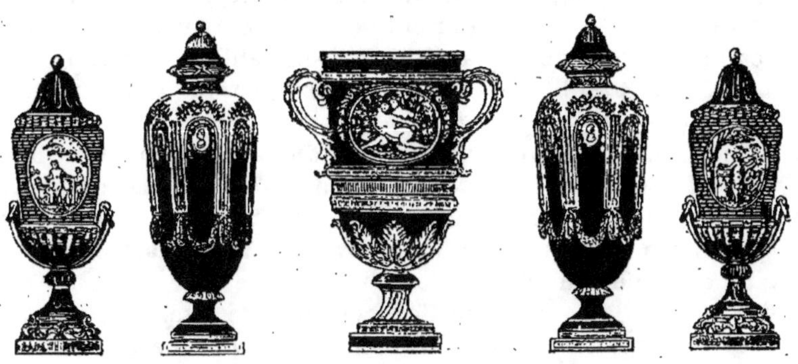

Fig. 150 à 154. — Vases et coupe, décor bleu de roi et or.
Ces pièces sont de celles qui ont été le plus souvent contrefaites.

IMITATION, SURDÉCORATION, CONTREFAÇON

La rareté relative des anciennes *porcelaines tendres* de Sèvres et les prix élevés qu'elles atteignent dans les ventes devaient avoir pour effet de créer une industrie tout à fait spéciale, celle des contrefacteurs de *vieux sèvres*.

Ce qui se débite de fausses *pâte tendre* de Sèvres à Paris et surtout à Londres, ce qui s'en expédie tous les ans à l'étranger, et principalément en Amérique, est inimaginable : il aurait fallu certainement à notre célèbre manufacture plusieurs existences, semblables à celle qu'elle a parcourue depuis plus d'un siècle et demi, pour arriver à produire tout ce qui lui est attribué par des revendeurs peu scrupuleux.

Les imitations et les contrefaçons des *porcelaines tendres* ayant été signalées par Édouard Garnier, dans *la Porcelaine de Sèvres*, publication somptueusement mise en œuvre en 1896 par l'éditeur d'art M. Albert Quantin (à qui les amateurs seront toujours redevables de beaux livres, du plus haut intérêt, relatifs aux beaux-arts et à la bibliophilie), il nous a paru utile d'en extraire et reproduire ce qui suit :

« Dans les contrefaçons qui ont été faites de *vieux sèvres*, il y a toute une série de pièces qu'il est très difficile de reconnaître, ce sont celles qui sont peintes sur du *vrai blanc* de Sèvres. Au début de son administration, vers 1804, Alexandre Brongniart étant obligé de se procurer de l'argent, à quelque prix que ce fût, afin de subvenir aux dépenses journalières de la manufacture et donner un acompte aux ouvriers, auxquels il était dû plusieurs mois de traitement, fit vendre à bas prix tout ce qu'il y avait en magasin de *blanc* en *porcelaine tendre*, dont la fabrication, négligée depuis la découverte du *kaolin* de Saint-Yrieix, était définitivement abandonnée. Il restait encore des quantités considérables de porcelaines non décorées, qui furent achetées à vil prix par des *chambrelans* (1) de Paris et des négociants étrangers ; ces porcelaines ont été depuis lors, et forment encore aujourd'hui, la base du haut commerce de la contrefaçon, et il faut une grande habitude pour les reconnaître quand elles sont bien décorées, comme cela est arrivé surtout pendant les premières années de la Restauration. Il existait encore à cette époque quelques-uns des anciens peintres de *pâte tendre* de la manufacture, mis à la retraite ou licenciés dans le remaniement qui avait précédé la nomination de Brongniart et qui mettaient volontiers leur habileté au service des marchands, sans trop s'inquiéter du parti que ceux-ci en tireraient. Plusieurs des porcelaines ainsi *surdécorées* ont été, pendant longtemps, considérées, même par les personnes les plus compétentes, comme du *sèvres authentique* ; tels sont, entre autres, un service qui fait partie de la collection de S. M. la reine d'Angleterre à Windsor-Castle, et celles qui avaient été offertes à Louis XVIII comme ayant appartenu à Louis XV, et qui ont été ensuite données au Musée de Sèvres, quand la fausseté en a été démontrée.

« Cependant, malgré la perfection de leur décor, on peut reconnaître ces porcelaines à plusieurs caractères que nous allons indiquer brièvement.

« Le premier, celui qui ne trompe jamais, mais qui demande pour être reconnu un œil assez exercé et une assez grande habitude des *porcelaines tendres*, est la présence du *vert de chrome* dans la peinture des bouquets et des paysages. Découvert seulement en 1804 et employé pour la première fois à la Manufacture de Sèvres, l'oxyde de chrome, grâce à sa fixité et à la richesse de sa coloration, devint bientôt d'un usage général et remplaça partout l'oxyde de cuivre, qui avait été seul employé jusqu'alors dans la préparation des verts. On ne songea pas à cette modification introduite dans la palette quand on commença à décorer les *porcelaines tendres* vendues *en blanc* par Brongniart, et on créa ainsi un moyen de découvrir la fraude. Le vert de chrome est plus *chaud* de ton, plus jaune que le vert de cuivre et n'a jamais, comme ce dernier, quand il est posé un peu en épais-

---

(1) On appelait ainsi des entrepreneurs qui décoraient ou faisaient décorer en *chambre*, pour les grands magasins de vente, les porcelaines fabriquées en province, particulièrement à Limoges, et expédiées en *blanc* à Paris.

seur, ces reflets métalliques caractéristiques que l'on voit si souvent dans certaines *porcelaines tendres*, et surtout dans cette série de *porcelaines de la Chine* auxquelles on a donné le nom de *famille verte*, que les connaisseurs apprécient. Cette différence de tons entre les deux verts est assez sensible pour être facilement perçue ; elle est très évidente quand on peut mettre l'une à côté de l'autre et comparer deux pièces, l'une vraie et l'autre fausse.

« On distingue encore assez facilement les *porcelaines tendres*, qui n'ont pas été décorées à Sèvres, à un caractère tout à fait particulier de la dorure. Sur les anciennes porcelaines, les vraies, l'or mis en épaisseur a toujours une apparence un peu mate ; on le *sablait* tout simplement quand la pièce était sortie du moule, ce qui se pratique encore aujourd'hui, et on le *dessinait au bruni* au moyen de *clous* solidement ajustés dans un manche en bois. Au commencement du dix-neuvième siècle, on a substitué, aux clous, des brunissoirs en agate qui ont changé le caractère de la dorure et causé une différence assez notable dans les traits ainsi brunis.

« Dans le *vieux sèvres*, ils sont secs, très secs, très arrêtés et parfois assez profonds, la pointe du clou brunissant surtout par compression ; dans les *imitations*, au contraire, ainsi que dans les porcelaines modernes, ils sont plus larges, moins écrits et surtout moins *gravés*, pour ainsi dire, l'agate agissant beaucoup plus facilement et seulement au moyen d'un frottis un peu appuyé.

« Il est enfin un dernier mode de contrôle, qui n'existe pas sur toutes les pièces, mais que l'on rencontre très fréquemment et qui est, dans beaucoup de cas, une preuve indéniable de la fausseté de certaines porcelaines ; nous voulons parler des *marques*.

« Les *marques de Vincennes* et de *Sèvres* n'ont été connues que grâce à certaines publications récentes, mais, à l'époque où les fraudeurs céramistes et autres faisaient fortune, le commerce de la contrefaçon des porcelaines de Sèvres, à l'aide du *blanc* sorti véritablement des fours de la Manufacture, elles étaient ignorées des contrefacteurs, qui se bornaient, le plus souvent, à copier une marque quelconque qu'ils avaient vue sur une porcelaine véritable, sans s'inquiéter de sa signification réelle, mettant le monogramme d'un peintre de figures sur une pièce décorée exclusivement de fleurs, ou le sigle d'un doreur de talent sur une porcelaine qui ne portait qu'un simple filet d'or. »

Il est encore d'autres porcelaines que l'on vend journellement sous le nom de *vieux sèvres* ; mais elles sont presque toujours si grossièrement et si maladroitement décorées qu'il faut, pour s'y laisser prendre, beaucoup d'ignorance et de naïveté.

Nous n'avons pas à nous en occuper ici, nous bornant à mettre les antiquaires et les amateurs en garde contre les contrefaçons assez bien faites pour qu'ils puissent être facilement trompés s'ils n'étaient pas prévenus (1).

Depuis 1848, les pièces de *sèvres en blanc* reçoivent, avant la cuisson, une petite marque de couleur verte, formée par un S, initiale du mot Sèvres, et les deux derniers chiffres de l'année (Voir marque 23, page 64.)

En résumé, lorsqu'au sortir du four un *blanc* présente un défaut, il est mis au rebut, et la marque, biffée par un coup de roulette, porte en creux une *barre sinistre,* dite *barre de bâtardisse*; nous en représentons trois types ci-dessous :

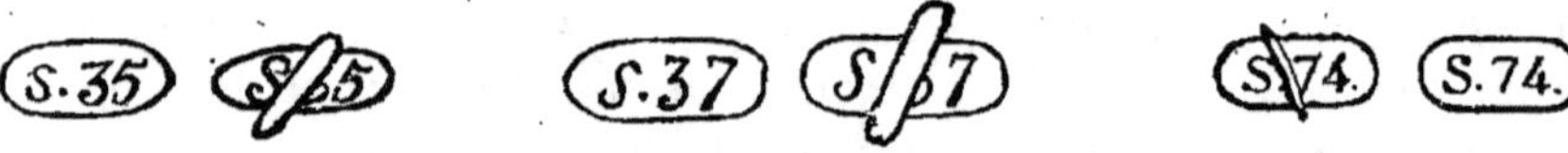

On doit donc considérer comme *pièces de rebut* toutes celles ayant cette barre, quels que soient son décor et les marques, fausses qui, souvent, l'accompagnent pour faire croire à des acheteurs naïfs que ces pièces sont, au contraire, des pièces de choix.

Mais, le sophistiqueur du *sèvres* intervient, bouche le creux de la biffure d'un émail factice, quand il ne la fait pas disparaître. Tel était le procédé du faussaire Guzman, qui ajoutait la mention *Décoré à Sèvres* et transformait ainsi une pièce de rebut en une œuvre authentifiée.

Guzman et ses acolytes ne limitaient pas leur habileté des contre-facteurs à ce qui précède, mais encore transformaient les décors.

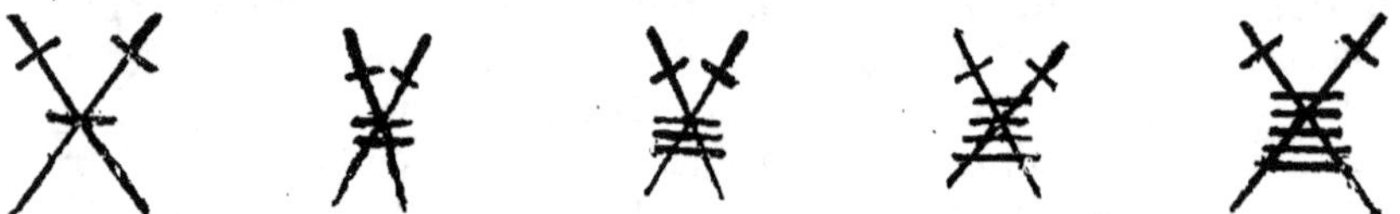

A Meissen, en Saxe, lorsque, à la sortie du four, un *blanc*, c'est-à-dire une pièce non décorée, n'est pas irréprochable, il est mis au rebut, et la marque reçoit par le travers un ou plusieurs coups de molette, qui font un creux dans la pâte.

La marque aux deux épées a été mise sur de nombreuses pièces vulgaires sortant de fabriques diverses, et toutes les fois que la marque de *Meissen* se trouve *sur la couverte,* et non *dessous,* elle doit être regardée comme fausse.

---

(1) Vers 1820, des brocanteurs, les sieurs Pères, Irlande et Jamart, acquirent à vil prix tout ce qui restait de *vieux sèvres.* Pour tirer parti de ce marché, ces industriels vinrent établir, auprès de la Manufacture, un atelier de décoration. Tâtonnant quelque peu, surveillant partout les ventes des *blancs de Sèvres,* aidés par les conseils des ouvriers, ils finirent par jeter, dans le commerce, des produits assez parfaits pour tromper et dérouter les plus fins connaisseurs.

Des revendeurs, abusés ou servis par la ressemblance des marques, ne craignent pas de vendre la porcelaine de la Courtille au prix et sous le nom de celle de Meissen. Pour ces marchands, toute porcelaine allemande est de Saxe; toute pièce française inconnue, de la *porcelaine à la Reyne*; toute *pâte tendre*, de Sèvres ou de Chantilly; les plus beaux produits sont déclassés, les plus célèbres fabriques oubliées ou méconnues; et, pour substituer une valeur courante à celle qu'on n'a pu reconnaître, on déguise, en les déshonorant, les plus précieux échantillons.

En Orient, et principalement en Chine, à *King-te-tchin*, d'après S{.}anislas Julien, il y a une classe d'artisans extrêmement adroits, qui recueillent les pièces défectueuses dans les manufactures. Ils polissent celles qui ont des pailles ou des rugosités, et raccommodent celles qui sont ébréchées ou brisées. On les appelle *Mo-mao-jouen-tien* (1), c'est-à-dire ceux qui usent sur une meule les bords ébréchés (des vases de porcelaine).

Les porcelaines dites *Kouo-kouang-tse-k'i* (2) (porcelaines auxquelles on a donné un *faux lustre*) sont des vases qui ont tous des fentes cachées et qui ne sont pas encore brisés; des habiles artisans faussaires les achètent à vil prix et les enduisent de certaines matières qui les consolident, momentanément.

Ces vases, qui tombent en morceaux dès qu'on y verse un liquide bouillant, ne sont bons qu'à servir de récipient pour des liquides froids; on les nomme vulgairement *Kouo-kiang-k'i* (3).

Les raccords des pièces en céramique japonaise réparées sont faits avec un filet d'or, signature, pour ainsi dire, du réparateur.

DÉFAUTS DES ŒUVRES D'ART EN CÉRAMIQUE

Les *défauts* des porcelaines, des faïences et ceux des biscuits sont dus à des accidents assez difficiles à éviter, auxquels les pièces ont pu être exposées.

On donne le nom de *tressaillage* ou de *gerçage* à un défaut qui est des plus graves, car ces gerçures ou fissures laissent bientôt les matières liquides, et surtout la graisse, s'introduire dans la pâte où elles s'altèrent et lui donnent une odeur désagréable, la salissent et finissent par faire tomber le vernis en écailles.

Ces *tressaillures* résultent non seulement d'une glaçure dont la dilatation n'est pas en rapport avec celle de la pâte, mais encore, ou d'une trop grande épaisseur dans la glaçure, ou de ce qu'elle n'a pas été portée à la température nécessaire pour la cuire; il arrive souvent, surtout dans les poteries à

(1) 磨茅埃店　(2) 過光瓷器　(3) 過江器

pâte dense comme la *porcelaine*, que les grandes *tressaillures* dégénèrent en fentes qui se continuent dans la pâte même de la pièce et la font casser par le moindre choc ou le moindre changement de température. Lorsque ces *tressaillures* sont nombreuses, assez également disposées en réseaux, on les regarde comme un accident heureux, on les recherche même dans quelques poteries telles que dans certaines *porcelaines de la Chine*, et elles font donner aux pièces qui les possèdent ainsi le nom de porcelaine *craquelée* ou *truitée*.

Telles sont les principales conditions exigées dans les enduits vitrifiables et les principaux défauts que l'absence de ces conditions peut faire naître. On peut arriver par ces remarques à deux résultats généraux :

1° Que les défauts des enduits vitreux se réduisent aux suivants : les *tressaillures* ; la *coque d'œuf* ; les *trous* ; le *retirement* ; l'*écaillage* ; les *ondulations* ; les *bouillons* ou *bulles* ; le *ressuie* ; le *sucé* ; le *coulage* ; le *ponctuage*.

2° Que le même défaut peut être attribué à des causes différentes, ce qui rend très difficile et de reconnaître ces causes et de corriger les défauts qu'elles produisent.

La *tressaillure* peut être due à la dilatation du vernis, qui n'est point en rapport avec celui de la pâte, à sa trop grande fusibilité, à sa trop grande épaisseur, au défaut de feu.

La *coque d'œuf*, les trous et les ondulations, à la dureté, au peu de fusibilité de l'enduit vitreux, au défaut de feu, ou au peu d'affinité du vernis pour le *biscuit*.

Le *ressuie* peut être attribué à la dureté du vernis, à l'influence des matières terreuses qui enveloppent la pièce, et des vapeurs qui circulent dans le four.

Le *retirement* peut venir de la trop grande densité du biscuit qui ne se laisse pas, comme *mouiller*, pénétrer par le vernis, à la poussière qui était adhérente au *biscuit* lorsqu'on a placé le vernis, ou à des corps gras qui en enduisaient la surface.

Le *coulage* peut s'attribuer à une trop grande fusibilité du vernis, à trop d'épaisseur, ou à trop de feu.

Le *sucé* peut être dû à une cause opposée à celle du *retirement*, c'est-à-dire à un *biscuit* trop poreux qui absorbe le vernis, à un vernis qui devient trop liquide par la fusion, à trop de feu. Ordinairement les pièces, dont le vernis a coulé vers le bas, ont perdu dans le haut leur enduit vitreux, qui semble avoir été sucé par le biscuit. L'influence des terres des *étuis* ou *cazettes*, et même des terres et poteries non vernies placées dans le four, peut produire un défaut semblable à celui qu'on appelle le *sucé* et qui se confond avec le *ressuie*.

Les *bouillons* ou *bulles* peuvent être produits par un excès de feu qui volatilise une des parties du vernis, et par une réaction des éléments de la pâte sur ceux du vernis.

L'*écaillage*, dans lequel le vernis se détache par écaille du *biscuit*, est un défaut grave qui, comme la *tressaillure*, ne se manifeste quelquefois qu'au bout d'un temps assez long et par l'usage ; il n'a guère lieu sur les *émaux stannifères* appliqués sur les faïences communes et tient principalement au peu d'affinité qu'il y a entre ce stanno-silicate de plomb et la pâte trop siliceuse et trop argileuse de ces faïences. Une disposition puissante à la *tressaillure* dans des glaçures terreuses peu fusibles peut aussi produire l'*écaillage*. Nous avons étudié des *vases campaniens* dont le vernis noir présentait ce défaut.

Le *ponctuage*. La glaçure présente une multitude de petits points noirs après la cuisson, et même après avoir été exposée à une température de beaucoup inférieure à celle qu'elle a éprouvée pour sa perfection, telle qu'est celle de la peinture à la moufle. Ce défaut se montre dans toutes les glaçures, même dans celles qui ne contiennent pas de plomb ; il disparaît quelquefois par une nouvelle cuisson à basse température. On ne sait à quelle cause attribuer un phénomène qui paraît rarement, mais presque toujours d'une manière désastreuse pour la fabrication à laquelle il s'attaque.

En céramique on appelle *chape* le couvercle bombé dont on couvre les plats ;
Le *galbe* est la courbure, le contour ;
Le *marly* est le filet intérieur et extérieur qui décore le bord d'une assiette ou d'un plat ; le *marly*, en *orfèvrerie*, est le filet en talus qui borde, en dedans, la moulure intérieure d'une assiette ou d'un plat en argent ;
Le *biscuit* est un ouvrage cuit au four et qui n'a pas reçu de *couverte* ;
La *couverte* est l'émail que l'on met sur la porcelaine et sur la faïence
Le *craquelé*, ou *truité* (Voir page 60).

RÉSUMÉ DES NOTES RELATIVES A LA CONTREFAÇON

INTÉRÊT PRÉSENTÉ PAR LA COMPRÉHENSION DES MARQUES

Les marques des porcelaines de Sèvres, qui ont varié à l'infini, n'offrent une garantie sérieuse qu'à dater de 1833 ; on peut admettre que toutes les marques antérieures ont été contrefaites.

C'est donc pour essayer d'arrêter cette fraude que la marque des *porcelaines blanches* de rebut est traversée par un coup de roulette. Il est donc évident que, si l'on rencontre des porcelaines peintes, présentant le *marque du blanc*, les peintures n'ont pas été exécutées à Sèvres.

La marque de Sèvres n'offre un véritable caractère d'authenticité que lorsqu'elle est en creux, ou bien cuite au grand feu. Si les connaisseurs tiennent compte des marques antérieures à 1833, ils ont aussi recours à un grand nombre d'autres caractères : couleurs, émail, dorure, style, etc.

L'arrêt du Conseil du 19 août 1753, qui renouvelait le privilège de la manufacture de Vincennes, et l'autorisait à prendre le titre de « Manufacture royale des Porcelaines de France », rendit obligatoire la marque des deux L croisées, qui, jusqu'alors, n'avait été apposée que sur un nombre restreint de pièces.

Cette marque devait, en outre, être accompagnée d'une lettre servant de chronogramme, la lettre A devant désigner l'année 1753 : nous en donnons le tableau complet page 62.

Exceptionnellement, entre 1793 et l'an VIII (1800) (date à laquelle la fabrication de la *porcelaine tendre* fut abandonnée), les lettres indiquant l'année furent rarement employées. Quant à la marque royale, elle fut remplacée, dès la fin de 1792, par le monogramme R. F., diversement disposé et toujours accompagné du nom de Sèvres. On constatera ces changements, et ceux qui ont suivi, sur la représentation des marques officielles de la Manufacture, que nous publions ci-après (pages 63 et 64), d'après le *Guide illustré du Musée céramique de Sèvres*, dont la rédaction, du plus haut intérêt, est due au regretté Georges Papillon, Conservateur du Musée et des Collections.

Il est à remarquer que, sur ces reproductions de marques, la désignation de l'année a, depuis la Restauration, c'est-à-dire depuis mai 1814, fait partie intégrante de la marque. Pendant quelques années, le millésime fut indiqué en entier puis, sous le règne de Louis-Philippe, on a repris le système des deux derniers chiffres.

Enfin, indépendamment de ces deux ordres de signes, la marque de la manufacture et la date, les décorateurs de pièces les signaient quelquefois. Ce sont ces cent-vingt signatures de 1753 à 1800, période de la *porcelaine tendre*, que nous représentons pages 65 à 71, en les accompagnant du nom des décorateurs, classés par ordre alphabétique, en mentionnant le genre de décoration qu'ils ont principalement adopté et traité, et en donnant leurs dates d'entrée et de sortie dans les ateliers de Sèvres.

Nos représentations ne donnent que le type courant de ces marques ; elles ne se répètent pas toujours de la même manière, les décorateurs les ayant peintes avec plus ou moins d'attention.

CONCORDANCE DES LETTRES ET DATES DE FABRICATION

A	1753	U	1773	PP		1793
B	1754	V	1774	T.9 ..1801		an IX
C	1755	X	1775	X ...1802		an X
D	1756	Y	1776	II ...1803		an XI
E	1757	Z	1777	⹀ 1804		an XII
F	1758	AA	1778	— ∥ —1805		an XIII
G	1759	BB	1779	⹀ 1806		an XIV
H	1760	CC	1780	7		1807
I	1761	DD	1781	8		1808
J	1762	EE	1782	9		1809
K	1763	FF	1783	10		1810
L	1764	GG	1784	o z		1811
M	1765	HH	1785	d z		1812
N	1766	II	1786	t z		1813
O	1767	JJ	1787	q z		1814
P	1768	KK	1788	q n		1815
Q	1769	LL	1789	s z		1816
R	1770	MM	1790	d s		1817
S	1771	NN	1791			
T	1772	OO	1792			

EXEMPLE DE CONCORDANCE. — La lettre D, placée au milieu des deux lettres L croisées, marque 1 (pâte tendre), page 63, désigne l'année 1756, et la lettre U, de la marque 2 (pâte dure), même page, désigne l'année 1773.

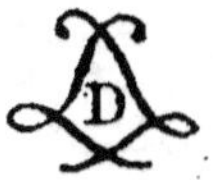

	1. — 19 août 1753 à septembre 1792. (en bleu.) Porcelaine tendre.	8. — Mai 1814 à septembre 1824. Marque impr. en bleu avec les deux derniers chiffres de l'année.
	2. — Même époque. Porcelaine dure.	
	3. — 21 septembre 1792 au 8 mai 1804.	9. — Septembre 1824 à août 1828. Marque impr. en bleu avec les deux derniers chiffres de l'année.
	4. — 1800 à la fin de 1802. Or ou couleurs.	10. — Août 1829 à août 1830. Marque en bleu pour les pièces décorées.
	5. — 1803 au 8 mai 1804. Marque impr. rouge à la vignette.	11. — Août 1829 à août 1830. Marque en bleu pour les pièces avec filets dorés.
	6. — 8 mai 1804 à 1809. Marque impr. rouge à la vignette.	12. — Août 1830 à fin décembre 1830. Fleur de lys en bleu.
	7. — 1810 à 1814. Aigle impr. en rouge.	13. — 1831 à novembre 1834. En or ou en bleu.

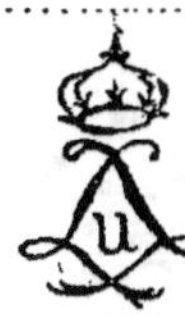

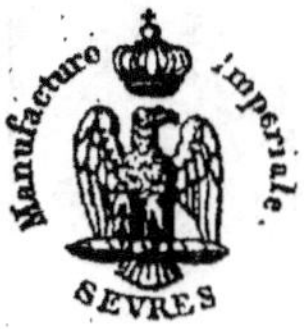

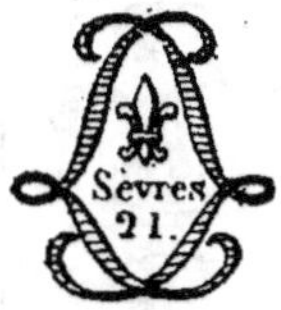

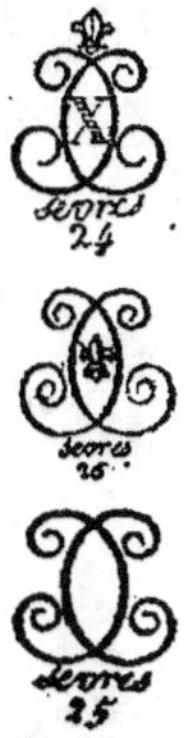

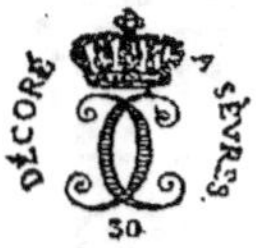

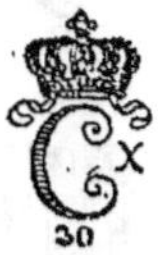

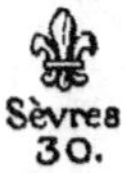

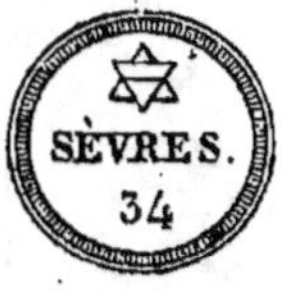

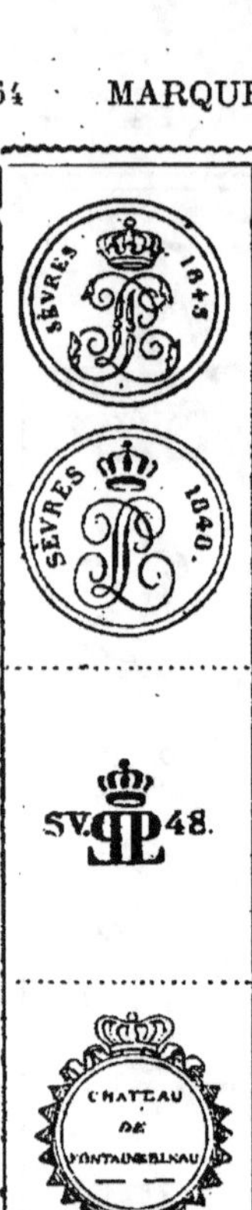

14. — Novembre 1834 à janvier 1848. La première en or ou en bleu; la seconde en or pour les pièces décorées, et en bleu pour les pièces à filets d'or.

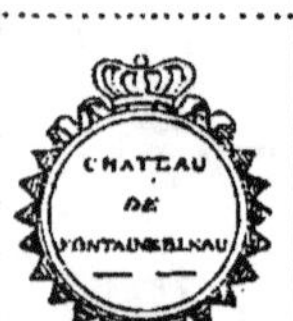

15. — Juillet 1845 à février 1848; imprimé en vert de chrome sous couverte, avec les deux derniers chiffres de l'année.

16. — Marque des pièces pour les résidences royales. Règne de Louis-Philippe (nom placé dans le cartouche).

17. — Février 1848 à décembre 1852. En rouge. Pour indiquer année de la fabrication.

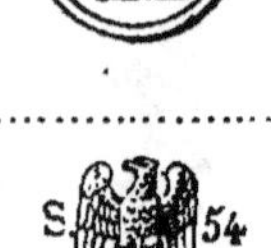

18. — Décembre 1852 à décembre 1854. En rouge. *Porcelaine tendre.*

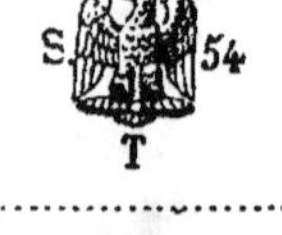

19. — Même époque. En rouge. *Porcelaine dure.*

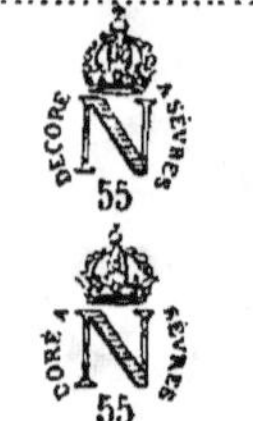

20. — 1854 à septembre 1870. En rouge.

21. — Depuis le 4 septembre 1870. La première marque de différentes couleurs selon le mode de décor, la deuxième et la troisième en rouge ou en jaune.

22. — Depuis 1883; pour les pièces dorées et décorées par les élèves de la Manufacture.

23. — Depuis 1848 (marque imprim. en vert de chrome, sous couverte, sur les pièces, avant la cuisson).

24. — La même, *obliterée par un trait de roue, pièces de rebut.*

25. — 1860-1899 (marque *en creux pour les biscuits*).

26. — 1888-1900. Marque en creux ou imp. en couleur.

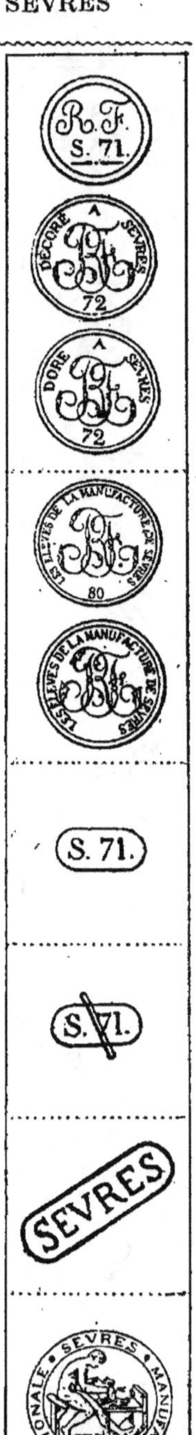

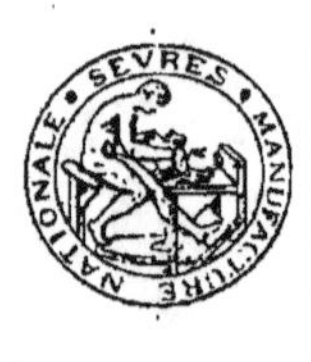

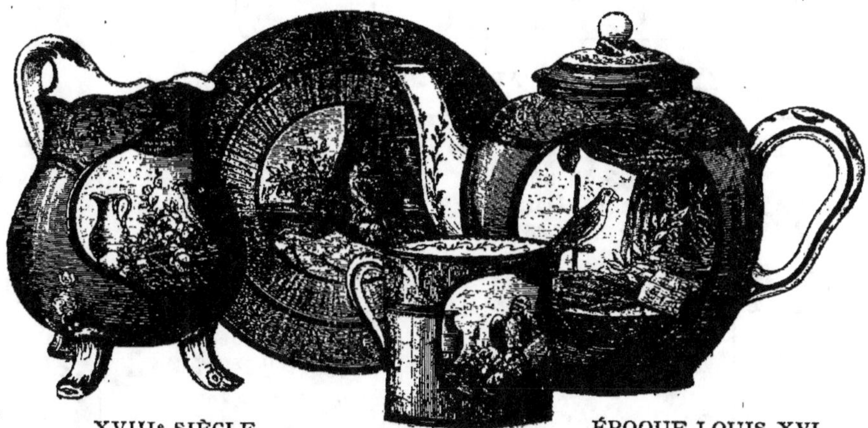

XVIIIᵉ SIÈCLE.   ÉPOQUE LOUIS XVI.

Fig. 155 à 158. — SERVICE A THÉ OU CABARET,   PORCELAINE DE SÈVRES, PATE TENDRE.
Musée municipal, Amiens.

Ces pièces portent la marque de la manufacture royale, les deux L croisées, accompagnées de la lettre V, fixant la date de fabrication (1774) (Voir concordance, p. 62) ; d'un Y, marque du décorateur *Bouillat* (Voir marque nº 18, p. 66), et du B initial de *Boulanger*, le peintre des *cartels* (Voir marque nº 19, p. 66) et non le B initial de *Barre* (Voir marque nº 9, p. 65).

MARQUES, DÉCORS, DATES DES TRAVAUX DES ARTISANS
DIX-HUITIÈME SIÈCLE

N 1	1. Aloncle Oiseaux, Animaux, Attributs. 1758-1781	7. Bardet Fleurs 1751-1758	═ 7
2	2. Antheaume Paysages, Animaux 1754-1758	8. Barrat Guirlandes, Bouquets 1769-1791	ℬ 8
3	3. Armand Oiseaux, Fleurs 1746-1788	9. Barre Bouquets, Dorure 1773-1778	ℬ 9
𝒜 A 4	4. Asselin Portraits, Miniatures 1764-1803	10. Baudoin Bouquets détachés 1750-1800	ℬ𝒟 10
5	5. Aubert aîné Fleurs 1756-1758	11. Becquet Bouquets, Fleurs 1748-1765	♉ 11
ℬy 6	6. Bailly fils Fleurs 1753-1793	12. Bertrand Bouquets détachés 1750-1800	6 12

13. Bienfait
Fleurs, Dorure
1755-1786

14. Binet
Bouquets détachés
1750-1775

15. Mme Binet Chanou
Fleurs
1750-1778

16. Boucher
Fleurs, Guirlandes
1754-1762

17. Bouchet
Paysages, Figures,
1757-1793

18. Bouillat
Fleurs, Décoration
1758-1793

19. Boulanger
Bouquets, Cartels
1772-1785

20. Boulanger fils
Scènes champêtres
1770-1781

21. Bulidon
Bouquets détachés
1763-1792

22. Mme Bunel-Buteux
Fleurs
1778-1810

23. Buteux, Charles
Fleurs, Attributs
1756-1782

24. Buteux, Théodore
Bouquets détachés
1760-1806

25. Buteux, Guillaume
Scènes champêtres
1759-1793

26. Mme Capelle
Paysages, Oiseaux
1749-1800

27. Cardin
Bouquets détachés
1749-1793

28. Carrier
Fleurs, Amours
1752-1757

29. Castel
Paysages, Oiseaux
1771-1797

30. Caton
Enfants, Portraits
1747-1798

31. Catrice
Fleurs, Bouquets
1757-1774

32. Chabry
Scènes champêtres,
Fleurs
1763-1787

Marque	Artisan
JD — 33	33. Mme Chanou, née Durosey. Fleurs 1787-1800
C.P. — 34	34. Chapuis aîné Fleurs, Oiseaux 1756-1792
jC — 35	35. Chapuis jeune Bouquets détachés 1792-18..
⚹ — 36	36. Chauvaux père Dorure 1752-1793
J.n — 37	37. Chauvaux fils Dorure, Bouquets 1773-1788
🎼 — 38	38. Chevalier Fleurs, Bouquets 1755-17..
⚶ — 39	39. de Choisy Fleurs, Arabesques 1770-1812
♫ — 40	40. Chulot Attributs, Fleurs, 1755-1800
C.M. — 41	41. Commelin Bouquets détachés 1765-1797
♪ — 42	42. Cornaille Fleurs, Bouquets 1755-1800

Artisan	Marque
43. Couturier Dorure, Fleurs 1783-17..	*C* — 43
44. Dieu Sujets chinois, Dorure 1762-1792	△ — 44
45. Dodin Sujets champêtres, Fleurs 1754-1802	*K* — 45
46. Drand Chinois, Dorure 1764-1780	*DR* — 46
47. Dubois Fleurs, Guirlandes 1756-1758	branch — 47
48. Dusolle Bouquets détachés 1768-1774	*D* — 48
49. Dutanda Fleurs, Guirlandes 1773-1802	DT — 49
50. Evans père Oiseaux sur *terrasses* 1752-1800	✝ — 50
51. Falot Oiseaux, Papillons 1764-1790	F — 51
52. Fontaine Attributs, Miniatures 1752-1800	⁙ — 52

53. Fontelliau
Dorure
1753-1764

54. Fouré
Fleurs, Bouquets
1749-1762

55. Fritsch
Figures, Enfants
1763-1765

56. Fumez
Bouquets détachés
1776-1801

57. Gauthier
Paysages circulaires
1787-1791

58. Genest
Sujets de genre
1752-1789

59. Genin
Fleurs, Guirlandes
1756-1758

60. Gérard
Scènes champêtres
1771-18..

61 Mᵐᵉ Gérard-Vautrin
Fleurs
1781-18..

62. Girard
Arabesques, Dorure
1771-1800

63. Gomery
Oiseaux, Paysages
1756-1758

64. Grémont
Guirlandes, Bouquets
1769-1781

65. Grison
Dorure
1749-1771

66. Henrion
Bouquets détachés
1768-1784

67. Héricourt
Bouquets, Dorure
1755-1777

68. Hilken
Scènes champêtres
1769-1774

69. Houry
Fleurs
1747-1755

70. Huny
Fleurs, Bouquets
1791-1799

71. Joyau
Fleurs, Bouquets
1766-1775

72. Jubin
Fleurs, Dorure
1772-1785

73. La Roche (de)
Fleurs, Attributs
1758-1800

74. Léandre
Scènes champêtres
1779-1785

75. Le Bel aîné
Fleurs, Figures
1766-1775

76. Le Bel jeune
Dorure, Fleurs
1767-1793

77. Lécot
Chinoiseries, Dorure
1763-1802

78. Ledoux
Paysages, Oiseaux
1758-1761

79. Le Guay
Dorure
1756-1796

80. Leguay
Miniatures, Enfants
1772-1818

81. Levé père
Fleurs, Oiseaux,
1754-1798

82. Levé, Félix
Fleurs, Chinoiseries
1777-1779

83. Mᵐᵉ Maqueret
Bouquets, Fleurs
1796-18..

84. Massy
Fleurs, Guirlandes
1779-1800

85. Méraud aîné
Frises, Ornements
1754-1791

86. Méraud jeune
Guirlandes, Dorure
1756-1779

87. Micaud
Fleurs, Bouquets
1757-1787

88. Michel
Bouquets détachés
1772-1780

89. Moiron
Bouquets détachés
1790-1791

90. Mongenot
Fleurs, Bouquets
1754-1764

91. Morin
Marines, Militaires
1754-1787

92. Mutel
Paysages
1754-1773

n q	93	93. Niquet — Bouquets détachés — 1764-1793
	94	94. Noël — Fleurs, Figures — 1755-1800
SD	95	95. Mᵐᵉ Nouailhier, née Durosey. Fleurs — 1777-1795
(eye)	96	96. Pajou — Figures — 1750-1759
J°	97	97. Parpette — Fleurs, Bouquets — 1755-1798
L P	98	98. Mˡˡᵉ Louise Parpette — Fleurs — 1794-18..
P.T	99	99. Nicolas Petit — Fleurs — 1756-1806
f	100	100. Pfeiffer — Bouquets détachés — 1771-1793
PH	101	101. Philippine aîné — Champêtres, Militaires — 1777-1804
p a	102	102. Pierre aîné — Fleurs, Bouquets — 1759-1775
p. j.	103	103. Pierre jeune — Bouquets, Guirlandes — 1759-1793
P. t	104	104. Pithou aîné — Portraits, Allégories — 1772-1794
P. j	105	105. Pithou jeune — Bouquets, Fleurs — 1759-1795
(vase)	106	106. Pouillot — Bouquets détachés — 1777-1788
HP	107	107. Prevost — Fleurs, Dorure — 1754-1793
(dotted line)	108	108. Raux — Bouquets détachés — 1766-1779
XX	109	109. Rocher — Figures, Miniatures — 1758-1769
(axe)	110	110. Rosset — Paysages — 1753-1795
R L	111	111. Roussel — Bouquets détachés — 1758-1784
S h	112	112. Schradre — Paysages, Dorure — 1773-1785

113. Sioux aîné
Fleurs, Guirlandes
1752-1792

114. Sioux jeune
Fleurs, Guirlandes
1752-1759

115. Sinsson
Fleurs, Guirlandes
1773-1795

116. Tabary
Oiseaux
1754-1765

117. Taillandier
Bouquets détachés
1755-1790

118. Tandart
Fleurs, Guirlandes
1755-1760

119. Tardy
Bouquets détachés
1757-1795

120. Théodore
Fleurs, Dorure
1767-1796

121. Thévenet père
Fleurs, Paysages
1741-1777

122. Thévenet fils
Ornements, Frises
1752-1768

123. Vandé père
Fleurs, Dorure
1753-1779

124. Vavasseur
Arabesques
1753-1770

125. Vieillard
Attributs, Ornements
1752-1790

126. Vincent aîné
Dorure
1752-1804

127. Xrowet
Fleurs, Arabesques
1750-1775

128. Yvarnet
Paysages, Oiseaux
1750-1759

CONCORDANCE ALPHABÉTIQUE DES MARQUES D'ARTISANS

Les chiffres renvoient aux marques pages 65 à 71.

Nous n'avons représenté, pages 65 à 71, que le type courant de marques ne se reproduisant pas toujours pareilles, les décorateurs les ayant peintes avec plus ou moins d'attention :

A, 4 — Av, 109 — B, 9 — B, 12 — B, 19 — Bd, 10 — Bn, 21 — By, 6 — C, 29, 43 — Ch, 32 — Cm, 41 — Cp, 34 — D, 48 —

Dr, 46 — Dt, 49 — F, 51, 82, 100 — Fb, 8, — Fz, 56 — G, 58 —
Gd, 60 — Gt, 64 — H, 69, 70 — Hc, 67 — Hp, 107 — J, 72, —
Jc, 35 — Jd, 33, 95 — Jh, 66, — Jn, 37 — Jp, 97 — Jt, 122 —
K, 45 — L, 81 — Lb, 76 — Lg, 79 — LL, 77 — Ll, 75 — Lp, 98 —
Lr, 73 — M, 84, 88, 89, 91 — Mb, 22 — N, 1 — Nq, 93 — Pa, 102 —
Pj, 103, 105 — Ph, 101 — Pt, 99, 104 — R, 62 — Rb, 83 —
Rl, 111 — S, 85 — Sc, 15 — Sh, 112 — T, 14 — V, 61. — Vd, 123 —
W, 68, 124 — X, 31, 65, 87 — Xl, 3 — Y, 18, 54 — Z, 71.

Ancre, 23 — Arbre, 17 — Barres (deux), 7, 94 — Caducée, 63 —
Cercle, 114 — Chiffre 5 : 28, 90 — Chiffre 6 : 86 — Chiffre 9 : 24 —
Chiffre 2000 : 126 — Cible, 27 — Cœur, 53 — Compas, 92 — Croissant, 78 — Croix de Lorraine, 59 — Croix patée, 127 — Étoile, 13,
30 — Épée, 50 — Flèche, 128. — Fleur, 47, 74 — Fleur de lys, 39,
117 — Gland, 57 — Hache, 110 — Lambel, 125 — Losange, 116, 119
— Maison, 2 — Musique (clef), 20, 38 — Musique, note, 40, 42, 121 —
Nœud, 5 — Œil, 96 — Oiseau, 16 — Palme, 115 — Points (trois, 118
— quatre, 120 — cinq, 52 — Cercle, 113 — Forme de la lettre Q, 108)
— Soleil, 55 — Torche, 80 — Traits, quatre croisés, 36 — Triangle,
25, 26, 44 — Vase, 106 — Verre, 11.

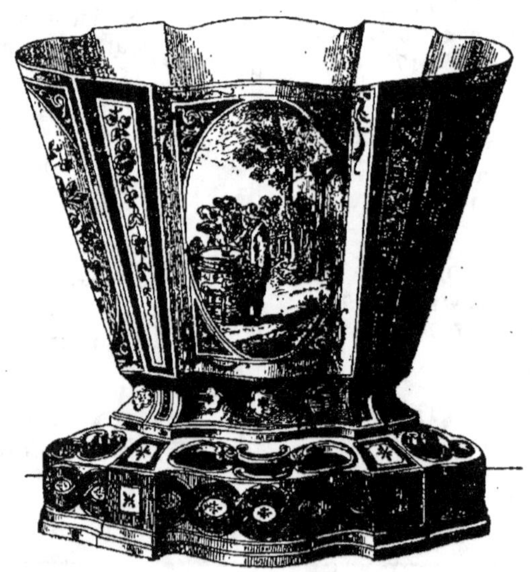

XVIIIᵉ SIÈCLE. — ÉPOQUE LOUIS SEIZE

Fig. 159. — Jardinière, forme dite *éventail*, pâte tendre bleu-turquoise, s'emboîtant
dans une base à jours. Décor de quatre médaillons, celui de face à sujet champêtre,
peint par Dodin (Voir marque n° 45, p. 67), et les trois autres à décors de bouquets.
Porte, en dessous, la lettre F, fixant la date de fabrication, 1758 (Voir p. 62

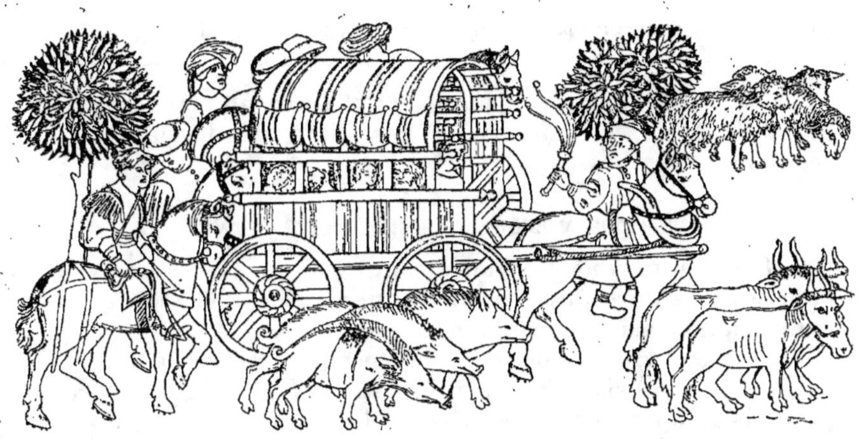

COMMENT ON VOYAGEAIT AU MOYEN-AGE (Consulter la note, page 82).
Fig. 160. — XIVᵉ SIÈCLE, D'APRÈS UNE MINIATURE.
Collection Edouard Rouveyre.

ANALYSE ET COMPRÉHENSION DES MEUBLES DE STYLES ROYAUX

DOUZIÈME AU QUINZIÈME SIÈCLE

LES MEUBLES SONT UN TÉMOIGNAGE HISTORIQUE

Les meubles sont un témoignage historique d'une valeur incontestable ; mais, pour tirer parti des documents qu'ils nous fournissent, pour les analyser et les comprendre, il importe de les grouper méthodiquement et d'en établir la chronologie.

La tâche n'est pas facile ; on rencontre, à chaque période ou à chaque époque, des variétés intermédiaires, des espèces hybrides qui forment la transition d'un style à l'autre et ne présentent pas les caractères distinctifs de leur famille. D'autre part, les ateliers contemporains des anciennes provinces de France ne marchent pas toujours ensemble ; de là des erreurs de concordance qui existent dans les classifications les mieux ordonnées. Des catégories bien définies ne sont donc pas possibles ; il faut négliger les sous-genres, ne pas chercher une précision introuvable et s'accommoder d'un type moyen. Cette réserve faite, nous allons, d'après les travaux d'Edmond Bonnaffé, indiquer les principaux traits de l'histoire du mobilier, en prenant pour exemple le type français.

« Quel que soit le sens que l'on attache au mot *mobilier*, il faut distinguer trois catégories : 1º Le *meuble proprement dit*, c'est-à-dire le meuble construit, l'architecture mobilière ; 2º Les *garnitures*

D. 10

et les *tentures*, œuvre du tapissier; 3° Le *menu meuble*, qui comprend le reste, et que chacun est libre de développer ou de restreindre à sa guise.

PÉRIODE MOBILE ET PÉRIODE FIXE DU MEUBLE

« L'art du meuble en France comprend deux grandes périodes : la première a duré jusqu'au dix-septième siècle, la seconde depuis le dix-septième siècle jusqu'à nos jours.

« Ces deux grandes périodes, la période *mobile* et la période *fixe*, peuvent se subdiviser de la manière suivante ; — la première comprend l'âge du *chêne*, l'âge *mixte* et l'âge du *noyer*; — la seconde, les âges de l'*ébène*, des *bois de couleur* et de l'*acajou*; ce qui ne veut pas dire que l'on ait employé ces essences à l'exclusion des autres, mais que l'usage en était prédominant à une période donnée.

« Pendant la première période, le meuble est essentiellement *mobile*, comme l'indique son nom. La vie est aventureuse et guerrière, la société nomade. Quand le seigneur abandonne sa résidence, soit pour fuir l'ennemi, soit pour aller de la ville aux champs, soit pour rentrer des champs à la ville, il emporte avec lui sa maison tout entière : meubles, tapisseries, ustensiles, jusqu'aux ferrures des portes et aux verrières. Chaque objet, placé dans une enveloppe spéciale, voyage sur des chariots ou à dos de *sommiers*. Le château, le donjon, restent inhabités et inhabitables jusqu'au retour des maîtres du logis. Ces usages déterminent la forme et la construction des meubles; il faut que tout se replie ou se démonte, et tienne peu de place, de là le nombre restreint de gros meubles et l'abondance des coussins, des coffres, etc.

AGE DU CHÊNE

« Au treizième siècle, car les documents antérieurs sont trop incertains pour autoriser un classement sérieux, on distingue une première famille nettement caractérisée.

« Le meuble est un ouvrage de charpente solidement construit au moyen d'ais massifs en chêne, et de larges panneaux assemblés sans encadrement. Les surfaces sont planes pour recevoir des peintures, des cuirs gaufrés, parfois des ornements légèrement sculptés.

« L'emmanchement est robuste, les ferrures apparentes, la silhouette simple, la forme logique, bien raisonnée pour sa destination : c'est l'*âge du chêne*.

AGE MIXTE

« Au quatorzième siècle, l'art du meuble subit une évolution complète; il passe des mains du *charpentier* à celles du *huchier* et devient une œuvre de *menuiserie*. Les surfaces, au lieu d'être planes, se divisent en petits panneaux, de largeur à peu près uniforme, encadrés dans des montants et des traverses assemblés carrément. Les panneaux sont sculptés aux dépens de l'équarrissage de la planche et les ferrures, encore apparentes, habillement et richement travaillées.

« La polychromie disparaît à la fin du quinzième siècle : les *menuisiers*, puis les *sculpteurs*, commencent à employer le *noyer* concurremment avec le *chêne* : c'est l'*âge mixte*.

AGE DU NOYER

« La Renaissance conserve, au début, les dispositions essentielles de la période précédente et se borne à faire courir ses arabesques sur les panneaux, le long des pieds et des montants. Mais à dater de l'époque henri deux, l'art du meuble, toujours en retard sur l'architecture, emboîte le pas derrière elle ; le style ogival disparaît pour faire place aux ordres antiques, on substitue les assemblages d'onglet aux assemblages carrés, les ferrures dissimulées aux ferrures apparentes. Le *sculpteur* détrône le *menuisier* et s'empare du meuble. Les ateliers de l'Ile-de-France, du Centre et du Midi remplacent le *chêne* par le *noyer*, dont le grain plus fin se prête mieux aux délicatesses de l'outil. Les meubles de luxe sont peints et dorés : c'est l'*âge du noyer*.

AGE DE L'ÉBÈNE

« L'*âge de l'ébène* et des *ébénistes* commence principalement avec l'époque louis treize, amenant une évolution nouvelle. Le mérite du travail ne consistera plus dans les hauts-reliefs, dans la variété des plans et le jeu des ombres, mais dans la couleur et la rareté de la matière.

« Dès lors, on abandonne les panneaux d'assemblage et la sculpture, pour revenir aux surfaces planes qui permettent le placage en feuilles minces, ménagent les bois de prix et font valoir leur coloration.

« Pendant la première moitié du dix-septième siècle, nos artisans avaient rapporté d'Italie les architectures compliquées, l'abus des colonnes torses, la lourdeur et le mauvais goût de la décadence ; l'Ecole des Gobelins, sous la direction de Charles Le Brun, donne le dernier coup à l'influence italienne, ramène les traditions nationales et impose le goût français à l'Europe tout entière. Boule invente l'ébénisterie semi-métallique, en incrustant le cuivre, l'étain et l'écaille sur des fonds d'ébène rehaussés de bronzes ciselés et dorés ; le célèbre orfèvre Claude Ballin fabrique des consoles, des tables, des sièges, en argent repoussé et ciselé ; les bois sculptés sont dorés au mat et au bruni.

« L'ébénisterie, l'orfèvrerie, la ciselure, la dorure et la mosaïque concourent à la décoration de ce mobilier d'une splendeur incomparable.

AGE DES BOIS DE COULEUR

« Le dix-huitième siècle continue l'emploi du *placage*, mais en abandonnant la décoration métallique pour celle par la *porcelaine*, l'*ébène* pour les *bois colorés* : c'est l'apogée de la *marqueterie*, l'*âge des bois de couleur*.

« Tout d'abord, l'époque régence tempère ce que l'époque louis quatorze avait de magnificence : les nouvelles formes sont plus souples, onduleuses, familières. Mais une fois entrés dans cette voie, les *ébénistes* de l'époque louis quinze s'y jettent à corps perdu. »

Adieu l'architecture, les ordres, les lignes géométriques et la symétrie ; « rien de droit, de régulier, écrit Albert Jacquemart ; les angles s'arrondissent ou se creusent, des sinuosités inattendues sillonnent les surfaces ; les meubles ventrus, contournés, tarabiscotés, sont seuls admis et, là-dessus, croissent et se développent des végétations de bronze, à chicorées impossibles. Le cuivre ciselé et doré d'or moulu, rampe en bordures capricieuses, surgit tout à coup en poignées imprévues, se contourne, forme des guirlandes détachées ; ainsi se complète un tout bizarre, toujours spirituel et parfois élégant à force de singularité. »

Vers la fin du règne de Louis XV, on peut déjà pressentir la réforme qui va s'accomplir ; le meuble est plus tranquille, plus discipliné. La réaction s'achève sous Louis XVI et Marie-Antoinette. On revient aux lignes droites, aux colonnes, à l'antiquité et à son cortège ; une antiquité refroidie, amincie, noyée dans un déluge de *rubans* et de *cannelures*, de *perles* et de *feuilles d'eau*..

Les procédés n'ont pas changé : *placage mosaïque de bois, porcelaines incrustées* ; on marie l'*ébène* avec les *laques* ; des artisans de premier ordre amènent le bronze doré au mat, à une perfection que ne dépasse pas l'orfèvrerie.

La ciselure appliquée aux meubles prend une telle importance, que le ciseleur se confond avec l'ébéniste et finit par prendre sa place.

AGE DE L'ACAJOU MASSIF

L'*âge de l'acajou massif* débute vers la fin du dix-huitième siècle, continue sous le Directoire, l'Empire et la Restauration et s'achève avec la seconde moitié du dix-neuvième siècle. Abandonné par les architectes, les sculpteurs et les peintres, livré aux mains du premier venu, l'art du meuble cherche sa voie, refaisant le passé, employant tour à tour les procédés et les matériaux de chaque époque, sans parvenir encore à se faire une personnalité. Telles sont les divisions sommaires de l'histoire du meuble en France.

SUCCESSIVEMENT LE MEUBLE EST L'ŒUVRE DES CHARPENTIERS, HUCHIERS, SCULPTEURS, ÉBÉNISTES, MARQUETEURS

Si l'on veut personnifier chaque âge, chaque famille, en choisissant son genre de prédilection, celui où elle a excellé, on peut dire d'une façon générale qu'au quatorzième siècle, le meuble est surtout une œuvre de *charpentier* et de *peintre* ; au quinzième, de *huchier* ; au seizième, de *sculpteur* ; au dix-septième, d'*ébéniste*, de *doreur* et d'*orfèvre* ; au dix-huitième, de *marqueteur* et de *ciseleur*.

TYPES PRIMITIFS DU MEUBLE

Ces grandes familles chronologiques établies, il nous reste à considérer chaque espèce en particulier. Toutes les variétés du meuble dérivent de quatre types primitifs que l'on retrouve partout, si loin que l'on remonte dans l'Histoire de la civilisation.

Ces quatre types sont : le *coffre*, le *siège*, la *table*, et le *lit* ; le *coffre* pour serrer son avoir, le *siège* pour s'asseoir, la *table* pour manger et le *lit* pour dormir.

TRANSFORMATION DE LA FORME DES MEUBLES

Les transformations de la mode sont si rapides et complètes, que nous ne comprenons pas plus les habitudes de la période ogivale que nous ne concevons, pour ainsi dire, celles des races qui erraient sur la terre avant l'apparition de l'homme.

Depuis la période Carlovingienne jusqu'à celle de la Renaissance, de nombreux changements se sont opérés dans la forme des meubles, dont quelques-uns ont disparu.

Au treizième siècle, époque où se constitua la société française, et après les bouleversements subis par l'Europe, les idées de luxe, de bien-être, s'effacèrent ou furent sacrifiées à la nécessité de la défense militaire.

Le manoir, résidence seigneuriale du possesseur d'un *fief*, était aussi enclos de murs et flanqué de tourelles ; nous en trouvons la description dans le *Roman de l'âtre périlleux* :

Lors vit devant lui un castel	Dont li murs ot cent pieds de haut
Tout clos de pierre et de quarrel	Li castiax ne redouht assaut.

Les donjons offraient deux ou trois *chemises* ou enceintes, séparées par des murailles et des fossés, aussi larges que profonds, sur lesquels des ponts-levis étaient jetés. Les remparts, d'une épaisseur de plusieurs mètres, montaient à une prodigieuse hauteur.

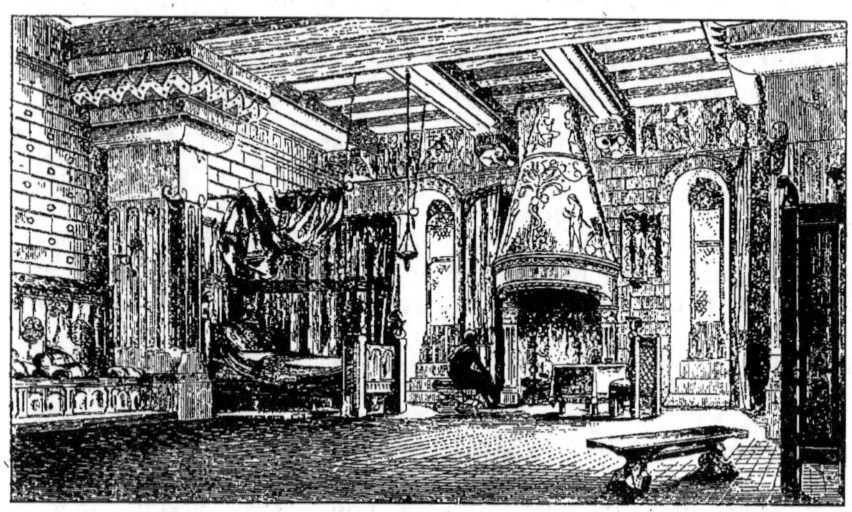

A. — XIIe SIÈCLE. PÉRIODE ROMANE
Fig. 161. — ARCHITECTURE SIMPLE, MOBILIER MASSIF

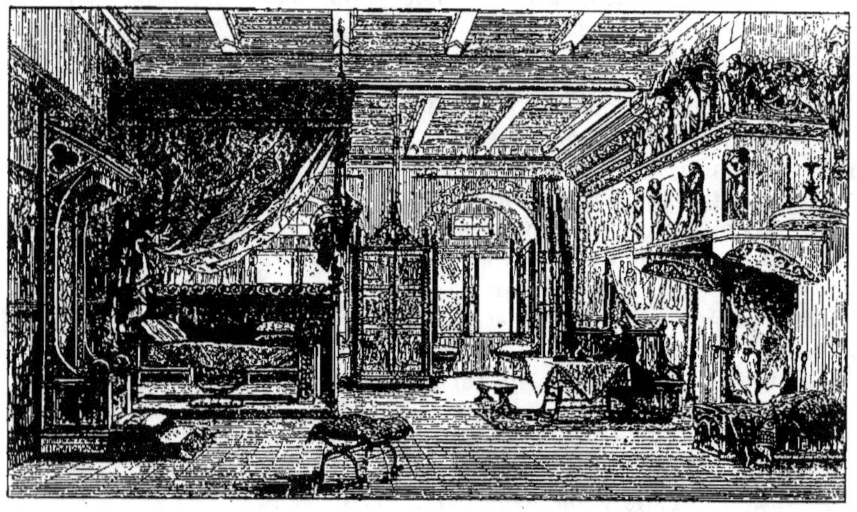

B. — XIIIe SIÈCLE. PREMIÈRE ÉPOQUE DE LA PÉRIODE OGIVALE
Fig. 162. — LE MOBILIER AUGMENTE DE RICHESSE ET DE CONFORTABLE

Le mobilier des châteaux et des donjons était lourd et sévère ; au quatorzième siècle, on mit en usage les boiseries peintes et sculptées, les tapisseries et les riches étoffes : les *Comptes de l'argenterie des rois de France*, publiés par Douet d'Arcq, mentionnent des couvertures de soie, des velours, des draps d'or, des draps écarlates fourrés de *menu-vair*. Les tables étaient garnies de surtouts en métaux précieux, représentant des jardins, des donjons ou des tournois.

Plus on se rapproche de la Renaissance, plus le bien-être et le luxe s'accroissent à l'intérieur des châteaux, l'extérieur tend à s'affranchir de son caractère exclusivement militaire.

Des perrons précèdent la porte d'entrée ; dans les murs s'ouvrent des fenêtres de forme ogivale, divisées en compartiments par des meneaux prismatiques décorés de verrières.

Le solivage des plafonds est composé de moulures et de nervures peintes et dorées, le blason seigneurial pare le manteau de la cheminée ; un banc à large siège et à haut dossier est placé, en guise de paravent, au pied du lit que d'amples *courtines* environnent.

Au quinzième siècle, l'ornementation et la décoration atteignent une richesse qui n'a jamais été dépassée. Le style de la troisième époque ogivale, dite flamboyante, s'épanouit dans les boiseries, les baldaquins et jusque dans les escabeaux.

Quand vient la nuit, les salles sont éclairées à l'aide de *lampsiers* en fer ouvragé ou en fonte de cuivre.

Nous ne saurions mieux résumer la marche progressive de l'Art au Moyen-Age, au point de vue du mobilier, qu'en reproduisant, en réduction, quatre compositions de Viollet-le-Duc sur les dispositions intérieures des appartements des douzième, treizième, quatorzième et quinzième siècles, dont nous devons la représentation à notre confrère et ami, M. Grund, éditeur des travaux du célèbre architecte.

Alors les salles étaient vastes et ne ressemblaient guère à celles des appartements modernes ; on procédait à des arrangements ingénieux permettant, en quelque sorte, de placer la chambre à coucher dans une pièce de réception et, au besoin, d'y installer plusieurs de ces lits immenses, avec *courtines* ou rideaux tombants, qui constituaient à eux seuls comme un logement individuel.

Le document A représente une chambre de seigneur au douzième siècle ; l'architecture en est simple et le mobilier massif ; mais bientôt, au treizième siècle, comme on le remarquera dans le document B, les fenêtres sont plus grandes, le plafond plus ouvragé, les murs, au lieu d'être décorés de peintures, sont recouverts par des tapisseries ; le mobilier augmente de richesse et de confortable.

C'est au quatorzième siècle que les mœurs se ressentent d'une direction d'esprit portée à la vanité et à la galanterie. On peut observer, dans le document C, que les meubles sont plus nombreux

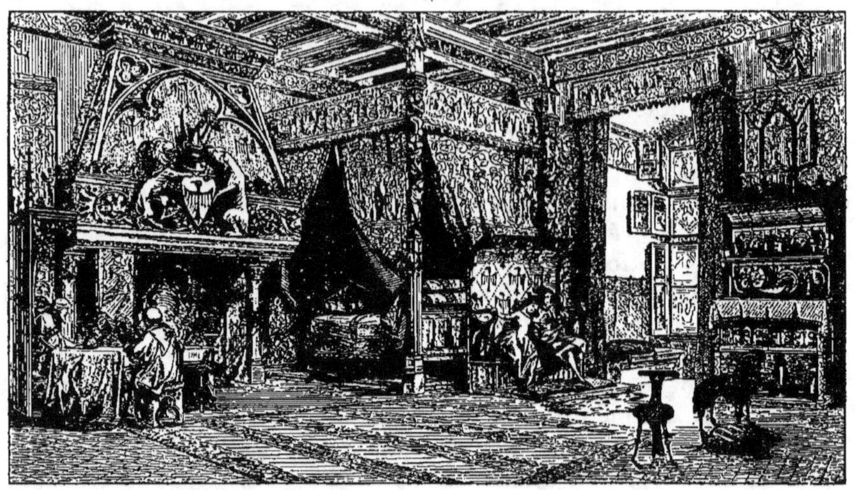

C. — XIVe SIÈCLE, DEUXIÈME ÉPOQUE DE LA PÉRIODE OGIVALE

Fig. 163. — LES MEUBLES SONT PLUS PRÉCIEUX PAR LA MATIÈRE ET LE TRAVAIL

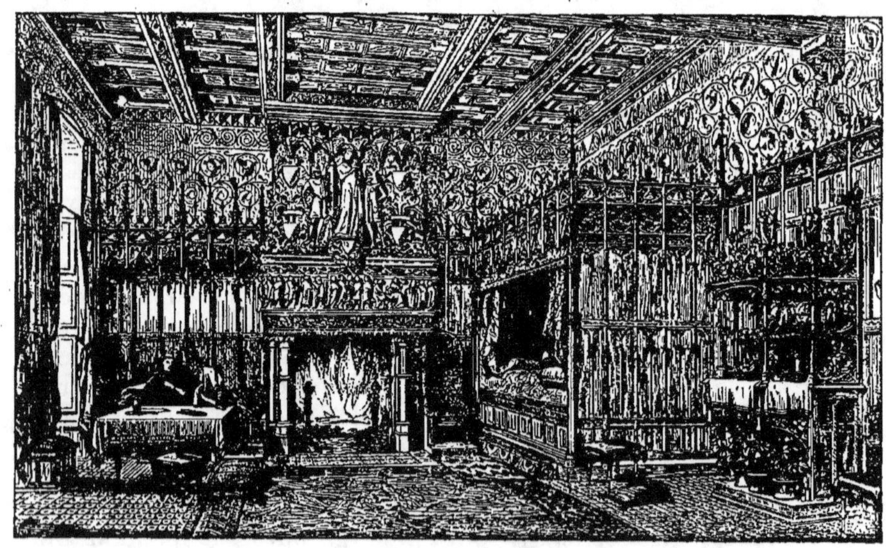

D. — XVe SIÈCLE, TROISIÈME ÉPOQUE DE LA PÉRIODE OGIVALE

Fig. 164. — LUXE ET SOMPTUOSITÉ DU MOBILIER

et variés de formes; plus précieux par la matière et le travail. Le
superflu, les œuvres d'art, la recherche du bien-être tendent à indi-

quer une société raffinée, qui ne craint plus la dépense et où les
bourgeois, eux-mêmes, veulent avoir des demeures qui ne le cèdent
en rien à celles des seigneurs. A cette époque les femmes sont
accusées, par les chroniqueurs, romanciers et poètes, de provoquer
des dépenses hors de proportion avec les ressources financières de
leurs époux.

La chambre représentée en D, quinzième siècle, témoigne d'un
luxe qui se poursuivra au seizième, avec des formes décoratives différentes, mais avec des dispositions générales analogues.

On observera, dans les documents C et D, divers types d'ameublement intérieur qui, pour être des interprétations, n'en sont pas
moins caractéristiques.

Les cheminées sont grandes et assez élevées pour qu'une personne, debout, puisse prendre place sous le manteau ; ce système,
qui a été critiqué, offre cependant l'avantage de ne rien perdre du
calorique ; la flamme est vue dans toute sa hauteur, et la fumée
perd de sa chaleur à mesure qu'elle s'élève ; plusieurs hôtes peuvent
se grouper autour du foyer.

Le mérite particulier des cheminées du Moyen-Age et de la Renaissance est de fournir le motif décoratif le plus important de la salle,
on peut constater quel parti on savait en tirer.

Les lits sont généralement placés dans un angle, sans souci de
symétrie, ce qui est à l'encontre des usages modernes. Cette disposition était indispensable pour obtenir une *ruelle* dans laquelle on
pouvait se dévêtir et se mettre au lit, à l'abri des indiscrets.

Les fenêtres sont rares et placées irrégulièrement, les murs
épais, les chambres vastes, tandis que, par suite des exigences de
la construction moderne, les murs sont minces, les chambres
petites, les fenêtres nombreuses ; aussi, lorsqu'on prétend imiter
ce qu'on désigne style de la période ogivale, est-on certain
d'échouer.

COMMENT ON VOYAGEAIT AU MOYEN-AGE

Les mœurs nomades du Moyen-Age expliquent le grand nombre
de *tapisseries* possédées par la Cour ou par les grands seigneurs :
les murs des châteaux royaux étaient presque toujours nus, les rois
apportaient avec eux leurs tentures. Les *coffres* et les *bouges*, qui
contenaient les hardes ainsi que la vaisselle d'or et d'argent, servaient de tables et de bancs ; les tapisseries portées sur des charrettes, recouvraient les murs et divisaient les grandes salles en
plusieurs *clolets* ou logis réservés.

Deux citations que nous relevons dans les *Comptes de l'Hôtel des
rois de France aux quatorzième et quinzième siècles*, suffiront pour

D. 11

faire apprécier ces mœurs. En 1380, le voyage de Charles VI à Reims, à l'occasion de son sacre, nécessita l'emploi de *32 000* clous à crochets pour « tendre les chambres du roy », dans les différents gîtes où il passa la nuit; et, en 1469, Louis XI paya 365 livres, « à... charretiers, pour leurs guiges, peines et sallaires d'avoir mené les tapisseries dudit seigneur dedans un chariot athellé à cinq chevaulx, par tous les lieux où il a esté durant la dicte année ».

(*Note relative à la figure* 160, *page* 73). — Le *char branlant*, très léger en comparaison avec les chars et chariots, était d'un usage si général au Moyen-Age, que les *lois somptuaires* du treizième siècle les interdirent aux classes moyennes.

Ce *char branlant* faisait partie du cortège des reines, des princesses et de toute femme de distinction; mais, néanmoins, la *haquenée* fut, jusque vers la fin du seizième siècle, la monture à la mode. L'expression de *char branlant* s'est conservée jusqu'au milieu du dix-huitième siècle.

Il est utile de faire remarquer que les *chars* et *chariots*, qui n'étaient que des *charrettes*, rentraient dans les attributions du *peintre de la cour*, chargé de les décorer de devises, de chiffres et d'arabesques. Jusqu'à la fin du dix-huitième siècle, ce luxe fut continué pour de somptueux *carrosses* et des *chaises à porteurs*.

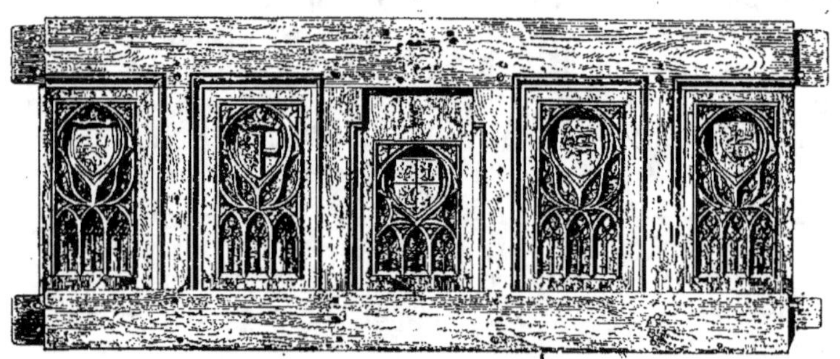

XVᵉ SIÈCLE. — ÉPOQUE CHARLES HUIT
Ancienne Collection Paul Récappé

Fig. 165. — Panneau d'*archeban*. — Les *archebans* du quinzième siècle sont peints ou sculptés; leurs panneaux servent de motif à de riches fenestrages où se lit le blason du propriétaire et ceux de sa famille. Il existe des *archebans* destinés aux voyages, avec dessus voûté et recouverts en cuir; on donnait encore le nom de *archeban*, *archebance*, ou *archebant*, à des coffres plats qui servaient de bancs.

CHRONOLOGIE
POUVANT AIDER A DÉTERMINER LES DATES DES STYLES ROYAUX
(Consulter les notes 2 et 3, pages 6 et 7)

GAULOIS ET FRANCS

An 50 avant J.-C., Conquête de la Gaule par Jules César.
An 395, Ere chrétienne, invasion des barbares.
An 428, Clodion conquiert les bords de la Somme.
An 451, Mérovée est victorieux à Châlons.
An 481, mort de Childéric Ier, fils de Mérovée.
Les Français issus de l'alliance des Gaulois et des Francs.

PREMIÈRE RACE. — MÉROVINGIENS
420-752

481-511, CLOVIS,	673-691, THIERRY III.
511-558, CHILDEBERT ET SES FRÈRES.	691-695, CLOVIS III.
558-561, CLOTAIRE Ier.	695-711, CHILDEBERT III.
561-566, CARIBERT.	711-715, DAGOBERT III.
566-584, CHILPÉRIC Ier.	715-717, CLOTAIRE IV.
584-628, CLOTAIRE II.	717-720, CHILPÉRIC II.
628-638, DAGOBERT Ier.	720-737, THIERRY IV.
638-656, CLOVIS II.	737-742, CHARLES MARTEL gouverne.
656-670, CLOTAIRE III.	742-752, CHILDÉRIC III.
670-673, CHILDÉRIC II.	752, Les Mérovingiens détrônés.

DEUXIÈME RACE. — CARLOVINGIENS
752-987

752-768, PÉPIN LE BREF.	884-887, CHARLES LE GROS.
768-814, CHARLES LE GRAND	887-897, EUDES.
(CHARLEMAGNE).	897-923, CHARLES III, dit LE SIMPLE.
814-840, LOUIS LE DÉBONNAIRE.	923-936, ROBERT Ier.
840-877, CHARLES I, dit LE CHAUVE.	936-954, LOUIS IV, dit D'OUTREMER.
877-879, LOUIS II, dit LE BÈGUE.	954-986, LOTHAIRE.
879-884, LOUIS et CARLOMAN.	986-987, LOUIS V, dit LE FAINÉANT.

TROISIÈME RACE. — CAPÉTIENS, 1re BRANCHE
987-1328

987-996, HUGUES CAPET.	1223-1226, LOUIS VIII, dit LE LION.
996-1031, ROBERT.	1226-1270, LOUIS IX (SAINT-LOUIS).
1031-1060, HENRI Ier.	1270-1285, PHILIPPE III, dit LE HARDI.
1060-1108, PHILIPPE Ier.	1285-1314, PHILIPPE IV, dit LE BEL.
1108-1137, LOUIS VI, dit LE GROS.	1314-1316, LOUIS X, dit LE HUTIN.
1137-1180, LOUIS VII, dit LE JEUNE.	1316-1322, PHILIPPE V, dit LE LONG.
1180-1223, PHILIPPE II, dit AUGUSTE.	1322-1328, CHARLES IV, dit LE BEL.

TROISIÈME RACE. — CAPÉTIENS, 2e BRANCHE
PREMIÈRE BRANCHE DES VALOIS
1328-1498

1328-1350, PHILIPPE VI, dit DE VALOIS.	1380-1422, CHARLES VI.
1350-1364, JEAN II, dit LE BON.	1422-1461, CHARLES VII.
1364-1380, CHARLES V, dit LE SAGE.	1461-1483, LOUIS XI.

1483-1498, CHARLES VIII.

TROISIÈME RACE. — CAPÉTIENS, 3e BRANCHE
VALOIS — ORLÉANS
1498-1515

1498-1515, Louis XII, dit le Père du Peuple.

TROISIÈME RACE. — CAPÉTIENS, 4e BRANCHE
SECONDE BRANCHE DES VALOIS (VALOIS — ANGOULÊME)
1515-1589

1515-1547, François Ier.   1559-1560, François II.
1547-1559, Henri II.   1560-1574, Charles IX.
1574-1589, Henri III.

TROISIÈME RACE. — CAPÉTIENS, 5e BRANCHE
BRANCHE DES BOURBONS
1589-1792

1589-1610, Henri IV.   1643-1715, Louis XIV.
1610-1643, Louis XIII (1610 à 1614,   1715-1774, Louis XV, (1715 à 1723,
Marie de Médicis, régente.)   duc d'Orléans, régent.)
1774-1792, Louis XVI.

PREMIÈRE RÉPUBLIQUE
21 SEPTEMBRE 1792 — 18 MAI 1804

1792 (21 septembre)   1795-1799, Directoire.
Convention nationale.   1799-1804, Consulat.

PREMIER EMPIRE
18 MAI 1804 — 6 AVRIL 1814

1804-1814 Napoléon Premier.

RESTAURATION
6 AVRIL 1814 — 29 JUILLET 1830

1814-1824, Louis XVIII.   1824-1830, Charles X.

GOUVERNEMENT PROVISOIRE. — RÈGNE DE LOUIS-PHILIPPE
30 JUILLET 1830 — 24 FÉVRIER 1848

1830-1848, Louis-Philippe d'Orléans.

DEUXIÈME RÉPUBLIQUE
24 FÉVRIER 1848 — 2 DÉCEMBRE 1852

SECOND EMPIRE
2 DÉCEMBRE 1852 — 4 SEPTEMBRE 1870

1852-1870, Napoléon III.

TROISIÈME RÉPUBLIQUE
4 SEPTEMBRE 1870

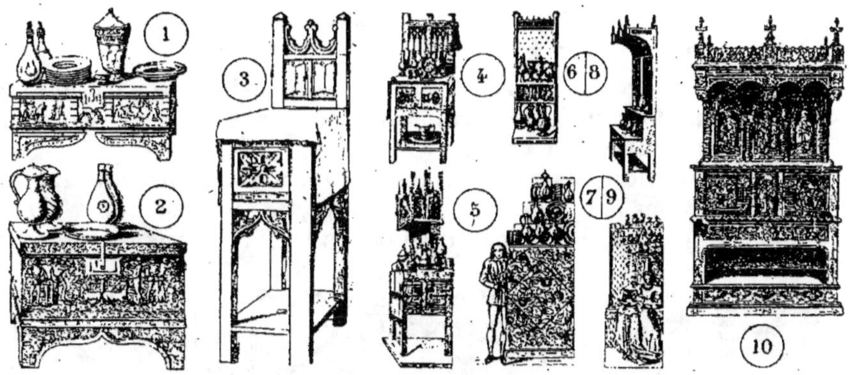

Fig. 166 à 176. — XVᵉ-XVIᵉ SIÈCLES ; ÉPOQUE LOUIS DOUZE

1, 2, bahuts servant au transport de la vaisselle d'or et d'argent ; 3 à 9, dressoir d'apparat à un degré, et dressoirs d'honneur à deux, trois et quatre degrés, chargés de vaisselle d'or et d'argent ; 10, crédence, peinte et dorée.

ANALYSE ET COMPRÉHENSION DES COFFRES DE STYLES ROYAUX
DU
QUINZIÈME AU DIX-NEUVIÈME SIÈCLE

CASSONES, BAHUTS, DRESSOIRS, CABINETS
MÉDAILLERS, ARMOIRES, BIBLIOTHÈQUES, COMMODES
MEUBLES D'APPUI, SECRÉTAIRES, ETC.

Le *coffre*, qui a servi de siège, de table et de lit était, au Moyen-Age, une caisse en bois ou en cuir, garnie de ferrures et s'ouvrant par le haut ; (1, 2) puis, cette caisse devint le *bahut*, sculpté ou doré et, aux seizième et dix-septième siècles, la *corbeille de mariage*.

Pour éviter de se baisser, on éleva le *coffre*, on disposa des étages de tablettes ou de tiroirs à l'intérieur ; l'ouverture supérieure fut remplacée par un ou deux *vantaux* de face, comme dans l'*almaire*, armoire du Moyen-Age, et dans tous ses dérivés.

Les *dressoirs* du quinzième siècle (3 à 9), les *chiffonnier, secrétaire, bonheur-du-jour* du dix-huitième, sont des *coffres* sur quatre pieds ; deux coffres superposés forment l'*armoire* à deux corps. Les *coffres*, et des meubles identiques, ont présenté de larges surfaces à l'imagination du décorateur.

L'*armoire à deux corps* et à *quatre vantaux*, dont le type est connu, commence à la fin du seizième siècle et continue pendant les premières années du dix-septième.

Le terme *bahut* donné aux grands *coffres* sculptés, cloutés ou recouverts de cuirs coloriés du Moyen-Age et de la Renaissance, paraît avoir appartenu à ceux dont le couvercle est légèrement bombé. De nos jours, ce terme est employé pour désigner les plates-bandes et les pierres de taille auxquelles les jardiniers et les maçons donnent une forme un peu convexe : plate-bande en *bahut*, pierre taillée en *bahut*.

Il est question, dans un grand nombre de textes anciens, de *bahuts* à propos des bagages d'une armée. C'est ainsi que la *Chronique* d'Enguerrand de Monstrelet (1390 † 1453), nous les présente.

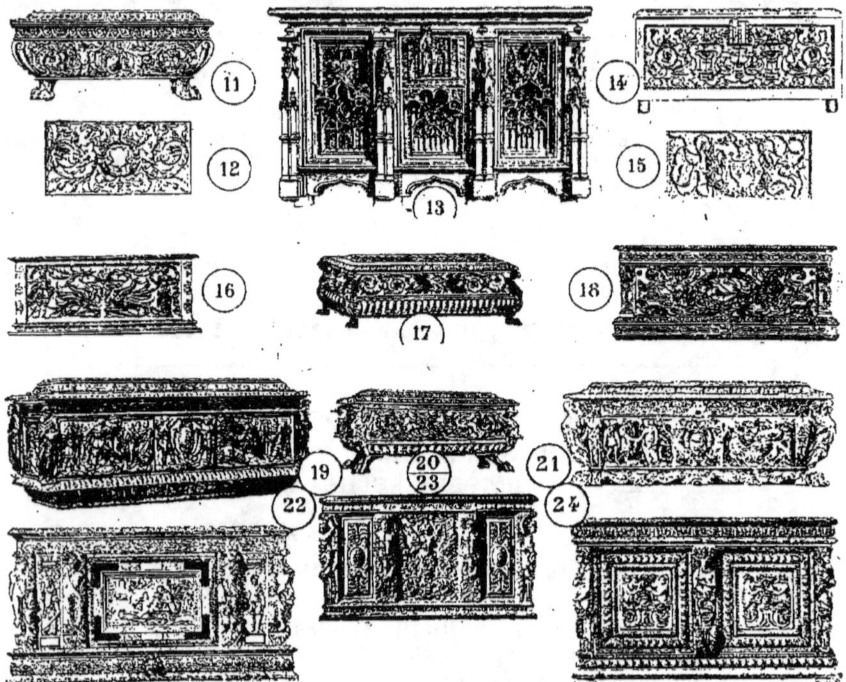

Fig. 177 à 191. — XVIᵉ SIÈCLE ; ÉPOQUE FRANÇOIS PREMIER

11, 12, 17, 19, 20, 21, cassones ou coffres de mariage ; 13, 14, 15, 16, 18, 22, 23, 24, bahuts ou bas d'armoire.

Au Moyen-Age, temps de guerres et d'avanies, le roi et les seigneurs se tenaient toujours prêts pour un prompt départ et, à la moindre alerte, emportaient, en quittant leurs châteaux ou leurs donjons, verrières, tapisseries, objets précieux ; ces déplacements furent en usage jusqu'à la fin du seizième siècle.

Quant on demeurait, le *coffre* recevait une destination nouvelle et servait de *siège* ; l'usage de s'asseoir sur des *coffres*, même dans les cérémonies royales, s'est perpétué jusqu'au seizième siècle.

Lorsque les nobles ou les roturiers se rendaient de la ville à la campagne, emportant ce qu'ils avaient de plus précieux, les œuvres et objets d'art, devant être transportés par des *sommiers*, étaient renfermés dans des *aumaires*, *amaires* ou *aumoires*, devenus par la suite, selon ce qu'on y plaçait, des *buffets*, des *cabinets*, etc. [1]

L'*archeban* était le meuble préféré de nos ancêtres ; ceux du quinzième siècle sont, pour ainsi dire, classiques (fig. 165).

Leur décoration se composait d'une grande variété d'ornements inspirés, soit par des motifs architectoniques, soit par de précieuses miniatures, dont les manuscrits, antérieurs au seizième siècle, nous ont conservé des types remarquables.

Des développements d'*arcatures* rappelant, par leur disposition, les plafonnages qui couvraient les travées des cloîtres, sont des documents intéressants au double point de l'histoire de l'Art et de ses applications techniques.

Les arcades, d'un fenestrage formé de roses et de meneaux, sont séparées par des colonnettes soit unies, soit cannelées, terminées par des clochetons (13). Des *vertevelles* en fer martelé ou finement ciselé, d'un somptueux décor ogival, ainsi que des *pentures* découpées et ajourées, les consolident.

On fait aussi usage de *layettes*, petits coffres légers *fourrés*, garnis de cendal ou de taffetas, pour conserver des reliques, de riches *heures historiées*, des *lettres closes* ou autres précieux documents.

Le nom de *crédence* a été donné à une *table* sur laquelle on disposait des vases, aussi bien à l'église que dans les palais ; mais, en ce qui concerne le mobilier, ce meuble ne paraît pas être antérieur au treizième siècle.

Il existe des *crédences* de la fin du quinzième siècle, timbrées aux armes d'Anne de Bretagne et à celles de France ; les blasons sculptés qui décorent la plupart des panneaux sont peints, et cette coloration partielle ajoute à l'harmonie de l'ensemble. D'autres *crédences* sont d'une somptueuse décoration architecturale (10). Le dessus servait à placer des vases ou des statuettes et, l'intérieur, des objets utiles dans une salle à manger. Le dessous était garni de faïences ou de vases en métal.

---

1. On donne ordinairement le nom de *buffet* aux meubles destinés à conserver les vivres et les ustensiles de ménage. Ce terme est fort ancien ; Charles du Fresne, sieur de Du Cange (1610†1688) dans son *Glossarium ad scriptores mediæ et infimæ græcitatis*, le fait dériver de *buffetagium*, mot de la basse latinité par lequel on désignait un droit perçu sur le vin qui se vendait dans les tavernes. Selon ce savant, *buffetage* serait synonyme de *buvetage*, d'où il résulterait qu'un *buffet* et une *buvette* auraient été, dans l'origine, une seule et même chose, et que notre *buffet* ne serait que l'*abacus* des anciens.

Il est utile de remarquer que, vers le milieu du dix-septième siècle, on disait proverbialement : « Il fait comme les *bahutiers* », en parlant d'un homme faisant plus de bruit que de besogne, parlant beaucoup et travaillait peu. Dans son *Dictionnaire* Antoine Furetière (1619†1688), écrit que les *bahutiers*, après avoir cogné un clou, donnent plusieurs coups inutiles avant d'en cogner un autre. »

La structure et l'ordonnance des *buffets-dressoirs* ou *dressoirs*
du seizième siècle, généralement à deux corps pleins, à fronton
coupé et à vantaux, décorés de marbres rares, et flanqués de colonnettes cannelées, coiffées de chapiteaux de divers ordres, sont fermes,
les moulures d'un bon profil; la sculpture, bien en place, est partout subordonnée aux lignes qui ont pour mission de la contenir et
de la calmer (26, 31, 33, 35, 40).

Ces meubles sont de ceux qui se trouvent partout à leur place
et s'accordent, comme ameublement, avec tous les types de décora-

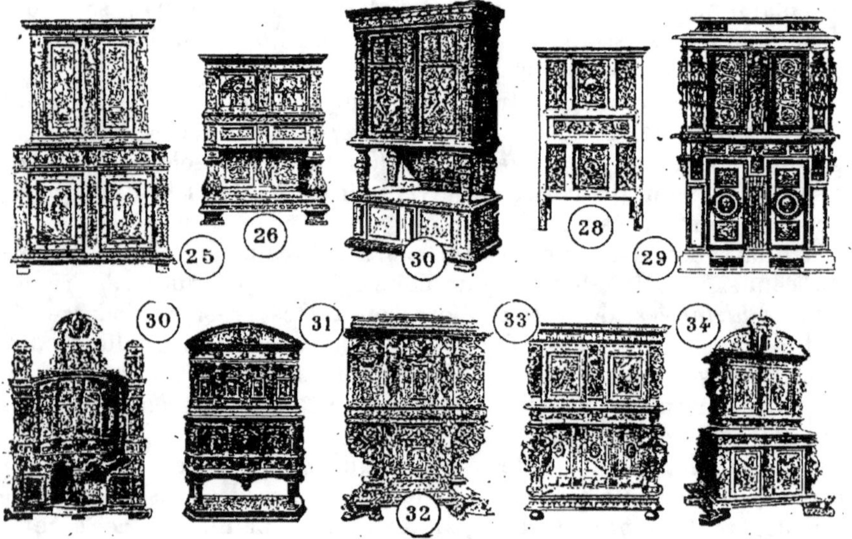

Fig. 192 à 201. — XVIᵉ SIÈCLE; ÉPOQUES HENRI DEUX A HENRI TROIS
25, 34, bahuts à deux corps; 26, 30, 31, 32, dressoirs; 28, armoire; 29, cabinet à
guichets; 33, crédence (30, *à gauche*, École Lyonnaise; 32, École de Bourgogne).

tion. Cette qualité n'est pas celle de certaines *Ecoles* que nous
aurons l'occasion d'étudier, tels sont les *dressoirs* de l'*Ecole Lyonnaise* (30), de l'*Ecole de Bourgogne* (32) et autres, où la forme
disparaît sous un débordement de sculptures et de moulures.

Parmi les meubles en noyer, en usage au seizième siècle, nous
citerons encore les *arches de mariage* ou *cassones*, sortes de coffres
en noyer sculpté, peints ou recouverts de pâte, à décor modelé et
doré, avec couvercle très souvent bombé (11, 17, 19, 20, 21); les
coffres de mariage, de forme plus ou moins rectangulaire, en noyer
sculpté, à décors et ornements allégoriques (12, 14, 15, 16, 18);
les *bahuts* ou *bas de bahuts* (22, 23, 24); les *bahuts à deux corps*
(25, 37); et les *vaisseliers*, dont la partie supérieure forme vitrine.

L'orfèvrerie prêta son concours à diverses industries de luxe, notamment à celle des meubles. On imagina d'incruster d'or, d'argent et de pierres dures, l'ébène, le sandal, le cèdre, l'ivoire, la corne et toutes les substances servant à la décoration des *cabinets* ou *coffrets à tiroirs*. Ces *cabinets*, étaient souvent enrichis de statuettes, de médaillons et de plaques, en or ou en argent.

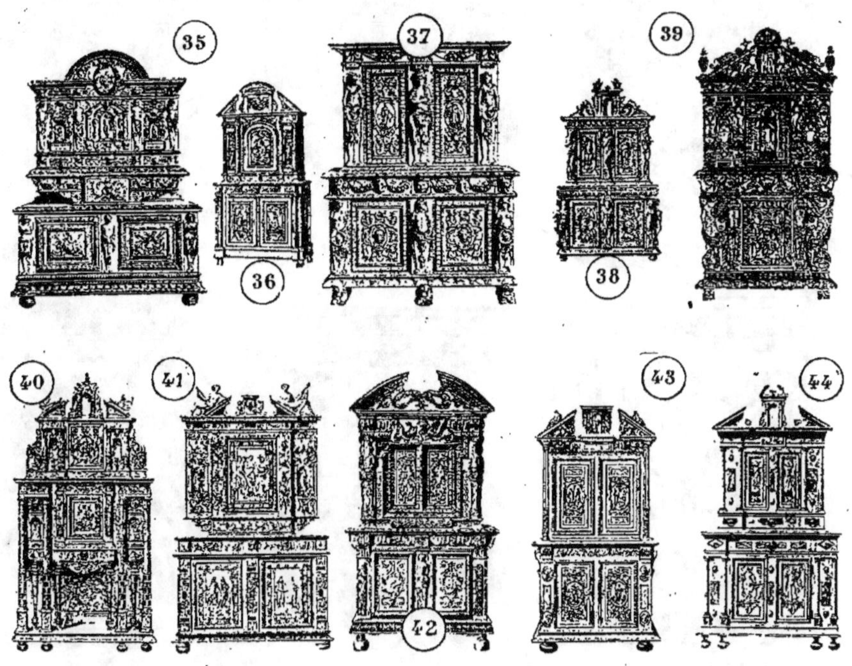

Fig. 202 à 211. — XVIe-XVII° SIÈCLES ; ÉPOQUES HENRI TROIS ET HENRI QUATRE
35, 40, 41, dressoirs ; 36 à 39, 42 à 44, bahuts à deux corps ; 41 et 44, bahuts décorés de marbres rares.

Dressé sur quatre pieds, ce meuble contenait de petits tiroirs placés derrière une porte à deux battants et, quelquefois, munie de quatre serrures. On lui donna une disposition architectonique à l'extérieur ainsi qu'à l'intérieur, et on imagina le *cabinet* qui fut, comme le mot, en usage au seizième siècle et en grande vogue au dix-septième.

Ceux de la seconde époque de la Renaissance française sont établis en noyer sculpté, quelquefois décorés de plaquettes en marbres rares, ayant pour but d'atténuer la monotonie du noyer, bois peu décoratif par lui-même (29, 36, 38, 42 à 44).

D. 12

Dès la fin du seizième siècle et pendant les premières années du dix-septième, la mode est aux *cabinets* de provenance italienne, plaqués de nacre, d'ivoire gravé ou de pierres dures (47).

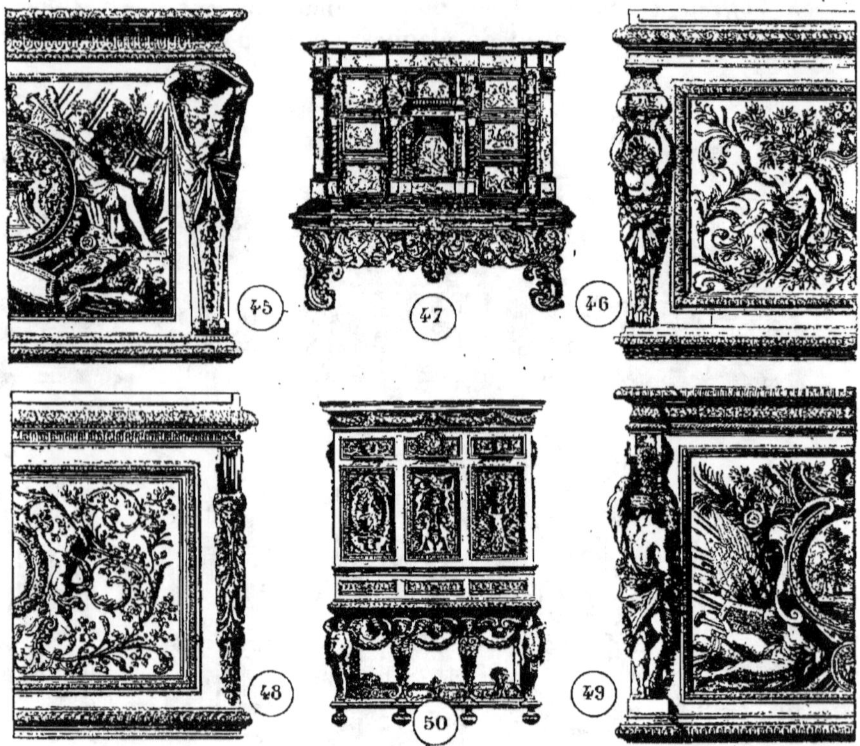

Fig. 212 à 217. — XVIIᵉ SIÈCLE ; ÉPOQUE LOUIS TREIZE

45, 46, détails de bahuts ; 47, cabinet en ébène, décoré de miniatures, monté sur châssis ; 48, 49, détails de bahuts ; 50, cabinet en ébène, monté sur châssis.

Pendant presque toute la première moitié du dix-septième siècle, la France devint tributaire des Flandres et des Pays-Bas, pour des *cabinets* sculptés et peints, ou en chêne plaqué d'ébène, montés sur châssis, et recouvert de nombreux ornements géométriques, de sujets historiques et mythologiques, dont les contours, faiblement indiqués, sont figurés par des lignes méplates.

Ces *cabinets* servaient à conserver les bijoux et les objets précieux. L'ébène seule, sculptée et gravée, apparaît à l'époque louis treize. Ces décorations, d'un goût douteux, sont une des caractéristiques de cette *basse époque de l'art* (50).

Les *cabinets d'ébène*, en usage jusque vers la moitié du dix-septième siècle, furent transformés en *armoires* ornées de simples filets de cuivre, ou somptueusement décorées.

On donnait encore le nom de *cabinet* à des meubles incrustés ou marquetés d'ivoire, dont les vantaux recouvraient une vingtaine de tiroirs, et où les *précieuses* serraient gages d'amour, billets doux et sonnets passionnés. Une *précieuse* disait : « Ma commune, allez quérir mon zéphir dans mon précieux. » (Ma suivante, allez quérir mon éventail dans mon *cabinet*.)

Dans l'appartement d'hiver de la reine, lisons-nous dans le *Dictionnaire des prétieuses (sic)* ou *La Clef de la langue des Ruelles*, par Antoine Baudeau, sieur de Somaize, publié en 1660, « on remarquait un *cabinet* de cornaline et d'agate; il y avait, entre autre, une pièce admirable où l'on voyait un aigle assis sur un tronc d'arbre, représenté au naturel. »

Des artisans de l'époque louis-quatorze (1643-1715) et principalement C.-A. Boule, employèrent l'ébène pour la construction de meubles ornés d'incrustations en cuivre, en étain et en écaille, et décorés de bronze ciselé et doré[1].

Cette époque est une des rares qui a conservé, en architecture, en ameublement, en œuvres et objets d'art, une unité de magnificence et de somptuosité. Les célèbres œuvres de C.-A. Boule (1642 † 1732) témoignent de la splendeur de l'art pendant le plus long règne des rois de France; le nom de cet artisan a été donné à des meubles exécutés d'après les dessins de Jean Bérain.

Les *Boule* à une ou deux portes, à *hauteur d'appui* (57-58), ceux à *tiroirs* (le terme *commode* n'étant pas encore en usage); les riches *médailliers* (51); les *corbeilles de mariage* (51 *bis*) et (55); les *armoires* (54); les *vitrines-bibliothèques* (56); les *gaînes* (52-53), que nous représentons, peuvent donner une idée de leur riche et somptueuse décoration. (Voir page 93.)

Le soubassement de quelques *meubles d'appui* occupe une partie importante de la hauteur totale; c'est, le plus souvent, une frise de marqueterie soutenue par une bande d'ébène terminée en crossettes à rosaces, motivant des pieds à toupie.

Le corps est formé d'un panneau en hauteur à double encadrement de moulures et de crossettes; des chutes de laurier ou de feuillages le relient aux volutes du fond, qu'entoure une riche bordure.

---

1. Le terme de *contre-boule* ou *contre-partie*, s'applique aux marqueteries du célèbre ébéniste, formées de cuivre doré ou d'étain comme fond, et d'écaille comme décor.

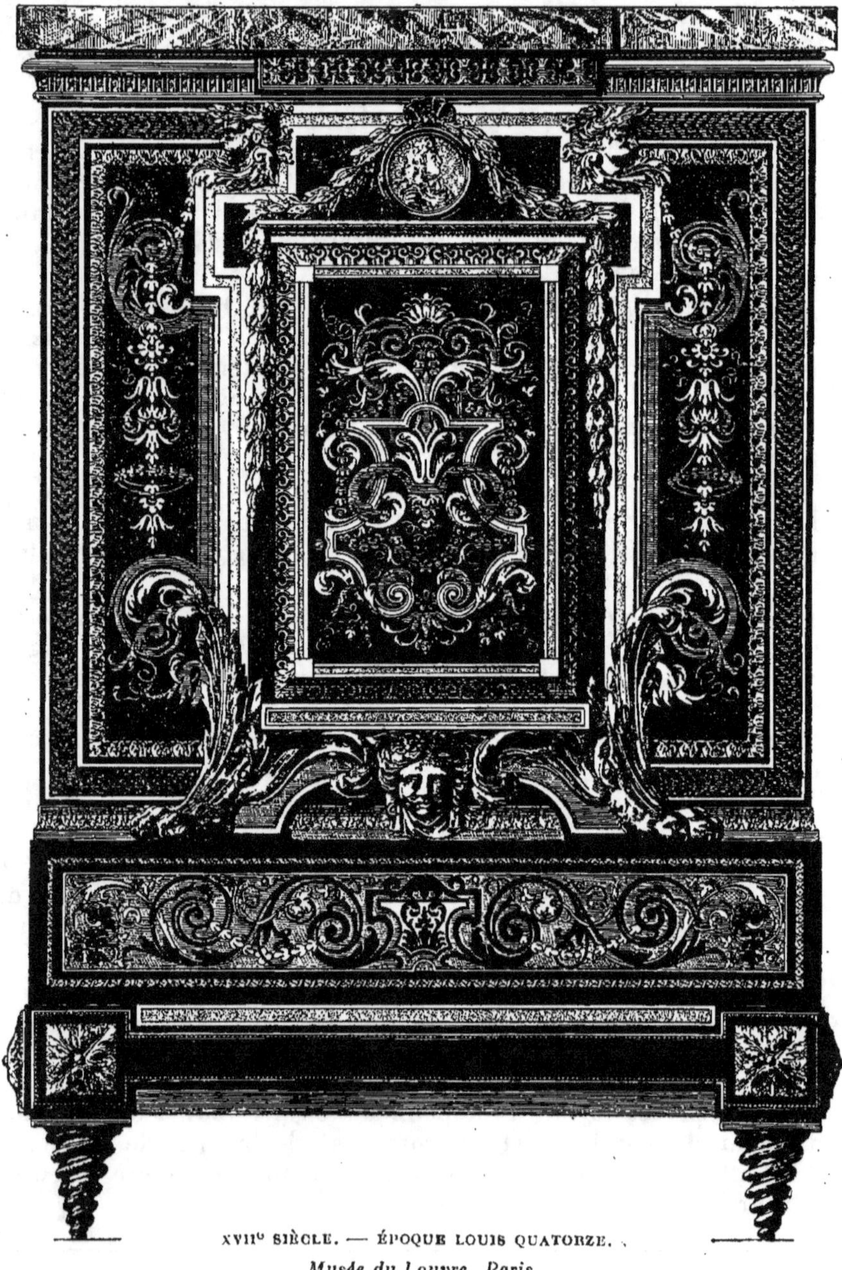

XVIIe SIÈCLE. — ÉPOQUE LOUIS QUATORZE.

Musée du Louvre, Paris.

Fig. 218. — Cabinet, marqueterie d'étain et de cuivre doré, relevé de gravure au burin, sur fond d'écaille. Œuvre de C.-A. Boule. (Consulter la note ci-contre.)

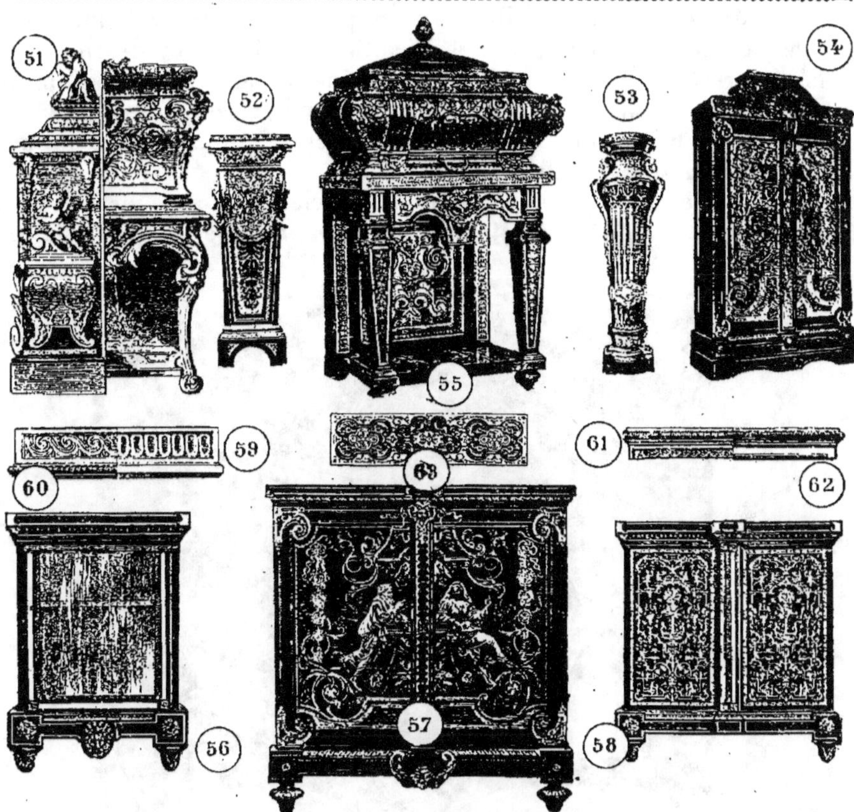

Fig. 219 à 229. — XVIIᵉ SIÈCLE; ÉPOQUE LOUIS QUATORZE

51 à 54, marqueterie de cuivre, d'étain et d'écaille, œuvres de C.-A. Boule rehaussées de bronze ciselé et doré ; 51, médailler ; 51, 55, coffres de mariage montés sur châssis ; 52, 53, gaines ; 54, armoire ; 56, bibliothèque ; 57, 58, cabinets.

L'*élément rectiligne* joue le rôle principal dans la distribution du beau meuble que nous représentons ci-contre, où la noblesse des proportions est relevée par la sobriété de la sculpture. Le soubassement est une frise de marqueterie, soutenue par une bande d'ébène terminée en *crossettes à rosaces* motivant les *pieds à toupie*.

Le corps est formé d'un panneau en hauteur à double encadrement de moulures et de *crossettes* ; des *chutes* de lauriers et de feuillages les relient aux volutes du fond, qu'entoure une riche bordure. Des pieds de bronze, ciselé et doré, en forme de griffes, relient le panneau central au soubassement.

Rarement l'*élément rectiligne*, qui forme le fond de la construction de ce meuble somptueux, a été aussi heureusement combiné avec l'*élément courbe*, adopté comme principe de l'ornementation générale.

Le panneau central, notamment, qui offre un entrelac savant et harmonieux est un cartouche en forme de *lyre* étoffée d'*acanthes*, sur laquelle s'agraffent deux volutes accouplées (*chapiteau ionique*) d'où s'échappent les rinceaux symétriques d'un double feuillage. Une palmette, dans le haut, sert de point d'attache à une *chute de feuilles trilobées* qui remplit les intervalles : les espaces secondaires sont animés par les jets capricieux de brindilles légères.

A l'époque où C.-A. Boule découpait le cuivre et l'étain, et les mêlaient si ingénieusement à l'écaille pour le décor des meubles, la dorure était d'un emploi presque général dans la décoration. On ne sera donc pas surpris de voir le bronze ciselé et doré prendre, dans le mobilier, une grande importance et remplacer les applications métalliques du célèbre artisan.

L'art, ne pouvant se mettre au service d'aucune grande idée pendant la première moitié du dix-huitième siècle, son rôle dut

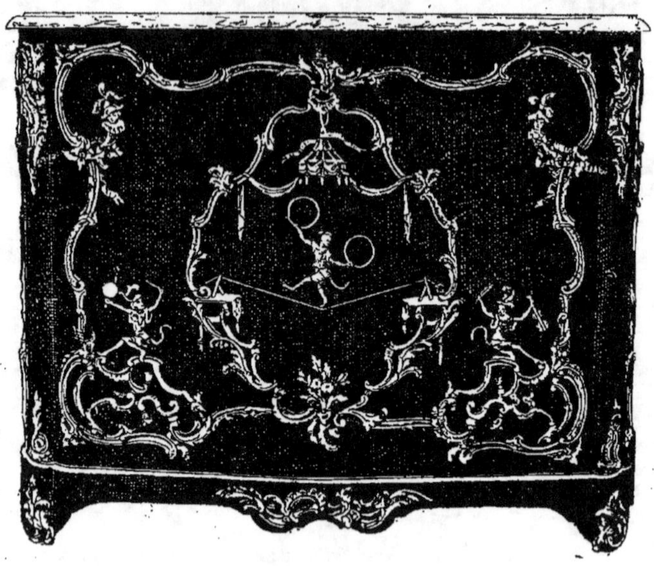

XVIIIᵉ SIÈCLE. — ÉPOQUES RÉGENCE ET LOUIS QUINZE

Ancienne Collection Henri Grellou.

Fig. 230. — Meuble d'appui en bois d'amarante avec appliques de bronze ciselé et doré. — Ce beau meuble, exécuté dans les premières années du règne de Louis XV, appartient, quant au décor, à la fin de la Régence.

se borner à satisfaire le luxe et les caprices d'une Cour et d'une société désillusionnées des grandes actions, ennuyées de l'étiquette rigoureuse du règne de Louis XIV, et ne cherchant qu'à s'abandonner aux plaisirs faciles, aux galanteries et excentricités les plus folles, pour s'étourdir et ne point se préoccuper du lendemain, suivant en cela l'exemple du roi lui-même. Ce fut donc l'époque de la fantaisie et du marivaudage artistique. Tout en l'appréciant à sa juste valeur, nous ne nous rangerons point parmi ses détracteurs, car il nous est impossible de ne pas admirer l'esprit, la grâce, le bon goût, et l'imagination dans un style qui ne repose sur aucune base solide et ne reconnaît d'autres principes que la fantaisie et le caprice. Il n'y a que les peuples réellement artistes qui soient capables d'exécuter de pareils travaux, sans tomber dans les exagérations les plus bizarres et les plus ridicules.

Les meubles repoussent systématiquement les surfaces plates

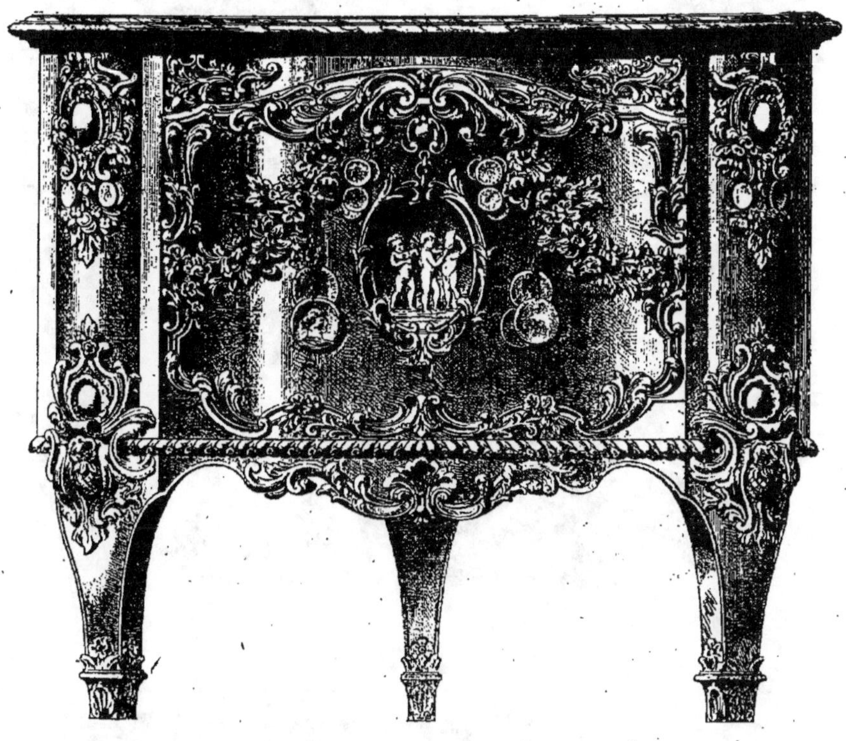

XVIIIᵉ SIÈCLE. — ÉPOQUE LOUIS QUINZE
Bibliothèque Nationale (Cabinet des Antiques), Paris.

Fig. 231. — Médailler du roi Louis XV. La destination de ce meuble, de forme bombée avec angles arrondis, richement décoré de bronze ciselé et doré, est accusée par des groupes de médailles suspendues de chaque côté du motif central.

aussi bien que les lignes droites. Des *commodes*, des *médaillers* (fig. 231), de forme bombée avec angles arrondis, d'une riche imagination décorative, formée de végétations en bronze, ciselé et doré, se déployent en enroulements capricieux dans lesquels la coquille forme la caractéristique du style dit *style rocaille*.

Le boudoir tend à remplacer le salon, le *chiffonnier à nombreux tiroirs*, le *secrétaire* dont le *panneau en abattant* commence à servir de bureau ; la *table* et les *chaises*, dont les pieds affectent une forme

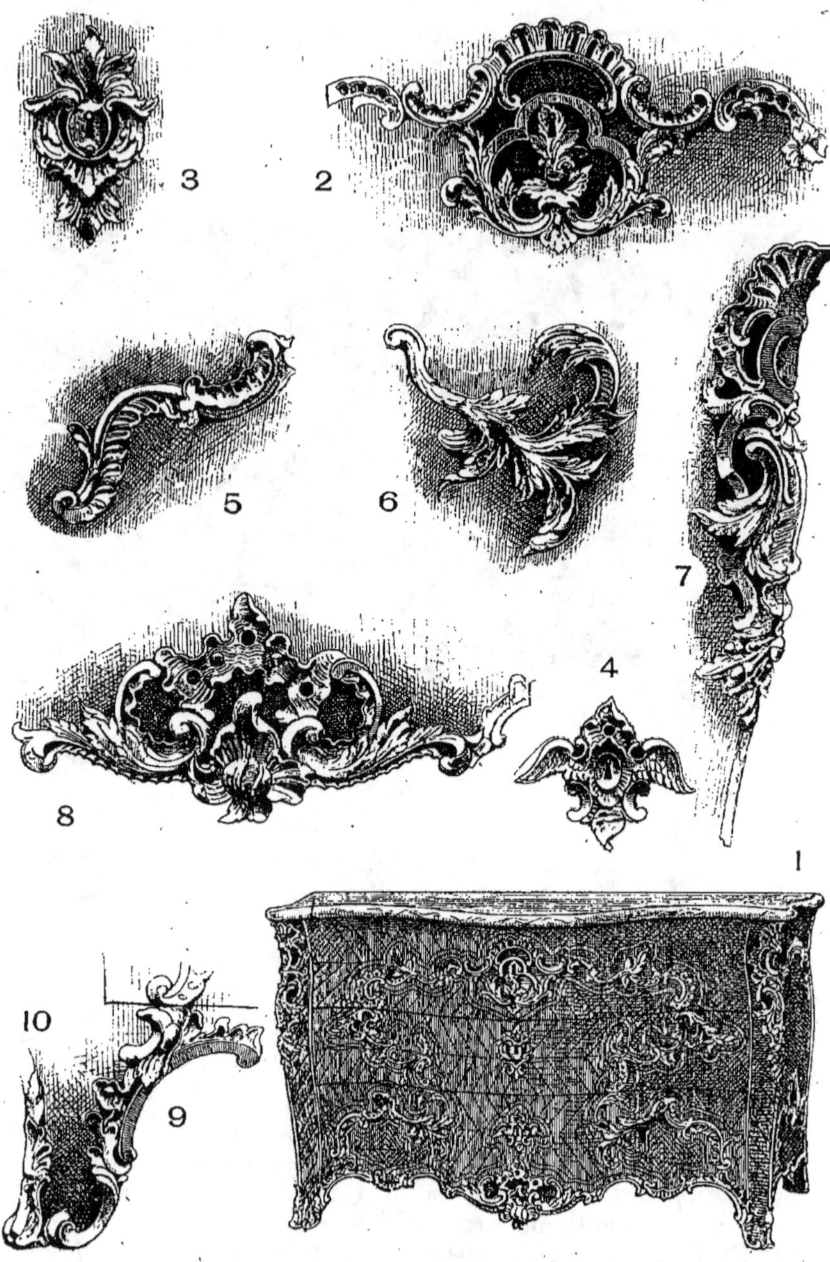

XVIIIᵉ SIÈCLE. — ÉPOQUE LOUIS QUINZE.

Palais de Fontainebleau.

Fig. 232 à 240. — Commode, et détails des bronzes. (Consulter la note ci-contre).

serpentine, ne se seraient pas trouvés bien en place dans les salons solennels du dix-septième siècle. La mode est désormais aux élégances raffinées et l'art, incapable de concevoir de grands ensembles, se montre partout spirituel et capricieux dans le détail.

C'est à l'époque régence que la *marqueterie de bois* prit un très grand développement, et se substitua à la *marqueterie d'écaille et d'étain.*

Le caprice féminin, régnant en maître à la Cour du Régent y contribua; la somptuosité, l'opulence de l'époque précédente ne pouvaient s'allier avec la désinvolture de petites maîtresses, habituées du Palais-Royal.

D'autres causes nous paraissent devoir être mises en considération : les transactions commerciales avec le Nouveau-Monde et les Indes-Orientales ayant pris, pendant la première moitié du dix-huitième siècle, une très grande extension, les bois précieux, qui en provenaient, bois de *thuya*, de *violette*, d'*amarante*, et de *rose* principalement, dont les fibres sont si brillamment colorées, furent presque exclusivement destinés à la structure décorative du meuble.

Ces bois, rarement susceptibles d'offrir de grandes surfaces, furent disposés en formes de carrés ou de losanges; on employa le *citronnier* pour déterminer des filets d'un ton clair remplaçant le métal, tandis que le bois d'*amarante* rehaussait les encadrements de tonalités différentes.

Parmi les ébénistes qui se signalèrent dans ce genre, il faut citer Crescent fils, ébéniste des palais du duc d'Orléans.

A l'origine, cette marqueterie de bois se composait de dessins affectant une forme géométrique; mais, plus tard, on l'employa pour des mosaïques *pastichant* la peinture. Les couleurs naturelles du bois paraissant alors trop restreintes, les artisans furent obligés, pour obtenir certains effets, d'employer des teintures artificielles. On vit alors les devantures des meubles se couvrir de bouquets de fleurs, trophées d'instruments de musique liés avec des rubans, emblèmes amoureux comprenant toujours le carquois et des flam-

---

Fig. 232 à 240. — Commode décorée de bronze ciselé et doré. Ce meuble d'une facture élégante, en bois de rose, est d'une forme légèrement bombée. Les entrées de serrures, de types différents (2, 3, 4), les détails des *mains fixes* (5, 6) ; les *chutes* (7) ; les *sabots* (9, 10) et le *cul-de-lampe* (8), sont composés par gracieux enroulements formés de feuilles et de branchages,

La garniture en métal qui arme le bas d'une *crosse* ou de la *hampe* d'une lance, est aussi appelée *sabot*. — On donne le nom de *mains* aux poignées de tiroirs d'un meuble ; lorsque la poignée est fixe, on dit une *main-fixe*.

A l'époque louis seize, on imagina des *platines* rondes dans la rainure desquelles un *anneau* prenait place ; au repos, la *platine* et l'*anneau* formaient un t...

BIBLIOTHÈQUE NATIONALE IMPRIMÉS.
D. 13

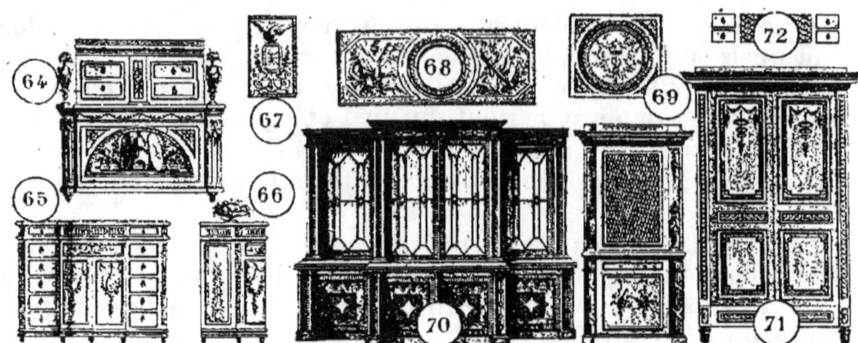

Fig. 241 à 250. — XVIIIᵉ SIÈCLE; ÉPOQUE LOUIS SEIZE

64 à 69, 71, 72, œuvres de Lalonde; 64, bureau-secrétaire; 65 et 70, meubles, style anglais; 66 encoignure; 69, médailler, 71, armoire, 67 à 69, 72, détails,

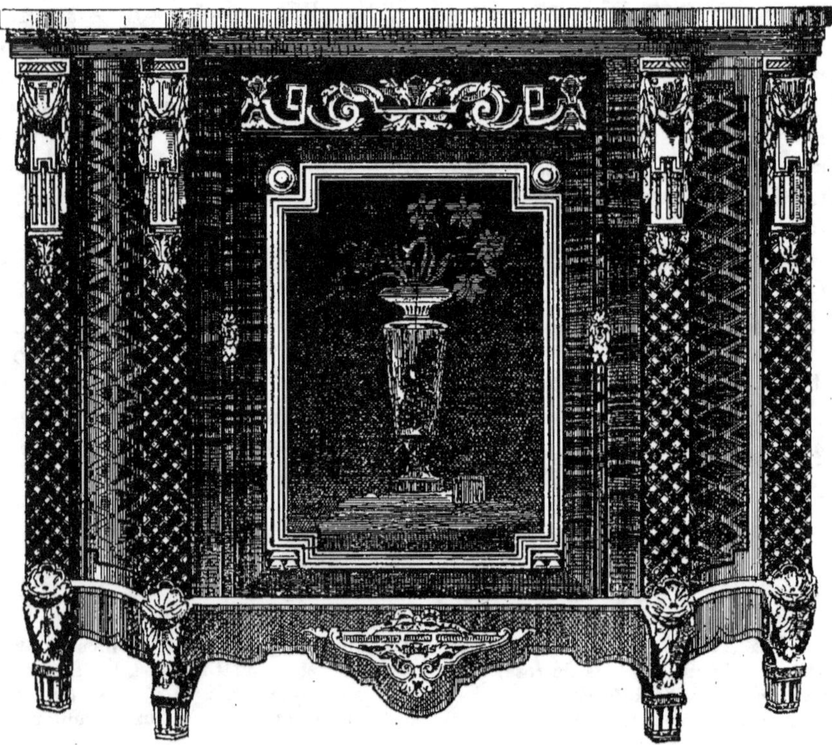

XVIIIᵉ SIÈCLE. — ÉPOQUE LOUIS SEIZE.
Palais de Fontainebleau.

Fig. 251. — Meuble d'appui, en marqueterie, décoré de bronze ciselé et doré. Bien qu'il ne soit pas estampillé, nous attribuons ce meuble à Riesener. Il appartiendrait, dans ce cas, à sa première manière.

beaux, et agrémentés de colombes, etc. Le jeu naturel des résines, pendant la dessiccation du bois, aussi bien que l'action de la lumière sur les teintures, apportant de rapides altérations au meuble, dont la coloration perdait, en peu de temps, son charme et son harmonie, cette manière ne fut pas de longue durée.

C'est vers la fin de la seconde période de la Renaissance, que l'art de la marqueterie fut introduit en France par Jean de Vérone qui, le premier, coloria les bois, avec des acides et des huiles.

Cet art fit de notables progrès dans les Flandres et en Allemagne, pendant la seconde moitié du seizième et le commencement du dix-septième siècle.

Les bois employés en sculpture, en ébénisterie, en marqueterie, ou pour incrustation, sont : l'*amboïne*, à veines blanches-roses ou jaunâtres, l'*acajou*, veiné, flambé, moiré, chenillé, jaune rougeâtre ; l'*amarante*, couleur vineuse, violet foncé ; l'*amourette*, variant du rose tendre au rouge-brun ; le *buis* jaune ; le *châtaignier*, blanc jaunâtre ; le *chêne*, jaune ou rougeâtre ; le *citronnier*, blanc ou jaunâtre ; l'*ébène*, noire ; le *noyer*, noir brun veiné ; le *palissandre*, violet ; le *poirier*, roux ; le *thuya*, brun moucheté, etc.

Après avoir été de mode en France sous Louis XIII, marqueteries de mosaïque, de pierres de Florence, incrustations d'ivoire et, surtout sous Louis XIV, avec les œuvres de C.-A. Boule, l'art de la *marqueterie* fut, à l'époque louis quinze, remplacé par les *laques* et les *vernis dits vernis Martin*, pour reparaître, *marqueterie de bois rares*, dans les œuvres des célèbres ébénistes du règne de Louis XVI.

La *marqueterie* dite *ombrée* est formée de bois, d'ivoire, d'os, de métaux, or, argent, étain, cuivre, teintés au moyen de bains de sable pulvérisé et chauffé à une température moyenne, dans lesquels on ajoute des matières colorantes.

Celle dite *marqueterie en mosaïque* est mise en œuvre par les mêmes procédés que pour la mosaïque de marbre ; on emploie des petits cubes d'or, d'ivoire, de pierre, etc., auxquels on donne divers tons.

On remarque, dans les musées et dans les collections, des coffrets, des boîtes, etc., dont les panneaux décoratifs, placés entre un bâtis et des encadrements en bois de couleur foncée, en ébène par exemple, sont ornés de compositions, sculptés en un *relief méplat*, et dont diverses parties sont de tons différents, sur un bois plus clair.

C'est ainsi qu'on voit des sujets, figures, vases, fruits, ornements, représentés en des tons qui traduisent, à peu près, les couleurs naturelles des objets eux-mêmes.

En ce qui concerne l'emploi des *bois satinés* dans le décor des meubles, il est à remarquer que les ébénistes des époques régence, louis quinze et louis seize, firent ressortir, d'une manière pratique et agréable, les veines et les nuances des bois qu'ils destinaient à la confection des meubles d'art, qu'ils opposèrent, avec goût, certaines espèces les unes aux autres, et surent faire contraster les différentes parties du même bois, en les disposant convenablement dans leurs divers ouvrages[1].

S'il est à remarquer que c'est surtout dans les meubles en bois

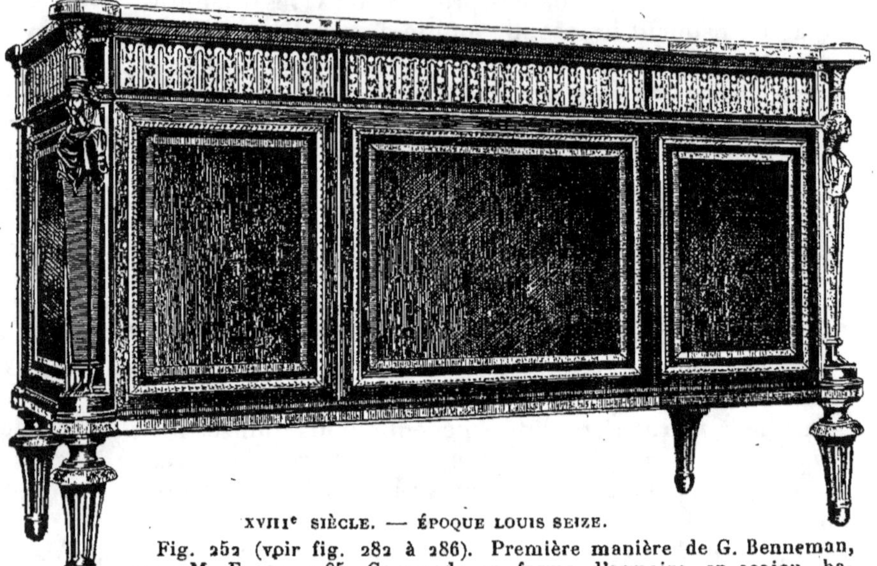

XVIIIᵉ SIÈCLE. — ÉPOQUE LOUIS SEIZE.

Fig. 252 (voir fig. 282 à 286). Première manière de G. Benneman, reçu M. E. en 1785. Commode en forme d'armoire, en acajou, baguettes et cannelures en bronze ciselé et doré. Les angles sont formés par des *cariatides engainées* à consoles.

sculpté et doré, que le style louis quinze a commencé à se contourner, et les ornements à prendre une importance prépondérante aux dépens des grandes lignes, on sait que, du retour à l'antiquité au classicisme, naquit un *art* que l'on désigne *style louis seize*, bien

---

1. On a donné le nom de *bois de plaquage* aux bois exotiques ; l'artisan commençait par les diviser en feuilles, aussi minces que le permettait l'outillage au dix-huitième siècle, et les plaquait sur le corps d'ouvrage. Sous la désignation de *bois de rapport* on comprenait les bois de mêmes provenances, découpés en autant de fragments, de morceaux indiqués par des maquettes dessinées et coloriées, que les ornemanistes et les décorateurs fournissaient aux artisans en marqueterie.

Vers le milieu du dix-huitième siècle, on appliqua la porcelaine à la décoration du meuble : des médaillons ronds ou ovales, des plaques de forme rectangulaires décorent les *tables*, les *secrétaires*, les *bureaux de dames*, etc., de style louis seize. Sèvres en France, Wedgwood en Angleterre, produisent de gracieux biscuits en ce genre, destinés à cette décoration du meuble.

qu'il ait précédé l'avènement de ce roi, ainsi qu'en témoignent les œuvres gravées de Neufforge et de La Fosse. C'est à ce dernier que son contemporain, l'architecte Blondel, reprochait d'être d'une « pesanteur assommante ».

Les artisans de l'époque louis seize assagissent le goût ; les lignes louis quinze, tortueuses, tarabiscotées, sont abandonnées pour une manière qui vise à l'élégance et à la simplicité. Les formes sont un peu plus grêles, la légèreté est recherchée ; le meuble moins opulent est plus intime. Les bronzes destinés à l'ameublement, qu'ils soient de Gouthière ou de quelque autre célèbre modeleur, sont ciselés avec plus de passion.

La ligne droite domine dans les pieds de table qui se distinguent en général par une grande sveltesse. Ajoutons que, dans les *commodes*, les *secrétaires*, les *bureaux*, des *peintures en camaïeu*, des plaquettes et de petits bas-reliefs sont encastrés dans le corps même du meuble. Les délicates ciselures de bronze, moins saillantes qu'à l'époque louis quinze, mais plus délicates, l'apparition de *griffons* et de *sphinx* dans les supports, et celle de *cariatides* dans les angles, fait constater que ce style, si différent du précédent, dont il est en quelque sorte la contre-partie, présente en lui-même une grande homogénéité (voir fig. 252, et 254 à 257).

Les chefs-d'œuvre mobiliers de l'époque louis seize, si bien imagés par des architectes et des modeleurs habiles, exécutés par de célèbres maîtres ébénistes, n'auraient pas une valeur aussi considérable que celle qu'ils ont acquise si, en dernière main, les ciseleurs, dont le travail atteignit à une perfection égale à celle des orfèvres, n'avaient pas possédé la faculté d'apprécier la beauté indispensable pour l'arrangement des différentes parties décoratives ; s'ils n'avaient su donner un certain tour naturel aux branchages et faire jouer les brindilles et les feuilles ; s'ils n'avaient eu le talent de grouper à propos les figures et les ornements, si même, ce qui est très important, ils avaient négligé de garder une certaine proportion entre tous les éléments de décoration, et de les mettre bien à leur place.

Il faut peu de chose pour qu'une telle décoration paraisse médiocre, désagréable à l'œil, sans que l'on puisse en déterminer les causes.

Ce n'est pas dans une grande recherche que réside ce qui plaît davantage, mais dans le goût avec lequel les éléments de décoration, si bien composés soient-ils, sont ordonnés et mis en place.

Afin de faire servir ces éléments à la technique, les ornemanistes et les décorateurs français en étudièrent et analysèrent la composition. La conception de leur esprit attentif, distincte et claire, ne leur laissait aucun doute sur ce qu'il comprenait.

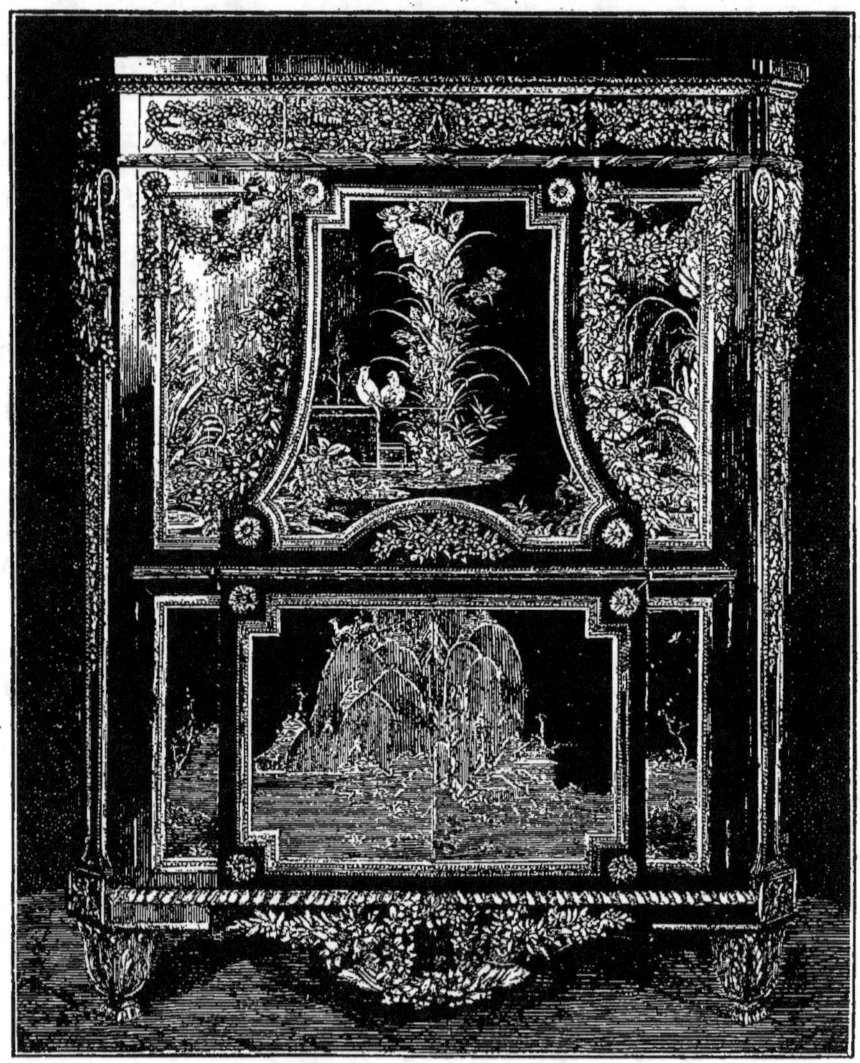

Ancienne Collection Hamilton.

Fig. 253. — Cabinet-secrétaire à fond d'ébène, dans lequel Riesener, ébéniste, et
Gouthière, ciseleur, ont marié la délicatesse des panneaux de laque aux festons
fleuris les plus souples, les plus délicatement fouillés, qui aient jamais été ciselés
dans le bronze. Ce meuble, résumant les suprêmes réductions décoratives du style
louis seize, est recouvert de plaques en laque noire et or, les *consoles, culs-de-
lampe, sabots*, sont en bronze ciselé et doré. La frise porte, au milieu, le chiffre de
Marie-Antoinette entouré de feuillages (Consulter la note ci-contre.)

« Ce n'est pas assez d'avoir l'esprit bon, le principal est de l'appliquer bien », écrivait le philosophe René Descartes (1596 + 1650); ces artisans ont su allier la théorie à la pratique, en créant des ornements et en appliquant des décors spéciaux aux industries d'art en général, et à celle du meuble en particulier.

Les éléments décoratifs étaient sculptés en bois, puis bâtis et modelés, moulés en cire, en plâtre ou en sable, fondus à *cire perdue*, achevés, ciselés, retouchés avec soin et dorés; le maître doreur, après les avoir fait dérocher, limait les parties qui devaient être brunies, c'est-à-dire rendues brillantes par le polissage, ou *surdorées d'or moulu*, et pointillait celles destinées à rester *mates*, sans éclat; cette seconde dorure, faisant ressortir la perfection de la ciselure, conçue avec goût et exécutée avec une perfection incroyable, est le triomphe de la sculpture appliquée à l'ébénisterie.

La délicate et élégante *armoire à bijoux* de la reine Marie-Antoinette qui fait partie des Collections du garde-meuble (Versailles) (fig. 254 à 257), compte parmi les meubles les plus importants de cette époque, et présente un ensemble somptueux; mais c'est moins dans les meubles indispensables, que dans les petits objets sans utilité réelle, où se montre l'esprit vraiment créateur des merveilleux modeleurs et ciseleurs de l'époque louis seize, dont Gouthière est resté le type le plus parfait.

De précieuses *tables à ouvrages* portant sur des pieds délicats à cannelures légères, des *jardinières* et des *consoles* enrichies de fines ciselures, des *armoires-étagères* prenant déjà une forme rectangulaire, des *porte-flambeaux* dont la tige élancée repose sur un pied triangulaire sont, dans une certaine mesure, inspirés du mobilier antique, d'où une imitation littérale est exclue.

La *console en marqueterie*, décorée de bronze ciselé et doré et de plaques de Wegdwood, ainsi que le *cabinet en marqueterie*

Lorsque le terme *laque* est employé dans les *ouvrages de vernissure*, pour indiquer la substance même, la résine extraite de deux arbres originaires de la Chine et du Japon, laquelle, seule, forme un vernis inaltérable, il est du genre féminin : un bureau décoré en *laque noire*. Pour désigner un objet quelconque, laqué, ce terme est du genre masculin : un *laque noir*; on doit donc dire et écrire, un *ancien laque* de Chine, du Japon, de Coromandel, de Madagascar, etc.

Quelle que soit la perfection des contrefaçons et imitations de la laque en Europe, et principalement en France au dix-huitième siècle, il n'en est pas qui puissent égaler la technique des laques orientales.

Nous avons été à même d'en juger en comparant et analysant de parfaites imitations françaises, avec *la laque rouge* originale, authentique, tirée des provinces de Kiang-si et de Ssé-tchouen, dont est vernissé un petit bureau de dame du dix-huitième siècle, forme dos d'âne, à décor de paysages et fleurs or, provenant du comte Thomas-Arthur de Lally, baron de Tolendal, lieutenant-général et gouverneur du roy Louis XV, aux Indes françaises, en 1755.

Nous nous réservons, dans un travail spécial relatif aux *Provenances célèbres*, de représenter et de décrire ce précieux meuble, d'une exquise décoration.

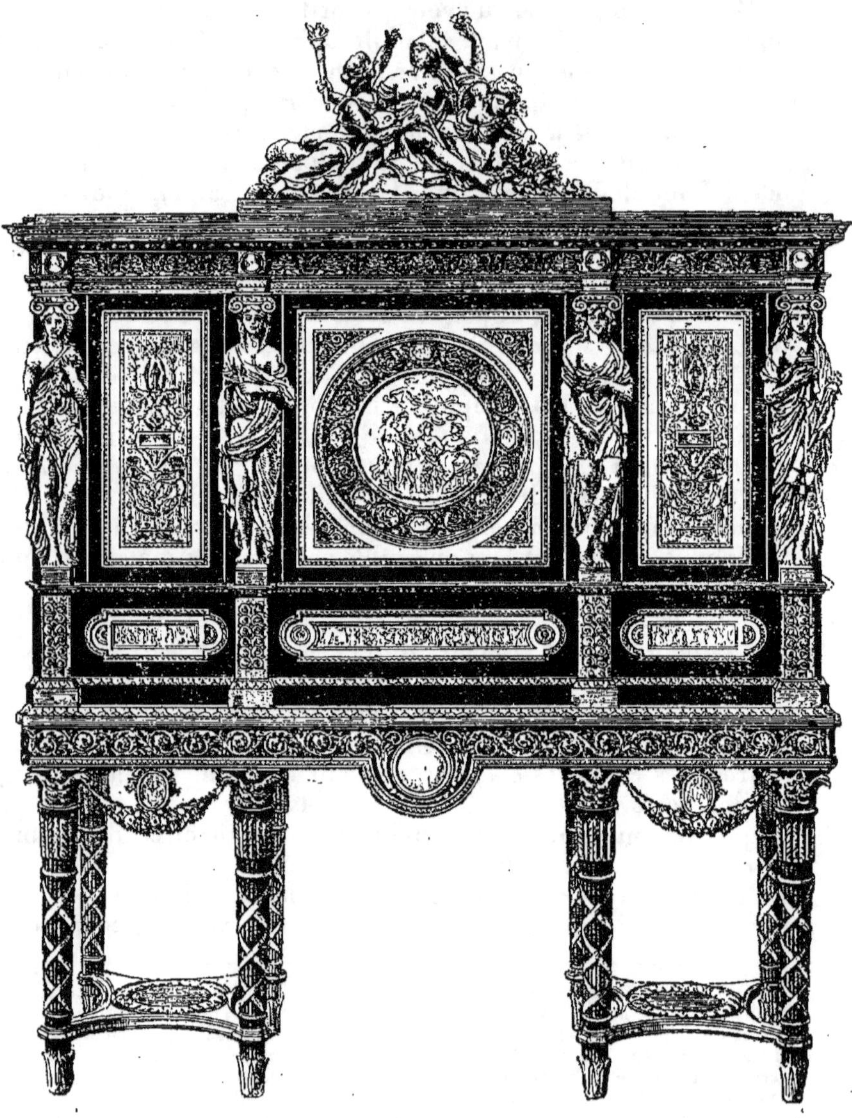

Palais de Versailles.

Fig. 254. — Armoire à bijoux, exécutée pour la reine Marie-Antoinette.

Ce beau meuble, *armoire à bijoux* de Marie-Antoinette (1755✝1793), épouse de
Louis XVI, Reine de France, fille de l'empereur d'Autriche François I⁰ʳ et de Marie-
Thérèse, dont la menuiserie fut exécutée par Jean-Ferdinand Schwerdfeger (reçu
maître ébéniste en 1786), sur des modèles dus à Gondouin et à Cauvel, peut être

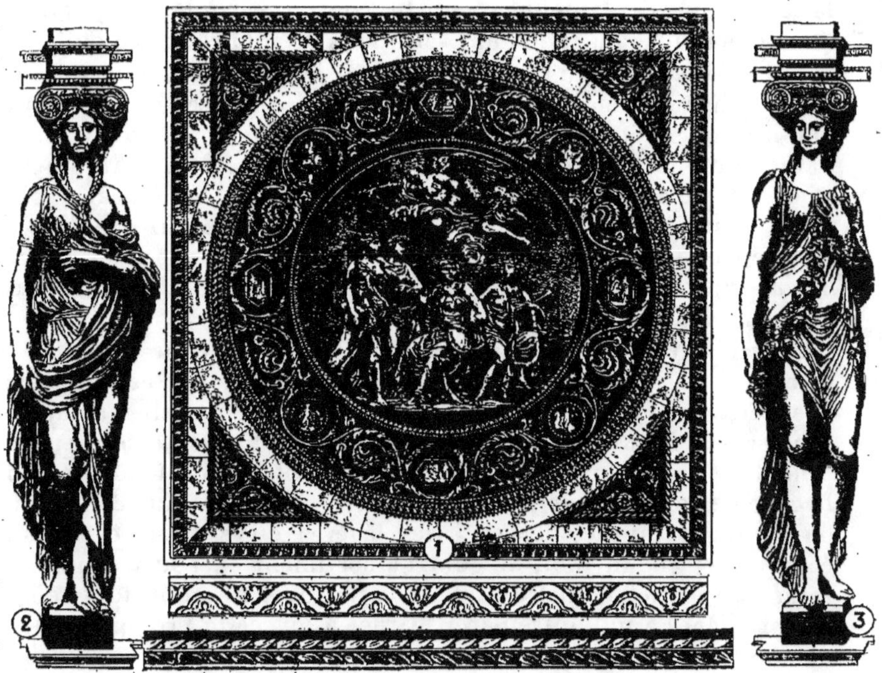

XVIII° SIÈCLE. — ÉPOQUE LOUIS SEIZE.
Fig. 255 à 257. — Détails de l'armoire à bijoux, fig. 254.
Emploi de cariatides, coiffées de chapiteaux d'ordre ionique, dans la décoration des meubles somptueux de la dernière période de l'époque louis seize.

considéré comme un chef-d'œuvre d'orfèvrerie ; jamais la perfection ne fut poussée aussi loin et l'art du modelage, de la ciselure et de la dorure plus développé.

Le meuble est à deux corps ; la partie inférieure est disposée en forme de table, à quatre pieds formés de faisceaux surmontés par les deux têtes de l'aigle d'Autriche accolées ; la partie supérieure a reçu, comme décor, quatre cariatides à *chapiteau ionique*, figurant les Saisons séparées par des panneaux de formes diverses. Le fond du meuble est noir, et les figures sont en cuivre ciselé et doré. Les admirables bronzes ciselés et dorés, qui enrichissent cette œuvre précieuse, sont attribués à Fauchère, Forestier et Thomire.

Trois *figures*, La Richesse, L'Art et le Commerce forment la partie supérieure et soutenaient la couronne royale, que des vandales firent disparaître.

Nous ne pouvons que former des conjectures relativement aux collaborateurs de ce type modèle du mobilier français de la fin du règne de Louis XVI. Madame Campan (1752†1822), dans ses *Mémoires sur la vie de la reine Marie-Antoinette*, relate qu'il fut exécuté sous la direction de Bonnefoy-Duplan, garde-meuble de la reine au palais du Trianon.

Ajoutons que, parmi les nombreux documents sur l'Histoire et l'Archéologie, dont on doit la publication à Eugène Grave, il en est un dans lequel l'érudit et regretté archiviste de la ville de Mantes fournit de précieux renseignements sur le séjour de Madame Campan dans cette ville, où elle mourut le 16 mars 1822.

D. 14

faisant partie de l'ameublement du palais royal à Madrid, peuvent donner une idée du style louis seize dans les applications mobilières.

Le célèbre ébéniste Riesener qui, par les dates, pourrait marquer une transition entre l'époque louis seize et celle du premier empire, mais dont le style se rattache plutôt à la première, est l'auteur d'une commode exécutée pour la reine Marie-Antoinette, et d'une table-bureau dont Gouthière a exécuté les délicates ciselures. Citons encore, comme spécimens des beaux meubles de cette époque, une *console* et un *cabinet*, ainsi que la *table-bureau* de la princesse de Lamballe, faisant partie du South Kensington Muséum, à Londres (page 140, fig. 507 à 513, nᵒ 7).

L'architecture de l'époque louis seize est redevenue maîtresse et directrice souveraine des arts de l'ameublement. « C'est peu pour elle, écrit Henry Havard, d'avoir fait rentrer le mobilier émancipé sous sa rigide tutelle, et de lui imposer des formes congruentes à celle de ses monuments. Il faut encore qu'elle le gratifie de tout son bagage de colonnes, de pilastres cannelés, de chapiteaux contournés ou fleuris d'acanthe, de ces frises légères où courent des postes échevelées ; en un mot, de tout l'assortiment cher aux contemporains de Périclès et aux disciples de Vitruve. Le goût, toutefois, a des privilèges à nul autre pareil. Grâce à lui, cette prodigalité d'ornements un peu superflue n'offre rien de déplaisant. Avec des bois rares et précieux, relevés par des bronzes d'un fini surprenant et d'une ciselure exquise, l'ébénisterie concourt à la noble somptuosité d'un mobilier où semble se résumer, comme en une suprême expression, l'aimable distinction d'une société indulgente et spirituelle, sceptique et polie, parvenue, hélas ! à son déclin. »

Ce déploiement d'architecture, cette surcharge d'ornements classiques, dans leurs commencements tout au moins, n'ont rien que d'aimable, d'accueillant, de sociable. L'intime causerie, simple échange d'idées, exempte de prétention et d'emphase, s'accommode admirablement de ces meubles aux proportions réduites, s'adaptant bien au corps, de ces chaises maniables, de ces *canapés étroits*, de ces *fauteuils arrondis*. Avec la légère *table à ouvrage*, le *chiffonnier*, le coquet *bonheur-du-jour* (fig. 531), le svelte *guéridon*, ils constituent un ameublement nouveau, répondant à des besoins familiers, complaisant et serviable en dépit de ses allures classiques.

Ne faisant plus corps avec la muraille, comme précédemment, mais courant au milieu de la chambre, qu'elle peuple et semble habiter, cette réunion de petits meubles revêt ce caractère d'amabilité et aussi de douce sensibilité qui constitue également une des particularités, et non la moins surprenante, de cette curieuse époque.

En résumé, l'art français, tour à tour magnifique ou gracieux suivant la physionomie de chaque période ou de chaque époque, dont

les formes diverses semblent autant de créations originales, est éminemment l'expression du génie de notre race.

Au commencement du dix-neuvième siècle, pour ne rien prendre
au passé de l'ancienne société, cet art fut remplacé par des pastiches
de l'art grec. On chercha, dans une civilisation, à deux mille ans
de notre ère, des modèles qui, en raison de l'énorme anachronisme
de temps et de lieu, ne pouvaient servir qu'à l'imitation de la forme
sans retrouver l'esprit de l'art lui-même.

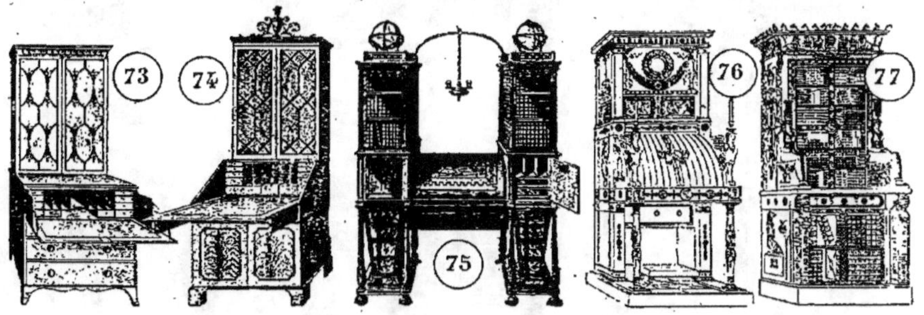

Fig. 258 à 262. — XIXᵉ SIÈCLE; ÉPOQUE PREMIER EMPIRE
73, 74, scribannes à abattant; 75, 77, bureaux bibliothèques; 76, secrétaire.

ROBES ET COIFFURES DITES A LA COMMODITÉ
FAUTEUILS ET CHAISES COMMODES
LE MEUBLE, DIT COMMODE

Le terme *commode*, à l'époque louis treize, désignait une toilette féminine, la *robe à la commodité*, ou l'édifice entier de la
coiffure, dite à la Fontange. Ce terme avait encore, à la fin du
dix-septième siècle, une autre signification ; il désignait soit une
chaise-longue, une *chaise commode*, soit un *fauteuil* disposés de
façon qu'on y trouvât toutes les commodités.

C'est vers cette époque que le meuble dit *commode*, meuble à
hauteur d'appui et à grands tiroirs, remplaça le *coffre*.

Dès leur apparition, les *commodes* sont, en général, de *formes
ventrues* d'une redondance plantureuse et d'une composition massive. Sur la *panse* ou *devanture* s'ouvrent un ou deux tiroirs, surmontés de deux autres moins larges. D'autres *commodes* sont
formées par trois grands tiroirs superposés.

La décoration, tout en ébène ou en écaille de l'Inde sur fond de
cuivre, offre des rinceaux ou des sujets mythologiques, exécutés

d'après les compositions de Jean Le Pautre (1618 † 1682), de Georges Charmeton (1619 † 1674), de Jean Bérain (1638 † 1711), et autres représentants d'une puissante génération de décorateurs de l'époque louis quatorze.

Les angles des montants sont très richement décorés de bronze ciselé et doré, d'appliques à têtes d'animaux et ornements feuil-

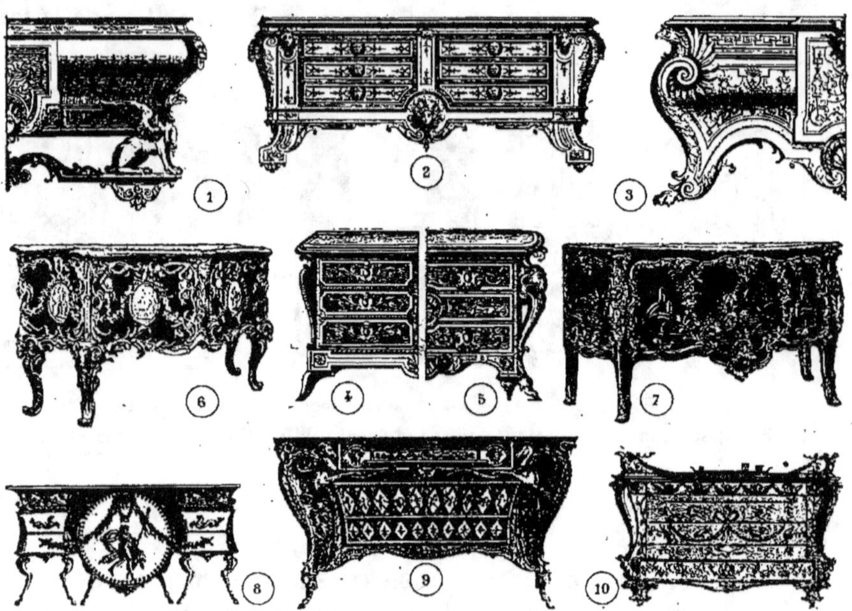

Fig. 263 et 264. — XVIIᵉ SIÈCLE; ÉPOQUE LOUIS QUATORZE
1, 3, Commodes dites en tombeau.

Fig. 265 à 272. — XVIII SIÈCLE, ÉPOQUES RÉGENCE ET LOUIS QUINZE.
2, commode dite à la reyne. — 4, 5, commodes décorées en marqueterie de cuivre et d'étain. — 6, médailler forme commode, par Slodtz, décoré de bronze ciselé et doré. — 7, commode décorée de bronze ciselé et doré par Jacques Caffieri. — 8, 9, 10, commodes d'après les compositions de Piranesi.

lagés; les *mains* sont fixées à des rosaces; les cartouches de serrures offrent des accouplements de têtes de sphinx, de folies, ou autres décors reliés par des écussons; dans le bas, des mascarons, des fleurs, etc., sont flanqués de feuillages en enroulement, etc.

Les *commodes* des époques régence et louis quinze sont d'une élégance plus svelte, plus familiale; Cressent, Meissonnier, Slodtz, Caffieri, nous en ont laissé de luxueux modèles, décorés de bronze ciselé et doré.

Celles de l'époque louis seize sont marquetées en bois des Iles, ou à devantures décorées de plaques en porcelaine de Sèvres.

Riesener, Martin Carlin, Etienne Avril, Benneman et autres célèbres ébénistes, menuisent, et Gouthière décore de bronze ciselé et doré, de précieuses *commodes*.

Nous en avons représenté (fig. 263 à 281) dont les formes et les décors nous ont paru être des plus caractéristiques.

Des meubles de bois rares et précieux sont très richement surmontés de *galeries*, décorés de *frises*, de *ceintures*, d'*angles*, de

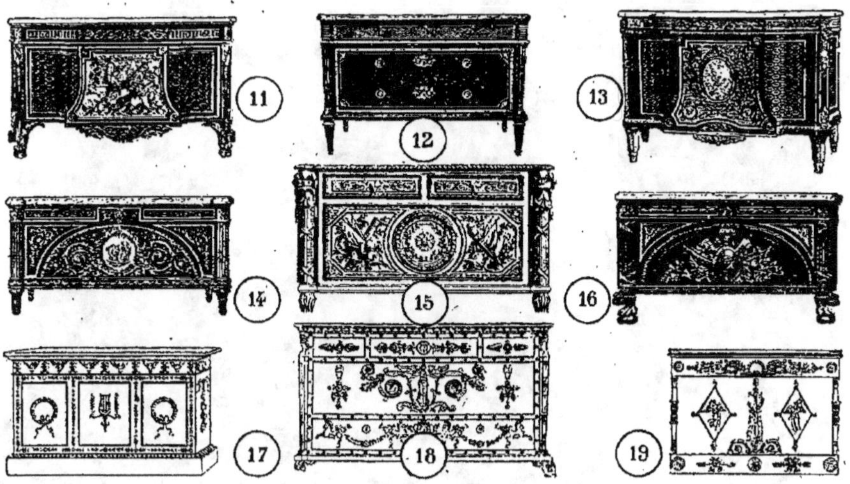

Fig. 273 à 278. — XVIIIe SIÈCLE. — ÉPOQUE LOUIS SEIZE.

11, 13, commodes, marqueterie en bois des îles, par Riesener, décorées de bronze ciselé et doré. — 12, commode en acajou, par Levasseur, décorée de filets, et avec des *mains rondes* en cuivre ciselé et doré. — 14, commodes par Benneman, décorée de plaques en biscuits de Sèvres et de bronze ciselé et doré (voir fig. 282 à 286). — 15, 15, commode décorée d'attributs en bronze ciselé et doré, d'après La Londe.

Fig. 279 à 281. — XIXe SIÈCLE, ÉPOQUE PREMIER EMPIRE.

17, 18, 19, commodes exécutées d'après les compositions de Percier et de Fontaine.

montants et de *chutes*, de poignées, de boutons et de *mains*, d'*entrées*, d'*ajustages*, de *patins* et de *sabots*, de *culots*, et d'*amortissements* ornés de motifs dus à des ornemanistes et à des ciseleurs de grand talent.

Ces habiles artisans menuisiers, dont quelques-uns étaient d'origine étrangère, construisirent des meubles dont le principal mérite réside dans les bronzes ciselés et dorés dont ils sont enrichis. Le corps de ces meubles massifs, lourds, d'une forme étrange, serait disgracieux si on le dépouillait des admirables décorations dont il est recouvert.

Quelques années encore, et les travaux des ébénistes et des ciseleurs seront brusquement interrompus, quoique à l'époque de la

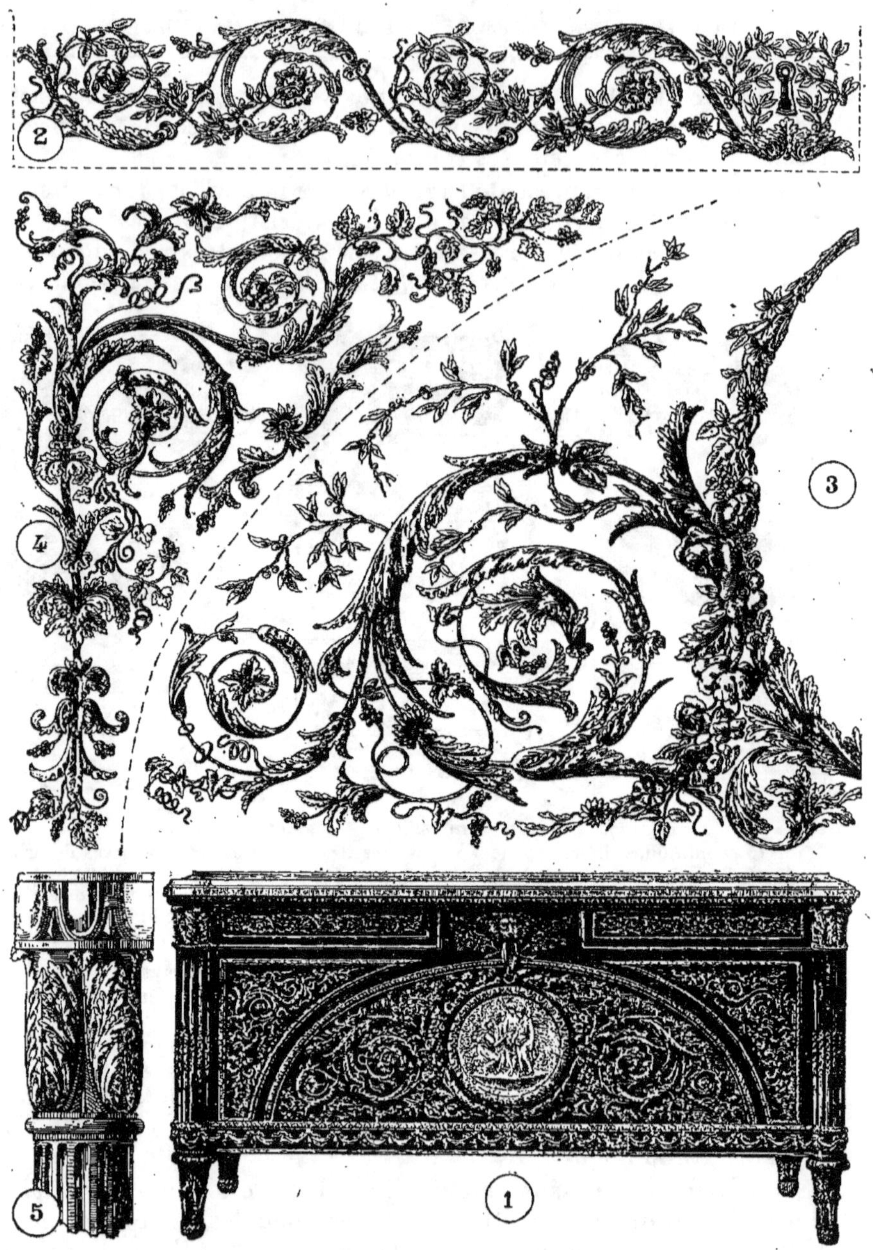

XVIII° SIÈCLE. — ÉPOQUE LOUIS SEIZE.

Fig. 282 à 286. — Commode (et détails), décorée de bronze ciselé et doré, de médaillons en pâte de biscuit et en porcelaine de Sèvres.

Seconde manière de G. Benneman, reçu M. E. en 1782 (voir fig. 252).

La *devanture* et la *ceinture*, le *soubassement*, les *montants* et les *pieds* de ce meuble somptueux sont ornés de bronze ciselé et doré.

Un médaillon en *biscuit de Sèvres* fond bleu, représentant une scène antique, est

Révolution, l'on puisse encore, derrière les bonnets phrygiens et parmi les rigides faisceaux consulaires, surprendre des bribes de l'art qui avait caractérisé le style de l'époque louis seize.

En résumé, les œuvres des maîtres ébénistes de cette époque sont traitées de deux manières. La première manière est de beaucoup moins somptueuse que la seconde : les formes sont simples, les panneaux unis sont encadrés de *baguettes à moulures*, ou *perlées*, en bronze ciselé et doré. (Voir fig. 799 à 851, pages 170 à 173).

La seconde comprend des meubles à angles arrondis, en bois d'acajou, des buffets bas en bois d'*acajou* et d'*amarante*, à *panneaux* somptueusement décorés de *palmes*, de *trophées*, de *rinceaux*, de *chiffres*, etc., en bronze ciselé et doré (fig. 282 à 286), ou de fleurs et fruits en *marqueterie* et en ébénisterie.

En consultant les *Comptes du garde-meuble*, ainsi que des *Mémoires* rédigés en 1786 par Hauré, décorateur ornemaniste, (Bibliothèque Nationale à Paris, Manuscrits français, 7817), sous la direction duquel travaillaient quelques ébénistes, on remarque les noms de plusieurs de ses collaborateurs : Cauvet, Fourreau et Vallois modelaient en cire, puis sculptaient en bois des modèles de meubles, Boizot modelait, en terre, les figures; Girard esquissait des études en peinture «pour les dittes(*sic*) études *peintes être imitées en marqueterie* », Bertrand *découpait* et préparait des décorations de panneaux, exécutés par Kemp; Fauchère fondait, en bronze, des figures, ainsi que des ornements soudés et ajustés par Jacques le jeune et Laurent, ciselés par Bardin, Chaudieu, Forestier, Lallemand, Thomire et Tournay, et *dorés d'or moulu* ou *patinés* par Galle.

Gosselin *poussait l'or* des maroquins du Levant, fixés sur le dessus des *meubles-bureaux* ou sur les tablettes des *secrétaires*.

---

placé au milieu de la *devanture*; chaque face est décorée d'un *médaillon en porcelaine de Sèvres, pâte tendre*, à bouquets de fleurs sur fond blanc.

La *devanture* flanquée de deux *écoinçons*, s'ouvre en abattant; six tiroirs avec *mains annelées* sont placés à l'intérieur.

Deux tiroirs font partie de la *ceinture* décorée d'*arabesques*; les montants ronds sont *cannelés*; les *embasses* et les *chapiteaux à oves*; le *soubassement à draperies*. La *tablette* est en marbre blanc à *ressauts* et à *moulures*.

Si nous analysons le riche décor de cette commode (1), nous trouvons que les rinceaux des tiroirs (2) forment une *serpentine* continue avec *brindilles de remplissage*, roses et rosaces, aux *œils des volutes*.

La bordure de l'arcade (3) se compose d'un double *culot d'acanthes*, donnant naissance à un *rinceau de feuillages*, accompagné de *brindilles de remplissage* en feuilles et baies de laurier. Le haut de la bordure, guirlande de fleurs, délicatement ciselée, forme *chute* dans le bas.

Nous donnons (4) le détail des *rinceaux d'arabesques*, servant de remplissage aux *écoinçons* formés par la courbe de l'arcature, et se terminant, dans les angles, par des brindilles de vignes et de raisins. Une simple *corbeille d'acanthe*, à profil peu saillant, orne le détail des *chapiteaux* d'angles (5).

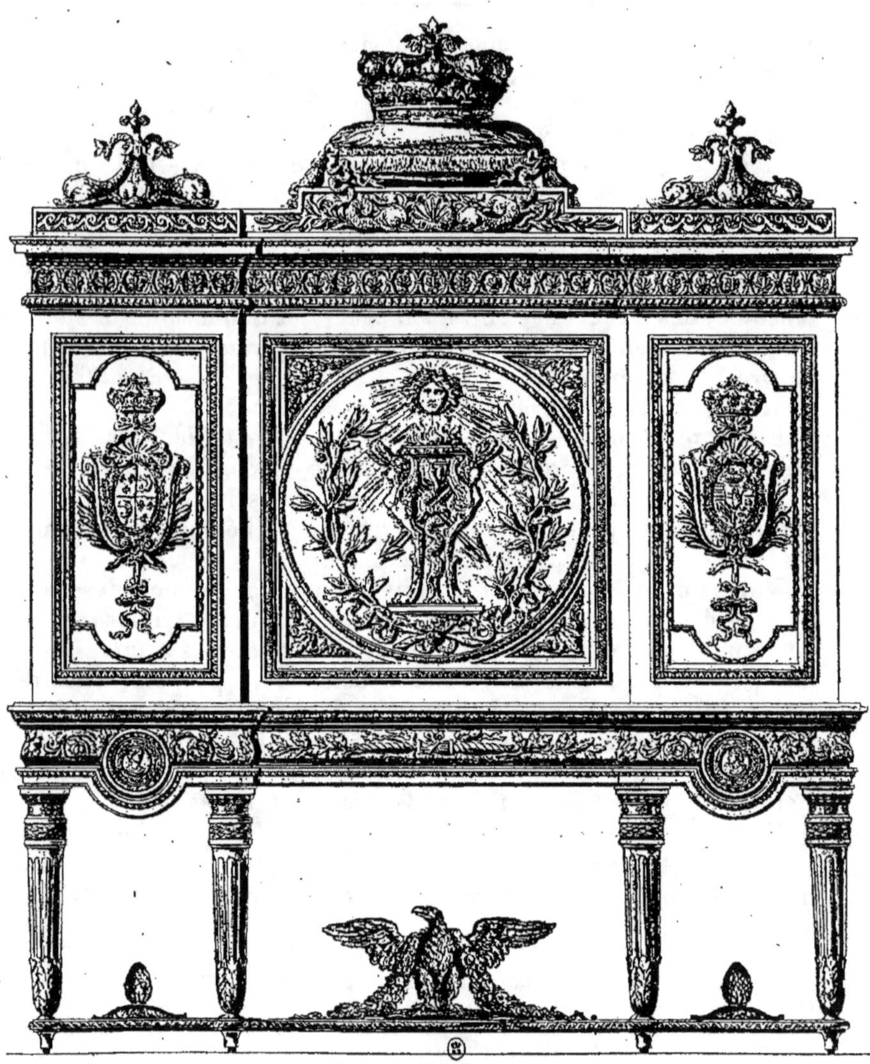

Fig. 287. — Projet d'un Meuble destiné à serrer les Bijoux de Madame La Dauphine, exécuté d'après les dessins de M. Bélanger, architecte-dessinateur des menus plaisirs.

Approuvé pour être exécuté. Le Duc d'Aumont.

C'est sous la direction du duc d'Aumont, ainsi qu'en témoigne la note relevée à la Bibliothèque Nationale, Paris (Cabinet des Estampes, Hᵃ 58ᵇ, fol. 32), et reproduite ci-dessus, que François-Joseph Bélanger (1744 † 1818), dessina ce projet de *Cabinet à serrer les bijoux.*

En 1818, les documents d'art de ce célèbre architecte furent acquis par la Bibliothèque royale, Paris. On y trouve de nombreux édifices, décorations intérieures, meublés, etc, ainsi que des dessins et relevés topographiques relatifs au Pavillon de Bagatelle, situé au bois de Boulogne, près Paris.

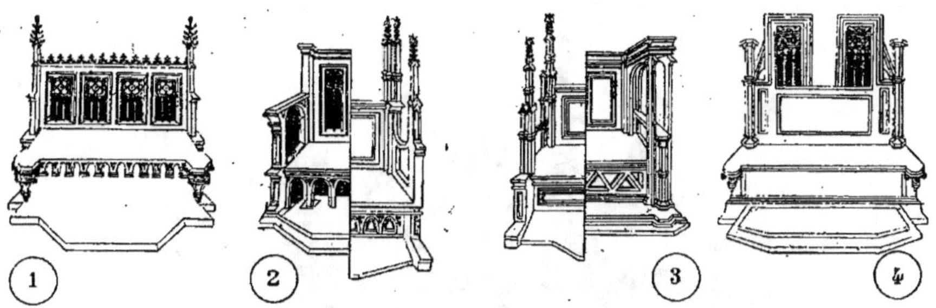

Fig. 288 à 291. — XVe-XVIe SIÈCLES; ÉPOQUE LOUIS DOUZE

1 à 4, archebans (le siège formant coffre); 2 et 3 représentent quatre types.

ANALYSE ET COMPRÉHENSION DES SIÈGES DE STYLES ROYAUX
DU
QUINZIÈME AU DIX-NEUVIÈME SIÈCLE

ARCHEBÁNS, CHAIRES A DAIS, CHAIRES A FRONTON, STALLES, CAPUCINES, CAQUETOIRES, PERROQUETS, FAUTEUILS, TURQUOISES, DUCHESSES, OTTOMANES, SAPHOS, MARQUISES, BERGÈRES, ETC.

Le fauteuil ou *faudesteuil,* en forme de *pliant* ou de *tenailles,* qui n'était pas un siège employé en toutes circonstances, conserva sa signification honorifique et, du douzième au quinzième siècle, resta le privilège de la noblesse.

Les rois, les évêques, les seigneurs, s'en servaient dans l'exercice de leurs fonctions, soit pour rendre la justice, soit pour présider des cérémonies. Ils l'emportaient en voyage; aussi pour être d'un transport plus facile, ce siège avait-il la forme d'un *pliant.*

Aux quatorzième et quinzième siècles, les sièges deviennent plus confortables. Des *archebans* à deux places, à *dossiers fenestrés* et montés sur *étrier,* sont formés par des coffres (1 à 4).

Sous le nom de *chayère, forme* ou *fourme,* on place, dans la chambre d'honneur des châteaux, près du lit des seigneurs, ou dans la grand'salle commune, des *cathedra* à bras, décorées de hauts dossiers sculptés, et surmontés de *dais* (fig. 292 et 5, 9).

La richesse des *cathedra* date du quinzième siècle; on les fit hautes, à *décoration flamboyante*; le siège était souvent un coffre à serrer des objets précieux.

Dans un *inventaire* de Charles VI (1380†1422), on remarque cette mention : « une grande *chayère* de bois appelée *faulx d'esteuil* de

D. 15

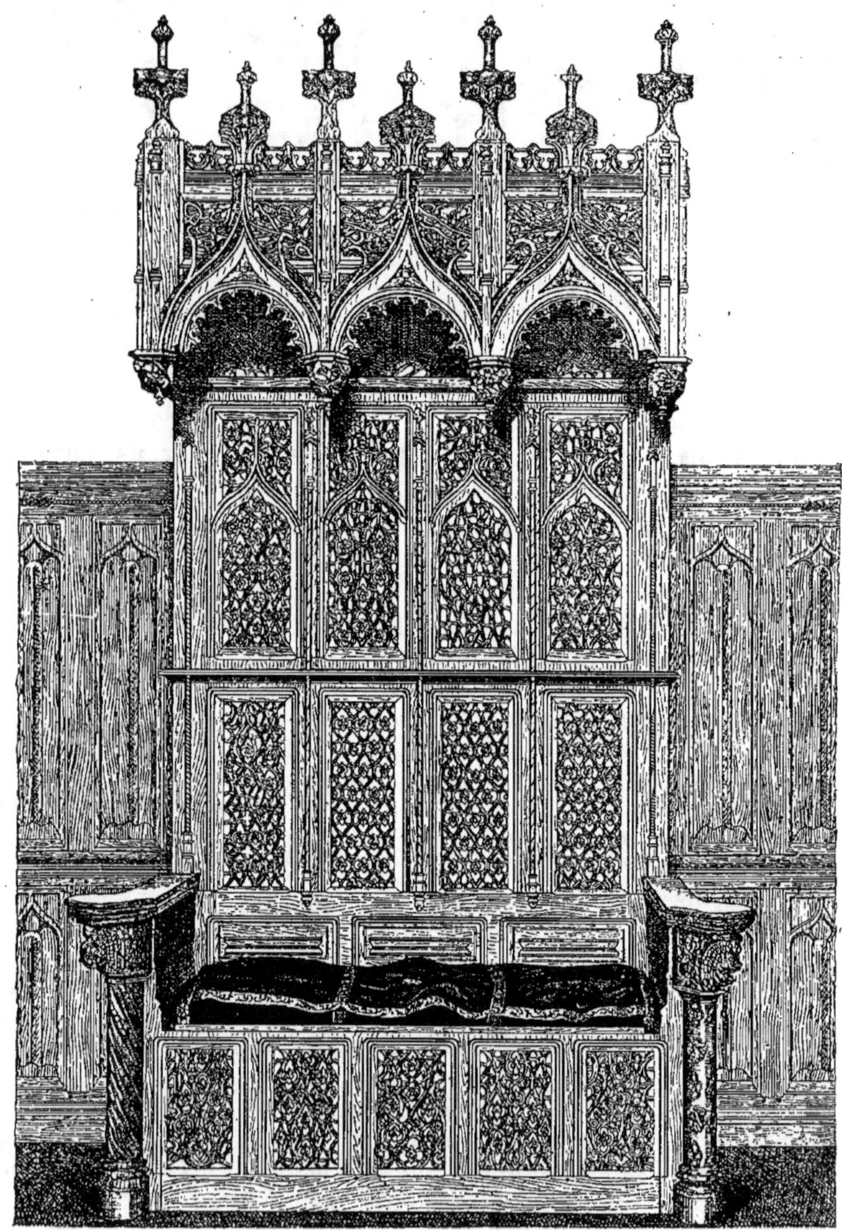

FIN DU XVᵉ SIÈCLE. — ÉPOQUE LOUIS DOUZE.
Château de Langeais.

Fig. 292. — Chaire à dais, et à siège formant coffre. Les chaires seigneuriales du quinzième siècle sont assez rares. Celle que nous représentons fig. 292, est en chêne

six membreures, peinte sur vermeil et dont le siège est garni de *veluiau* azur sur fil, clouté de clous dorés, frangée en soye de quatre couleurs achetée ledit jour et délivrée à Gilet de Fresnes, premier barbier varlet de chambre du Roy nostre sire pour servir à seoir

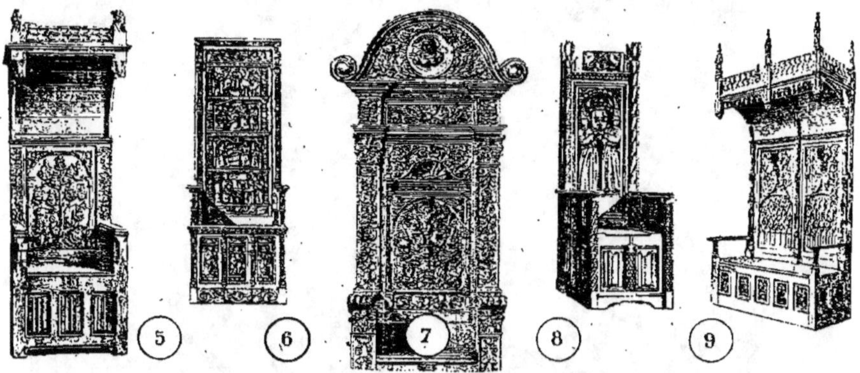

Fig. 293 à 297. — XVᵉ-XVIᵉ SIÈCLE; ÉPOQUES LOUIS DOUZE (5, 6, 8, 9), FRANÇOIS PREMIER (7)

5, 9, chaires à dais, le siège formant coffre ; 6, 8, chaires à haut dossier et à siège formant coffre ; 7, dossier de chaire, à fronton.

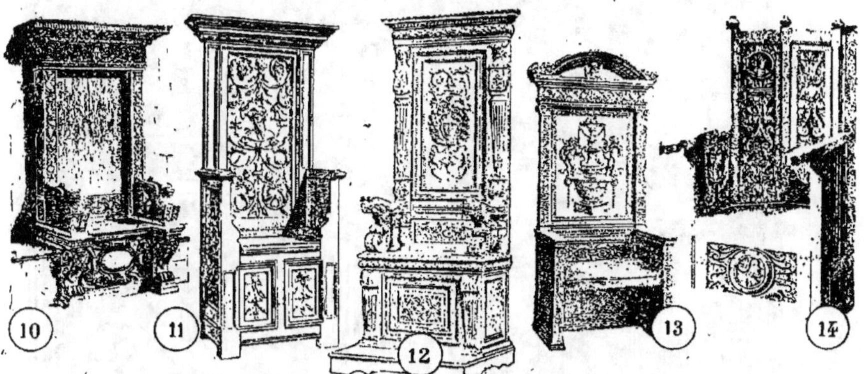

Fig. 298 à 302. — XVIᵉ SIÈCLE ; ÉPOQUE FRANÇOIS PREMIER

10 à 14, chaires à haut dossier et à coffre. (10, renaissance italienne), 12, montée sur étrier, 13, avec fronton, et 14, en mauvais état.

ledit seigneur quand l'on le peigne... » Voici donc la *chayère* qui sert à seoir les seigneurs, non plus pour qu'ils y rendent la justice, mais pour leur commodité.

Puis, ce meuble perd de son prestige, devient plus familier et est mis à la portée des besoins domestiques. La hauteur de son

et adossée à un revêtement en bois de même essence. Les deux colonnettes, aux décors différents, les chapiteaux à têtes fantatisques qui soutiennent les bras, la diversité de ses sculptures donnent, à l'ensemble de cette chaire un caractère particulièrement intéressant.

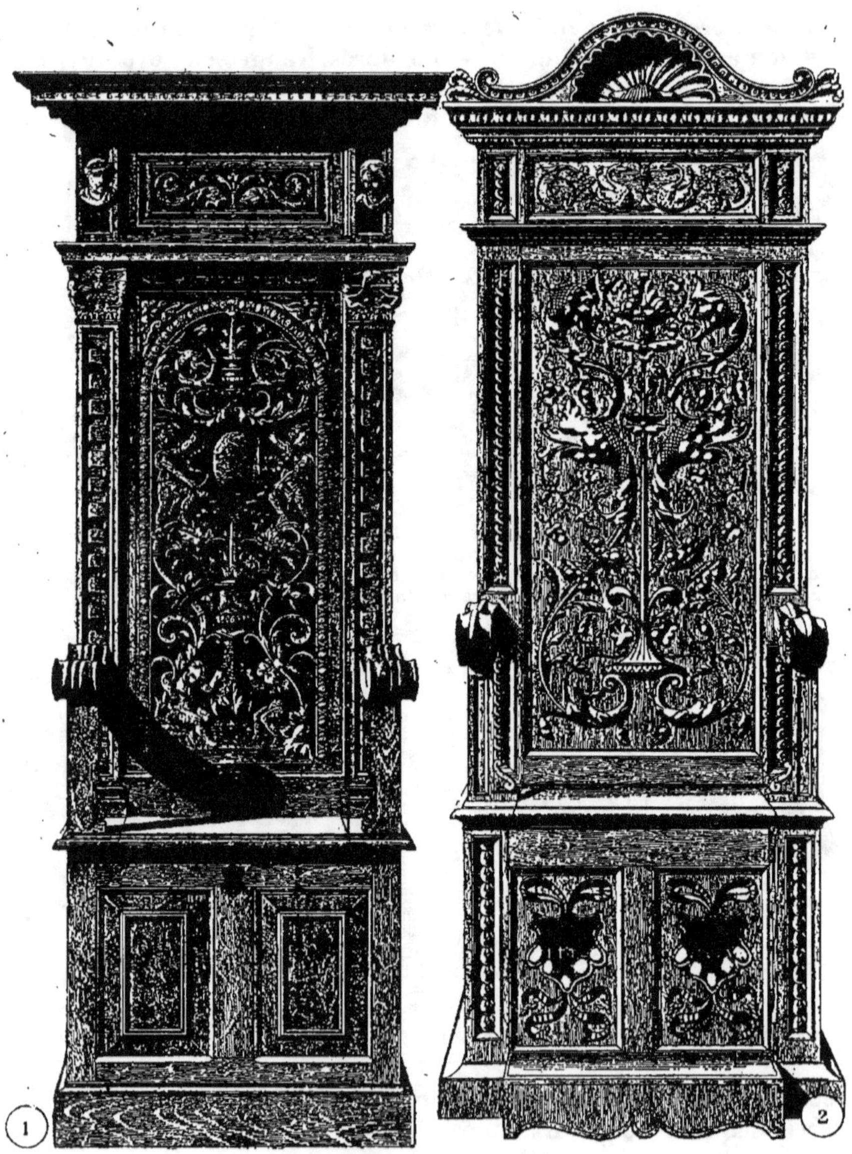

XVIᵉ SIÈCLE. — ÉPOQUE FRANÇOIS PREMIER,

Ancienne Collection Paul Récappé.

Fig. 3o3 et 3o4. — Stalles à fronton, avec siège formant coffre.

Il vient de suite à la pensée, lorsqu'on examine la belle et précieuse stalle, fig. 1, qu'elle n'est pas uniquement l'œuvre d'un sculpteur. A voir l'heureux agencement

dossier est encore incommode mais, pour être mieux adapté à ce nouveau rôle, le dessous est disposé en forme de *coffre* où on renferme le linge, les étoffes, ainsi que les ustensiles intimes qui sont d'usage dans une chambre à coucher (6 et 8, page 115).

Aussi, le bon Gilles Corrozet (1510 † 1568), peut-il, dans ses *Blazons domestiques*, « contenant la décoration d'une maison honnête et du menage étant en icelle » rimer, en l'honneur de ce meuble, ces vers discrets :

Chaize, compaigne de la couche,
Chaize près du Lict approchée
Pour deviser à l'accouchée

Chaize bien fermée et bien close
Ou le musq odorant repose
Avec le linge délyé fleurant.

Désormais, le *fauteuil* va devenir un compagnon indispensable dans la maison bourgeoise comme dans le sévère manoir, et se pliera à toutes les exigences de la mode, à tous les caprices de mœurs et de luxe efféminés.

Avant le seizième siècle, qui vit la Renaissance des arts, il n'y avait pas de meubles d'appartement proprement dits. Les boiseries, les *stalles*, les lits, les tabourets, puis de belles *crédences* richement sculptées, avaient un caractère immobile et monumental. La

---

des lignes, la fermeté, la finesse et la bonne disposition des moulures, on sent la collaboration d'un architecte ; en effet, ce meuble est d'un *caractère architectonique*.

La partie inférieure, c'est-à-dire le siège est, avec raison, traitée très simplement ; moulures peu saillantes et absence de toute sculpture. Ajoutons que le siège, formant un coffre, est à double emploi. On voit, sur notre représentation les deux charnières qui permettent la manœuvre du couvercle.

Les bras sont en forme de *consoles*. Des *pilastres*, surmontés de chapiteaux, occupent les angles de la *stalle*, tandis que le milieu du dossier est couvert d'élégantes arabesques. Des enfants sont mêlés à des rinceaux de feuillage à la base ; puis, au centre, d'autres soutiennent un écusson. La partie supérieure du meuble, le *couronnement* (nous dirions volontiers l'*attique* du petit *édifice*) est orné de deux bustes en *ronde-bosse* et deux dauphins en *bas-relief*. Une forte corniche domine le tout.

La stalle fig. 2, également de *forme architectonique*, offre une certaine identité avec le meuble de même destination, fig. 1. Le bois est le même, les lignes générales presque semblables, les bras sont deux *consoles*, et la partie inférieure du meuble, c'est-à-dire le *siège*, est aussi un *coffre* destiné à recevoir des livres d'heures et autres objets de piété.

Il y lieu de remarquer que deux motifs de la stalle fig. 2, servent à établir une notable différence. C'est d'abord le *fronton à coquille* qui en forme le couronnement et que nous croyons d'addition moderne, et l'*étrier* découpé qui se voit à la base.

Sur la face du *siège* les panneaux sont ornés de deux écussons entourés de banderoles, on y remarque le monogramme du Christ et celui de la Vierge.

La partie la plus apparente du meuble, le *dossier*, est couverte en entier par un motif d'*arabesques* qui, comme exécution, ne laisse rien à désirer ; le petit *attique* qui précède le *fronton* a reçu aussi une décoration qui se lie à la précédente.

pente de l'appui était encore inconnue pour les *sièges*; le dossier montait droit (6 et 8), ou se ployait, à hauteur, comme un dais (5 et 9, page 115).

Les sièges de l'époque françois premier sont encore les *chaires à haut dossier et à coffre* (7, 10 à 14), avec *fronton* (7 et 13), ou *montées sur étrier* (7 et 12, page 115).

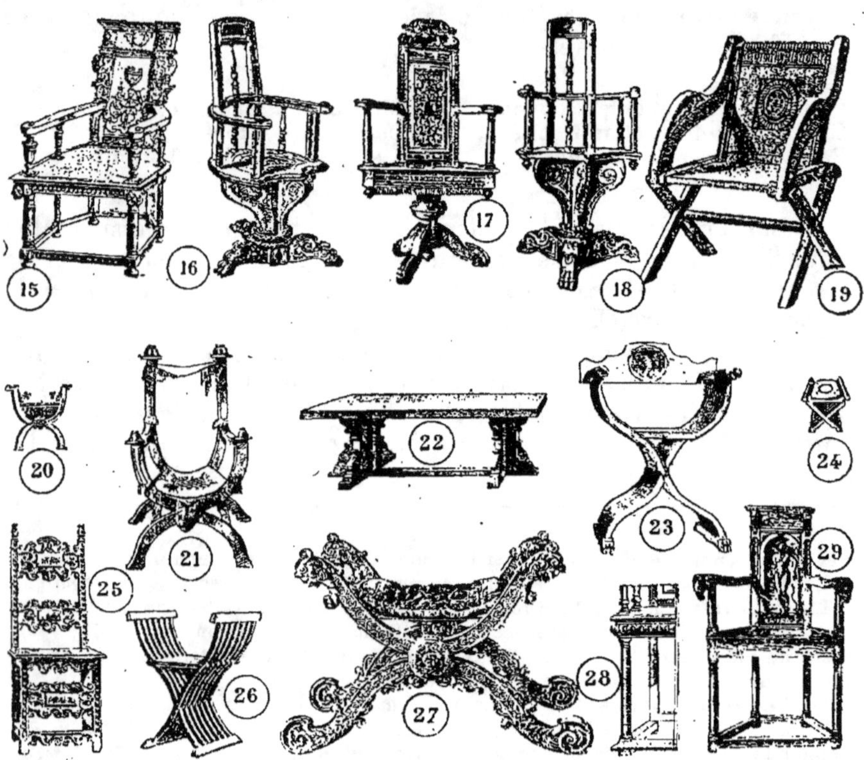

Fig. 3o5 à 3ig. — XVIᵉ-XVIIᵉ SIÈCLES ; ÉPOQUES HENRI DEUX A HENRI QUATRE

15, chaise dite à la capucine ; 16, 17, 18, caquetoire sur pivot ; 19, perroquet ; 20, placet ; 21, faudesteuil ; 22, escabeau ; 23, 26, tenailles avec et sans dossier ; 24, escabelle ; 25, vertugadin ; 27, selle brisée, à la façon de Gênes (voir 42) ; 29, caquetoire fixe, et 28, détail.

Pendant la seconde moitié du seizième siècle, une transformation radicale s'opère dans l'ameublement, principalement en ce qui concerne les *sièges*, qui sont réduits à l'échelle des chambres. La plupart sont en bois apparent, quelques-uns sont couverts d'étoffe.

Et nous voyons apparaître les *caquetoires sur pivot* (16, 17 et 18), le (17) de forme dite en *écoinçon* ; les *caquetoires à siège fixe* (29, 30, 31 et 33) ; les *vertugadins* (25) et, plus tard, les *vertugadins à* la *Gênoise* (51), le *perroquet* (19); les *placets* (20); les *bans à accotoirs* (34); les *escabeaux* (22) et les *escabelles* (24 et 36).

Des *selles* (26) et des *fauteuils* dits *à tenailles* (23); des *selles brisées* (27 et 35), (le 27 *façon de Gênes*), complètent une série de *sièges* dont la forme tend à devenir plus pratique. N'oublions pas de mentionner les *chaises* dites *à la capucine* (15), ancêtres du *fauteuil* avec *accotoirs*.

La construction elle-même, ce qu'on appelle aujourd'hui la *coupe*, indique un grand progrès de la part des menuisiers en *sièges*.

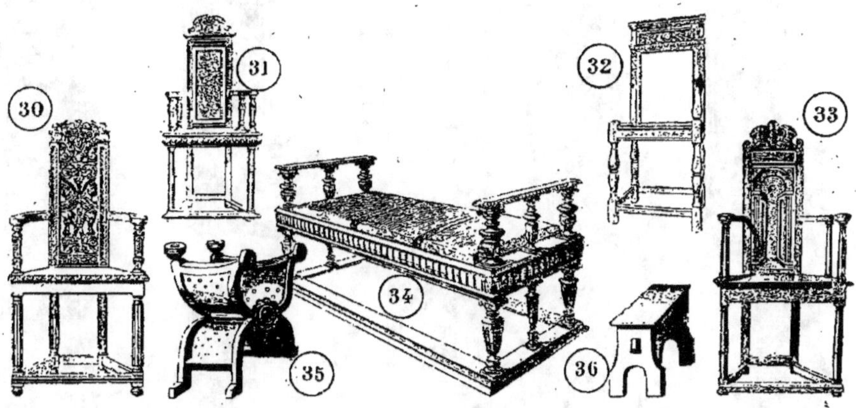

Fig. 320 à 326. — XVIᵉ-XVIIᵉ SIÈCLES ; ÉPOQUES HENRI DEUX A HENRI QUATRE
30, 31, 33, caquetoires fixes ; 34, banc à accotoirs ; 35, selle-brisée ; 36, escabelle.

Certains dossiers sont cintrés, d'autres possèdent un léger renvers aux montants qui, donnant plus de grâce au fauteuil, en facilite l'usage et permet d'obtenir des sièges plus maniables, quoique plus grands de proportion.

Sans entrer dans les détails techniques de la fabrication qui, à cette époque, devient une véritable science, et sans chercher à énumérer les progrès réalisés pour la sculpture et la dorure des bois, la grâce des courbes, l'élégance des étoffes, soigneusement choisies par des tapissiers selon la forme et la destination des *chaises* et des *fauteuils*, nous ne noterons que leurs différences caractéristiques, nos représentations comprenant de nombreux types pouvant dispenser de longues descriptions.

Le siège louis treize a, dans son architecture, quelque chose de spécial qu'il a conservé de la Renaissance.

Les lignes principales sont droites comme les assises d'un édifice ;
la tapisserie envahissante, recouvre les *chauffeuses* (59 et 61) ; et les
fauteuils (60).

Des *chauffeuses* (37 et 39) et des *chaises veloutées* (38 et 40) à
haut dossier, en bois sculpté et doré, sont ornées de galons ; des
chaises en noyer tourné et sculpté ont le *siège garni d'étoffe* (43, 45,
49, 54 à 56) ; des *fauteuils* sont recouverts en *tapisserie*, ou en
broderies d'application (46).

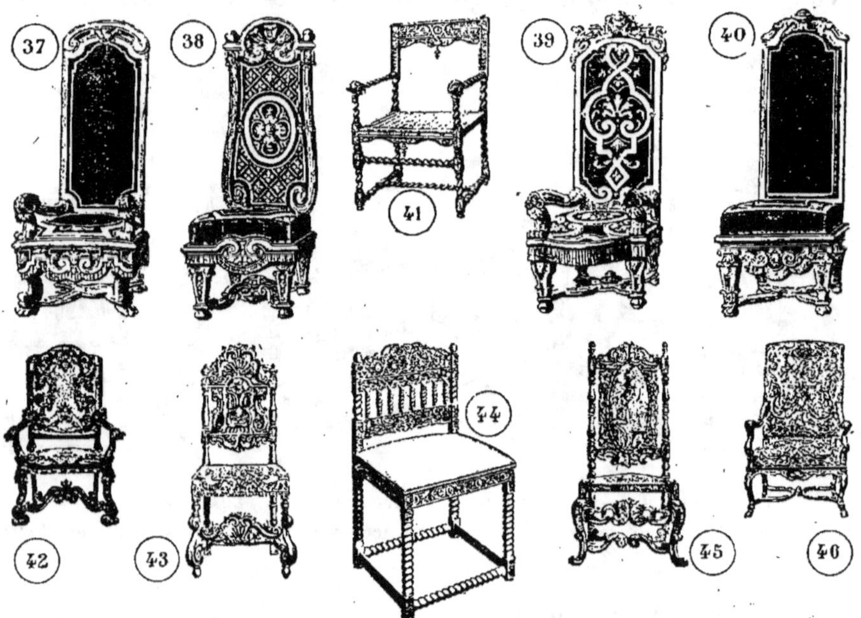

Fig. 327 à 336. — XVIIe SIÈCLE ; ÉPOQUE LOUIS TREIZE

37, 39, chauffeuses garnies de gallons, et 38, 40, chaises veloutées, à haut dossier,
bois sculpté et doré ; 41, fauteuil, bois tourné ; 42, fauteuil, façon de Gênes, velours
épinglé (voir 27) : 43, 45, chaises, bois tourné et sculpté, sièges garnis ; 44, chaise à
arcatures ; 46, fauteuil recouvert en broderies d'application.

Le *bois tourné* est employé pour des *fauteuils en noyer* (50, 57,
62), des *chaises à arcatures* (44), ainsi que pour les *pieds en
balustre* (52). Dès le règne de Louis XIII (1643), la forme *pied de
biche* commence à paraître dans quelques tabourets (47) garnis de
banquiers et de coussins.

Après les *chaises* et les *fauteuils* (*chaises à bras*) garnis de *cuir
estampé* ou *écorché* (48), d'origine flamande, viennent les *sièges
garnis en plein*. L'intérieur n'est plus en laine ou en bourre, mais
en crin de cheval ou de bœuf. L'emploi du *velours épinglé* (42) ; du
velours de Gênes (60), et de *franges à la mode italienne* se répand.

Des *fauteuils hygiéniques*, dits *chaises percées* ou *chaises d'affaires* (58), ne pouvaient manquer d'être indispensables en un siècle où il n'y avait aucune intime commodité; le roi et des personnages de la Cour y restaient assis pour donner audience.

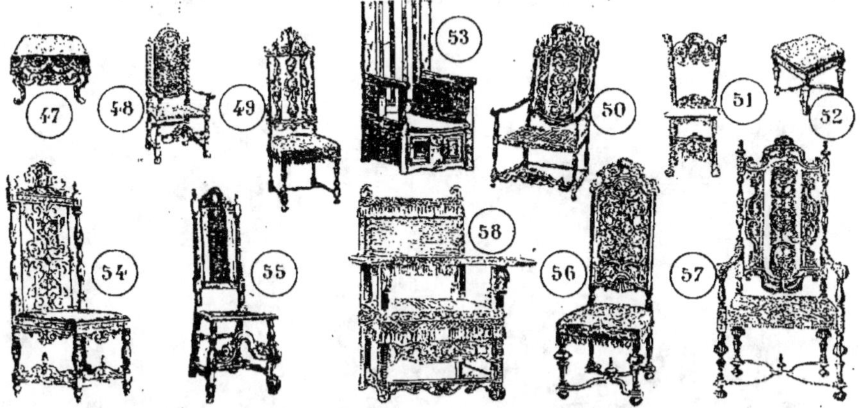

Fig. 337 à 348. — XVIIe SIÈCLE; ÉPOQUES LOUIS TREIZE ET LOUIS QUATORZE

47, tabouret, pieds de biche; 48, chaise à bras, garnie de cuir ciselé; 49, 50, 54, 55, 56, 57, chaises et fauteuils en bois tourné et sculpté; 51, vertugadin, dit à la génoise; 52, tabouret, pieds forme balustre; 53, siège, formant coffre, de la chaire dite de « Molière ».

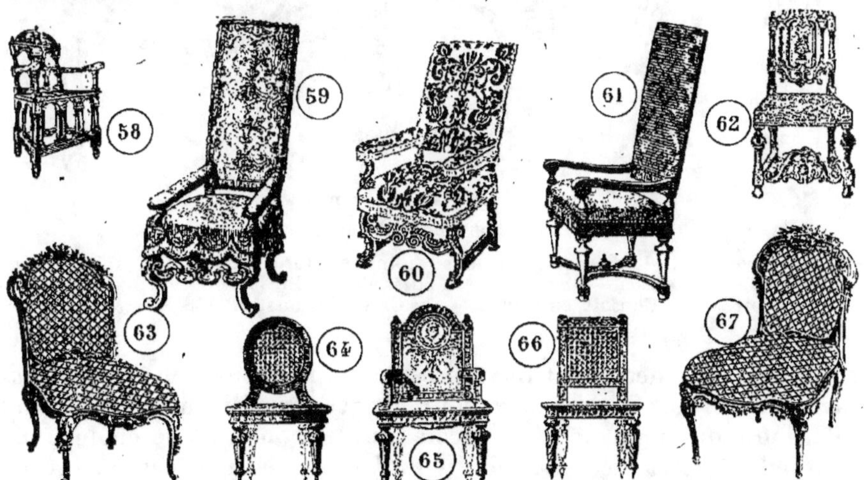

Fig. 349 à 358. — XVIIe SIÈCLE; ÉPOQUE LOUIS QUATORZE

58, fauteuil, dit chaise percée ou chaise d'affaire; 59, 61, fauteuils, bois sculpté et doré, recouverts en tapisserie; 60, fauteuil recouvert en velours de Gênes; 62 à 67, chaises et fauteuils cannés, bois sculpté.

Vers le milieu du dix-septième siècle, les lignes des *sièges* commencent à s'infléchir, la simple structure des *chaises* et des *fau-*

teuils va faire place à une puissante végétation sculptée et dorée, obligeant les garnitures en étoffes à lui céder la place.

C'est aussi vers cette époque qu'on peut fixer l'origine du *meuble de salon*. Les dessins et les gravures ne représentent plus seulement une *chaire* ou un *banc à dossier*, à côté desquels sont un ou deux

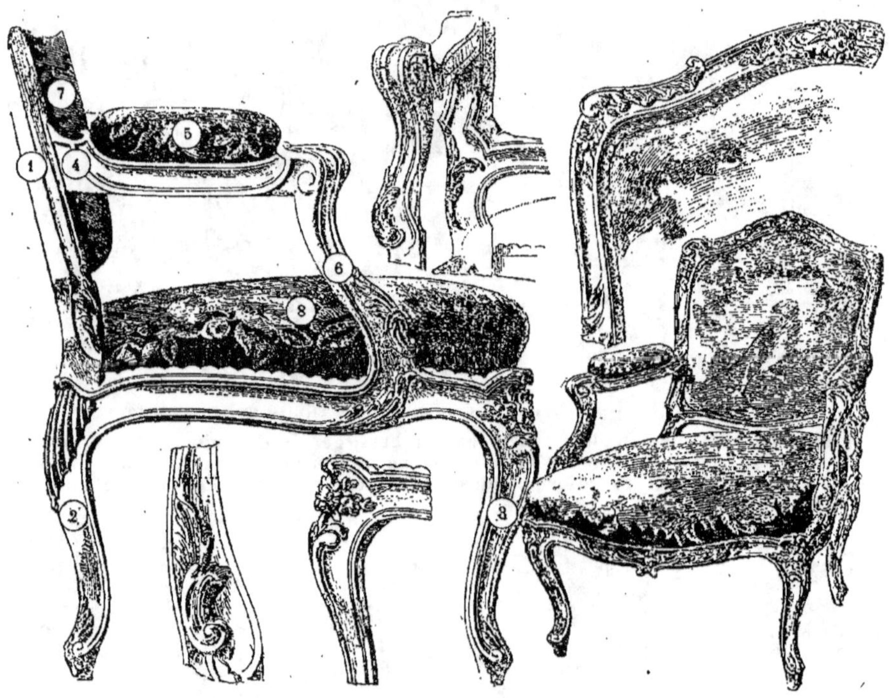

XVIII SIÈCLE. — ÉPOQUE RÉGENCE.
Collection Edouard Rouveyre.

Fig. 359 à 364. — Fauteuil en bois sculpté et doré, recouvert en tapisserie de Beauvais. — 1. Dossier. — 2 Pieds arc-boutés. — 3. Pieds de devant. — 4. Bras. — 5. Accotoir. — 6. Console en retrait. — 7. Carré du dossier. — 8. Carré du siège.

tabourets, ils désignent ou représentent plusieurs *chaises* et *fauteuils* assortis. Des *canapés* sont rangés symétriquement suivant l'ordonnancement de l'architecte qui a construit le château ou l'Hôtel et en a décoré l'intérieur. On ne désigne pas encore un *meuble de salon* dans les *inventaires*, mais on dit : un *emmeublement* composé de huit fauteuils, quatre grandes chaises, douze pliants, etc.

La mode des *sièges cannés* (63 à 67, page 121), importée des Pays-Bas, se répandit en France à dater de la fin du dix-septième siècle ; cette garniture fut jugée plus solide que celle de paille ou de jonc.

C'est aux époques louis quinze et louis seize, que les sièges, et principalement les *fauteuils* se divisent en deux catégories : les sièges, *chaises* et *fauteuils* dits *à la reyne*, fig. 365 à 371, 1, 2, et fig. 394 à 409 (85, 90) et ceux *en cabriolet* (73, 74 et 84). Les

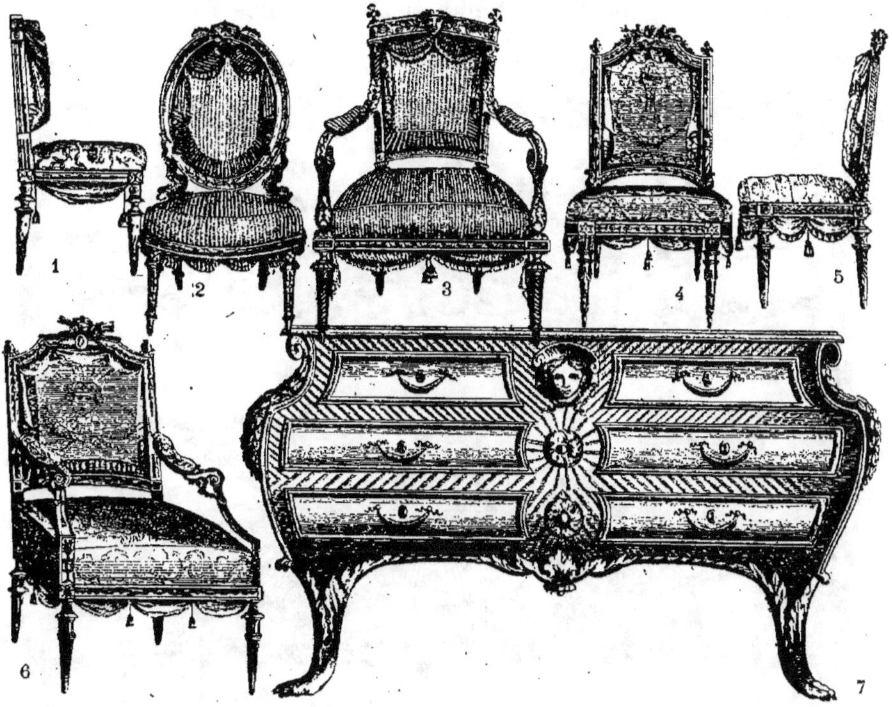

XVIIIᶜ SIÈCLE. — ÉPOQUE LOUIS SEIZE (SAUF LA COMMODE, ÉPOQUE LOUIS QUINZE).
Collection Édouard Rouveyre, et Provenances diverses.

Fig. 365 à 371. — Sièges en bois sculpté et doré, recouverts de damas soie. Nº 2. Chaise *dite à la Reyne* : face, et 1, profil. — Nº 3. Fauteuil *dit à la Duchesse*. — Nᵒˢ 4 et 5. Chaise *dite au Dauphin*. — Nº 6. Fauteuil *dit au Dauphin*. — Le nº 7 est la représentation d'une *commode ventrue, dite à la Reyne* (louis quinze).

Vers la fin du règne de Louis XV et sous Louis XVI, jusque vers 1780, on donna à des *chaises*, des *fauteuils*, des *commodes*, des *lits*, ainsi qu'à des *porcelaines*, des termes exprimant un sentiment de déférence, ou répondant aux encouragements que des grands personnages donnaient aux arts, à la protection dont ils honoraient certains artisans ; de là ces dénominations *à la Reyne, au Dauphin, à la Duchesse*, etc. : on désignait aussi, sous les mêmes termes, les objets mobiliers adoptés spécialement pour leur usage personnel.

premiers ont le siège évasé et cintré en plan ; leur dossier, quoique cintré au pourtour, présente une surface presque droite ; les seconds ont le devant du siège de même forme que les premiers, mais le dossier est carré. De ces deux types proviennent les *fauteuils confessionnal à joues* garnies d'oreilles fixes (93), les *marquises* (78) et les *bergères à la turque* (86, 87. 88).

La garniture d'étoffe, adhérente aux bâtis du siège, est attachée sur des châssis pratiqués dans des feuillures faites d'après la longueur du profil, de sorte qu'on pouvait en changer; la *garniture des sièges* étant, au dix-huitième siècle, modifiée à chaque saison.

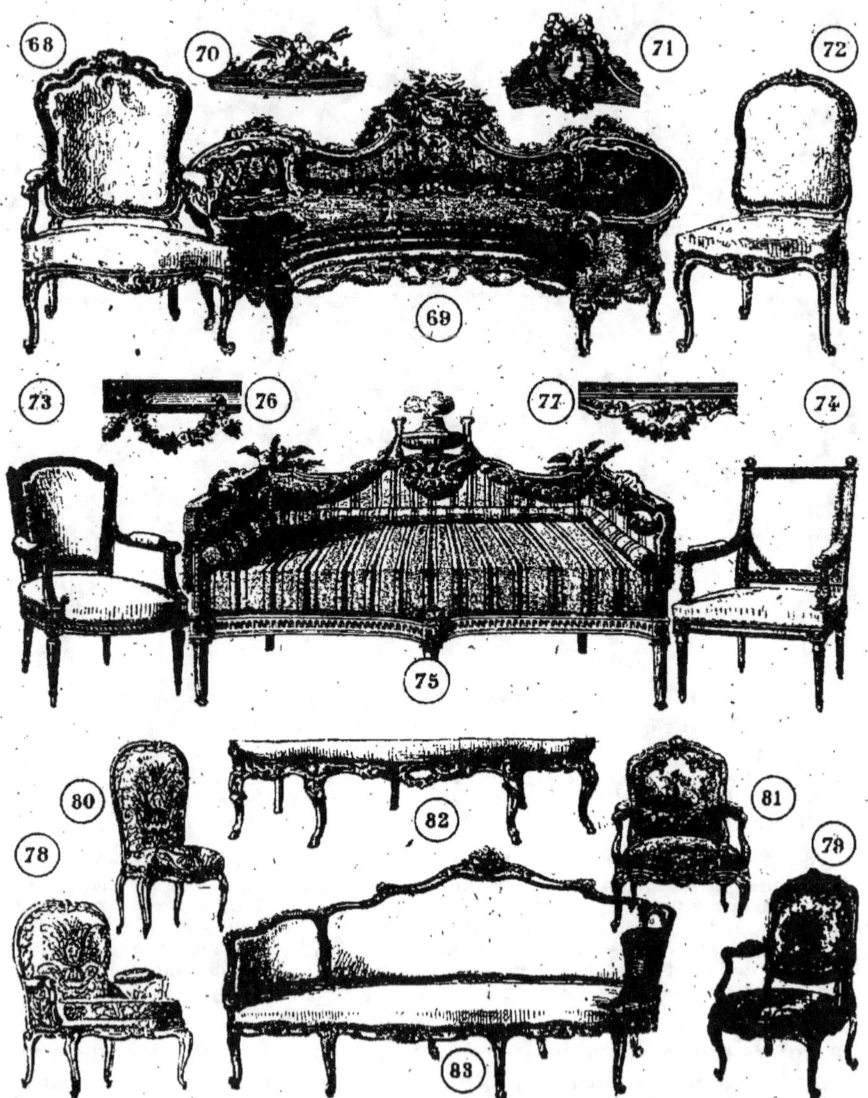

(Consulter les notes ci-contre).

On va, dès 1755, abandonner ce *genre* pour celui dit à l'*antique*.
Outre de beaux *écrans, fauteuils, tabourets et consoles*, cette époque
est remarquable par la richesse et la variété des sièges à plusieurs

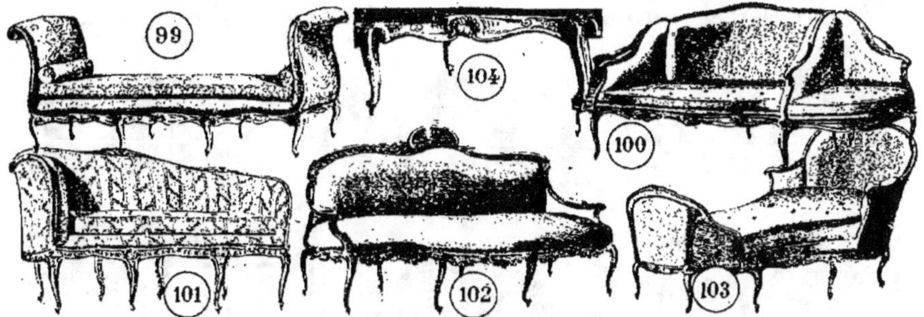

Fig. 388 à 393. — XVIIIᵉ SIÈCLE ; ÉPOQUE LOUIS QUINZE

99, turquoise avec rondins ; 100, duchesse, en blanc, avec fauteuils formant encoignures (voir 107) ; 101, canapé dit ottomane ; 102, canapé dit sopha, en blanc, et 104, détail ; 103, duchesse dite en bateau, en blanc, avec bout de pieds.

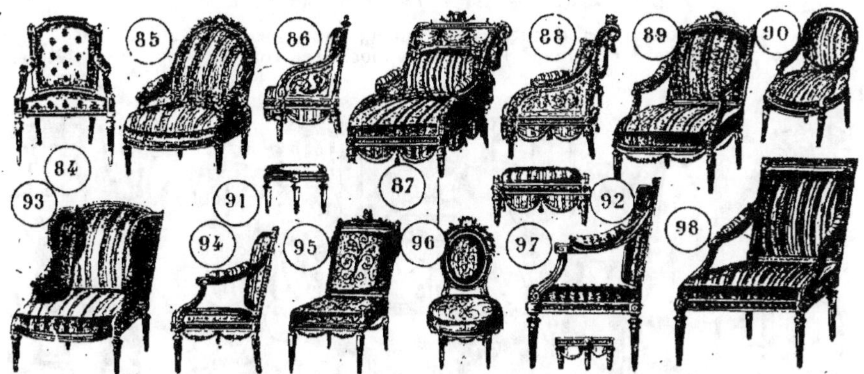

Fig. 394 à 409. — XVIIIᵉ SIÈCLE ; ÉPOQUE LOUIS SEIZE

84, cabriolet ; 85, 89, 90, 94, 95, 96, fauteuils et chaises, bois sculpté et doré, couverts en étoffes brochées ; 86, 87, 88, bergères à la turque ; 91, tabouret, et 92, tabourets à la turque ; 93, bergère confessionnal, à jones garnies et à oreilles fixes ; 97, 98, fauteuils avec consoles en retrait.

places, tels que : *ottomanes* (69, et 101), et détails (70, 71) ; *veilleuses
à la turque* (75), et détails (76, 77) ; *sophas* (83, 102), et détails
(82, 104) ; *turquoises avec rondins en tête et au pied* (99) ; *du-*

Fig. 372 à 381. — XVIIIᵉ SIÈCLE ; ÉPOQUES RÉGENCE ET LOUIS QUINZE

68, 72, fauteuil et chaise à ceintre contourné, bois sculpté et doré ; 69, ottomane, et 70, 71, détails ; 73, 74, cabriolets ; 75, veilleuse à la turque et 76, 77, détails.

Fig. 382 à 387. — XVIIIᵉ SIÈCLE ; ÉPOQUE LOUIS QUINZE

78, marquise, et 80, chaise bois sculpté et doré, recouverte en tapisserie ; 79, 81, fauteuils avec consoles en retrait, bois sculpté et doré, recouverts en tapisserie ; 83, sopha (en blanc), et 82, détails.

chesses à encoignures, en blanc (100), ou garnies d'étoffes (107);
duchesses ou *chaises longues*, dites *en bateau*, avec *bout de pieds*
(103); *saphos avec rondins* (108, 110); *canapés à joues* (105); *tête
à tête en gondole* (109), etc.

Ces diverses formes de sièges, carrées, ovoïdes ou circulaires,

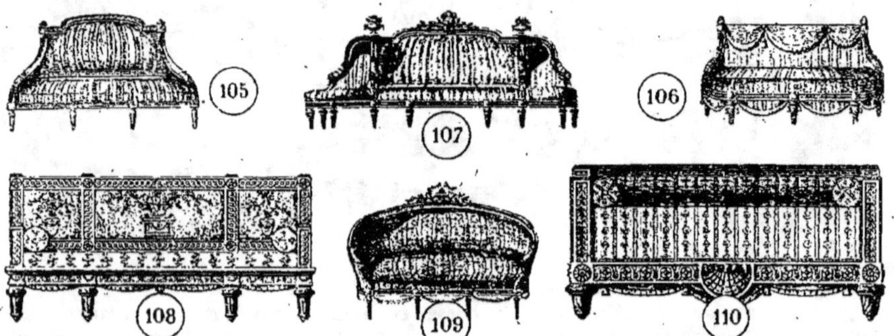

Fig. 410 à 415. — XVIIIᵉ SIÈCLE; ÉPOQUE LOUIS SEIZE.

105, canapé à joues; 107, duchesse avec encoignures, garnie d'étoffe brochée (voir
100); 108, 110, canapé et canapé lit, dits Paphos, avec rondins; 109, tête à tête en
gondole.

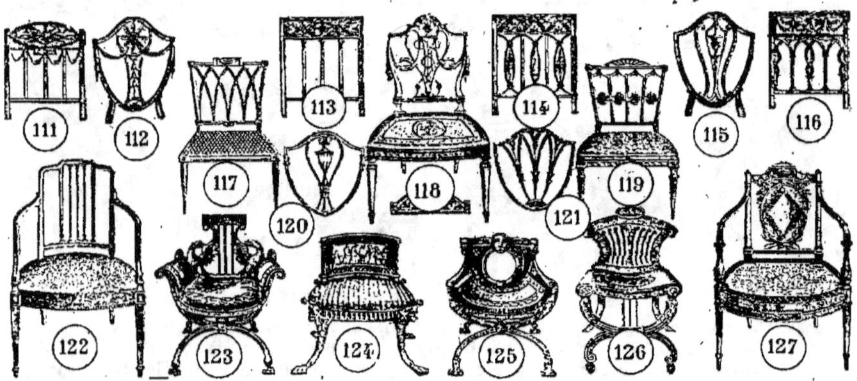

Fig. 416 à 432. — XVIIIᵉ SIÈCLE; STYLE ANGLAIS; J. ET R. ADAM, ET SHERATON.
111 à 127, Sièges de formes diverses, bois d'acajou. (Voir fig. 628 à 637.)

avec pieds en bois sculpté et doré vont, vers la fin de l'époque
louis seize, prendre un grand développement par l'adjonction, aux
dossiers, de *colonnes tournées et cannelées*, semblables aux *pieds*.

La sculpture, qui contribua à la décoration de nombreux modèles, dégénéra rapidement et devint, sous le Directoire, une pré-
tendue *copie fidèle de l'antique*.

Pendant que l'on continuait de fabriquer un louis seize abâtardi, on essayait, pour le meuble de luxe, de reconstituer les principaux types de l'antiquité grecque et romaine.

Le genre *curule* fut traité surtout comme meuble d'apparat; nous en avons représenté de beaux types, intéressants à étudier comme formes et décors (130, 131, 138). Des sièges en bois de citronnier ou en acajou sont luxueusement traités : *fauteuils* sculptés et dorés, *à joues ouvertes* (134, 135); *fauteuils* ornés de bronze ciselé et doré (137); *bergères en gondole*, redevenues de mode (139, 140); ainsi que des *marquises* (143). Ces sièges somptueu-

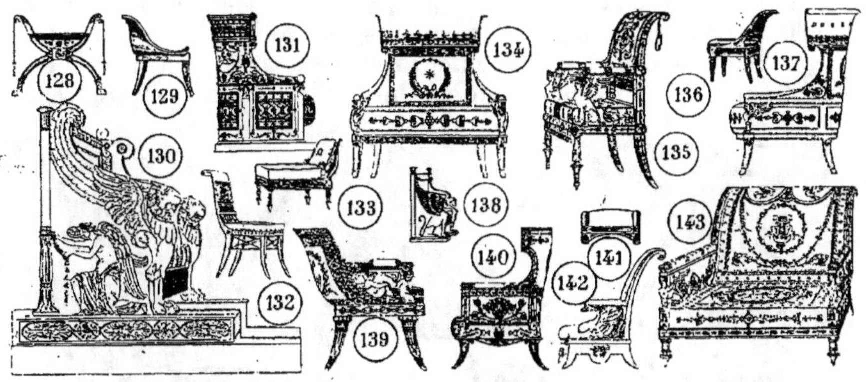

Fig. 433 à 448. — XIXᵉ SIÈCLE; ÉPOQUE PREMIER EMPIRE.

128, selle brisée; 129, 133, 136, chaises de toilette; 130, 138, chaises curules, accotoirs en forme de lions ailés; 131, 132, fauteuil et chaise de forme grecque; 134, 135, fauteuils à joues ouvertes, bois sculpté et doré; 137, fauteuil orné en bronze ciselé et doré; 139, 140, bergères en gondole, bois sculpté et doré; 140, bout de pied; 142, fauteuil à col de cygne; 143, marquise, bois sculpté et doré, garnie d'étoffe brochée.

sement décorés forment un ensemble luxueux auquel on peut en ajouter de plus modestes, quoique fort bien traités : *selles brisées* (128) et *chaises à la grecque* (129, 132, 133 et 136).

Pour les ameublements de salon, on adopta le *genre dit étrusque*, de forme carrée, avec pieds et ornementation à la *mode antique*, et le genre *dossier à flasque*, autre réminiscence de l'art grec, ou copie d'un genre anglais de la fin du dix-huitième siècle (122 à 127).

Vers 1813, on reprit le *genre gondole* sous *forme à hotte* (140), et le *gondole* proprement dit (139). Le bois d'acajou redevint à la mode, et fut employé spécialement à la confection des *sièges de salon*.

Ces deux types de *gondoles* continuèrent à être en usage sous Louis XVIII (1814-1824), en concurrence avec d'autres créations, telles que : *fauteuils de toilette, chaises à arcades* et autres. En dernier lieu, on vit paraître le *genre dit anglais*, peu gracieux comme contours et qui n'a d'autre mérite qu'une bonne exécution de menuiserie.

Le règne de Charles X fut de trop courte durée (1824-1830) pour donner lieu à de nouvelles créations ; on se borna à continuer les modèles en vogue, tout en se servant de bois étrangers, tels que : *palissandre, citronnier, érable,* ornementés de filets incrustrés en marqueterie.

Le genre dit *à cœur* ou *demi-gondole* fut, vers 1834, une fausse adaptation du style de l'époque louis seize ; on en fit une variété dite *à médaillon.*

Traité tout d'abord avec négligence, tant sous le rapport de la forme que sous celui de l'ornementation, on arriva à en faire le type à la mode de l'ameublement riche, de la fin de l'époque louis-philippe (1848) et du commencement du second empire (1852).

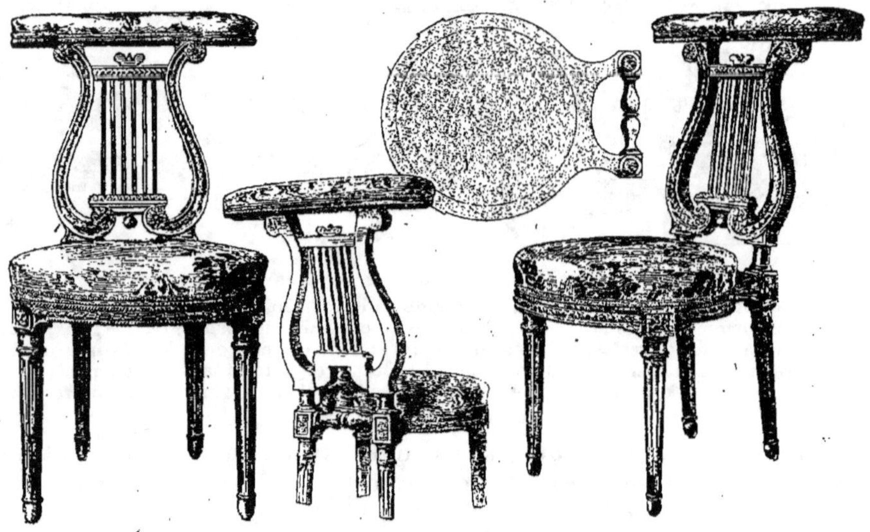

XVIIIᵉ SIÈCLE. — ÉPOQUE LOUIS SEIZE.

Collections du Garde-Meuble, Paris.

Fig. 449 à 452. — *Chaise à accoudoir,* dite *voyeuse,* ou *Chaise en lyre,* dite aussi *Chaise de Fontainebleau,* en bois sculpté et doré; recouverte d'une étoffe brochée en soie. Cette forme fut en vogue pendant la seconde moitié du dix-huitième siècle et au commencement du dix-neuvième ; on la trouve fréquemment employée pour des sièges mobiles, des pendules, etc.

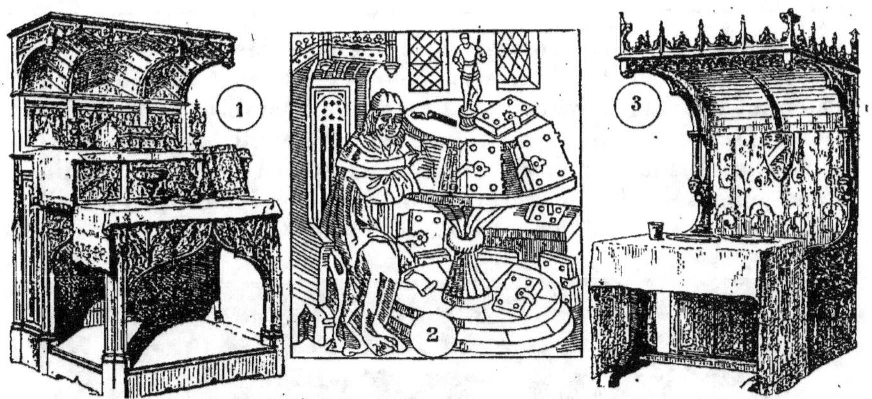

Fig. 453 à 455. — XVᵉ-XVIᵉ SIÈCLES; ÉPOQUE LOUIS DOUZE.
1, dressoir à deux degrés; 2, table-roue d'étude; 3, table-banc couverte, avec dais.

ANALYSE ET COMPRÉHENSION DES TABLES DE STYLE ROYAUX
DU
QUINZIÈME AU DIX-NEUVIÈME SIÈCLE

DRESSOIRS, TABLES-ROUE, TABLES-BANC A DAIS, A COLONNETTES, A CHASSIS, A ÉVENTAILS, TABLES-CONSOLES, TRICOTEUSES, BUREAUX-CABINETS, POUDREUSES, BONHEUR-DU-JOUR, DUCHESSES, COIFFEUSES, TABLES HARICOT, GUÉRIDONS, TABLES ROGNON, SECRÉTAIRES, BUREAUX A SECRET, ETC.

Le nom de *table* est donné, en menuiserie, à toutes les surfaces planes, portées par un ou plusieurs pieds.

Les *tables* sont employées aux usages les plus divers, écrivait Henry Havard dans *L'Art dans la Maison* que nous avons publié en 1882, et leurs formes, ainsi que les proportions, varient suivant les usages auxquels on les destine.

« On en a fait des carrées, des rondes, des ovales, des longues, des courtes, des hautes et des basses ; avec tiroirs, *tables à ouvrages* et *tables-bureaux*, ou sans tiroirs, *tables de salon* et *tables à manger*; à un seul pied, *guéridons*; à trois, mais le plus souvent à quatre pieds, comme la généralité des tables usitées dans le mobilier courant. »

La *table*, ainsi que le *coffre*, le *siège* et le *lit*, échappe à toute réglementation et ne relève que du goût et de la convenance de ceux qui doivent s'en servir ; c'est donc en vain que l'on en chercherait la réglementation. Elle est l'expression de mœurs, ondoyantes et diverses, comme les autres meubles. Nous la rencontrerons robuste et vigoureuse pour le Moyen-Age ; élégante et païenne pour la Renaissance ; massive, sombre et grave sous Louis XIII ; magnifique, somptueuse et solennelle sous Louis XIV ; sensuelle sous la Régence ; voluptueuse sous Louis XV ; féminine sous Louis XVI ; froide, sévère, sous Napoléon Ier : chacun la taillant à sa mesure et selon son confort.

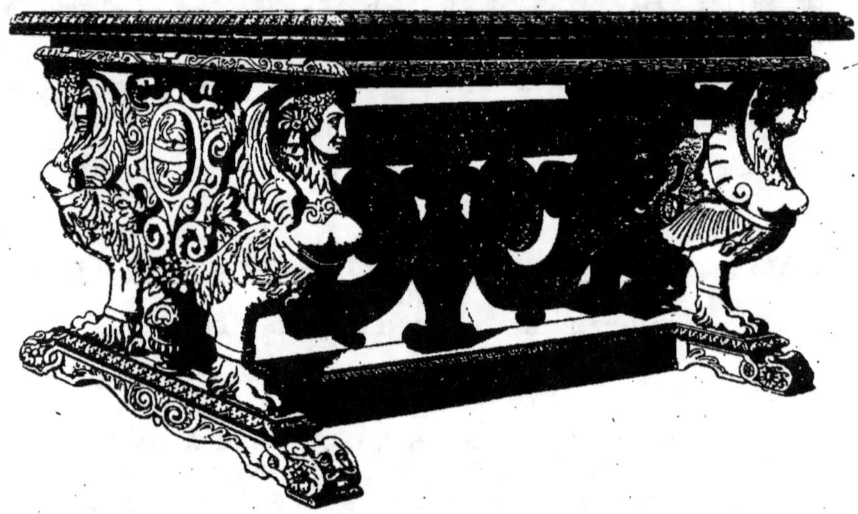

XVIe SIÈCLE. — ÉPOQUE CHARLES NEUF.
Ancienne Collection du Baron H. de B.

Fig. 456. — Table, dite *table tirante*, montants en *éventail* se composant de chimères adossées à un cartouche armorié. La traverse inférieure est simple, tandis que la traverse supérieure, qui relie les *éventails*, est sobrement décorée.

Vers le dernier tiers du seizième siècle, on fabriqua des tables d'un modèle analogue à celui que nous représentons. Plus ou moins ornées, plus ou moins élégantes, ces tables ne sortaient guère cependant d'une forme générale, qui prêtait à une bonne décoration ; mais les sculpteurs de cette époque surent-ils profiter toujours de ce cadre emprunté aux règnes précédents, et le bon goût, en leurs mains, ne subit-il pas une sorte de déviation, peu sensible d'abord, plus sensible ensuite ? si nous en jugeons par l'exemple que nous donnons, nous devons constater que la sculpture s'y trouve assez lourde.

On ne peut les comparer avec les gracieux modèles aux lignes raisonnées, aux ornements sobres créés par l'Ecole de du Cerceau. Toutefois leur aspect décoratif s'y retrouve, l'ampleur et la puissance sont loin d'y faire défaut, mais les finesses sont absentes et, au lieu d'une œuvre complètement belle, on n'a plus qu'une œuvre imposante, il est vrai, mais laissant à désirer sous plus d'un point.

Des inventaires du quinzième siècle font mention de *tables rondes*, à *pivot tournant*, servant de *roues d'étude* (2), ainsi que de vastes *salles dites aux buffets*, dans lesquelles des tables, ainsi que des *dressoirs* (1) chargés de somptueuse vaisselle d'or et d'argent, étaient placés ; la *salle à manger*, telle que nous la comprenons, n'ayant pas été en usage avant le dix-huitième siècle.

Au seizième siècle, la table devient fixe et prend un caractère pesant ; contrastant avec celui de la mobilité qu'elle présentait au Moyen-Age. Les tréteaux sont remplacés par deux panneaux épais, sculptés et portés sur des patins reliés par une traverse. Le plus souvent, la traverse supporte des colonnettes d'une arcature prise dans un panneau qui, placé verticalement entre les deux pieds, les rend solidaires. Un châssis épais, sculpté, sert de *ceinture* à ce qui constitue le dessus du meuble. Le Musée des Thermes et de l'Hôtel de Cluny, à Paris, possède deux tables dont les *montants à éventail* (tels sont ceux 4 et 7, et profils 5 et 6) composés des deux griffons adossés à un cartouche ajouré, se terminent par des pieds reposant sur un large patin.

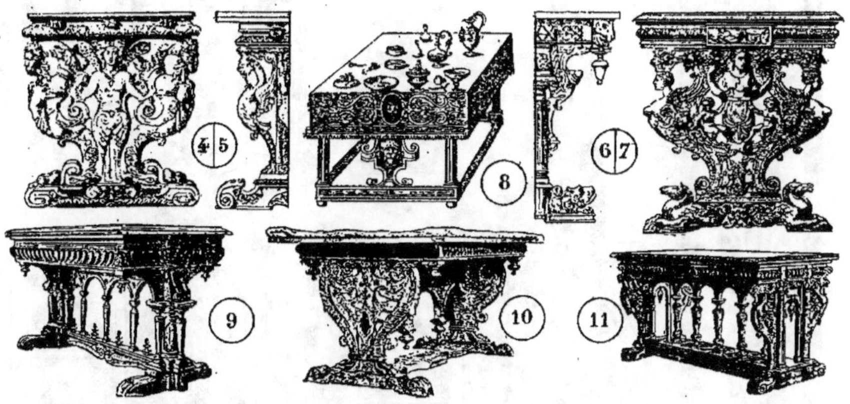

Fig. 457 à 464. — XVIe SIÈCLE ; ÉPOQUES FRANÇOIS PREMIER A HENRI QUATRE.
4, 7, table à *éventail* et 5, 6, profils ; 8, table dite *henri deux* ; 9, 11, tables à colonnettes architectoniques, à châssis se rallongeant, dites *tables tirantes* ; 10, table dite à *éventail*, ou à *la Bourgogne*. (Pour le nº 8, voir fig. 548, page 146.)

Les pieds de la table que nous représentons (10) montrent une variété des mêmes types. Le point de départ est le même ; la physionomie générale est pareille, seuls les détails diffèrent.

Des tables, plus simples dans leur décoration, sont établies sur le même modèle : un pilastre cannelé sépare les deux *consoles*, adossées et exclusivement décorées de feuillages, de l'*éventail* et d'un *pilastre*, reposant sur le milieu de la traverse inférieure, que soutient la retombée de deux arcs découpés dans la traverse supérieure. Deux demi pilastres, appuyés contre les panneaux, forment les montants et reçoivent les deux autres retombées (9 et 11). Les traverses n'ont pour objet que de maintenir les panneaux extrêmes, dans leur plan vertical. Les *ais* qui la forment étant très épais, permettent de pousser, sur leur profil, une moulure décorée d'ornements courants de faible relief. La ceinture, généralement ornée

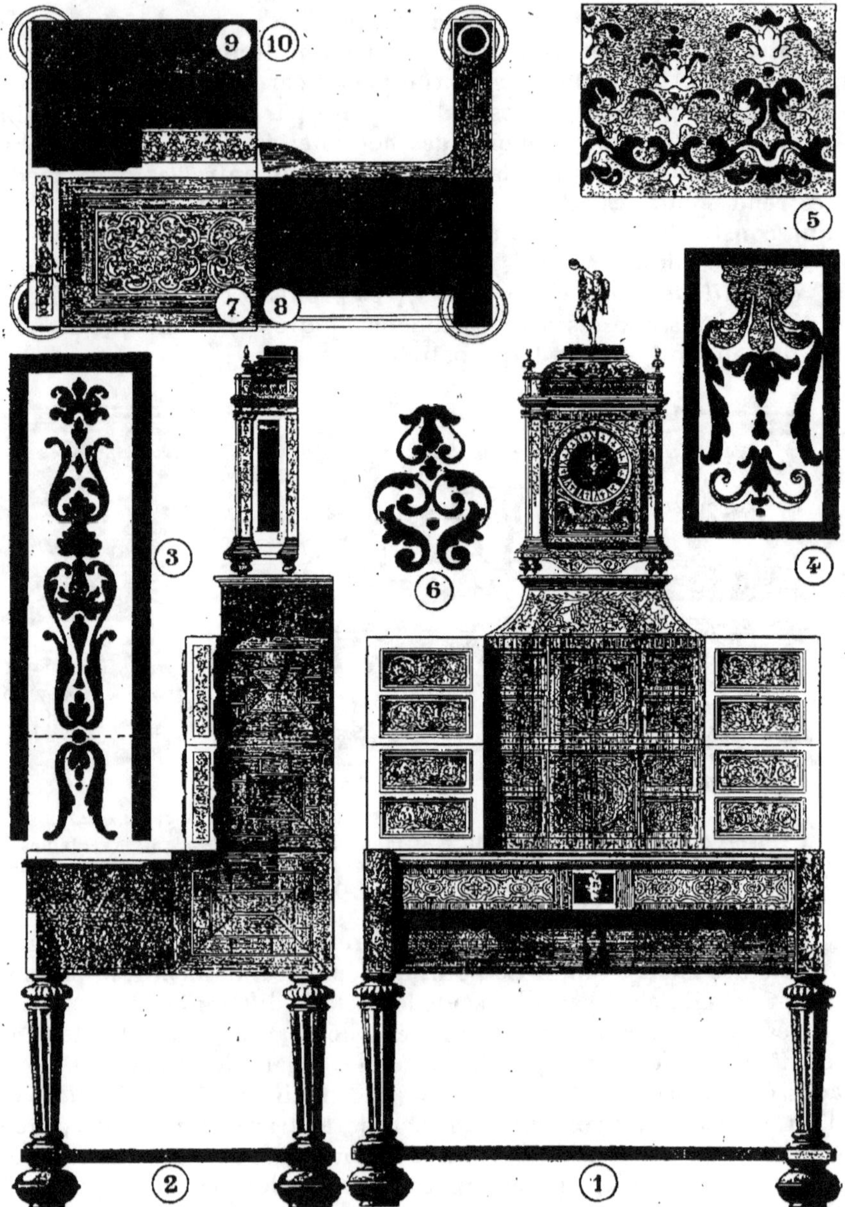

XVIIᵉ SIÈCLE. — ÉPOQUE LOUIS TREIZE
Musée des Thermes et de l'Hôtel de Cluny, Paris

Fig. 465 à 475. — Bureau ou Cabinet, dit de Charles de Créqui, maréchal de
France (1573†1638). — Marqueterie de cuivre, d'étain et d'écaille sur fond d'ébène.
Aussi curieux, par sa forme générale que par les détails de son ornementation, le

de *godrons courbes* (9), soutient le pourtour de la table et supporte un pendentif en bois tourné, placé à chaque angle.

Un grand nombre de *consoles d'applique*, fin louis quatorze, sont en bois sculpté et doré, à pieds de biche reliés par un motif à *tête de lion, coquille* ou *culot*; les montants sont décorés de *mascarons*, de fleurs et de volutes. Au milieu de la *ceinture à feuilles* sur fond gravé, on trouve un décor à *feuilles* et *coquilles accotées d'ailerons*. La table, *chantournée à moulures*, est en *marbre griotte rouge* : telle est la *console* que possède le Garde-Meuble, à Paris.

La *console d'applique* de la même époque, en bois sculpté et doré, que nous représentons avec détails (fig. 476 à 479, nᵒˢ 3, 4

Bureau ou *Cabinet*, représenté ci-contre, porte les armes de Charles de Créqui, prince de Poix, gouverneur du Dauphiné, pair et maréchal de France, qui fut tué au siège de Brême, en 1638, à l'âge de soixante ans.

L'absence de moulures au corps principal garni de nombreux tiroirs, et sa disposition en deux parties superposées et pouvant se séparer, semblent indiquer que ce *bureau* fut destiné à pouvoir être démonté pour suivre le maréchal à la guerre ou dans ses voyages.

Il se compose d'un *bureau* ou plateau de table à riches incrustations, supporté par quatre pieds en forme de *balustres*, dont le bas est réuni par une traverse. Le bâti de face, au droit de ces *balustres*, est orné de trophées militaires en applique de bronze ciselé et doré. Un tiroir est pratiqué au-dessous de la table (nᵒ 1, et coupe nᵒ 2).

Le corps principal ou *cabinet* porte de chaque côté un avant-corps à quatre tiroirs; deux grands vantaux carrés, accompagnés à droite et à gauche de quatre tiroirs plus petits, forment la partie du milieu.

Le couronnement est une belle pendule surmontée de la Renommée : elle porte sur un *amortissement* orné d'appliques en bronze doré, dont le motif est un *trophée* composé des emblèmes du pouvoir administratif. Au centre, le sceptre et la couronne, le glaive et la balance; à droite, la massue et le faisceau des licteurs; à gauche, le caducée et le gouvernail sont réunis par des palmes et des branches de lauriers.

Nous avons présenté les détails des parties les plus importantes de la face principale de ce beau meuble. La fig. 3 donne, par quart, la décoration des deux vantaux qui se remarquent dans l'axe de la partie centrale du *cabinet*. Ils sont exécutés, à l'inverse l'un de l'autre, en marqueterie d'écaille (parties teintées du dessin) sur étain gravé, et en *contre-partie*. Au centre de chaque panneau les armes des Créqui se détachent en cuivre doré et gravé, sur un champ d'étain.

Les nᵒˢ 4 et 6 donnent les détails des élégants rinceaux d'incrustation d'étain sur fond d'écaille (avec rehauts de cuivre doré aux points principaux, écussons, rosaces) qui couvrent la surface des tiroirs des deux corps de droite et de gauche du *Cabinet* proprement dit. Le nᵒ 5 est le détail du petit compartiment milieu, séparant les tiroirs inférieurs de la table formant *bureau*.

Ainsi qu'on le verra au plan (7, 8, 9, 10), la tablette horizontale, formant *bureau*, porte un panneau central de forme allongée composé d'un motif central, dont notre dessin (7) donne le *rapport de longueur*, qu'il sera facile de compléter en le rapportant bout à bout. Cette partie est exécutée en incrustation d'écaille sur cuivre doré.

Le terme *bureau* désignait, sous Henri IV, une étoffe de laine foncée qui devint la *bure*. Cette étoffe, du qualificatif latin *burrus* (rouge, roux) devait son nom à sa couleur. Olivier de Serres requit les bourgeois de mêler quelque peu de laine blanche à la bure « afin de confectionner les habits de ménage ».

Boileau parle d'un poète. ... qui n'étant vêtu que de simple *bureau*

          passait l'été sans linge et l'hiver sans manteau.

Puis les tables de bois ayant été recouvertes de *bureau*, devinrent des bureaux et, par extension, les pièces où elles se trouvaient en prirent le nom.

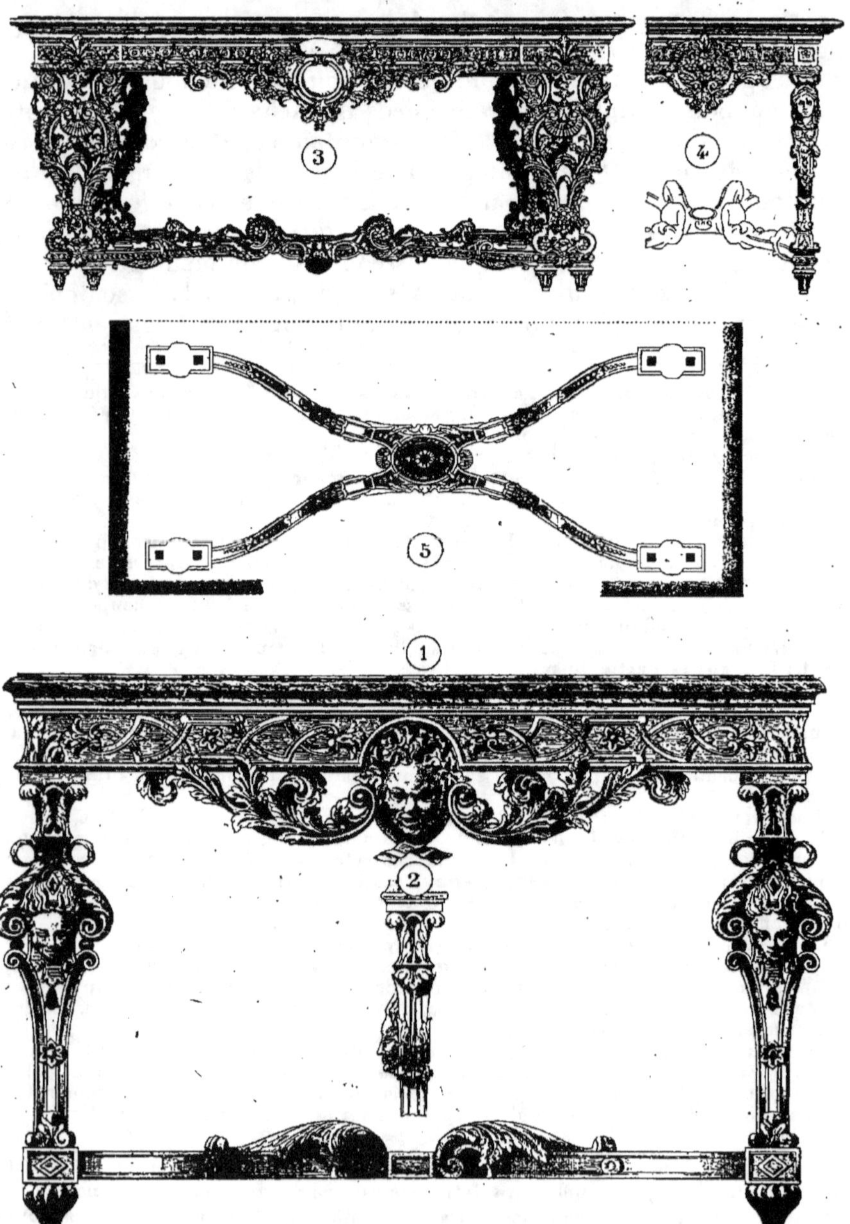

XVII° SIÈCLE. — ÉPOQUE LOUIS QUATORZE.

Musée du Louvre, Paris.

Fig. 476 à 479. — Consoles d'applique, bois sculpté et doré.

La console d'applique représentée n° 3, montée sur huit *pieds à toupie*, à feuilles

et 5) et qui se trouve au Musée du Louvre à Paris, est montée sur huit *pieds à toupie*, à feuilles reliées par un *entre-jambes* dit *croisillon*, à *fleurons et consoles* (n°s. 4 et 5). Les montants sont ornés de *bustes de femmes engainées à consoles*, adossés, et à *guirlandes* : la *ceinture*, droite, est à fond de fleurons avec tablier à fleurs.

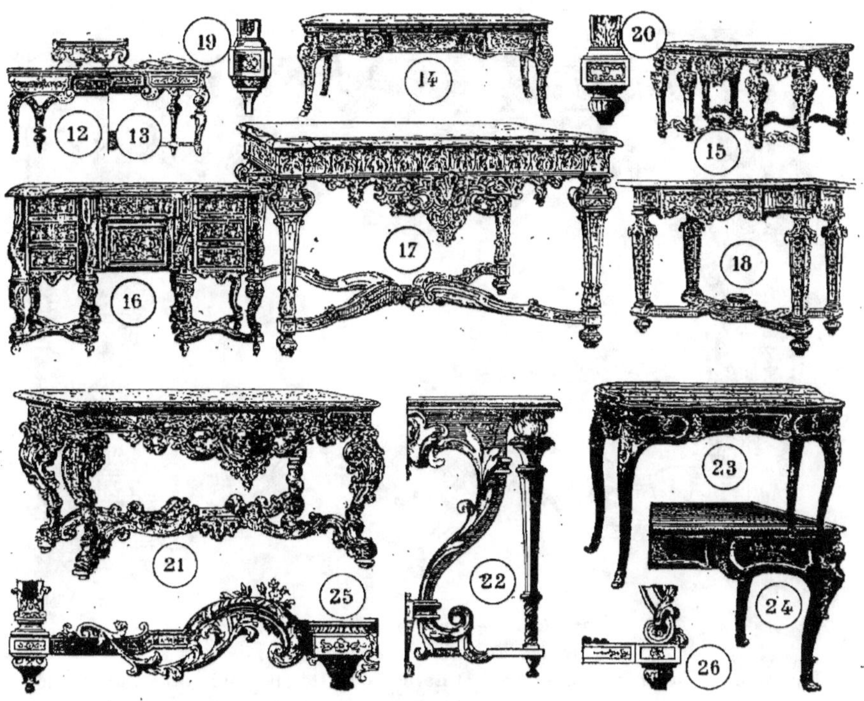

Fig. 480 à 492. — XVIIᵉ SIÈCLE ; ÉPOQUE LOUIS QUATORZE.

12, 13, 14, 16, 18 à 20, marqueterie de cuivre, d'étain et d'écaille, œuvres de C.-A. Boulle ; 12, 13, tables à écrire ou tables-bureaux ; 14, bureau ; 15, table de salon, bois sculpté et doré, dessus en *marbre de rapport* ; 16, bureau, pieds à *croisillons* ; 17, table console, bois sculpté et doré ; 18, table, pieds à *croisillons*, et 19, 20, détail ; 21, table de salon, bois sculpté et doré, et 25, 26, détails.

Fig. 493 et 494. — XVIIIᵉ SIÈCLE ; ÉPOQUE RÉGENCE.

23, 24, tables-bureaux, décorées bronze ciselé et doré.

---

reliées par un *entre-jambes* dit *croisillon*, à fleurons et consoles, n°s 4 et 5, est en bois sculpté et doré. Les montants sont ornés de *bustes de femmes, engainées à consoles*, adossés, et à guirlandes : la *ceinture*, droite, est à fond de fleurons avec tablier à fleurs et à feuilles d'ornements.

La face offre un écusson central dont les armoiries ont été grattées ; cet écusson était surmonté d'une couronne dont il ne reste que l'emplacement. Le dessus rectangulaire à moulures qui recouvre ce meuble est en *marbre portor*.

C'est principalement pendant la première moitié du dix-huitième siècle, que les *consoles* deviennent d'un usage général et revêtent des formes d'une rare souplesse, d'une grande élégance, décorées d'une ornementation frisée, contournée.

Nous verrons, par la suite, que l'introduction du *bois des îles* en Europe, et principalement en France a transformé, sinon la forme,

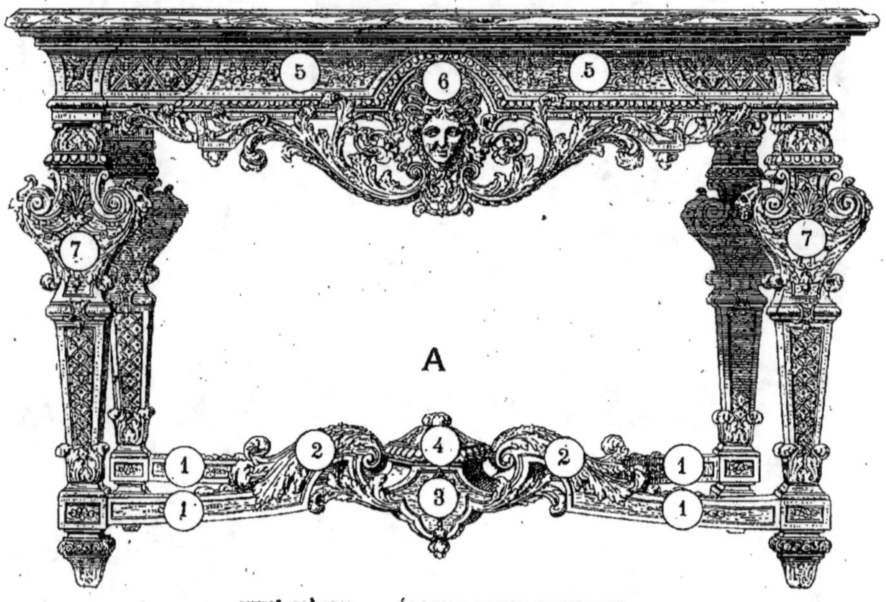

XVIIᵉ SIÈCLE. — ÉPOQUE LOUIS QUATORZE.
Ancien Château de Bercy-lez-Paris.
Fig. 495. — Table en bois sculpté et doré (Consulter la note de la figure 496).

du moins le décor des pieds et des montants, qu'on ne voit guère, lorsque les tables servent ce à quoi elles sont destinées.

La *table* et principalement celle *à manger* est, en effet, le meuble dont la décoration doit être sobre puisqu'on ne peut l'analyser et la comprendre sans y mettre quelque bonne volonté.

Dans un *inventaire* de 1765, des tentes, pavillons, marquises, mansardes du roy, nous avons remarqué la désignation de *salle à manger*. Cet *inventaire* donne bien l'agencement de la tente réservée à cet usage, mais pas de *table* ni de *sièges*.

Sous Louis XIV, les *tables* et les *consoles* à dessus de *marbre* et de *mosaïque de pierres rares*, sont en *bois doré* à *tabliers découpés*, où les *soleils*, les *larmiers* et autres *attributs* se détachent sur des *fonds quadrillés à rosaces* : les *entre-jambes* à *rinceaux* se relèvent en volutes portant souvent des vases élégants. On peut en voir de somptueuses dans la Galerie d'Apollon, au musée du Louvre, à Paris. Mais ces tables, ainsi que les *consoles en argent ciselé* par Claude Ballin, sont des objets de luxe, d'apparat.

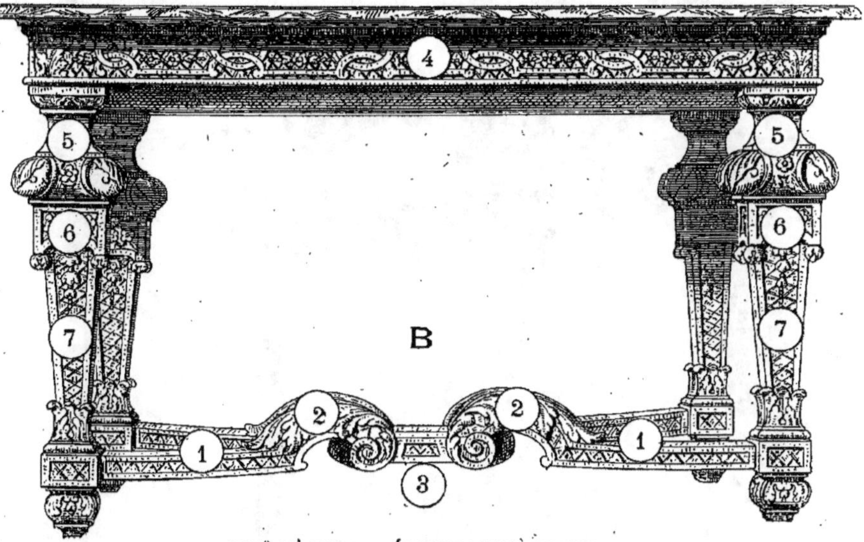

XVII° SIÈCLE. — ÉPOQUE LOUIS QUATORZE.
Ancien Château de Bercy-lez-Paris.

Fig. 496. — Ces tables (fig. 495 et 496), en bois sculpté et doré, conçues dans des formes plus riches ou plus simples, suivant la nature des salles qu'elles devaient meubler, sont intéressantes à comparer, car il est facile de voir qu'elles ont été fabriquées sur les dessins d'un même artisan.

Les *entre-jambes* (1) reliant les quatre *pieds*, sont disposés en V (*croisillons* établis sur la diagonale du rectangle formé par les corps carrés des pieds en *balustre*), dont les branches sont réunies par des ressauts en spirale garnis d'acanthes (2). Ces *crosses* se relient (fig. A) par un *piédouche* orné à pans (3), et couronné d'une *rosace* saillante avec *gaine* formant culot central (4). Au meuble représenté ci-dessus, c'est un simple corps carré qui forme l'assemblage (3). Sous des plaques de marbre, plus ou moins précieux, couvrant les deux tables, s'étendent les *ceintures* (fig. A (5) — fig. B (4) : échancrée et ornée d'un mascaron de femme accosté de deux *rinceaux* en S, fleuris d'acanthes et repercés à jour (fig. A (6) ; unie et ornée d'un simple *entrelac* (fig. B (4). Les *pieds en balustre* présentent également, en allant du composé au simple, deux degrés de richesse. Ils sont, fig. A (7), développés en forme de lyre produite par les enroulements étoffés de *mascarons* en profil de deux S feuillées d'*acanthes*, avec *entrelacs* central couronné de *palmettes*, et bordées d'une *bague de perles* saillantes servant d'*astragale* à un chapiteau de feuillage.

Dans la représentation ci-dessus, c'est un *chapiteau dorique* épaulé d'un *tore à oves* de forme carrée, avec feuilles recouvrant les angles (5). Sous ce renflement habituel, des corps carrés en *crossettes* terminés par des *gaines* (6), coiffent le *fût* (7) qui se rétrécit vers le bas en forme de *pyramide* quadrangulaire renversée.

La vraie *table de l'écrivain* et de l'homme d'État, la royale et grande table accessible au regard, et voisine du *serre-papiers* où se classaient les titres et les correspondances, le *bureau par excellence*, date de la première moitié du dix-huitième siècle.

D. 18.

Le règne de Louis XVI a de même sa spécialité, la *table à ouvrage* et la *console*. Rien n'est élégant comme ces petits meubles portés sur des pieds à cannelures légères, que rehaussent des bronzes ciselés et dorés et où s'insèrent, ici des camées de Wedgwood, là des plaques à sujets peints à Sèvres, ou bien encore des bouquets de même porcelaine, encadrés d'*arabesques d'or* en relief, ressortant

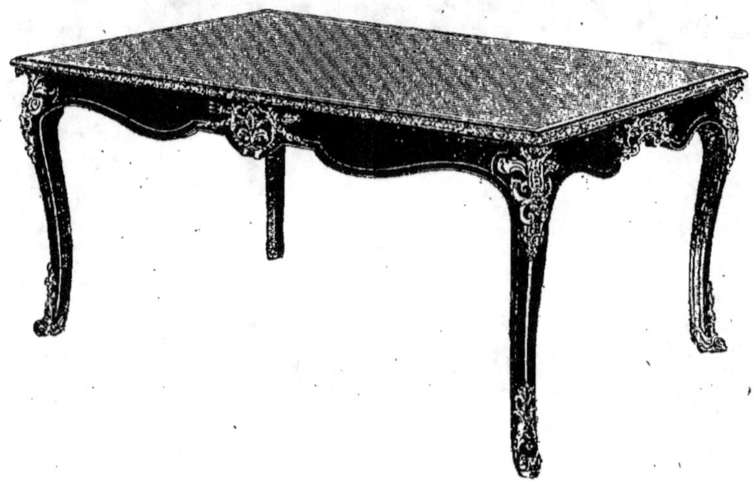

XVIIIe SIÈCLE. — ÉPOQUE LOUIS QUINZE.
Ancien Hôtel de Rohan, Paris.

Fig. 497. — Bureau-table en ébène, décoré de bronze ciselé et doré.
(Voir détails fig. 498 à 506).

sur fond bleu de roi ou bleu turquoise, ou *rose pompadour*, ou sur des *œils de perdrix* ; ce sont ces meubles dont nous allons décrire quelques formes et décors.

Table dite à l'anglaise, devient de mode vers le milieu du dix-huitième siècle ; c'est la *table d'acajou* ou *table à manger*.

Bonheur du jour, petit meuble secrétaire avec abattant, à l'usage des femmes de l'époque louis seize (v. fig. 543).

Bureau. Des bureaux de dames sont en *bois de rose*, de forme contournée, à *abattant* et tiroirs intérieurs et extérieurs. Il y en a en marqueterie de fleurs et décorés de bronzes ciselés et dorés. Vers le milieu du dix-huitième siècle, les *bureaux serre-papiers*, qui ont précédé le *bureau à cylindre*, furent en grande vogue. On en fabrique en *laque* ou en *bois des Iles*, en *bois satiné* ; puis vinrent les *bureaux à cylindre*, les *secrétaires* et autres meubles destinés à mettre les papiers précieux à l'abri des regards indiscrets.

Table chiffonnière, table à ouvrage, dont la tablette inférieure est entourée d'un filet dans lequel les femmes pouvaient jeter les morceaux d'étoffe.

Table coiffeuse. Des *tables coiffeuses* sont en *marqueterie de bois de couleur* à motifs réguliers, dessus à abattant et à volets masquant des compartiments ; sur le devant se trouvent des tiroirs, dont un formant bureau avec récipients.

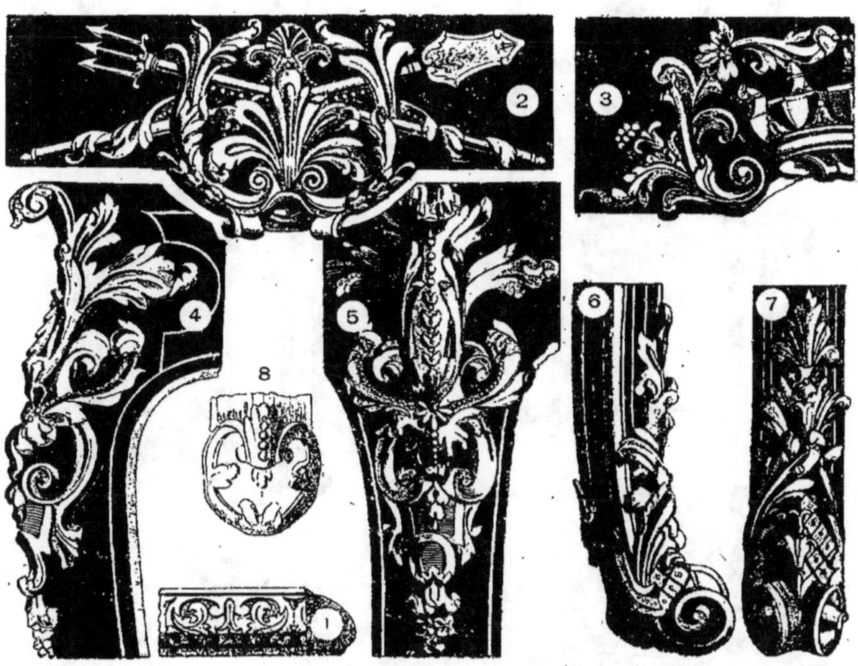

XVIIIᵉ SIÈCLE. — ÉPOQUE LOUIS QUINZE.
Ancien Hôtel de Rohan, Paris.

Fig. 498 à 506. — Ce bureau-table, à dessus plat (dont nous avons représenté l'ensemble figure 497), est rehaussé d'une moulure de bronze (1), à ornements en saillie, encadrant la tablette ; la *ceinture* décorée de trophées (2 et 3), et les *chutes* (4 et 5), sont d'un travail soigné. Les *pieds* (6 et 7), sont délicatement élégis et s'emboîtent dans des *sabots* (8), simulant des volutes à feuilles d'acanthe.

Table à la Dauphine et à la *Duchesse,* table de toilette, type de la *table coiffeuse* (Consulter la note des fig. 365 à 371, page 123.)

Guéridon. Les *tables rondes* dites *guéridons,* montées sur un pied ou colonne à trois ou quatre patins datent du dix-septième siècle. L'*inventaire* du cardinal Mazarin mentionne « deux *guéridons* de bois de cormier garnis de rouge, façon de Paris, posés sur un pied à balustre dont la base est portée par trois harpies de cuivre. »

Des *jardinières* ou *tables à fleurs* en *marqueterie,* ou en *bois satiné,* doublées de plomb, ont les quatre *pieds à roulettes*

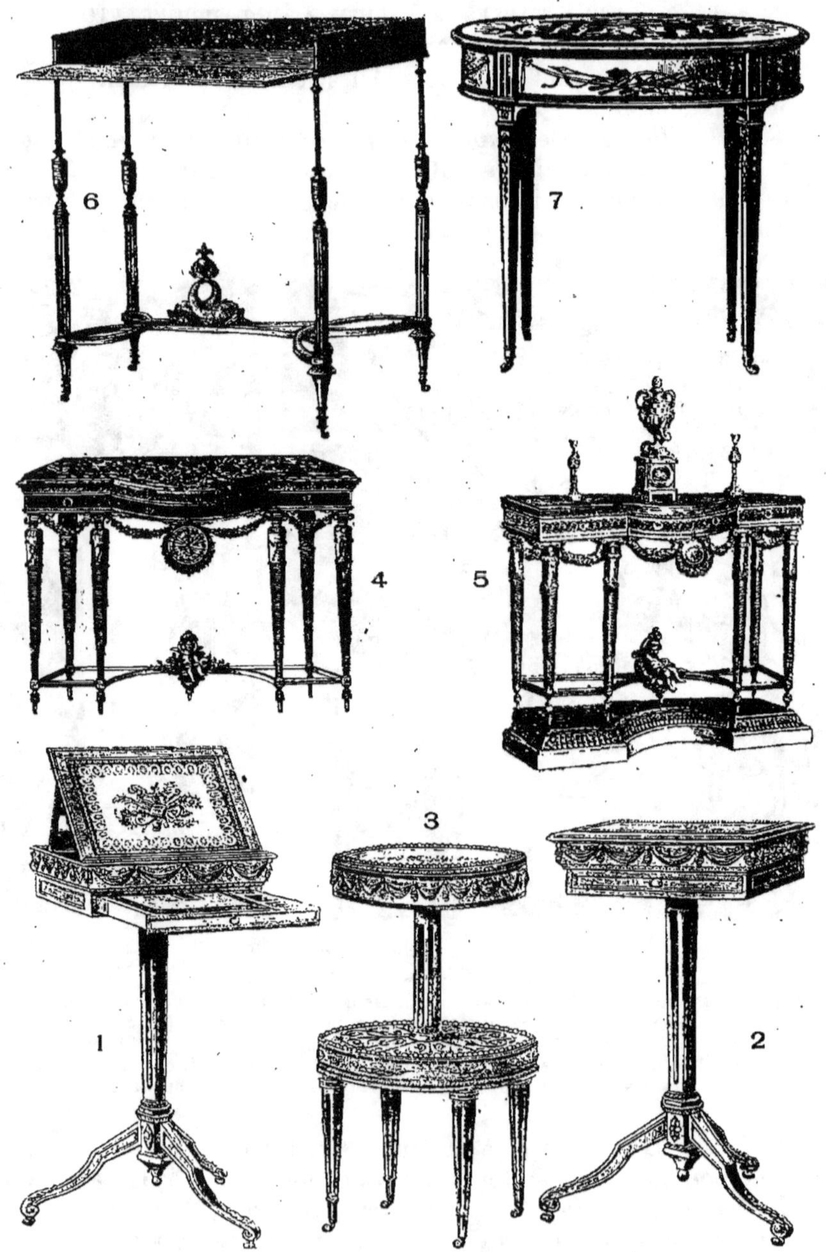

XVIIIᵉ SIÈCLE. — ÉPOQUES LOUIS QUINZE ET LOUIS SEIZE.

1, 2, 3, 7, South Kensington Museum, Londres ; et. ancienne Collection Double.

Fig. 507 à 513. — Provenance : Marie-Antoinette, Reine de France : nᵒ 1, table à musique ouverte ; nᵒ 2, la même, fermée ; nᵒ 3, Table de déjeuner ; nᵒˢ 4 et 5, Consoles. — Provenance : Princesse de Lamballe, nᵒ 7, Table-bureau. — Provenance : Madame Adélaïde, fille aînée de Louis XV ; nᵒ 6, Table à ouvrage, dite *tricoteuse.*

garnis de *sabots* en bronze ciselé et dorés d'*or moulu*. Des anneaux également ciselés et dorés, fixés sur les côtés, servent de poignées.

La dénomination de *table à jeu* n'est pas aussi ancienne que le *jeu de cartes*, venu du pays des Sarrasins et introduit à Viterbo (Italie) en l'an 1379. Il est probable qu'au dix-septième siècle on jouait sur des tables de salon recouvertes de tapis. Ce n'est que dans les *inventaires* du garde-meuble du dix-huitième siècle que l'on trouve des tables spéciales au jeu, encore les appelait-on des *tables de quadrille, de tri* ou *de brelan*.

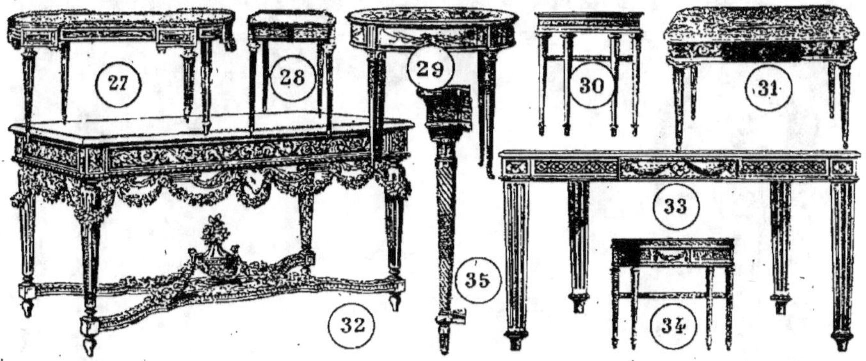

Fig. 514 à 522. — XVIIIᵉ SIÈCLE; ÉPOQUE LOUIS SEIZE.

27, table-bureau, bronze ciselé; 28, table à ouvrage, dite *mignonnette*, bronze ciselé et doré; 29, table à ouvrage; 30, table à déjeuner, *ambulante* ou table *mignonnette*, décorée en marqueterie; 31, table à la *grecque*, ou à la *Pompadour*, bronze ciselé et doré; 32, table-console de salon, bois sculpté et doré; 33, bureau dit à la *chancelière*; 34, table *demi-cercle* et 35, détail.

Quoique la *table de lit* paraisse être d'invention moderne, il est à remarquer que, dans un *inventaire* de 1615, nous trouvons mentionné « autre petite table à mettre devant Madame lorsqu'elle mange dans le lict. Plus une table neufve qui se plie par les piedz l'ung sur l'autre quy sert au lict. »

Ce n'est que sous Louis XV que furent fabriqués ces petits meubles, on en trouve un plus grand nombre à l'époque louis seize. Ces tables étaient petites, mouvementées, en bois naturel ou marqueté, puis carrées ou rondes. Les portes montées à coulisses se manœuvraient comme une sorte de jalousie; à l'époque louis seize le dessus de ces tables était en marbre. Pendant le Directoire, elles sont carrées, en bois peint ou en *bois des Iles*. Sous l'Empire et la Restauration, les *tables de nuit* prirent la forme d'un fût ou d'une gaine ronde ou carrée, sans pieds, à porte du haut en bas, avec ou sans tiroir.

Dès le seizième siècle, des *tables* sont *machinées*, les planchers sont agencés de façon à ce que des services entiers paraissent ou disparaissent; et que les convives soient transportés d'une salle à l'autre sans secousse. Au dix-huitième siècle, des *tables mécaniques* voisinent avec des *buffets mobiles*, descendant ou remontant sans que le parquet ne laisse trace de leur passage.

Le meuble le plus parfait en ce genre que nous ayons été à même d'étudier, lors de notre séjour en Russie, est un pupitre d'une

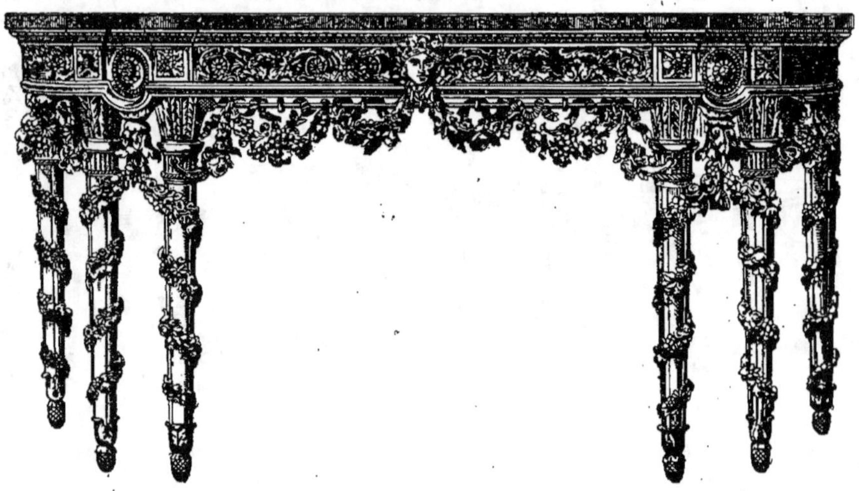

XVIIIe SIÈCLE. — ÉPOQUE LOUIS SEIZE.
Ministère de l'Intérieur, Paris.

Fig. 523. — Console, en bois sculpté et doré, remarquable par le précieux de son exécution. Six *carquois* en constituent les montants et font valoir l'élégance de fines guirlandes de fleurs, régnant dans l'ensemble de la composition, sans nuire à la *ceinture*, plus calme, qui se trouve placée immédiatement sous le marbre.

grande richesse, dont Catherine II fit présent au Muséum de l'Académie des sciences, à Saint-Pétersbourg.

Tables mignonnettes, tables de petite taille, oblongues et quelquefois rondes. Il s'en trouve de forme ovale, à volets cintrés pliants et pieds rentrants, en bois mouluré (v. fig. 514 à 522, n°s 28 et 30).

La *table rognon,* dont le nom désigne la forme d'un *rognon* ou d'un *haricot,* est toujours de petite dimension. Cette petite table à ouvrage date de l'époque louis quinze.

Les *tables dites de salon,* de la fin du seizième siècle sont en noyer, rarement en ébène, à dessus de bois uni ou marqueté, et souvent recouvertes de tapisserie avec pentes, ou d'étoffe brodée.

Celles des époques louis treize, en bois de noyer ou de chêne tourné, et louis quatorze en bois sculpté et doré, sont montées avec ou sans entre-jambes. Ces dernières somptueusement décorées ; ou avec incrustations d'écaille, de cuivre et d'étain.

Les *tables de salon* de l'époque louis quinze sont de formes mouvementées, tandis qu'à l'époque louis seize leur ensemble décoratif est calme, reposant.

Au dix-huitième siècle, la *table dite servante* et désignée sous le nom de *rafraîchissoir*, se plaçait près de la *table à manger* et servait

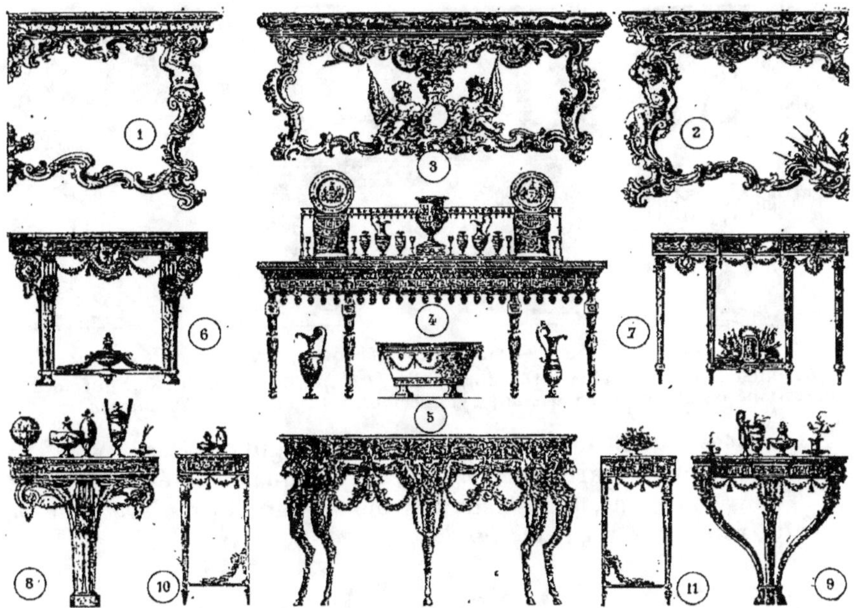

Fig. 524 à 526. — XVIIe SIÈCLE; ÉPOQUE LOUIS QUATORZE.
1, 2, 3, tables consoles, bois sculpté et doré.

Fig. 527 à 535. — XVIIIe SIÈCLE ÉPOQUES LOUIS QUINZE ET LOUIS SEIZE.
4, 7, 8, 10, 12, consoles, bois sculpté et doré; 9, piètement à pieds de biche ; console garnie, style anglais, J. et A. Adam (Voir page 126, fig. 416 à 432, et page 159, fig. 628 à 637) ; 5, console, bois sculpté et doré, style Piranesi.

à y déposer la bouteille, la carafe, le pain et souvent même la desserte. Elle était composée de quatre pieds supportant une tablette à dessus en marbre, avec rebords, percée de deux trous assez grands pour contenir chacun une cuvette en métal dans laquelle on plaçait la bouteille ou la carafe. Un petit tiroir contenait le tire-bouchon et de menus objets.

Les *tables* dites de *toilettes* ou *toilettes-tables* ne furent en usage que vers la moitié du dix-huitième siècle. De formes diverses, en *commode*, en *cœur*, en *papillon*, en *livre*, en *buffet*, etc., dessus à abattant, miroir mobile, tiroirs garnis de tous les ustensiles indispensables à la toilette féminine, et même à celle des petits maîtres.

On emploie, pour les fabriquer, les bois les plus rares, *bois de couleur à mosaïque*, *bois de rose*, *bois satiné*; puis le *bois de noyer*, l'acajou massif, etc. De plus simples, mais de plus féminines, sont garnies avec des étoffes de soie ou de précieuses dentelles.

Pour les *tables de toilette à compartiment*, modèles des plus pratiques mais aussi des plus communs, on se sert aussi des *bois de couleur à mosaïque*, *bois de rose*, *bois satiné*, etc.

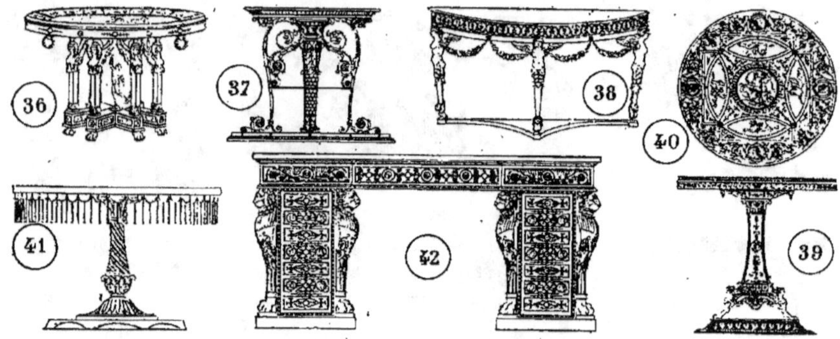

Fig. 536 à 542. — XIXe SIÈCLE; ÉPOQUE PREMIER EMPIRE.

36, guéridon; 37, table à thé, forme dite *trompe*; 38, console; 39, guéridon en porcelaine de Sèvres et 40, dessus; 41, guéridon à la *taleyrand*; 42, bureau.

La *tricoteuse* est toujours de forme rectangulaire (fig. 507 à 513, n° 6). La tablette garnie de rebords sur les quatre côtés, dont un se rabat sur le devant, repose sur des pieds d'une forme svelte et élégante, reliés par un *entre-jambes*

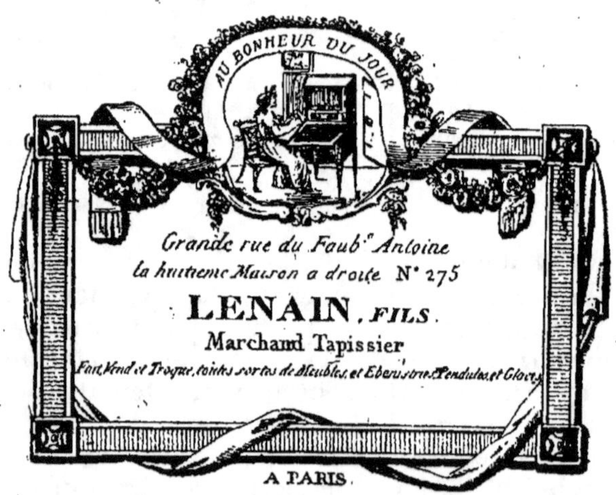

XVIIIe SIÈCLE. — ÉPOQUE LOUIS SEIZE.

Fig. 543. — Carte commerciale de Lenain fils, Marchand Tapissier.
AU BONHEUR DU JOUR.

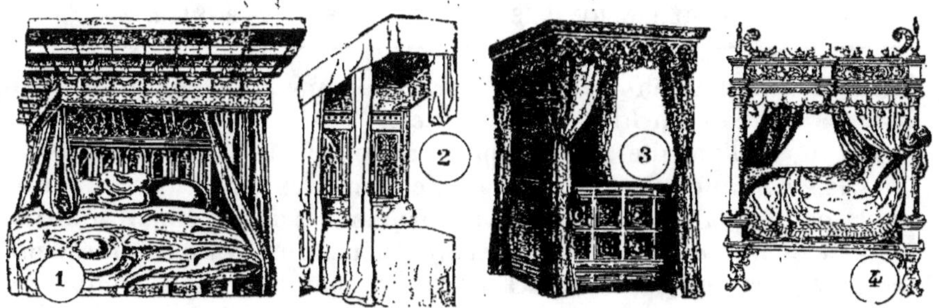

Fig. 544 à 545. — XVᵉ XVIᵉ SIÈCLES, ÉPOQUE LOUIS DOUZE.
1, lit ciel tentures à hussiaux et ciel en épervier ; 2, lit à courtines.
Fig. 546 et 547. — XVIᵉ SIÈCLE ÉPOQUE FRANÇOIS PREMIER.
3, lit à clôtet ; 4, lit à colonnes et à house.

ANALYSE ET COMPRÉHENSION DES LITS DE STYLES ROYAUX
DU
QUINZIÈME AU DIX-NEUVIÈME SIÈCLE.

LITS A HUSSIAUX, EN ÉPERVIER, A COURTINES,
A DEVISES, A COLONNES, DE PARADE, DRAPÉS, EN HOUSE,
DE TRIVELIN, A TOURNANT, A BALUSTRES,
LITS D'ANGE, A LA POLONAISE, A LA TURQUE,
A LA ROMAINE, FAÇON LA CHINE, A L'ANGLAISE, EN ALCÔVE, ETC.

Vers le commencement du treizième siècle, dans les demeures féodales, le *lit* prit une forme monumentale. Taillé et sculpté en chêne dans la masse, avec moulures à forte saillie, ce meuble est surmonté d'un ample *poêle à gouttières* entouré de tapisseries formant un *clôtet*.

Au quatorzième siècle, on couvre les bois de draperies flottantes ; des lambrequins cachent la suspension par des *courtines* et des pendants en soie, en velours, en drap d'or, doublés, piqués et frangés comme les couvertures.

Le quinzième siècle mit en usage les *lits à roulettes*, les *lits à pavillons de soie*, les *lits tentures à hussiaux* et *ciel en épervier* (1), les *lits à courtines* (2), dont les *Honneurs de la Cour* font mention.

C'est principalement au commencement de la Renaissance, que le *lit à parer* ou *lit de parade* devient, par ses sculptures, ses incrustations et ses peintures, une véritable œuvre d'art. (Voir fig. p. 147).

Les *chambres à coucher* possédaient une sorte de *canapé-lit*, des *bancs à coucher*. Un *inventaire des biens de la veuve Nicolaï*, mentionne des *bancs à coucher*. « Item, un *banc à coucher*, garny de matelas et traversins. »

Dans les vastes chambres seigneuriales, près du grand-lit destiné au seigneur, il s'en trouvait un plus petit, une *couchette* pour l'écuyer. Toute chambre bien garnie, même une chambre d'auberge, possédait un lit et une *couchette*.

Les lits de l'époque françois premier sont isolés, indépendants ; le chassis à colonnes est porté sur une estrade, les côtés formés par de petits panneaux de menuiserie, les ornements délicatement fouillés. Le *ciel* et les *courtines* sont encore suspendus, comme précédemment, au plafond du dais. Les *châlits de parement* sont somptueusement sculptés ou peints.

Vers le milieu du seizième siècle, les colonnes sont remplacées

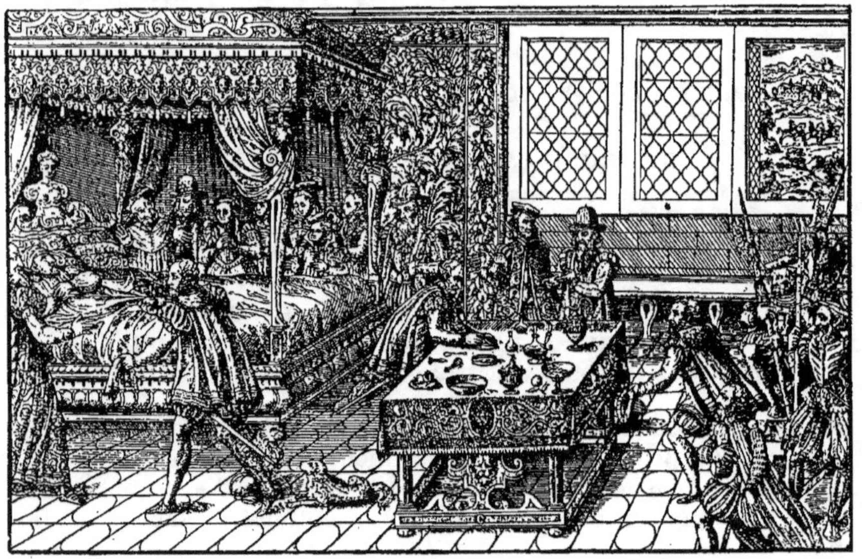

XVIᵉ SIÈCLE. — ÉPOQUE HENRI DEUX.

Fig. 548. — Représentation de la chambre du roi Henri II, dans laquelle se trouve le *lit*, surmonté par un *pavillon* porté par quatre *termes engaînés*, sur lequel ce monarque fut transporté mourant, le 15 juillet 1559.

par des cariatides, en faveur, si nous en jugeons par la représentation que nous donnons, fig. 548, de la chambre du roi Henri II, au palais des Tournelles, à Paris, où se voit le lit, surmonté par un pavillon, porté par quatre *termes* engaînés, sur lequel ce monarque fut transporté mourant, et tel que nous le trouvons dans le *Recueil* de Torterel et Perissin. Puis la mode revient aux colonnes unies, cannelées, taillées en forme de balustres, ou de fuseaux allongés composés de plusieurs pièces en enfilage, reliées ensemble par une tige en fer.

Les garnitures deviennent importantes, on double les *ciels*, les *pentes*, les rideaux, en sorte que les tentures recouvrent entièrement

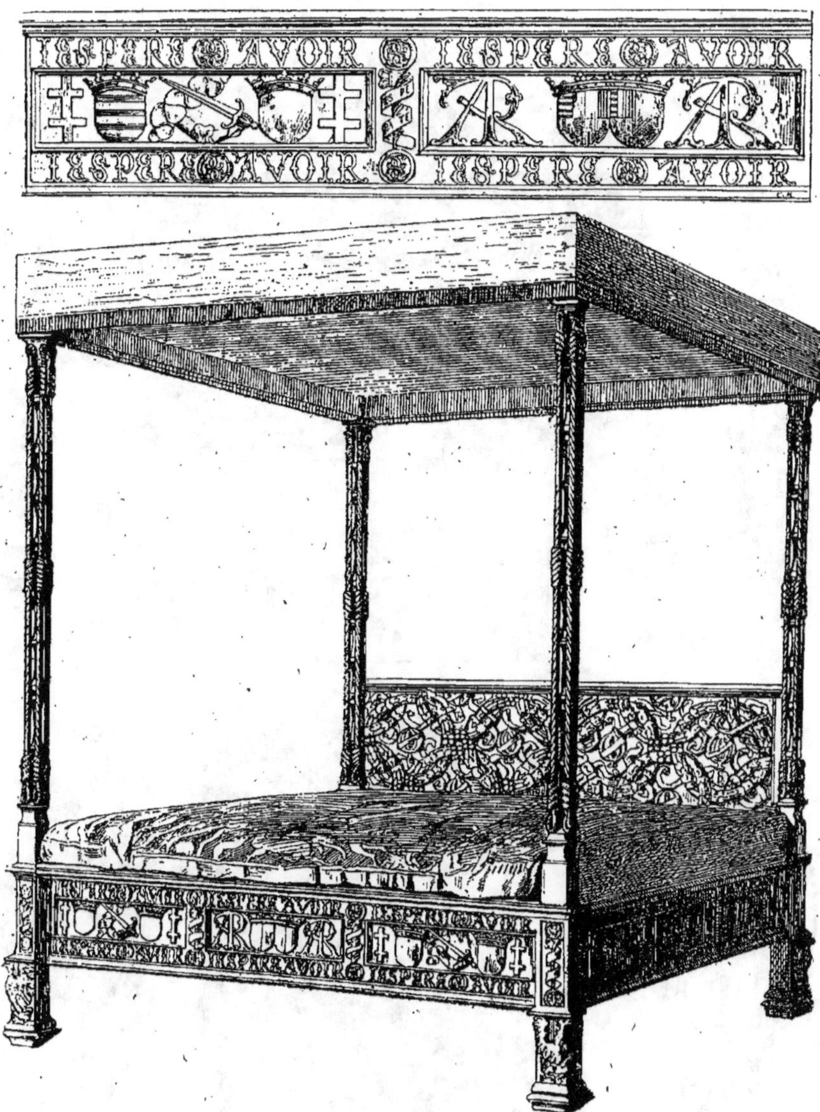

Ensemble et détails du lit a devises représenté fig. 549 à 551, n° 5. — Ce lit, provenant du château de Vaudemont, est celui d'Antoine, duc de Lorraine, et de Renée de Bourbon, sa femme, mariés en 1515.

Les trois traverses rectangulaires, se divisant chacune en trois panneaux allongés, sont ornés d'écus aux armes et aux chiffres de ces personnages, et entourés d'une frise portant la devise : IESPERE AVOIR. Le chevet offre une composition compliquée de *chappeaux de triumphe* (couronnes) entrelacés, de sphères et de *roulleaux* (banderolles). Le bois de ce remarquable monument, conservé au *Musée Lorrain de Nancy*, est doré et le fond du *chevet* peint en vermillon et damasquiné d'or.

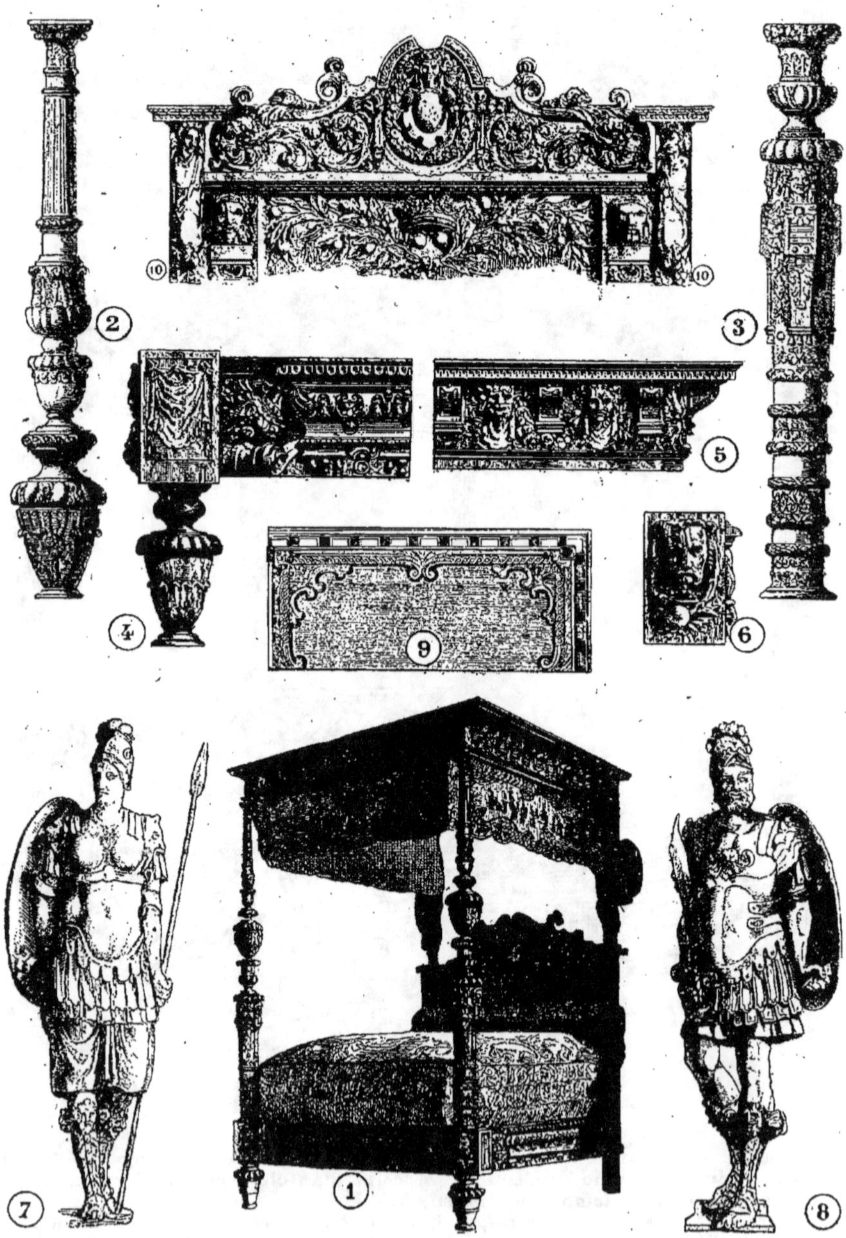

ENSEMBLE ET DÉTAILS DU LIT A COLONNES ET A BALDAQUIN, représenté fig. 549 à 551,
n° 7. — Ce beau lit (1), qui fait partie du *Musée des Thermes et de l'Hôtel de Cluny*,
à Paris, est remarquable par la profusion des détails de sa décoration (2 à 6). Des

les surfaces planes ; des *chaussettes* et des *fourreaux* habillent les colonnes. Chaque lit avait selon sa destination, et surtout l'humour de qui s'en servait, un nom spécial : *lit d'amitié, lit de lacq d'amour, lit des phénix*, etc. Quelques années encore, et le tapissier prendra possession du *lit* pour y dresser des pyramides de draperies, de festons, de panaches et imaginera les *lits* dits *de Trivelin*, où chaque lé est d'une étoffe différente.

Les *lits drapés, lits en house, lits à courtines* ou à *baldaquins*, garnis de rideaux, pentes et courtines, remis en usage à l'époque louis treize (13), se composaient d'une charpente en chêne, recou-

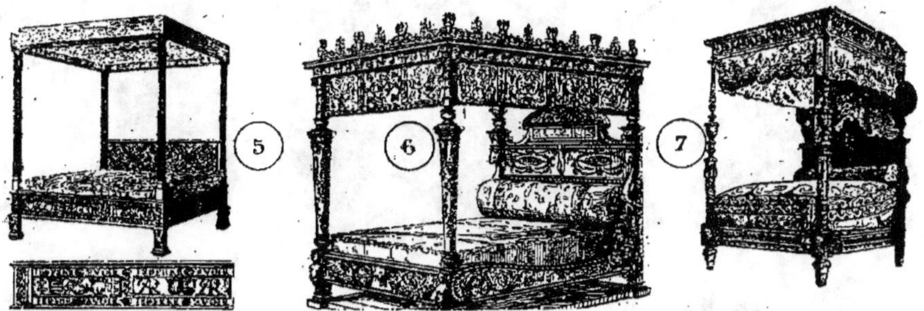

Fig. 549 à 551. — XVIᵉ SIÈCLE ; ÉPOQUES FRANÇOIS PREMIER ET HENRI DEUX.
5, lit à devises ; 6, 7, lits à colonnes et à baldaquin. Voir détails des 5 et 7, pages 147, 148 149, et en consulter les notes.

verte de tentures formées de lés alternés d'étoffes provenant des fabriques du midi de la France ou de celles d'Italie, de velours ciselé de Gênes, à riches ornements de passementerie.

Après la mort de Louis XIII (1643) Anne d'Autriche, proclamée régente du royaume et désireuse de n'abdiquer aucune des prérogatives de l'étiquette royale, n'eut garde d'oublier les cérémonies du *grand* et du *petit lever*. Les personnages les plus considérables y figuraient, et les plus favorisés acceptaient d'y remplir un rôle de semi-domesticité, marquant la distance qui séparait la majesté royale des plus illustres parmi ses sujets.

Mais, comme la Régente avait plus de quarante ans, qu'elle était corpulente et prude, et qu'il lui eût paru peu décent de changer de

---

figures, Mars et la Victoire (7, 8), sont surmontées d'un baldaquin qui, à l'origine, n'en faisait pas partie. Le dossier à fronton est décoré d'ornements habilement sculptés. La couronne ducale occupe le milieu du chevet, et les enroulements sont surmontés de dauphins en haut-relief (10) La corniche à modillons d'une grande richesse de décoration porte, à l'intérieur, la même couronne ducale ; la frise est également couverte d'ornements. La garniture, la courte-pointe, les gouttières et le ciel sont d'une date postérieure. En effet, cette tenture provient du lit de Pierre de Gondi, évêque de Langres, puis de Paris, et créé cardinal en 1587.

chemise devant de jeunes seigneurs assez libres dans leurs propos, elle recula les *entrées*, c'est-à-dire qu'au lieu de recevoir dans la *chambre du lit*, les personnages à qui leurs titres ou leurs dignités ouvraient sa porte, elle les admit dans la *chambre du miroir*, leur permettant ainsi d'assister à l'achèvement de sa toilette.

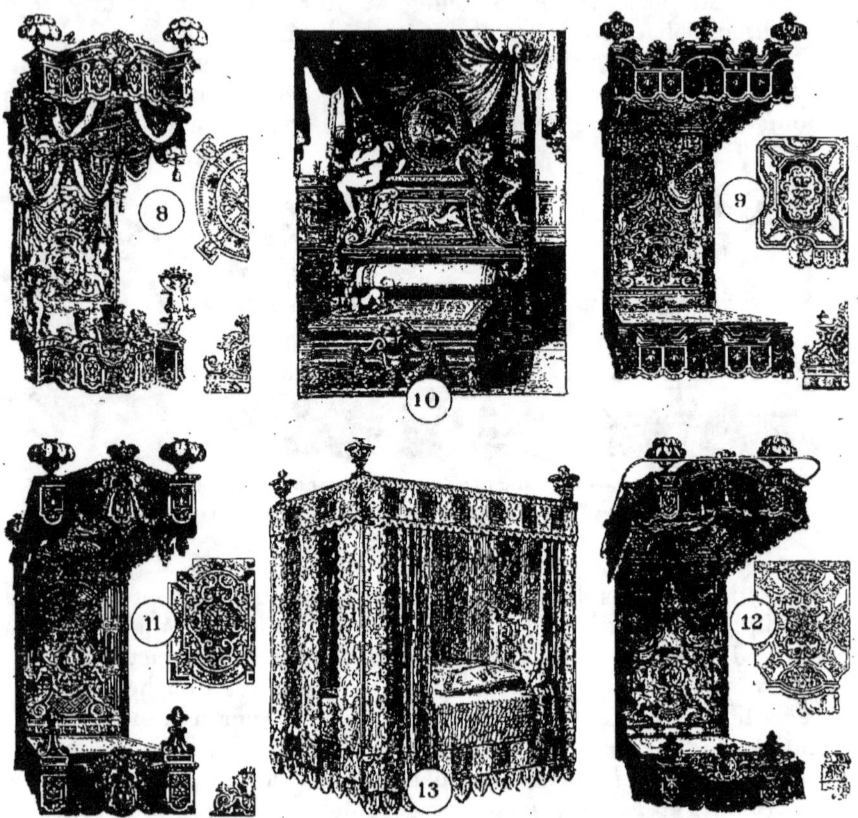

Fig. 552 à 557. — XVIIᵉ SIÈCLE ; ÉPOQUE LOUIS QUATORZE

8, 9, 11, 12, lits drapés, ciel avec pentes et glands, *chevetière* en drap brodé, devant à chantournure, et détails des ciels ; 10, lit de repos ou de parade ; 13, lit à courtines brodées, lit en house.

Pendant le règne de Louis XIV, de 1643 à 1715, le lit reprit un aspect monumental, alourdi par une somptueuse décoration (10).

L'ancien *dais* fut complètement transformé ; on changea l'entablement en un *ciel de lit* de profil décoratif, auquel est attaché un grand lambrequin garni de franges, de glands, de nœuds et de cordons en passementerie. Les rideaux de velours ou de damas doublé, formant encore *alcôve*, sont devenus bien plus une décoration de tenture que le complément obligé du coucher. Des lits sont à *tringle tournante, ciel* avec pentes et glands, *chevetière* en drap brodé, devant à *chantournure* (8, 9, 11, 12).

Déjà la dentelle, fabriquée dans les Flandres, avait servi de garniture à la literie ; la création des dentelleries d'Alençon, instituées par Jean-Baptiste Colbert (1619 † 1683), mit cette garniture à la mode, aussi fut-elle employée pour bordures de couvre-pieds.

Il semblerait que le *lit* eût un privilège et fût pour ainsi dire sacré, tant il était resté immuable, représentant encore, au dix-septième siècle, ce qu'il avait été durant le Moyen-Age.

Vaste comme une chambre, dressé sur quatre pieds et surélevé par une *estrade*, surmonté d'un *dais* ou *ciel*, recouvert d'oreillers de différentes grandeurs et d'une *courte-pointe*, grande couverture doublée et piquée, dont les bords retombaient en franges brodées d'or, le *lit* était enveloppé de vastes rideaux, rappelant les épaisses *courtines* du Moyen-Age, que l'on développait la nuit afin d'intercepter le froid et d'éviter le bruit.

Défendu par une *balustrade*, sentinelle avancée de l'étiquette, le lit était appliqué au mur par le chevet. Les pieds avançaient vers la porte d'entrée, afin que la personne couchée n'eut qu'à se mettre sur son séant, pour faire face aux arrivants retenus par la *balustrade* et se tourner, sans fatigue, d'un côté ou de l'autre vers les privilégiés qui étaient autorisés à pénétrer dans les *ruelles* : nouvellistes, élégants, poètes, hommes politiques ou agents d'affaires (fig. 572).

Cet usage se continua jusqu'au dix-huitième siècle ; les princesses et les femmes nobles reçurent leurs visites au lit, *lit* dit de *chambre d'honneur* ou de *parade* (10). Ce fut là, l'origine de ces *ruelles fameuses* qui ont rempli le *monde précieux*, les *beaux esprits*, de leur renom retentissant.

La divine Arthénice (anagramme de Catherine, prénom de la marquise de Rambouillet), qui donnait le ton et réglait la mode inaugura, dans son palais de Rozelinde (c'est ainsi qu'on désignait son Hôtel en *langage précieux*), l'usage des riches *alcôves de parade* et généralisa l'emploi des *paravents* : double innovation qui, permettant d'établir une petite chambre dans la grande, rendit cette dernière plus habitable.

C'est dans la *ruelle* que les indiscrets pénétraient pour féliciter la mariée, et prendre des nouvelles de sa santé et de celle de son époux. La femme noble y recevait l'hommage de ses vasseaux et restait couchée presque toute la journée, soit par lassitude, soit par crainte du froid car, à cette époque, les cheminées étaient très rares.

C'est encore dans la *ruelle*, que la galanterie s'installa : la sensualité et les instincts grossiers s'y donnèrent toute licence.

La grandeur des *lits*, le froid des chambres, la rudesse des mœurs qui conservaient l'habitude des camps, une certaine familiarité presque rustique, maintinrent longtemps l'habitude que les hommes avaient entre eux, les femmes entre elles, de coucher deux, trois, ou davantage, de recevoir ainsi, de causer et de traiter affaires.

La chambre à coucher devint le centre et comme le théâtre de la vie privée, intime ; aussi le *lit* a-t-il été une scène d'aventures dramatiques, d'anecdotes piquantes, de surprises risibles[1].

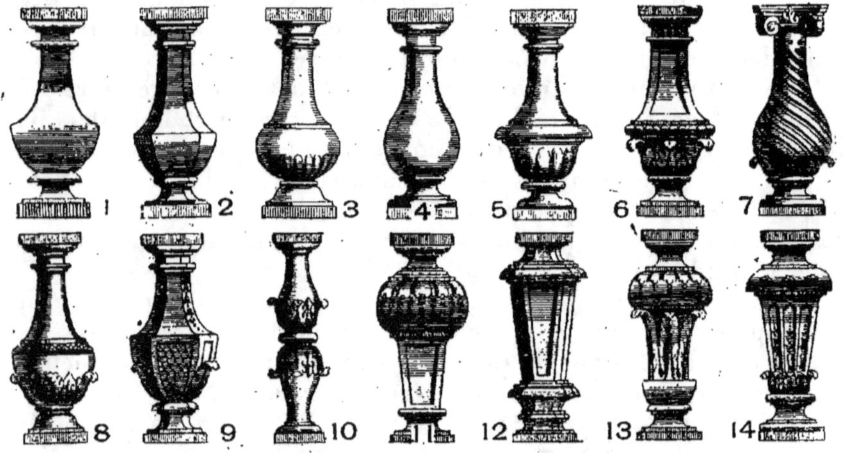

BALUSTRES DE DIVERS ORDRES, ET PARTIES COMPOSANTES.

Fig. 558 à 571. — 1, Balustre toscan. — 2, Balustre dorique. — 3, Ionique. — 4, Corinthien — 5, Composite. — 6, Piédouche — 7, Cannelé. — 8, A ceinture — 9, A pans. — 10, Rustique. — 11, Urne. — 12, A retors. — 13, A vase. — 14, A vase godronné. Le *balustre* est une petite colonne ronde, ou un petit pilastre de forme carrée, se composant de quatre parties : le *piédouche*, sur lequel porte la *panse* qui en est la partie la plus importante ; la plus étroite, qui se trouve immédiatement au-dessus, se nomme *col*, elle est couronnée du *chapiteau* qui la termine. La *balustrade* est supportée par un *voile*, et surmontée d'un *appui* ou tablette.

Les appliques de ganses et de rubans, servaient à la décoration du *chevet des lits* de l'époque louis quatorze et principalement à ceux des *lits à tournant*, c'est-à-dire à *tringle tournante*. Des montants à doubles bandes, avec amortissements en haut et en bas, encadraient et faisaient ressortir le motif central, souvent composé d'un cartouche où des branchages et des fleurons jouaient un rôle essentiel.

Sous un médaillon de forme échancrée, des fleurs ou des corbeilles, garnies de feuillages, surmontaient un fronton à éléments et entrelacs courbes, et formaient un couronnement au *chevet*.

---

1. C'est ainsi que Tallemant des Réaux, dans ses *Historiettes*, nous présente la marquise de Sablé « une grosse dondon », « toujours sur son lit, faite comme quatre œufs, et le lit aussi propre que la dame ». Parlant de Mme de Cramail, il nous apprend qu'on ne lui « changeoit de draps, que quand ils étoient usés ».

La *Muse Royale* du 17 janvier 1656, nous apprend que les *lits à balustres* ou *à dais* n'étaient qu'à l'usage des personnages de la Cour et, par privilège, à celui de quelques favorites.

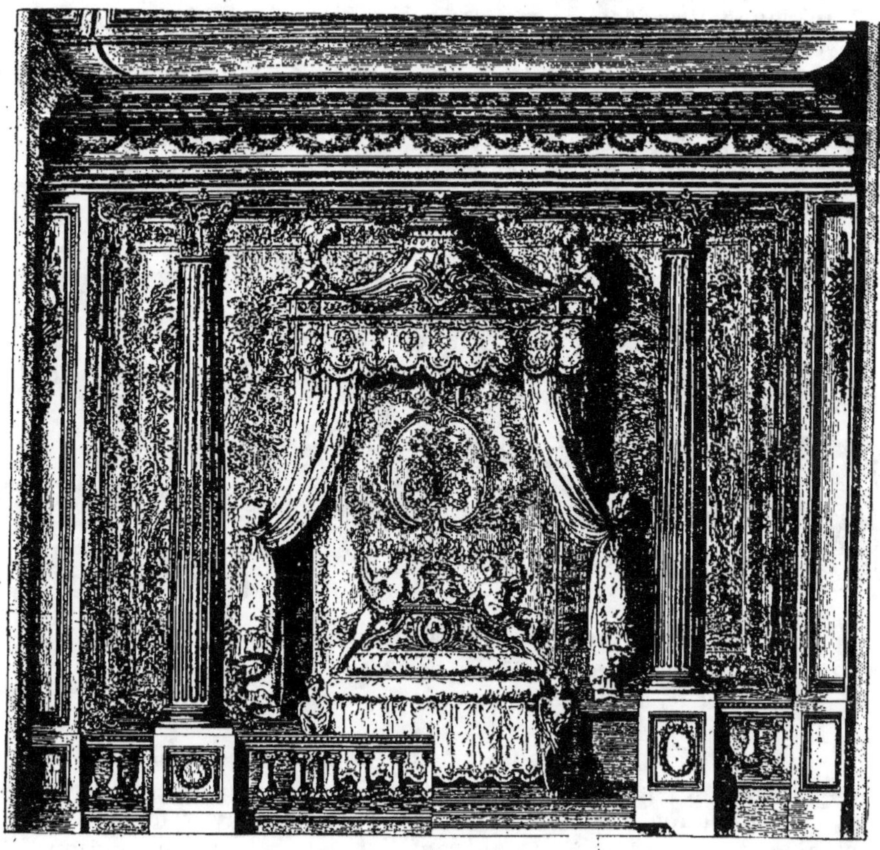

XVIII° SIÈCLE. — ÉPOQUE RÉGENCE,
Palais-Royal, Paris.

Fig. 572. — Grand *lit de Parade.* Cette somptueuse alcôve, entièrement exécutée en panneaux de boiserie, forme une estrade à laquelle on accède par trois degrés que protège une *balustrade* reliant deux *colonnes corinthiennes.* Le *lit*, à dossier sculpté, est garni de rideaux de soie et d'un *chevet* en broderie. Le *ciel*, en forme de *dais*, porte des *panaches* aux angles, et des *pentes* brodées formant *lambrequin.*

Les balustres étaient tournés en bois, puis peints ou sculptés, en cuivre doré, ou en bois précieux incrusté d'ivoire ; ajoutons que les matelas étaient remplis de crin, garniture alors toute nouvelle et citée comme telle dans le *Dictionnaire universel de Furetière* (1619 † 1688), publié à Rotterdam en 1690.

D. 20

C'est à cet usage que le matamore du *Plaisant galimatias d'un Gascon et d'un Provençal* fait allusion, lorsque le premier se vante de « coucher (le second) sur des matelas faits de moustaches de capitaines qu'il a tués en duel ou en combat général ».

Dans une lettre adressée au *Mercure galant*, octobre 1672, nous trouvons mentionné que, sous Louis XIV, on commença à se servir de *lits d'ange*, sculptés et dorés. « Ces sortes de lits, qu'on ne faisoit autrefois que d'une manière, sont présentement de cent façons différentes, et comme ils sont tous diversement retroussez, on n'en voit pas un qui ressemble à l'autre, soit pour la manière

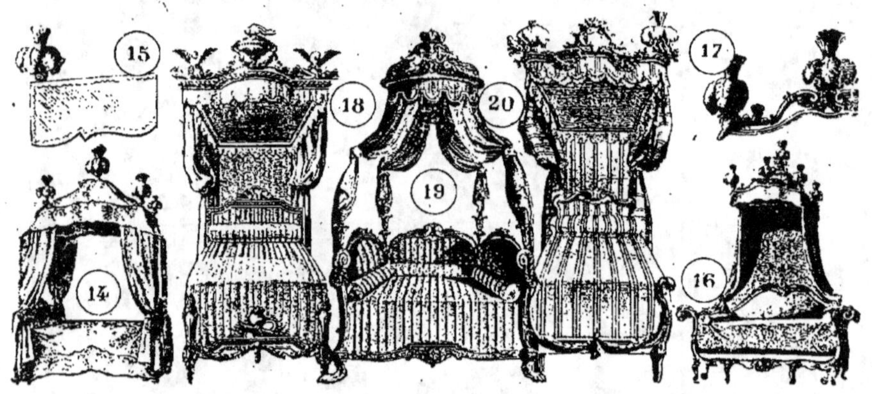

Fig. 573 à 579. — XVIIIe SIÈCLE; ÉPOQUE LOUIS QUINZE
14, lit à la polonaise, et 15, détail; 16, lit à la turque, et 17, détail;
18, 20, lit d'ange; 19, lit à la turque, avec impériale.

dont ils sont faits et retroussez, soit pour les trophées qu'on employe pour les faire; les uns sont de divers taffetas, les autres sont de toile jaune, tous garnis de poinct, et j'en ay veu sur lesquels il y avoit pour huit ou neuf cens livres de ruban. L'invention de ces beaux lits, des mieux imaginez, est due aux sieurs Bon, qui sont de fameux tapissiers et en font un nombre infiny. Ils ont tant d'ouvrages, que lorsqu'on les veut faire travailler, on doit les retenir une année auparavant .»

Autant de modes que d'années,	A si bien fait ses journées
Aujourd'hui le tapissier Bon	Qu'un lit tient toute une maison.

Aux époques régence et louis quinze (1715-1774), les lits *à dais* et à *baldaquin*, auxquels le *décor rocaille* ôtait toute ressemblance avec l'ancien modèle, revinrent à la mode.

Quelques-uns de ces *lits* ont trois côtés entourés par un dossier rembourré comme un *canapé*, et recouvert de riche damas, tels sont les *lits* dits *à la turque* (16, 19, 27).

Le *lit*, quoique encore un peu monumental, tend à disparaître dans une *alcôve*, dite *à l'antique* (32), malgré la prodigieuse imagination des tapissiers qui inventent successivement les *lits à la romaine* (21), ou à *la polonaise* (14, 25, 34, 36), les *lits façon la Chine* (26), à *l'anglaise* ou à *l'italienne* (28) suivant la mode et la politique du jour ; les *lits en niche*, à *l'impériale*, à *la duchesse*, et le *lit sentimental* et *mélancolique*, contemporain de la Nouvelle

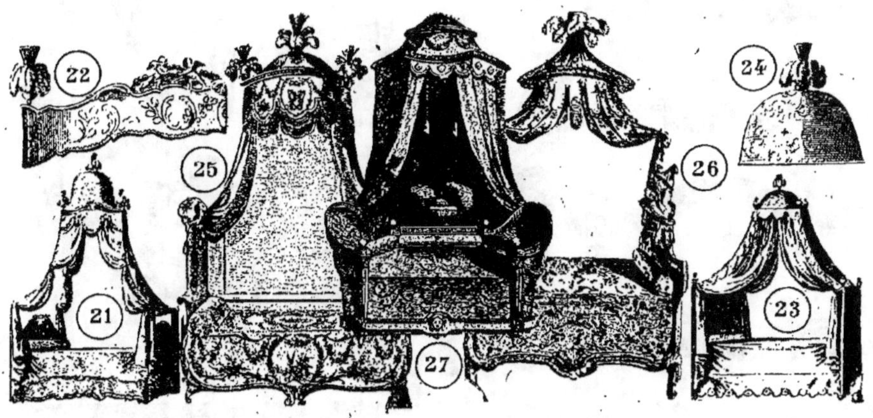

Fig. 580 à 586. — XVIIIᵉ SIÈCLE ; ÉPOQUES RÉGENCE ET LOUIS QUINZE

21, lit à la romaine ; 23, lit à double tombeau et 24, bouquet de plumes ; 25, lit à la polonaise, et 22, bouquet de plumes ; 26, lit façon la Chine ; 27, lit à la turque.

Héloïse. Puis vinrent les *lits en tombeau* (23), le *lit de repos* (29), dossier (30).

Les *lits d'ange* ou *en chaire à prêcher*, sans quenouilles ou piliers, avec un *pavillon* formant plafond, seront en usage jusqu'à la fin de l'époque louis seize (18, 20, 35).

Les *Chroniques scandaleuses*, celles des *Ruelles* en particulier, de la fin du dix-septième siècle et de la première moitié du dix-huitième, racontent que les anges reposant sur ces lits, n'étaient pas toujours des saints.

Le *damas de soie* ou l'*indienne à fleurs* couvrent des *lits galants* dont les panneaux sont ornés de motifs peints, dorés ou sculptés, et les *ciels* décorés de glaces.

Au commencement de l'époque louis seize, si les tentures ne changent pas, le mobilier revêt des formes nouvelles, devient plus sévère tout en conservant une élégance correcte.

La forme qui domine pour le *lit* est basse, à bois non apparent,

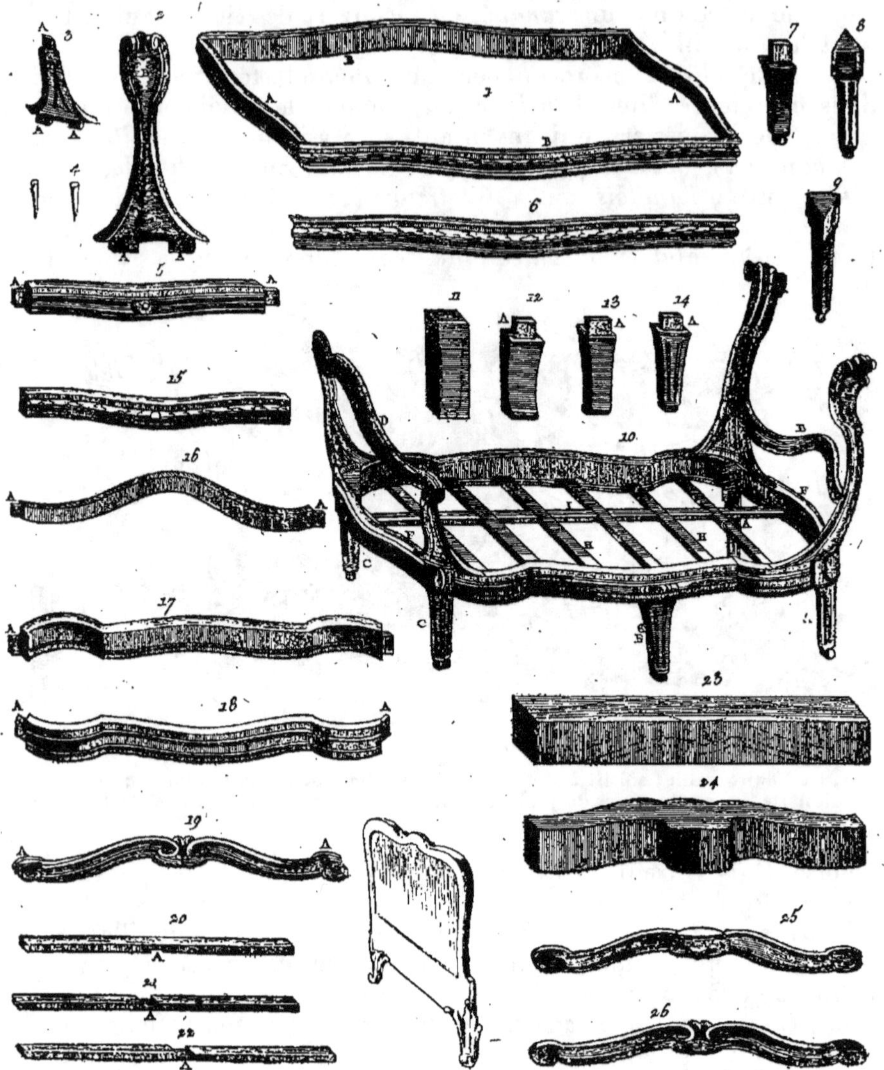

XVIIIᵉ SIÈCLE. — ÉPOQUE LOUIS SEIZE.
Ensemble et Détails d'un Lit dit à la française :

Fig. 587 à 613. — Lit à la française : 1. Châssis d'impériale. AA, traverses. BB, longueresses. — 2. Encoignure de chevet d'un lit à la française. — 3. Encoignure du pied. — 4. Chevilles. — 5. Traverse du châssis d'impériale. — 6. Longueresse du châssis d'impériale. — 7, 8, 9. Pieds vus de plusieurs faces. — 10. Lit à la française : AA, pieds du chevet ; B., traverse du chevet ; CC. pieds du bois ; D, traverse du pied ; EE, pieds du milieu ; FF, traverses du bois ; GG, longueresses ; HH, les barres ; I, la barre du milieu. — 11. pied tracé pour un débité. — 12, 13, 14. le même débité et exécuté. — 15. traverses du bois. — 16. traverse du dossier du chevet. — 17, 18. longueresses chantournées. — 19. traverse du pied. — 20, 21, 22, barres de lit ; A, les entailles. — 23, 24, 25 et 26. cintre dessiné pour être débité.

le haut chevet est sculpté, richement orné, et surmonté par un *ciel* d'où descendent des rideaux sur les deux côtés.

Celle du *lit* dit *à la duchesse* (37) inspira la forme et le décor des types somptueux, qu'on admire dans les palais nationaux et dans quelques châteaux français.

Le *lit à la duchesse* qui se distinguait du *lit à l'impériale*, en ce

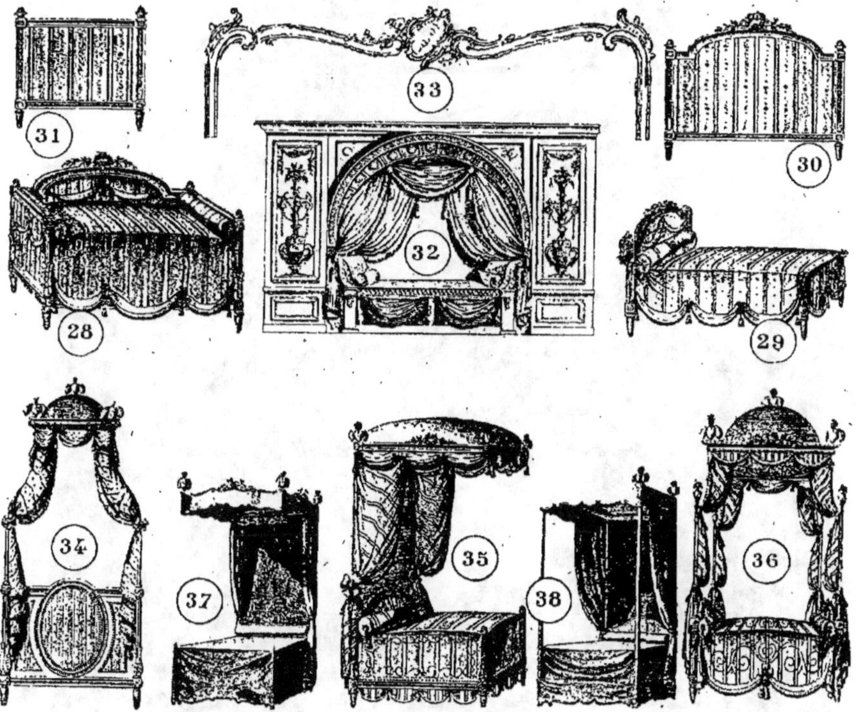

Fig. 616 à 627. — XVIIIᵉ SIÈCLE; ÉPOQUE LOUIS SEIZE

28, lit à l'anglaise, et 31, dossier; 29, lit de repos, et 30, dossier; 32, lit en alcôve, à l'antique; 34, 36, lits à la polonaise, avec impériale; 35, lit à couronnes lit dit d'ange; 37, lit à la duchesse.

qu'il n'avait pas de dôme, mais un dais avec pentes et souvent un fronton avec flots de plumes, était de milieu de bout, ou vu du pied. Il fit son apparition vers la fin du dix-septième siècle; mais, c'est au milieu du dix-huitième qu'il connut sa plus grande vogue. On y employait de riches étoffes, des damas aux couleurs vives, avec broderies, douilles et franges de passementerie d'or et d'argent. Les bois, délicatement sculptés, étaient dorés de différents tons, mats et luisants, ce qui donnait à l'ensemble de ce meuble une certaine élégance.

Le dix-huitième siècle s'attacha à cette disposition et n'y apporta

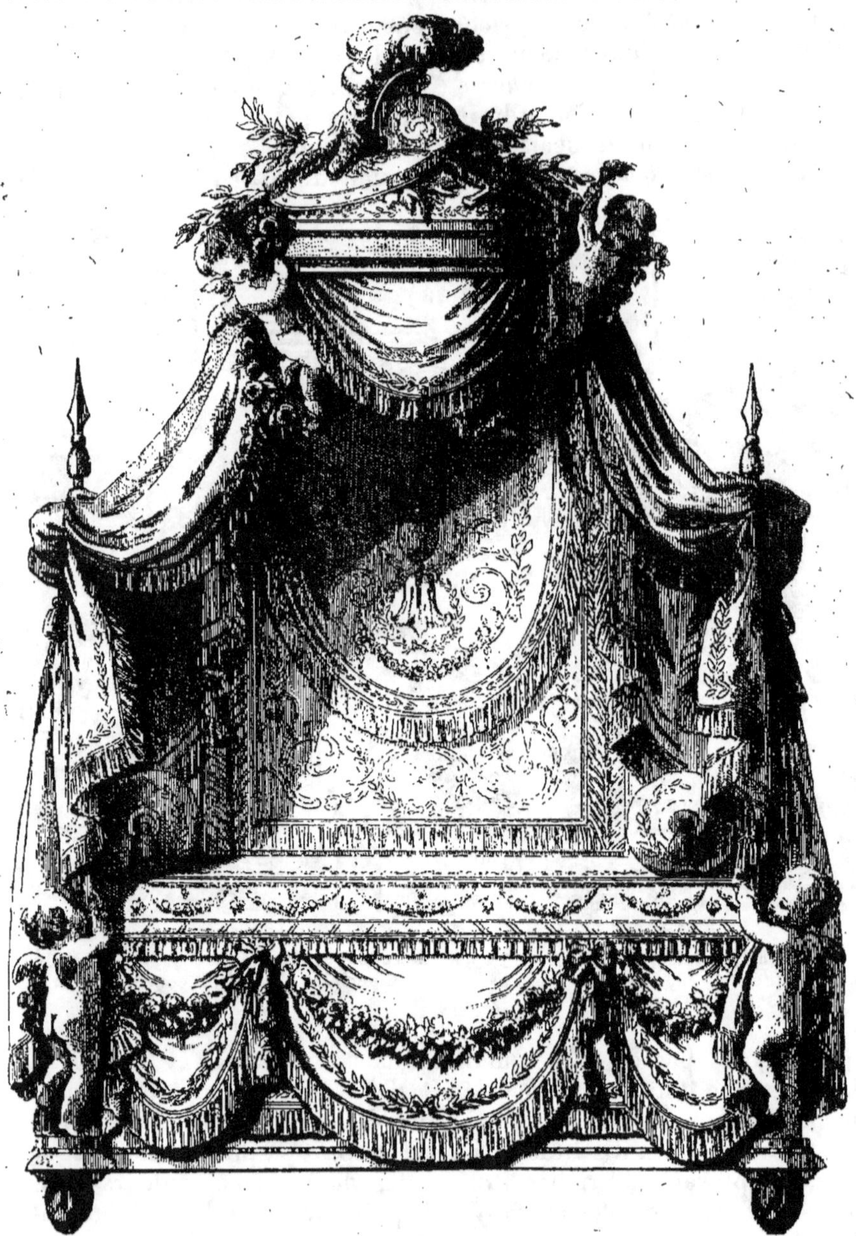

XVIIIᵉ SIÈCLE. — ÉPOQUE LOUIS SEIZE.

Fig. 627. — Lit dit à la *polonaise*, avec impériale (voir fig. 573 à 579 (nº 14) ;
580 à 586, (nº 25) ; 617 à 627 (nº 34, 36). Le goût des guirlandes, des *panaches* et des
draperies, forme un des caractères saillants de l'époque qui précéda la Révolution
française ; assurément le règne de Louis XVI dut être l'âge d'or des tapissiers.

que quelques variations dans le détail, dont le plus caractéristique
fut l'apparition des *ciels* petits et ronds, supportant d'amples rideaux
pouvant envelopper le lit.

La forme et la décoration des *lits anglais* de la fin du dix-huitième
siècle, sorte de transition entre l'époque louis seize et celle du
premier empire, nous ont parues assez intéressantes pour en représenter quelques types (37 à 46).

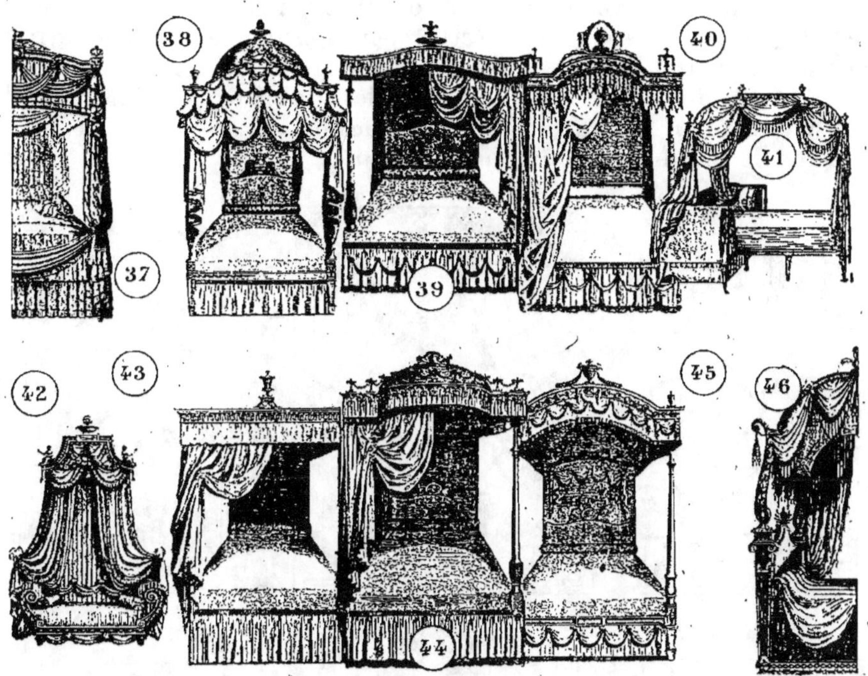

Fig. 628 à 637. — XVIIIᵉ SIÈCLE, STYLE ANGLAIS D'APRÈS J. ET RADAM, ET SHERATON.
37 à 46, lits de diverses formes, dans lesquels le style louis seize domine.
(Voir les figures 416 à 432.)

La Révolution française (1789) devait avoir, sur le lit, l'influence
qu'elle eut sur l'ameublement tout entier, et la mode adopta les *lits
à la révolution.*

Ces lits, qui tenaient le milieu entre la forme des *lits à la polonaise* et ceux en *chaire à prêcher*, étaient ornés de franges
étrusques. Aux *lits à la révolution*, succédèrent les *lits à l'arc de
triomphe* et ceux *à la fédération.*

L'ensemble des premiers était inspiré par l'arc de triomphe
élevé au Champ de Mars, à Paris, le 10 août 1793, lors de la célé-
bration de la deuxième fédération. Les plus patriotes préféraient
les seconds dont quatre colonnes, formées de faisceaux cannelés

et peints en camaïeu, supportaient le *ciel*. Quelques semaines encore, et les *bonnets phrygiens* prendront la place que, vers la fin. de l'époque louis seize, des colombes aux ailes éployées (18) ou des bouquets de plumes, avaient occupée (14 à 17), (20 à 26).

Tous ces lits disparurent avec l'époque du premier empire et furent remplacés par des *lits guerriers*, surmontés d'un casque ou d'un trophée, des *lits à alcôve* (50, 52), et détails (57, 58), ou *à alcôve montés sur estrade*, ornés de pilastres et de frises (47), et détails (51); des *lits à alcôve avec draperies* en queue de paon (49); des *lits à couronne* (53), ou *à couronne* et *draperies* jetées en réseau (48); des *lits de repos* (54, 55), des *lits en bateau* (56), etc., construits, pour la plupart, en bois d'acajou ou de citronnier, et décorés de motifs en bronze ciselé et doré.

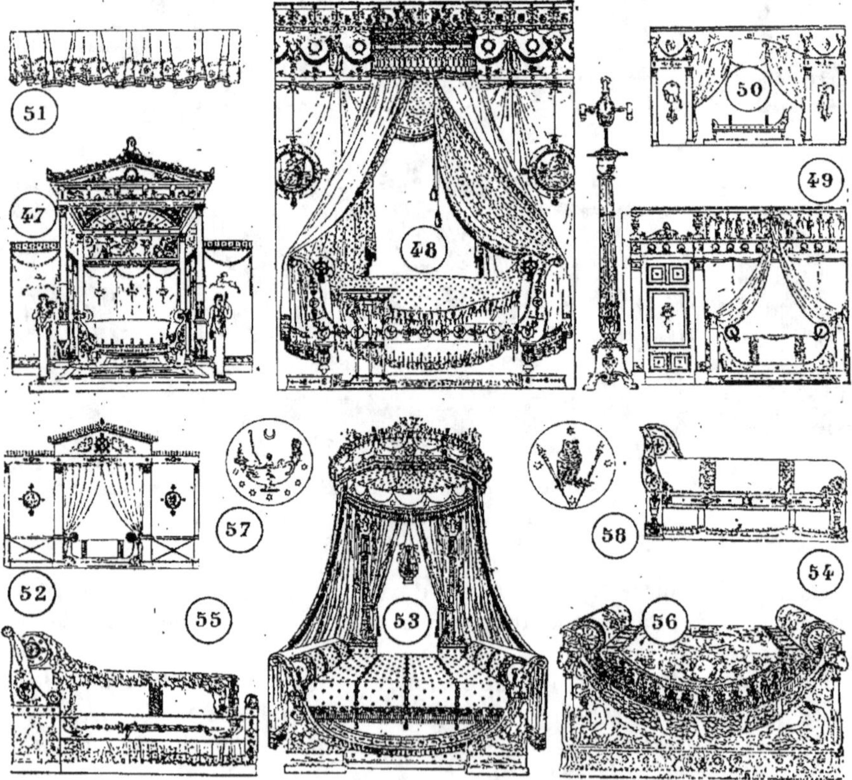

Fig. 638 à 649. — XIXᵉ SIÈCLE; ÉPOQUE DU PREMIER EMPIRE

47, lit en alcôve, monté sur estrade, décoré de pilastres, de frises, et de draperies jetées; 48, 53, lit en réseau et à couronne; 49, 50, 52, lits en alcôve, drapés en queue de paon, et 51, détails; 54, 55, lits de repos; 56, lit en bateau; 57, 58, détails.

FORMES ET DÉCORS DES PIEDS ET MONTANTS DE MEUBLES
1498, LOUIS XII À LOUIS XVI, 1792
(Consulter la note de la page 7.)

— AGE DU CHÊNE —

XVᵉ-XVIᵉ SIÈCLES. — ÉPOQUES LOUIS-DOUZE ET FRANÇOIS PREMIER

— DÉCORATION HOMOGÈNE, ROBUSTE, VIGOUREUSE —
(Consulter la note de la page 169.)

LA LIGNE DROITE ÉVOQUE LA RECTITUDE ET LA FERMETÉ.

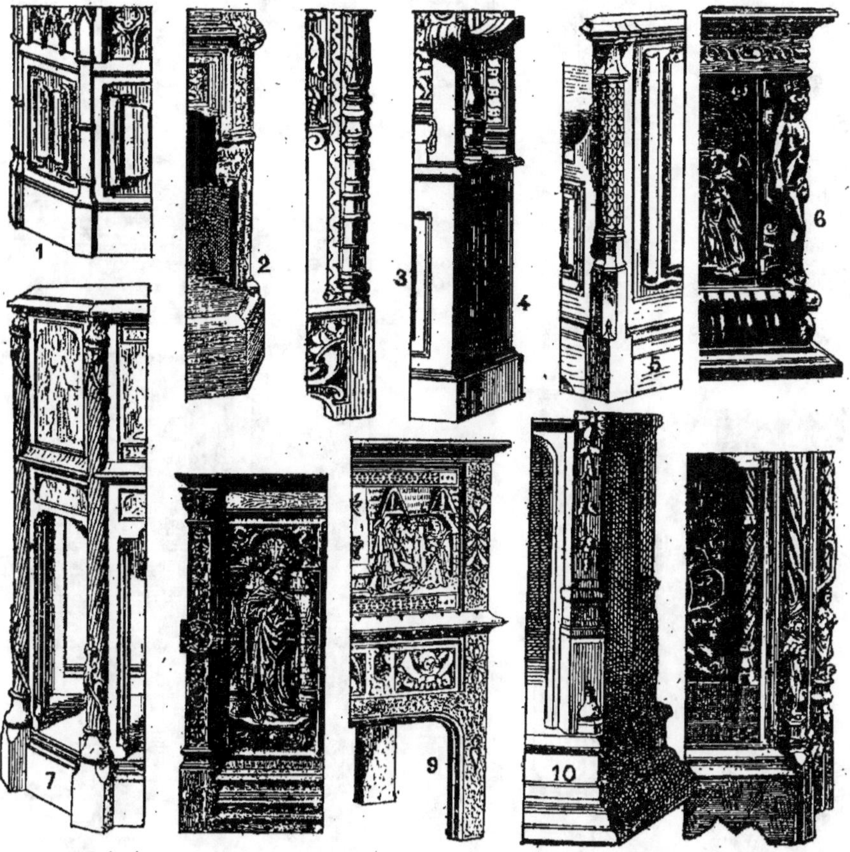

Fig. 650 à 660. — Pieds de forme carrée ou rectangulaire, formant corps avec des pilastres cubiques ou cylindriques, montant en saillie légère. Ces pilastres, où la forme plate est souvent employée de préférence à la colonne, sont d'une composition tranquille, d'un décor sobre et délicat ; feuillages menus, fruits, guirlandes, cantonnés de figurines, ou ornés de cannelures, d'imbrications, de spirales légèrement *champlevées*.

L. 21

— AGE DU NOYER —
XVIᵉ SIÈCLE. — ÉPOQUES FRANÇOIS Iᵉʳ A CHARLES IX, 1515-1574
— DÉCORATION HOMOGÈNE, ÉLÉGANTE, PAÏENNE —
INVASION DES DIEUX ET DEMI-DIEUX DU PAGANISME.

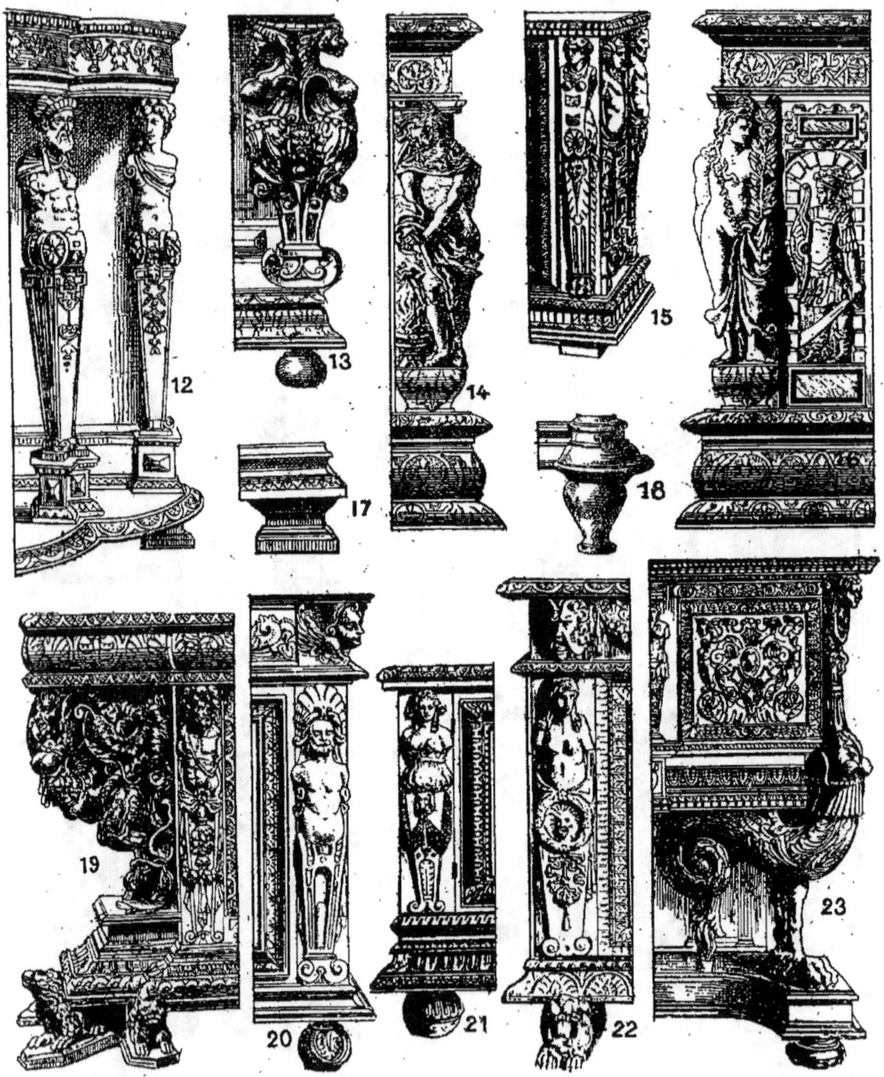

Fig. 661 à 672. — Pieds de forme carrée, ronde ou oblongue, ou en boule aplatie et, quelquefois, composés d'animaux, portant une saillie formant un soubassement sur lequel des cariatides, ou des termes engaînés, des chimères adossées, naïades, personnages mythologiques ou fantastiques, souvent surchargés d'ornements et de détails, composent des montants, étrangement compliqués, tourmentés, bizarres.

— AGE MIXTE, CHÊNE ET NOYER —

XVIᵉ-XVIIᵉ SIÈCLES. — ÉPOQUES HENRI II A HENRI IV, 1547-1610

— DÉCORATION HOMOGÈNE, SOBRE, RIGIDE —

IMPORTATION DES ORDRES ET FORMES DE L'ARCHITECTURE ANTIQUE.

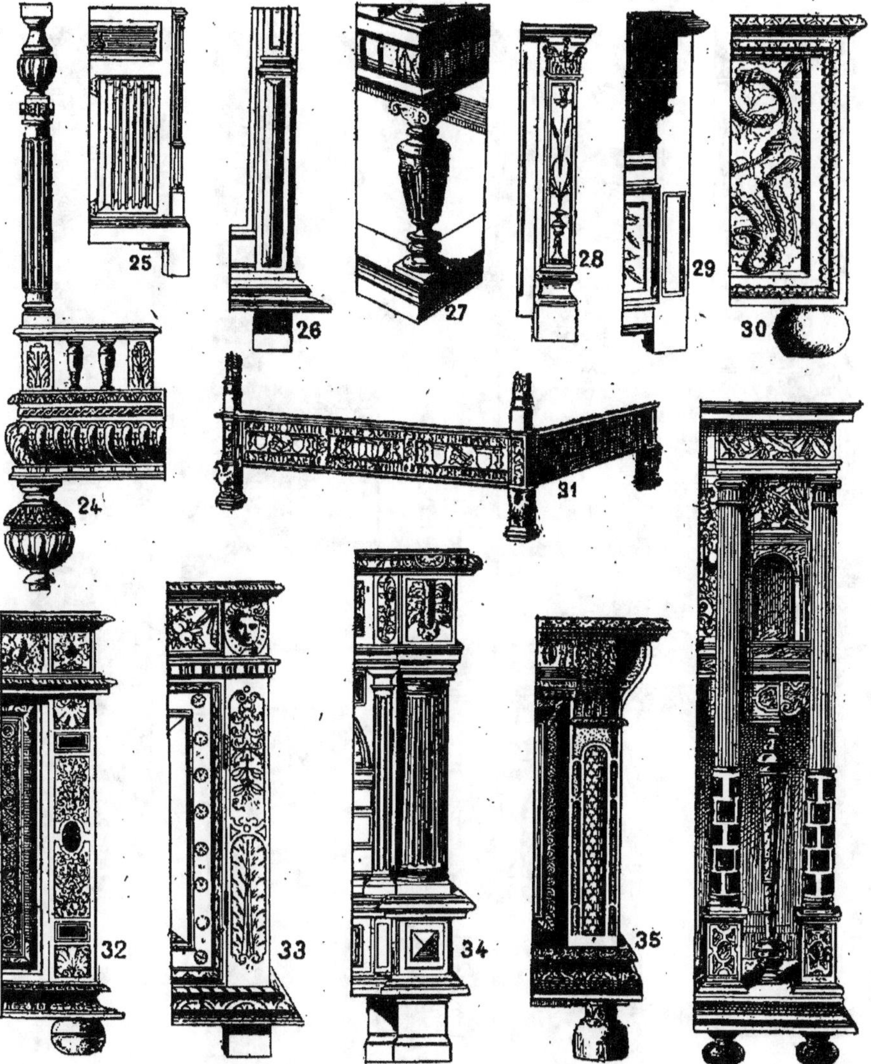

Fig. 675 à 685. — Pieds de forme carrée ou oblongue, en boule godronnée ou aplatie,
portant une saillie formant le soubassement sur lequel sont placés des montants cannelés, quadrillés, en balustres, etc., ornés de fleurettes indigènes, de palmettes, ou
décorés de marbres rares, etc.

— AGE MIXTE, NOYER ET ÉBÈNE —

XVIIᵉ SIÈCLE. — ÉPOQUE LOUIS XIII, 1610-1643

— DÉCORATION HOMOGÈNE, MASSIVE, SOMBRE, GRAVE —

L'INFLUENCE FLAMANDE MODIFIE CELLE DE LA RENAISSANCE FRANÇAISE.

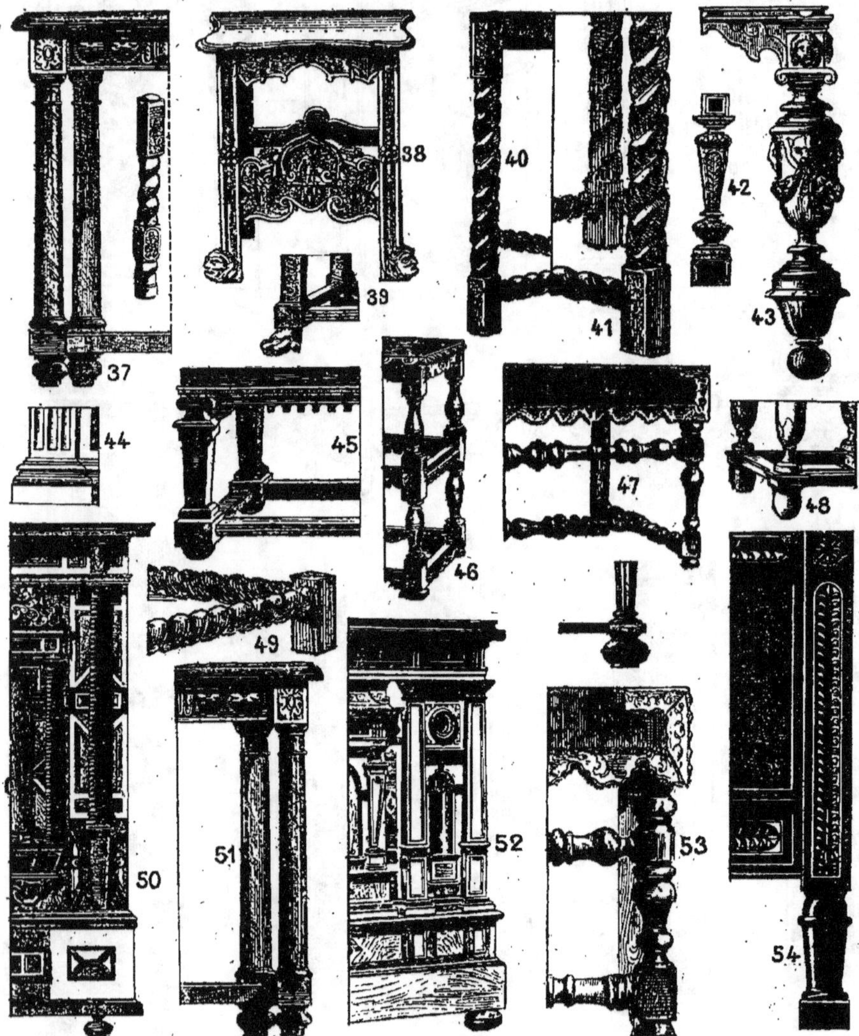

Fig. 686 à 703. — Pieds en boule aplatie ou sectionnée par moitié, à griffes, à masques, rarement carrés, reliés par des *croisillons* dits *entrejambes*, formant souvent corps avec des montants à colonnes torses, à fortes moulures, avec quelques ornements, en balustres, à rotondité massive, etc.

— AGE MIXTE, ÉBÈNE ET BOIS DORÉ —

XVIIe-XVIIIe SIÈCLES. — ÉPOQUE LOUIS XIV, 1643-1715

— DÉCORATION HOMOGÈNE, HÉTÉROGÈNE, SOMPTUEUSE, SOLENNELLE —

AU SOMBRE LOUIS TREIZE SUCCÈDE LE LUXE ET LA MAGNIFICENCE.

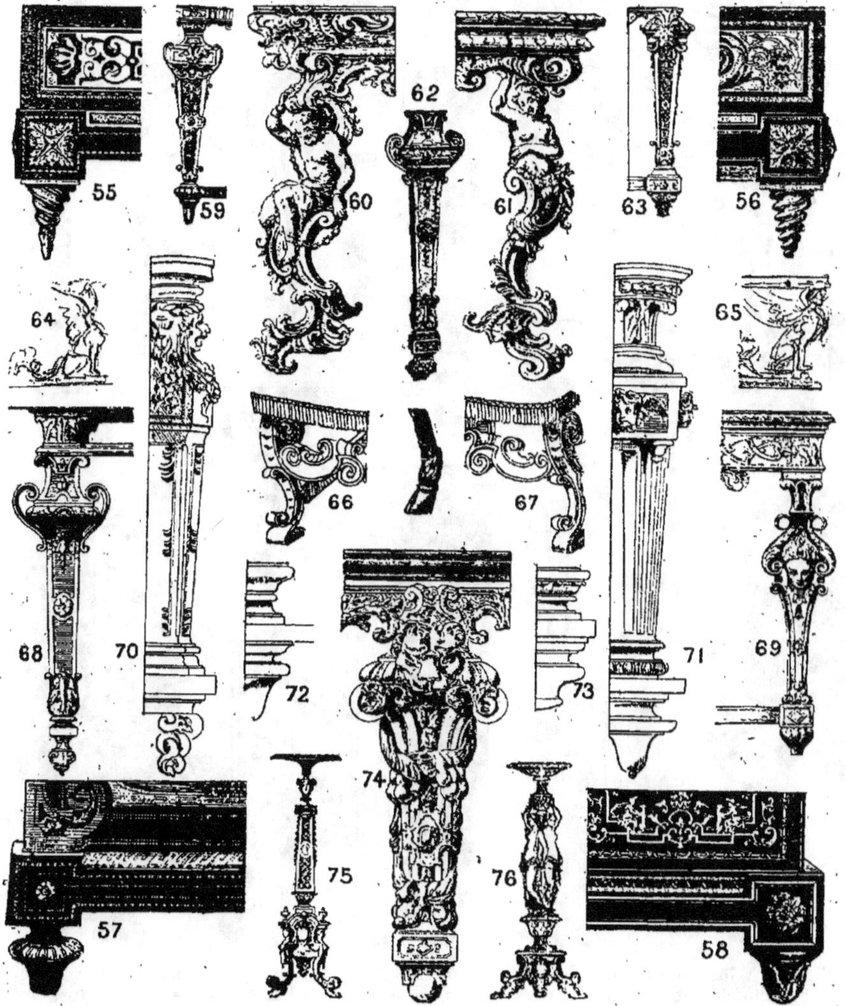

Fig. 704 à 726. — Pieds massifs en toupie, en console, en enroulements de rinceaux,
ou acanthes plaquées, en boule engagée, etc., formant corps avec des frises en marqueterie, des montants, des pilastres en balustres, ou des cariatides, femmes engainées,
monstres adossés, têtes de femmes, etc.

— AGE DES BOIS DE COULEUR —
XVIIIᵉ SIÈCLE. — ÉPOQUES RÉGENCE ET LOUIS XV, 1715-1743
— DÉCORATION HOMOGÈNE, HÉTÉROGÈNE, SENSUELLE, VENTRUE —
ASYMÉTRIE, ÉLÉGANCE, FANTAISIE CAPRICIEUSE.

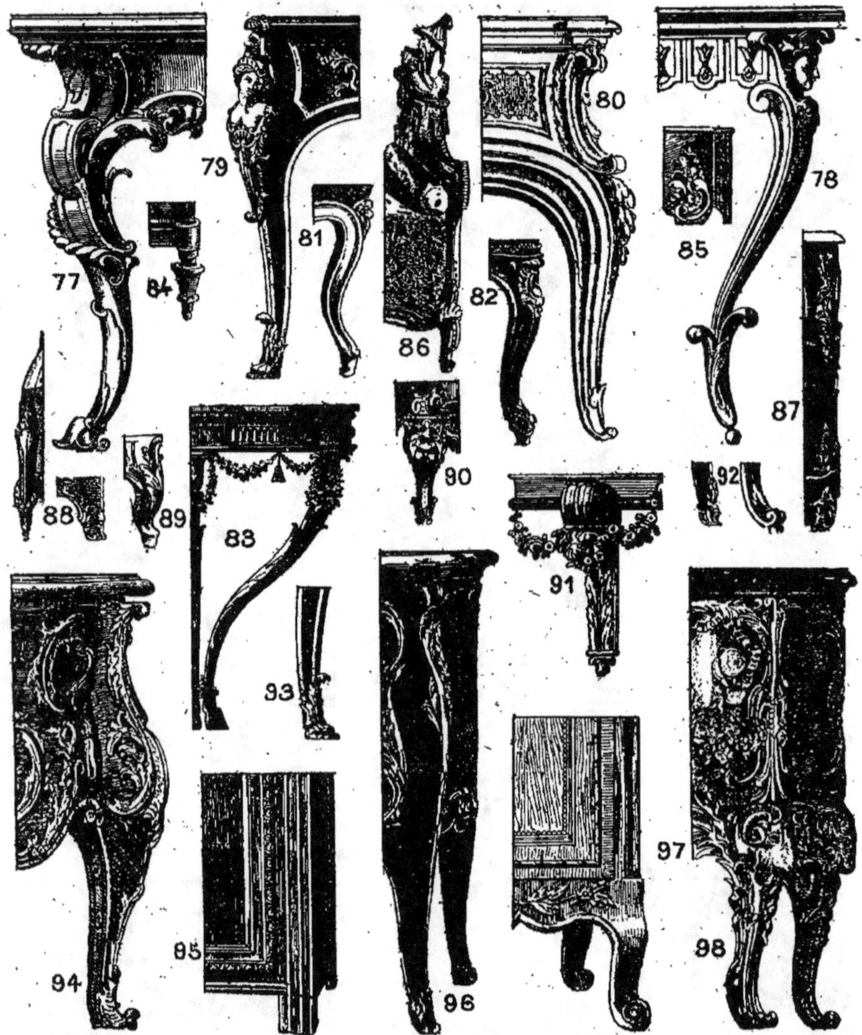

Fig. 727 à 733. — RÉGENCE. — Pieds d'un aspect solide, quoique svelte, élégant, affectant une courbe légèrement cambrée et armés de *sabots* en bronze ciselé et doré, formant corps avec des montants : rinceaux ondulés, branchages en enroulement ou en déroulement, têtes et bustes de femmes engaînés, etc. (nᵒˢ 77 à 82).

Fig. 734 à 748. — LOUIS XV. — Pieds souvent armés de *sabots* richement ciselés et dorés, dont les enroulements se lient avec ceux de montants à décors somptueux. Quelques montants, sortant de pieds-de-biche, affectent une courbe serpentine ou se contournent en S (nᵒˢ 83 à 98).

— AGE MIXTE, BOIS DE COULEUR ET ACAJOU —
XVIIIᵉ SIÈCLE. — ÉPOQUE LOUIS XVI, 1743-1792
-— DÉCORATION HÉTÉROGÈNE. SENSUELLE, SENTIMENTALE —
INFLUENCE FÉMININE, GRACILITÉ, SVELTESSE, LÉGÈRETÉ.

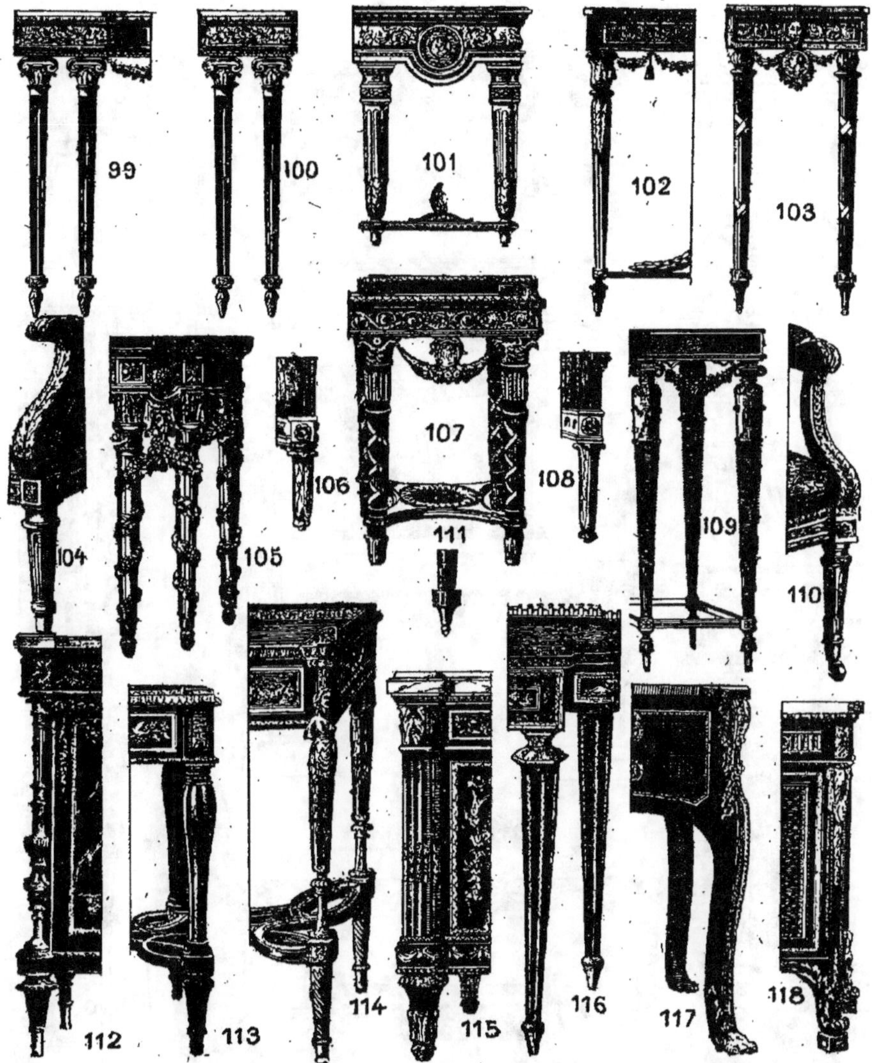

Fig. 749 à 768. — Pieds de forme ovoïde pointue ou à *toupie*, armés de *sabots* en bronze ciselé et doré, moins saillants qu'à l'époque précédente, formant corps avec des montants rectilignes et légers, ou à cannelures étroites et parallèles, à saillies et reliefs timides, d'une minutieuse délicatesse, quelquefois en spirale ou en forme de balustres, dans lesquels la ligne droite domine. Des montants sont à décors de *carquois*, à enroulements de fleurs champêtres; d'autres, à *cariatides engainées*, à *volutes d'acanthes*, enrubannés, se trouvent reliés par de gracieux *croisillons*, *entre-jambes* dits *piètements*.

— AGE DE L'ACAJOU —

XIXᵉ SIÈCLE — STYLE IMPÉRIAL, NAPOLÉONIEN, 1805-1815

— DÉCORATION HÉTÉROGÈNE, FROIDE, SÉVÈRE —

L'Antiquité Égyptienne, Grecque, Romaine, domine

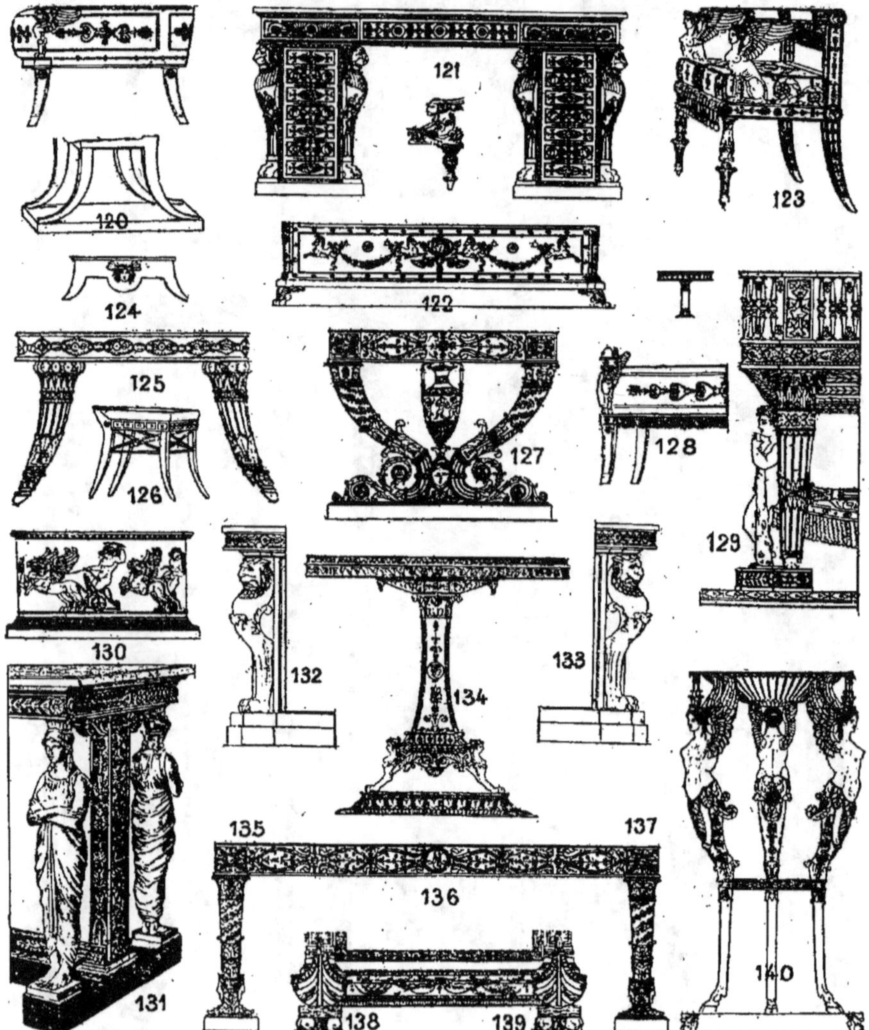

Fig. 769 à 783. — Formes et décors se ressentant du culte de la civilisation antique, si bien étudiée par René Ménard et Claude Sauvageot dans leur consciencieux travail sur *les Peuples de l'Antiquité*. Des pieds raides et guindés, formant corps avec des montants à sphinges ou à sphinx drapés ou ailés, à cariatides à cornes d'abondance, etc., sont armés de *sabots*. Un sentiment de pondération, plane dans un ensemble où rien n'est discordant. Chaque ornement est bien à sa place, avec motifs variés, reposants.

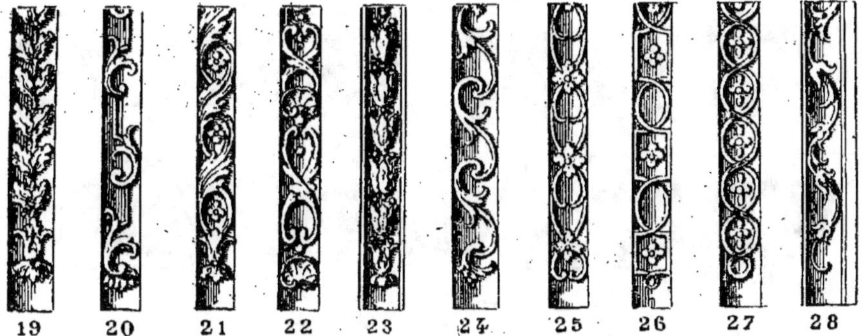

CANNELURES DÉCORANT DES MEUBLES COMPOSÉS

Fig. 789 à 798. — 19, Feuilles de chêne. — 20, Joncs fleuronnés. — 21, Entrelacs de feuilles de refend. — 22, Entrelacs avec coquilles. — 23, Bouquets de laurier. — 24, Postes fleuronnés. — 25, Grotesques de roses. — 26, Joncs coudés et roses. — 27, Entrelacs avec roses. — 28, Tige de lis. (Voir fig. 867 à 884, page 176.)

CE QU'ON ENTEND PAR DÉCORATION ET ORNEMENTATION
BAGUETTES, CANNELURES, RUDENTURES
EN BRONZE CISELÉ ET DORÉ, EN BOIS SCULPTÉ
DÉCORANT DES MEUBLES COMPOSÉS, OU DES CADRES

Par *décoration*, on entend l'embellissement d'une œuvre d'art au moyen d'un assemblage de détails, soit architectoniques, soit pris dans la nature, ou une réunion d'*ornements* peints, sculptés, modelés ou ciselés, mis en usage par des règles dictées par le sentiment du beau. Une *décoration* peut être riche, luxueuse, somptueuse même, mais être dépourvue de goût (¹).

Le nom d'*ornement* est donné à toutes les parties : sculptures, moulures, figures de fantaisie peintes ou sculptées, dont le but est d'ajouter à la richesse de la *décoration*.

On distingue les *ornements de relief*, qui sont en saillie sur le contour des baguettes ou des moulures : *feuillages d'eau, joncs, coquilles*, etc , et les *ornements en creux*, qui sont fouillés, exécutés en enfoncement : *oves, canaux, rais de cœur*, etc.

Les *ornements courants* sont ceux qui se répètent, de manière à former un tout continu, comme les *entrelacs* et les *rinceaux*.

Nous donnons, figures 799 à 851, pages 170 à 173, la représentation des *ornements* les plus usités pour *décorer* les baguettes, en

(¹) La *décoration homogène* se caractérise en ce que rien n'est ajouté à la matière dont l'œuvre d'art est formée, c'est-à-dire que cette œuvre d'art est composée d'éléments de même nature (voir fig. 650 à 703, et fig. 704 à 748, pages 161 à 166).

La *décoration hétérogène* se caractérise en ce qu'une autre matière est ajoutée à celle dont l'œuvre d'art est formée, c'est-à-dire que cette œuvre d'art est composée d'éléments dissemblables (voir fig. 704 à 788, p. 165 à 168).

L. 22

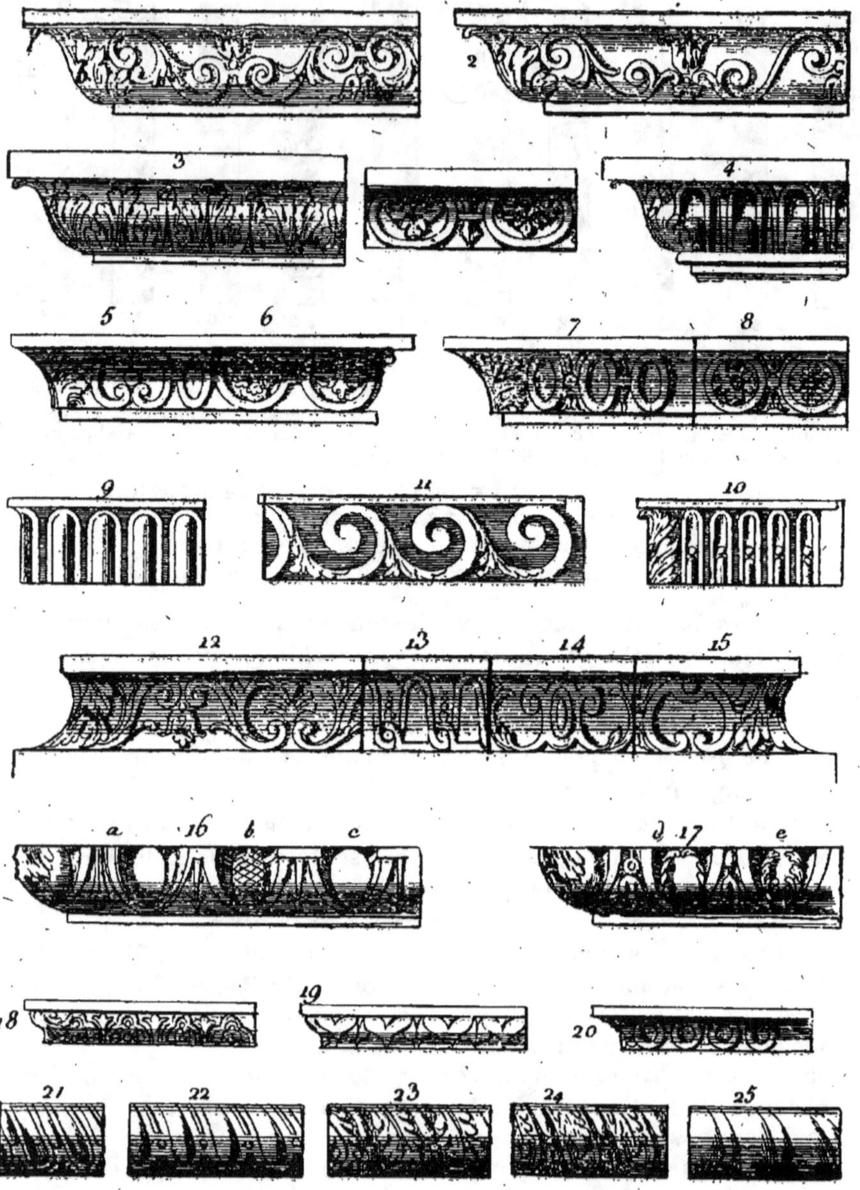

Fig. 799 à 824. — 1 et 2, Grotesques ; — 3, feuilles de refend ; 4, canaux avec dards ; — 5 et 6, plastrons ; 7, miroirs ; — 8, entrelacs ; — 9, canaux ; — 10, canaux avec roseaux ; — 11, postes feuillés ; — 12, postes et contre-postes feuillés ; — 13, entrelacs ; — 14, grotesques ; — 15, grotesques à joncs ; — 16, oves avec dards, ou en pomme de pin ; — 17, oves avec fleurons ; — 18, talon tréflé ; — 19, rais de cœur ; — 20, cavet avec entrelacs ronds ; — 21, godrons creux ; — 22, godrons de relief ; — 23, feuilles de refend et godrons ; — 24, godrons fleuronnés ; — 25, godrons en noyau.

bronze ciselé et doré, *ornant* les panneaux d'un grand nombre de meubles et principalement des commodes de l'époque louis seize.

1. Les *grotesques* sont des ornements sculptés ou peints, créés par l'imagination de l'artisan, et n'ont point, comme ensemble, leurs types dans la nature. On appelle aussi *grotesques* les ornements représentant des objets sous des formes bizarres, capricieuses ou plaisantes. Les figures qu'on y emploie n'ont ordinairement de naturel que la tête, et une partie du corps, dont le reste se termine en feuillages, rinceaux. Voir 1, 2, 14 et 15.

2. — Les *feuilles d'angle* ornent l'angle en retour d'une moulure ou d'une baguette. Voir 1, 2, 3, 4, 5, 7, 10, 12, 15, 16, 17, 40 et 41.

3. — Les *feuilles d'eau* sont simples ou ondées, on les entremêle avec les *feuilles de refend*. Voir 3 et 4.

4. — Les *feuilles galbées* sont simplement ébauchées, mais elles ont un beau contour à leur extrémité.

5. — Les *plastrons* sont en forme d'anse de panier, avec des enroulements. Voir 3 *bis*, 5 et 6.

6. — Les *dards* ont la forme de la pointe d'une flèche; on les emploie particulièrement avec les *oves*, sur la surface des *quarts de rond*, ou avec des *canaux à roseaux*, sur les *doucines*. Voir 4, 16.

7. — On appelle *feuilles de refend* ou *feuilles refendues*, des ornements formés de feuilles dont les bords sont découpés, telles que celles de l'*acanthe* ou celles de *persil*. Voir 3, 23, et 40.

8. — Les *miroirs* sont de forme ovale, taillés sur des moulures creuses, on les sépare quelquefois par des fleurons. Voir 7.

9. — Les *postes* ont peu de relief; ce sont des ornements en forme d'enroulements simples ou fleuronnés de feuilles, de fleurons, etc., avec ou sans *rosettes*. Voir 11 et 12. Les *contre-postes* ont les enroulements affrontés. Voir 12.

10. — Les *entrelacs* sont composés de listels et de fleurons, liés les uns aux autres. Voir 13.

11. — Les *pommes de pin* sont taillées en forme de grosse olive. Voir 16, lettre *b*.

12. — Les *fleurons*, qui procèdent de la fleur, sont composés d'un ajustement de fleurs, de feuilles, de rinceaux, de galons, de cordes, entrelacés quelquefois de figures humaines et d'animaux, soit en entier, soit par parties. Voir 17, 24 et 29.

13. — Les *trèfles* imitent le trèfle des prés. Il y en a de différentes espèces, savoir : *trèfles à fleurons, à palmettes, quarrés, à jonc, trèfles modernes, petites roses à jour*, formés par trois portions de cercle, ou trois arcs en tiers-point. L'ornement *tréflé* présente trois lobes, dont chacun est formé des deux tiers environ d'un cercle; deux des lobes sont rangés en pointe et le troisième en chef. Voir 18.

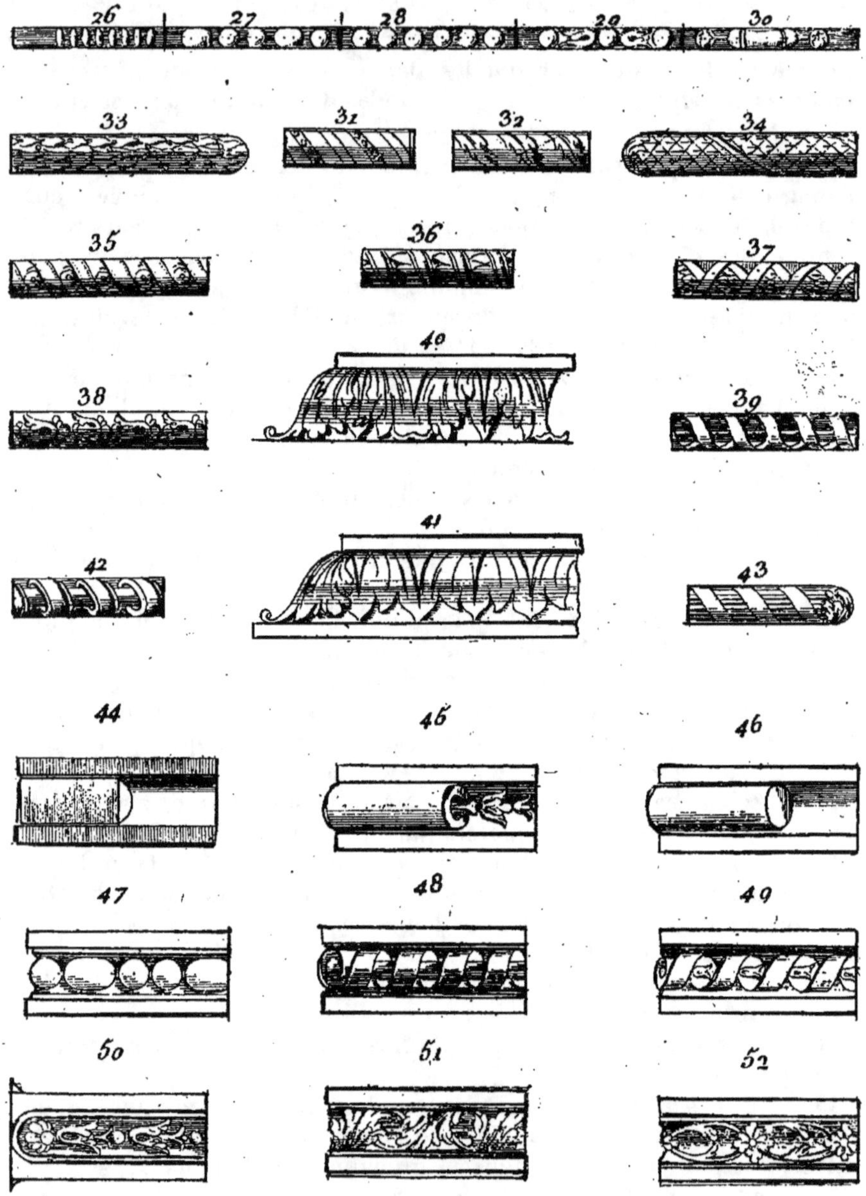

Fig. 825 à 851. — 26, chapelet d'olives ; — 27, ... de patenôtres ; — 28, ... de perles ; — 29, ... à fleurons ; — 30, ... à grelots ; — 31, baguette à ruban et feuilles ; 32, ... à feuilles de chêne ; — 33, ... de laurier ; — 34, . . à imbrication ; — 35, ... avec roses ; — 36, ... avec cordon ; — 37, ... avec rubans ; — 38, ... avec culots ; — 39, ... avec rubans tortillés ; 40, feuilles de refend avec feuilles d'eau ; 41, rais de cœur refendus ; — 42, baguette avec cordons ; — 43, ... avec rubans ; — 44, rudenture plate ; — 45, ... avec roseau ; — 46, ... à bâton ; — 47, ... de perles et d'olives ; — 48 et 49, .. de rubans tortillés ; — 50, ... de culots ; — 51, ... de feuilles tournantes ; — 52, ... de rinceaux.

14. — Les *cordons* sont en forme de moulure ronde. Les *cordons* sont simples ou ornés de fleurs, de feuillages, etc. Voir 21, 22, 23, 24, 25.

15. — On appelle *godrons* des ornements convexes en demi-rond, ayant la forme d'un œuf, mais plus allongé, taillés sur une *échine* (moulure en quart de rond), offrant l'aspect de *tores* juxtaposés. Il y a des *godrons* en creux, en relief, fleuronnés ou assis. Voir 21, 22, 24.

16. — Les *feuilles tournantes* sont des feuilles sculptées sur une moulure ronde, ou qui remplissent une cannelure. Voir 23, 24, 32 et 41.

17. — Les *chapelets* sont des ornements en baguettes décorées de petits grains ronds ou ovales, tels que *grelots, olives, patenôtres, perles*, etc. Voir 26, 27, 28, 29.

Le nom de *chapelet* vient de la ressemblance que cet ornement offrait avec une couronne de roses enfilées ensemble (*chapel de roses*).

18. — On appelle *patenôtres* des ornements en forme de petites graines, de petites perles, rondes ou ovales, enfilées. Voir 26, 27 et 28.

19. — Les *oves* sont taillées en forme de grains oblongs et enfilés en manière de *chapelets*. On en décore des *baguettes*, des *moulures*, etc. Voir 26, 27 et 47.

Il y a des *olives* qui ont la forme d'un œuf dans sa coque, ou d'une châtaigne renfermée de même; on les taille ordinairement dans la moulure appelée *ove*, avec quelque autres ornements, comme *feuillages, fleurons, dards*, ou qu'on taille en *pomme de pin*.

20. — On appelle *rudentures* des ornements sculptés en imitation d'une corde, ou bâtons de *cannelures*. Il y a des *rudentures* plates, avec *roseau*; à bâtons, avec *perles* et *olives*; à rubans tortillés, à culots, à feuilles tournantes, à rinceaux. Voir 44, 45, 46, 47, 48, 49, 50, 51 et 52.

21. — Le *roseau* est un ornement en forme de baguette semi-circulaire, ou circulaire dans son plan, avec ou sans feuilles. Voir 45.

22. — Les *rais de cœur* sont des ornements végétaux en forme de cœur, accompagnés de *feuilles d'eau*. Voir 41.

23. — Les *culots* sont de petits ornements d'où part la tige d'un rinceau de feuillages, ou d'où s'échappent des enroulements divers. Voir 38 et 50.

24. — Les *rubans* sont taillés en relief ou évidés; ils imitent un ruban tortillé, replié de différentes manières sur des *baguettes*, des *frises*, des *encadrements*, et sur des *rudentures*. Voir 37, 39 et 43.

25. — On appelle *rinceaux* des branches d'ornements prenant naissance d'une *rose* ou d'un *culot*, formés de fleurs, feuilles et fruits naturels ou artificiels, de graines ou de boutons, d'animaux naturels ou fantastiques. Voir 52.

En ce qui concerne les cadres, les caractéristiques du style louis seize, sont surtout les cadres unis, cadres à la romaine, à cartouche

ou ornements à cordons, à cartouches, à angles simples. Les ornements fils de perle, oves minuscules, nœuds de rubans, guirlandes
de fleurs mignonnes, sont l'élément décoratif des bordures de
tableaux; toutefois, on ne doit pas perdre de vue, que la plupart des

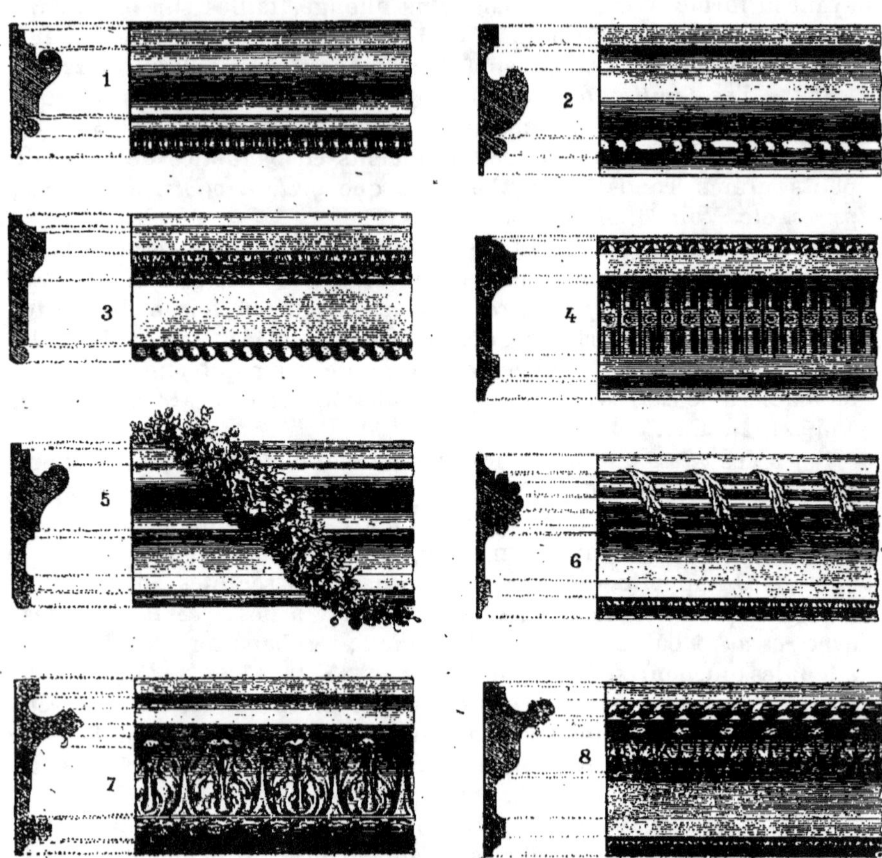

XVIII· SIÈCLE. — ÉPOQUE LOUIS SEIZE

Fig. 832 à 839. — Le bord inférieur du n° 1 forme une crête d'*oves* alternées de longueur ;
au n° 4, ce sont des *canaux* coupés de *rosettes* ; au n° 5, la torsade de fleurs est détaillée
d'une façon un peu mesquine ; au n° 6, c'est une *baguette* de cinq *joncs* reliés par une
torsade de *feuillages* ; au n° 8, c'est une *crête* en torsade de *rubans*, formant une saillie
sur un cours d'*acanthes*. Une *menuiserie* se dit à *grand cadre* lorsque la moulure, placée
entre le cadre et le panneau, est en saillie sur le nu de la boiserie, et à *petit cadre*
lorsque la moulure est poussée sur le bord du cadre.

œuvres des peintres galants faisaient partie de l'ensemble d'un
appartement, tels panneaux de portes, trumeaux de cheminées, etc.,
et que leurs cadres, en bois sculpté, étaient peints en *camaïeu*.

On comprend sous le terme *camaïeu* une peinture monochrome, c'est-à-dire d'une seule couleur. Cette même désignation s'applique aussi à plusieurs genres de peinture décorative, dont le caractère commun est un parti pris de ne tenir aucun compte de la couleur réelle des objets représentés, où seules les nuances expriment les creux et les reliefs.

L'artiste et l'artisan étant libres de choisir telle ou telle couleur

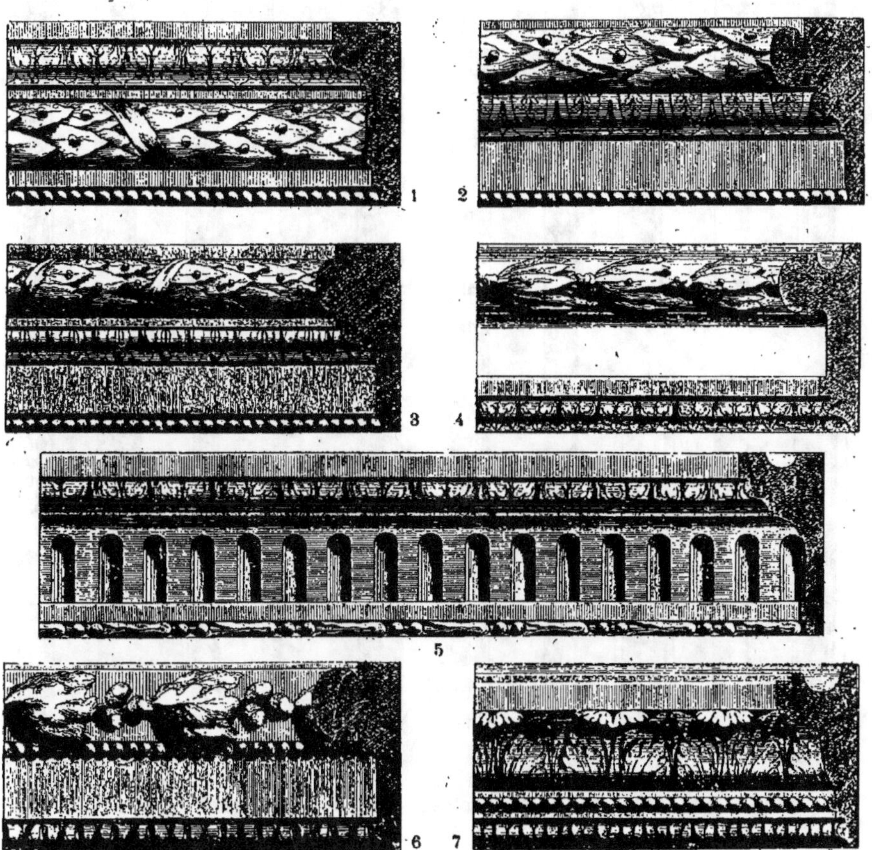

XVIIIᵉ SIÈCLE. — ÉPOQUE LOUIS SEIZE

Fig. 860 à 866. — N° 1. Baguette moulurée composée d'un champ orné d'une guirlande de feuilles enroulées d'un *ruban* et bordé extérieurement d'un *talon*, intérieurement d'un filet accompagné d'un cours de *perles*. — N° 2. *Boudin* de feuilles de laurier soutenu d'un *talon* orné d'oves ; champ uni terminé par un cours de *perles*. — N° 3. *Boudin* orné de feuilles de *laurier* maintenues par une bandelette, et soutenu à la base par un *talon* garni de *rais de cœur*. — N° 4. Touffes de feuilles de laurier à profil de *tore* ou *boudin*, réunies par un cordon semé de *perles* ; champ uni bordé d'un talon à *rais de cœur*. — N° 5. Moulure terminée par un filet soutenu d'un *talon* et d'une *gorge* ornée de *canaux*. — N° 6. Plate-bande soutenue par un cordon de *perles*, touffes de feuilles de chêne et des *glands*. — N° 7. Cymaise, feuille d'*acanthe*, soutenue par un cordon de *perles*.

pour le *camaïeu* qu'ils désirent produire, selon celle qui sera préférée, on l'indique, dans ce cas, par *camaïeu* gris, ou rouge, ou bleu, etc.

L'époque louis seize a été celle où le *camaïeu* fut le plus employé pour la décoration des panneaux, dessus de portes, tympans, etc.

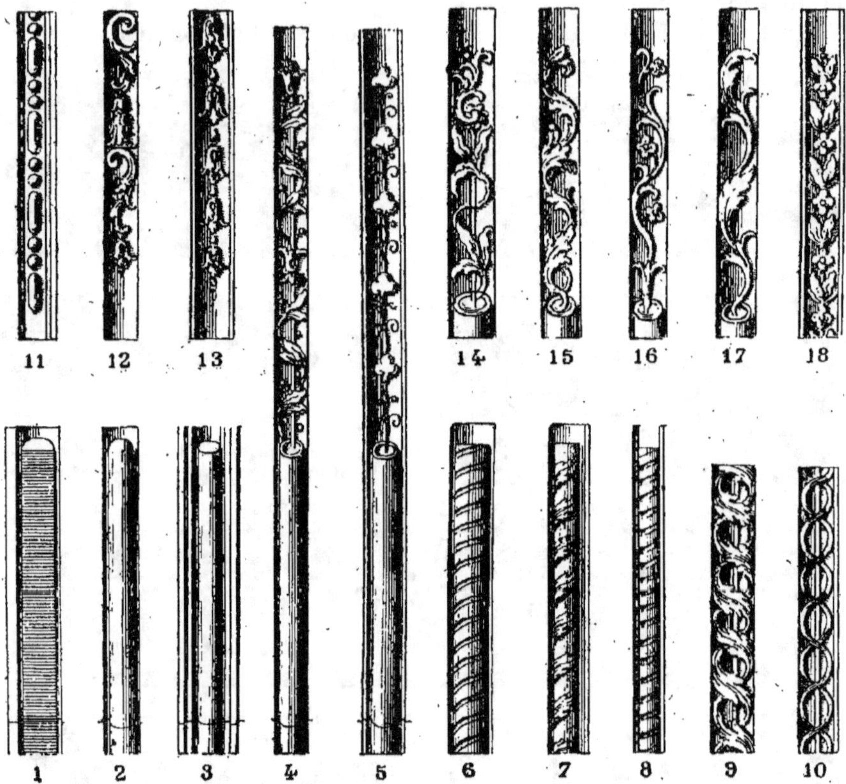

Fig. 867 à 884. — 1, Rudenture plate. — 2, ... à bâton. — 3, ... à baguette. — 4, Roseau et laurier. — 5, ... et lierre. — 6, Rudenture à câble. — 7, ... à feuilles de refend. — 8, ... à cordelette. — 9, Feuilles tournantes à jour. — 10, Rubans tortillés. — 11, Perles et olives. — 12, Rinceaux. — 13, Culots. — 14, Tige de feuilles d'eau. — 15, Tige d'acanthe. — 16, ... de rosettes. — 17, Palmettes. — 18, Laurier et roses. (Voir fig. 789 à 798, p. 169.)

CE QU'ON ENTEND PAR CANNELURE ET PAR RUDENTURE

Les *cannelures, canaux* ou cavités longitudinales sont taillés perpendiculairement ou en spirale le long d'une colonne, d'un pilastre, sur divers membres d'architecture, autour des vases, ou sur des montants de meubles. On appelle *rudenture* un corps arrondi dont on remplit les *cannelures* des colonnes, colonnettes ou pilastres, de la base jusqu'au premier tiers, et dont la convexité contraste avec la concavité des *cannelures* (n°s 1 à 8).

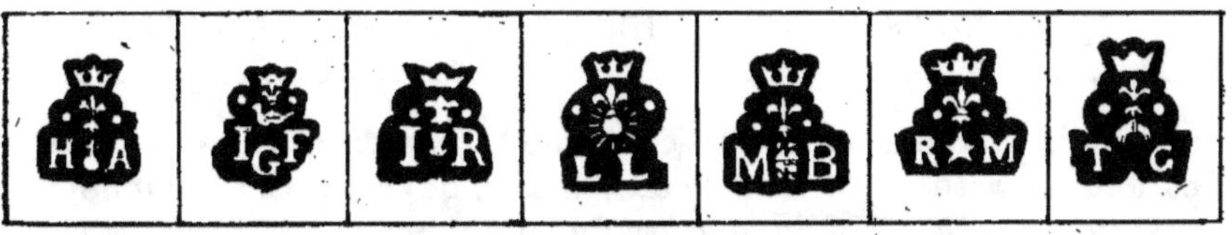

Les poinçons de maître, pages 178 à 184, sont classés par ordre alphabétique.
Exemples : H.A, 53 . I.F.G, 80 . I.R, 63 . L.L, 105 . M.B, 109 . R.M, 135 . T.G, 140.

COMPRÉHENSION DE LA VIEILLE ARGENTERIE
POINÇONS DES MAITRES ORFÈVRES

Avant la Révolution française, 1789, la corporation des orfèvres français comprenait trois corporations distinctes, celles des *orfèvres*, des *bijoutiers* et des *joailliers*.

L'*orfèvre* proprement dit devait s'en tenir à fabriquer et vendre la vaisselle, les couverts, les tabatières d'argent, les boucles, etc.

L'*orfèvre-bijoutier* fabriquait et vendait tous les bijoux d'or, même ceux qui étaient enrichis de diamants.

L'*orfèvre-joaillier* vendait et mettait en œuvre les diamants, les pierres précieuses et les pierres fines. Les joailliers s'appelaient aussi *metteurs en œuvre*. Le nombre des maîtres était fixé à trois cents.

POINÇON DU MAITRE ORFÈVRE
POINÇON DE CHARGE DU FERMIER
POINÇON DE LA MAISON COMMUNE, POINÇON DE DÉCHARGE

Sauf divers ouvrages exécutés spécialement pour le Roi, l'*orfèvrerie de Paris* devait porter, jusqu'en 1789, quatre poinçons :

1º Le *poinçon du maître*, composé des lettres initiales de son nom, et d'un différent, surmontés d'une fleur de lis couronnée ;

2º Le *poinçon de charge du fermier*, pour rappeler au fabricant ses obligations. C'était un A, timbré d'une couronne fermée ;

3º Le *poinçon de la maison commune*, délivré par le garde-orfèvre en exercice, pour constater que la pièce d'or ou d'argent était au titre exigé par la loi. Depuis 1507, c'était une lettre de l'alphabet, couronnée, qui se renouvelait tous les vingt-trois ans (le J, l'U et le W étant supprimés). A partir de 1784, la lettre P remplaça toutes les autres ;

4º Le *poinçon de décharge*, appliqué sur les ouvrages terminés, conformément à la loi, et dont la taxe avait été payée. Il représentait une figure de profil, un chien, une tête d'oiseau, une couronne, etc.

Les cent quarante poinçons représentés pages 178 à 182, dont quatre-vingt-un identifiés, sont ceux à l'usage des Maîtres orfèvres, c'est-à-dire des *poinçons de maître*.

Aidé par les travaux dus à MM. P. de Cazeneuve, W.-J. Cripps, P. Eudel, baron J. Pichon, Ris-Paquot, G. Roger-Sandoz, Marc Rosenberg, nous espérons, en ce qui concerne la représentation et l'identification des *poinçons de charge du fermier*, de la *maison commune* et ceux de *décharge*, être en mesure de compléter nos recherches et de pouvoir les publier prochainement.

COMPRÉHENSION DU POINÇON DE MAITRE ORFÈVRE

La première obligation d'un maître orfèvre était celle d'avoir un poinçon personnel, un *poinçon de maître*, composé de *lettres initiales de son nom*, d'un différent, d'une *fleur de lis* couronnée et

POINÇONS DE MAITRES ORFÈVRES (AB-CS)

Nº 1	Nº 2	Nº 3	Nº 4	Nº 5
Nº 6	Nº 7	Nº 8	Nº 9	Nº 10
Nº 11	Nº 12	Nº 13	Nº 14	Nº 15
Nº 16	Nº 17	Nº 18	Nº 19	Nº 20
Nº 21	Nº 22	Nº 23	Nº 24	Nº 25
Nº 26	Nº 27	Nº 28	Nº 29	Nº 30

de *deux petits points* formant *deux grains* posés parallèlement, afin de faire observer au fabricant qu'il n'avait que *deux grains de remède* dans l'emploi de ces matières. Il était tenu aussi de faire *insculper ce poinçon* sur une planche de cuivre, déposée au greffe de la Cour des monnaies et sur une autre déposée au bureau des orfèvres ; ces deux insculpations étaient obligatoires, afin d'y avoir recours au besoin, en cas de contravention de sa part, auquel cas on y procédait par voie de comparaison et de rengrènement. L'orfèvre devait appliquer le poinçon sur tous les ouvrages qu'il commençait et prendre soin qu'il ne s'effaçât pas dans le cours de sa fabrication.

COMPRÉHENSION DU POINÇON DE CHARGE DU FERMIER

Quand ses ouvrages étaient ébauchés au marteau, l'orfèvre était obligé de les porter au bureau des orfèvres, pour en faire la déclaration au régisseur des droits du Roi, lequel appliquait sur lesdites pièces un poinçon qui s'appelait *poinçon de charge*. Par cette opération, le régisseur donnait sa reconnaissance au contribuable de la déclaration qu'il avait faite par devers lui, contenant sa soumission de rapporter ces mêmes pièces lorsqu'elles seraient finies, pour en acquitter le droit imposé sur les ouvrages d'or et d'argent qui se prélevait à raison du poids qu'ils se trouvaient avoir lors de leur achèvement.

Cette deuxième obligation remplie, l'orfèvre était forcé à une troisième plus importante, consistant à déposer immédiatement ces mêmes pièces brutes dans le bureau des gardes-orfèvres en exercice. Les gardes-orfèvres, préposés pour faire l'essai de la matière de tous les ouvrages d'or et d'argent qui se fabriquaient à Paris, remplissaient scrupuleusement leur devoir à cet égard. Après y

1...	AB	?............	1775	Antoine Boullier.
2...	AB	Pied	1780	Antoine Brigal.
5...	ADR	Palme..........	1765	Alexandre de Roussy.
6...	AJ	Vase..........	1714	Antoine Jossey.
7...	AJV.....	Étoile	1762	Antoine-Jean de Villeclair.
8...	AL	Lampe.........	1746	Alexis Loir.
10...	AP	?............	1733	Antoine Plot.
11...	AS	?............	1777	Alexandre Savart.
12...	ASN	Rose	1725	Antoine de Saint-Nicolas.
14...	BP	?............	1779	Barthélemy Pillieu.
15...	CAB.....	Étoile	1773	C.-Alexandre Bouillerot.
16...	CB	Fleur..........	1675	Claude Ballin.
18...	CCH	Soleil	1745	César Haudry.
19...	CEB.....	Cœur	1783	Étienne Berrubé.
20...	CEB.....	?............	?	Semble être le même.
21...	CEC......	?............	1775	C.-F. Croze.
24...	CIB......	Grenade	1783	C.-I. Bourgein.
28...	CND	Étoile	1775	C.-N. Delanoy.
29...	CR	(Anneau)........	1723	Charles Roëttiers.

POINÇONS IDENTIFIÉS DE MAITRES ORFÈVRES

POINÇONS DE MAITRES ORFÈVRES (CS-JBP)

No 31	No 32	No 33	No 34	No 35
No 36	No 37	No 38	No 39	No 40
No 41	No 42	No 43	No 44	No 45
No 46	No 47	No 48	No 49 P.	No 50
No 51	No 52	No 53	No 54	No 55
No 56	No 57	No 58	No 59	No 60
No 61	No 62	No 63	No 64	No 65
No 66	No 67	No 68	No 69	No 70

avoir procédé, s'ils avaient trouvé les ouvrages au titre prescrit par les ordonnances, ils apposaient leur poinçon sur lesdites pièces dans leur état, ce qui faisait un troisième poinçon. Ce poinçon était précédemment et, jusqu'à l'année 1784, .avait toujours été une lettre de l'alphabet couronnée qui changeait tous les ans au mois de juillet, terme fixe du renouvellement des gardes.

Le motif du changement annuel de ce poinçon était d'indiquer l'exercice de chacun des gardes-orfèvres, afin qu'en cas de contravention de leur part la Cour des monnaies puisse reconnaître ceux contre lesquels elle aurait eu à sévir.

COMPRÉHENSION DU POINÇON DE LA MAISON COMMUNE

Une nouvelle déclaration du Roi, rendue en l'année 1784 et registrée en la Cour des monnaies, ordonnait que la lettre P servirait de poinçon de contre-marque pour la ville de Paris, et que le millésime annuel serait indiqué par deux chiffres qui se trouveraient placés au-dessous de la couronne. Il est essentiel d'ajouter que les ouvrages moulés étaient sujets aux mêmes formalités que ceux dont il vient d'être rendu compte. Le poinçon des gardes-orfèvres, appelé de *maison commune* et de *contre-marque*, était aussi insculpé sur une planche de cuivre, déposée au greffe de la Cour des monnaies.

Après l'essai fait des matières apportées au bureau par les fabricants, si elles ne s'étaient point trouvées, savoir, celles d'argent au titre de 11 deniers 12 grains, au *remède* de deux grains de fin, celles d'or au titre de 20 karats un quart, au *remède* de un quart pour les ouvrages ordinaires et pour les grandes pièces aussi en or, soit dans l'orfèvrerie,

31...	CS	Saint-Esprit	1776	Ch. Spriman.
34...	DF.......	Triangle	1770	Denis Franckson.
36...	EPB	Cinq feuilles.....	1744	E.-Pierre Balzac.
37...	FBL.....	Rosace.........	1728	Ant. de Saint-Nicolas.
39...	FCB.....	Pilastre	1782	Frédéric-Charles Bachman.
41...	FJ......	Cœur	1786	François Joubert.
44...	F(M)M...	Étoile	1708	F.-Michel Montaigne.
45...	FTG	Toison	1758	François-Thomas Germain.
47...	GFR	Boule	1777	Guillaume-François Rolland.
49...	GL......	Étoile	1675	Guillaume Lucas.
51...	GM......	Étoile ?.......	1708	Grégoire Masse.
53...	HA	Globe.........	1758	Henri Allain.
54...	HNDB ..	Mitre	1766	Henri-Nicolas de Brie.
55...	IBL	Étoile	1701	Jean-Baptiste Loir.
61...	IL	Saint-Esprit	1727	Loir?
63...	IR.......	Pot de fleurs....	1734	J.-J. Roëttiers.
66...	JAB.....	Point?	1777	J.-A. Bonhomme.
68...	JB......	Étoile	1768	J. Boulangne-Petit.
69...	JBC	Clef	1763	J.-N. Cheret.
70...	JBP	Étoile	1768	Julien-B. Petit.

POINÇONS IDENTIFIÉS DE MAITRES ORFÈVRES

POINÇONS DE MAITRES ORFÈVRES (JCD-MEJ)

N° 71	N° 72	N° 73	N° 74	N° 75
N° 76	N° 77	N° 78	N° 79	N° 80
N° 81	N° 82	N° 83	N° 84	N° 85
N° 86	N° 87	N° 88	N° 89	N° 90
N° 91	N° 92	N° 93	N° 94	N° 95
N° 96	N° 97	N° 98	N° 99	N° 100
N° 101	N° 102	N° 103	N° 104	N° 105
N° 106	N° 107	N° 108	N° 109	N° 110

soit dans la fourbisserie ou toute autre partie, au titre de 22 karats un quart, au *remède* d'un quart, les gardes-orfèvres cassaient et coupaient en différentes places les ouvrages, afin d'ôter au fabricant tout moyen de les employer ailleurs, en observant de ne point défigurer la marque du régisseur, afin que le contribuable puisse se faire décharger de la soumission qu'il avait faite précédemment de rapporter ces mêmes ouvrages quand ils seraient finis.

Dans cette dernière circonstance, les gardes-orfèvres donnaient au fabricant un bordereau qui leur indiquait le titre auquel se trouvait son or ou son argent, afin qu'il puisse le recharger, en connaissance de cause, de la quantité nécessaire d'or ou d'argent fin, pour arriver au titre légal.

COMPRÉHENSION DU POINÇON DE DÉCHARGE

Toutes les précédentes obligations étant remplies de la part de l'orfèvre ou bijoutier, il achevait son ouvrage, le rapportait ensuite au bureau du Roi pour acquitter les droits ; alors on lui déchargeait sa soumission, et le fermier ou régisseur pour le Roi appliquait sur ces mêmes pièces un quatrième poinçon qui s'appelait *poinçon de décharge*. Cette dernière opération donnait à l'orfèvre la liberté de disposer de ses vaisselles ou autres objets d'or et d'argent.

71..	JCD......	?............	1755	J.-C. Ducrollay.
72..	JD	?............	1765	Jean Duché.
73..	JDB.....	Étoile?	1776	Jacques du Boys.
75..	JEB......	?............	1774	Joseph-Étienne Blorzy.
78..	JFB	Rosace.........	1748?	Jean-François Balzac.
80..	JFG......	Oiseau	1755	Jean-François Goget.
81..	JFU.....	Étoile	1761	Jacques-F. Varin.
82..	JG	?............	1762	Jean-George Varin.
85..	JJD	Coquille........	1777	Jacques-Joseph Demay.
86..	JLAG.....	Croissant........	1781	J.-L.-A. Grouvelle.
87..	JLM	Aigle	1776	J.-Louis Mermant.
88..	JLO......	?............	1781	J.-L. Outrebon.
92..	JNS	Coupe	1785	J.-N. Sacher.
93..	JP......	?............	1770	Jacques Petit.
94..	JPM	Marteau	1755	J.-P. Marteau.
95..	JQ	Pique.........	1716	Jean Quin.
96..	JR......	Pot à fleurs.....	1738	Jacques Roëttiers.
97..	JR	Hermine........	1780	Jean Roger.
98..	JIV.....	Lis	1775	J.-T. van Coubergh.
101..	LET	?............	1773	J.-E. Taunay.
104..	LL	Colonne	1764	L.-T. Lehendrick.
105..	LL	Saint-Esprit	1710	Louis Loir.
107..	LP	Ancre..........	1675	Louis Pluviers.
108..	LR......	Renard	1743	Louis Regnard.
109..	MB......	Raisin..........	1722	Martin Berthe.
110..	MEJ	Marc?	1777	Marc-Étienne Janety.

POINÇONS IDENTIFIÉS DE MAITRES ORFÈVRES

POINÇONS DE MAITRES ORFÈVRES (MF-TG)

N° 111	N° 112	N° 113	N° 114	N° 115
N° 116	N° 117	N° 118	N° 119	N° 120
N° 121	N° 122	N° 123	N° 124	N° 125
N° 126	N° 127	N° 128	N° 129	N° 130
N° 131	N° 132	N° 133	N° 134	N° 135
N° 136	N° 137	N° 138	N° 139	N° 140

112	MM	Tulipe	1753	Mathieu de Machy.
115	NB	?	1728	Nicolas Besnier.
119	NL	?	1720	Noël Léonard.
121	NO	?	1733	Nicolas Outrebon.
123	PDB	Étoile	1778	Pierre-Désiré Bullot.
125	PFB	Fleur	1734	P.-F. Bormestraine.
126	PFM	Croix de Malte	1768	P.-F. Marchand.
129	PS	?	1726	Paul Soulaine.
131	RAJ	(Voir 134)	1757	R.-J. Auguste.
133	RC	?	1728	Remy Chatria.
134	RJA	(Voir 131)	1757	Robert-Joseph Auguste.
135	RM	Étoile	1726	Robert Mognart.
136	RPF	Coq	1782	René-Pierre Ferrier.
137	SAN	?	1726	Antoine de Saint-Nicolas.
138	SB	?	1748	Simon Bourguet.
140	TG	Toison	1733	Thomas Germain.

PLACE DES POINÇONS DE MARQUE ET DE CONTRE-MARQUE
PLACE DU POINÇON DE MAITRE

Dans la nomenclature ci-dessous, comprenant cinquante-sept différents ouvrages d'argenterie, la première colonne désigne le genre des pièces ; la deuxième est un numéro d'ordre ; la troisème indique les parties des ouvrages devant être marquées et contre-marquées ; et, la quatrième les parties où le poinçon de maître devait être placé.

GENRE DE PIÈCES	Nos	POINÇONS DE MARQUE ET CONTRE-MARQUE	POINÇON DE MAITRE
AIGUIÈRES.	1.	Corps, couvercle, collet du pied.	Les deux coquilles de l'anse, le bec, le suage ou doucine, le quarré du pied.
ASSIETTES (V. Nos 3 et 4).	2.		
BASSINS, PLATS, ASSIETTES et autres ouvrages du même genre, du poids d'une *once* et demie et au-dessus.	3.	Au corps.	
BASSINS, PLATS, ASSIETTES et autres ouvrages du même genre, pesant moins d'une *once* et demie.	4.		Au corps.
BOITES A POUDRE OU DRAGEOIRS.	5.	Fonds, baste, couvercle.	Le quarré.
BOITES A MOUCHES (Voir Nº 42).	6.		
BOUGEOIRS.	7.	Le corps.	Bobèche, manche.
BRAS (de lumière).	8.	Corps principal de la plaque, le bassinet.	La bobèche, le crochet.
CACHET (Voir Nº 42).	9.		
CARRÉS DE TOILETTE.	10.	Corps, bastes, fonds, couvercle.	Le quarré du pied.
CASSOLETTES.	11.	Culot, collet ou baste, dôme, chaudron.	Le manche.
CHANDELIER D'ÉTUDE.	12.	Le collet du pied.	La bobèche, le suage, le quarré du pied.
CHANDELIERS A BRANCHES ET GIRANDOLES.	13.	Corps principal, branches fortes de deux *onces* et au-dessus, bassinets, festons, pendants, fleurons, collets, termes, consoles, pommes et vases au-dessus de deux *onces*.	Branches au-dessous de deux *onces*, bobèches, quarré du pied, festons, pendans, fleurons, pommes et vases au-dessous de deux *onces*.
CHENÊTS.	14.	Faces des pieds, bastes, fonds, vases et pommes.	Griffes, supports, collets, flammes et termes.
CHOCOLATIÈRES.	15.	Corps et couvercle.	Manche.
CLOCHETTES au-dessous de quatre *onces*.	16.	Corps.	
CLOCHETTES du poids de quatre *onces* ou au-dessus.	17.	Corps.	
COQUEMARS.	18.	Le corps et le couvercle.	L'anse et le quarré du pied.
COQUETIERS.	19.	Corps.	Pied.

GENRE DE PIÈCES	Nos	POINÇONS DE MARQUE ET CONTRE-MARQUE	POINÇON DE MAITRE
CORBEILLES.	20.	Corps et collet du pied.	Les anses, suages, quarré du pied.
CUILLERS ET FOURCHETTES.	21.	Le manche.	
ECRITOIRES ET POUDRIERS.	22.	Corps, baste et fonds.	Couvercle et cornets.
ECUELLES.	23.	Corps et couvercle.	Les maillons.
ECUMOIRES servant à confitures, à manches en virolle.	24.	Corps.	Manche.
FEUX (Voir N° 30).	25.		Corps.
FLACONS, petits flacons au-dessous du poids de trois *onces*.	26		
FLACONS.	27.	Corps et fond.	Quarré du pied.
FLAMBEAUX.	28.	Collet du pied et tuyau.	Le suage ou douche et quarré du pied.
FOURCHETTE (Voir N° 21).	29.		
GARNITURES DE FEU OU GRILLES.	30.	Faces, bastes, vases et pommes.	Griffes, collets, supports et flammes.
GIRANDOLES (Voir N° 13).	31.		
GUÉRIDONS.	32.	Corps du pied, termes, vases, bastes, bassinets, colonnes, balustres, panaches, suages, fust, consoles, suppôts, figures, draperies, pilastres et soclès forts.	Frises, architraves, corniches, socles faibles, festons, pendants, fleurons et autres ornemens.
HOCHETS (Voir N° 42).	33.		
MANCHES DE COUTEAUX.	34.		Au haut du manche.
MARMITES.	35.	Corps, couvercles, anses, griffes fortes ou pieds, du poids de deux *onces* et au-dessus.	Griffes ou pieds de moins de deux *onces*.
MIROIRS.	36.	Coins, bandes, faces, bastes, suppôts, termes, consoles, figures et draperies.	Festons, pendants, fleurons et autres ornemens.
MOUCHETTES de deux *onces* et au-dessus.	37.	Les deux branches.	Le fond.
MOUCHETTES de deux *onces* et au-dessous.	38.		Les deux branches.
MOUTARDIERS.	39.	Le corps.	Pied, anse, couvercle.
PASSOIRES.	40.	Corps.	Manche.
PELOTES.	41.	Bastes et fonds.	Couvercle et quarré du pied.
PETITS OUVRAGES inférieurs, comme poids, à une *once* et demie (Voir Nos 6, 9, 33).	42.		Corps.
PLAQUES A BÉNITIER.	43.	Corps, coquille, basinets.	Le vase.
PLAQUES.	44.	Corps principal, coquilles, bassinets, consoles, bandes.	La bobèche.
PLATS	45	(Voir N° 3).	
POILONS.	46.	Corps et manche.	
POTS A FLEURS.	47.	Corps.	Gorge, collet, quarré du pied.

GENRE DE PIÈCES	Nᵒˢ	POINÇONS DE MARQUE ET CONTRE-MARQUE	POINÇON DE MAITRE
POUDRIERS (Voir Nᵒ 22).	48.		
RÉCHAUDS (façon de fer).	49.		
RÉCHAUDS A CULOT.	50.	Corps et fonds.	Les branches, grilles, manches.
SALIÈRES (petites).	51.	Le salleron.	Le collet.
SALIÈRES (grandes).	52.	Collet, salleron et, si elles portent flambeaux, les platines, bassinets et branches.	Les bobèches.
SOUCOUPES.	53.	Corps et collet du pied.	Le suage et quarré du pied.
SUCRIERS.	54.	Corps, fonds de couvercle.	Le quarré.
TABLES.	55.	Coins, fonds, bastes, termes, consoles, griffes, pommes, boules, figures, draperies, suppôts et socles forts.	
TASSES.	56.	Corps et couvercle.	Quarré du pied et coquilles.
TOURTIÈRES.	57.	Corps.	Anses.

DEUX CENT NEUF POINÇONS
DE COMMUNAUTÉS D'ORFÈVRES DES ANCIENNES PROVINCES
EXISTANT EN FRANCE DE 1784 à 1789

TITRE ET ORIGINE DE PLUSIEURS MILLIERS D'OUVRAGES

TABLE DES INITIALES, MARQUES OU SYMBOLES
IDENTIFIANT LES POINÇONS REPRÉSENTÉS OU DÉCRITS

ATELIERS DES MAITRES QUI EN ONT FAIT USAGE

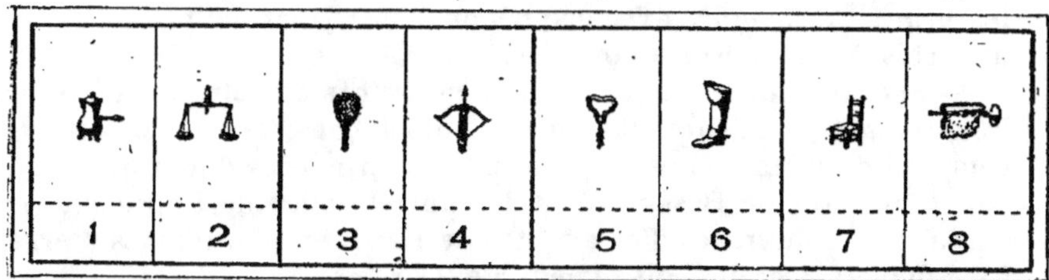

DISCERNEMENT DES POINÇONS. — Étant donné un animal pris au figuré, comme un sens matériel, une fleur, un fruit, un objet réel ou conventionnel, tels que : 1. Cafetière ; 2. Balance à plateaux ; 3. Raquette ; 4. Arbalète ; 5. Tire-bouchon ; 6. Botte ; 7. Chaise ; 8. Trompette, etc., gravé sur un poinçon, comment l'identifier. (Consultez p. 191 à 193.)

NOTES RELATIVES AU TITRE
DES
OUVRAGES D'OR ET A CELUI DES OUVRAGES D'ARGENT

Le titre des *gros ouvrages d'or* est le même que celui de Paris, pour toutes les villes françaises, soit 916 millièmes.

Le titre des *menus ouvrages d'or* est le même que celui de Paris, pour toutes les villes, soit 843 millièmes, exceptions faites pour Colmar et Strasbourg, 771 millièmes, et Narbonne, 750 millièmes.

Le titre des *ouvrages d'argent* est, pour toutes les villes, le même que celui de Paris, soit 958 millièmes, exceptions faites pour Arras, 944 ; Bar-le-Duc, 792, quelques ouvrages sont à 958 ; Bergues, 944 ; Besançon, 914 ; Cambrai, 944 ; Colmar, 819 ; Dôle, 914 ; Douai, Dunkerque, Landrecy, Lille, 944 ; Lons-le-Saulnier, 914 ; Saint-Omer, 944 ; Salins, 914 ; Strasbourg, 819 ; quelques ouvrages sont à 958 ; Valenciennes, 944 ; Vesoul, 914.

NOTES RELATIVES A DIVERSES COMMUNAUTÉS D'ORFÈVRES,
AUXQUELLES LE LECTEUR SERA RENVOYÉ
AU COURS DE NOS DIFFÉRENTES INDICATIONS DE POINÇONS

Les chiffres entre parenthèses, placés à la suite des numéros d'ordre, renvoient à ceux des poinçons représentés ou identifiés pages 194 à 203. — Exemple : 1. (19), renvoie au poinçon n° 19, page 194.

— 1. (19). Les orfèvres de la communauté de Bar-le-Duc travaillaient l'or au titre de Paris. Quant à l'argent, ils le travaillaient soit au titre de Paris, soit à celui de Lorraine, qui était fixé à 9 deniers 12 grains, sans remède.

Le poinçon pour les ouvrages au titre de Paris représentait *deux barbeaux adossés et couronnés* ; celui pour les ouvrages au titre de Lorraine était chargé de *trois pensées, 2 en chef* et 1 *en pointe, le tout surmonté d'une couronne.*

— 2. (21). La communauté de Bayonne avait deux poinçons différents, celui de la jurande indiqué au tableau et un second représentant les *armes de la ville,* avec lequel on contre-marquait les ouvrages apportés à la maison commune.

— 3. (26). Indépendamment de l'empreinte du poinçon de jurande, les ouvrages portaient celle d'un autre poinçon *dit* de reconnaissance, composé de deux C ainsi adossés ƆC, et surmontés d'une fleur de lis.

Les orfèvres de Besançon et des autres villes de Bourgogne travaillaient les ouvrages d'or au titre de Paris, et les ouvrages d'argent à 11 deniers 8 grains, au remède de 2 grains.

— 4. (38). On travaillait, à Carcassonne, les menus ouvrages d'or à 20 karats, au remède de 16/32 ; et l'argent au même titre qu'à Paris.

— 5. (46). Il y avait, à Châtellerault, une communanuté de couteliers, très nombreuse, travaillant l'or et l'argent au même titre que les orfèvres, et avec obligation de porter leurs ouvrages au bureau de la maison commune pour y être essayés.

— 6. (58). L'établissement de la communauté de Dôle était très ancien ; ainsi que Besançon, elle avait un poinçon de reconnaissance représentant deux C adossés ƆC et surmontée d'une couronne ducale.

— 7. (85). A Lille, on travaillait l'or à 22 karats, au remède d'un quart de karat ; l'argent à 11 deniers 8 grains, au remède de 2 grains ; et les menus ouvrages d'or au titre de Paris.

— 8. (94). A Lyon, par l'article 1er de la déclaration du 9 mai 1777, les orfèvres, tireurs, écacheurs, fileurs, batteurs d'or et d'argent, et paillonneurs, furent réunis en une seule et même communauté, et le nombre des maîtres fut fixé à 250, non compris les privilégiés. En 1786, cette communauté était composée de 51 maîtres reçus, de 37 autres maîtres exerçant, de 12 veuves d'orfèvres, de 92 tireurs et batteurs d'or, et de 10 paillonneurs.

— 9. (113). Il y avait à Moulins une communauté très considérable de couteliers, qui était soumise à la jurande des orfèvres pour l'essai et la contremarque des ouvrages qu'ils travaillaient en or et en argent.

— 10. (125). On travaillait, à Narbonne, les menus ouvrages d'or au titre de 18 karats, au remède de 16/32 ; et l'argent au titre de Paris.

— 11. (126). On travaillait, à Perpignan, les menus ouvrages d'or à 20 karats, au remède de 16/32 ; et l'argent à 11 deniers 12 grains, au remède de 2 grains pour la vaisselle, et de 4 grains pour le monté et la bijouterie.

— 12. (139). Le poinçon de la communauté de Rodez portait, en entier, les cinq lettres qui forment le nom de la ville disposées ainsi : RO/DEZ.⌐

— 13. (144). En 1786, la communauté de Saint-Flour avait, provisoirement, la lettre A pour son poinçon de contre-marque.

—14. (161). On travaillait, à Strasbourg, l'or et l'argent à deux titres différents : celui de Paris et celui de Strasbourg ; ce dernier était à 18 karats 6 grains, ou 16/32 au remède de 2 grains pour l'or, et à 9 deniers 20 grains, au remède de 2 grains pour l'argent. En conséquence, on y faisait en usage de deux poinçons différents, dont l'empreinte énonçait le titre des ouvrages sur lesquels ils étaient apposés.

—15. (185). La communauté de Charleville était très nombreuse. Étant établie dans une ville appartenant au prince de Condé ; les orfèvres qui la composaient ne reconnaissaient point l'autorité de la Cour ni des sièges des monnaies, n'étaient soumis à aucune inspection et ne travaillaient qu'au titre qu'il leur plaisait.

— 16. (188). Clermont-en-Argonne et le comté de Clermontois, dont elle était le chef-lieu, appartenaient au prince de Conti. Les orfèvres qui y étaient établis jouissaient des mêmes privilèges que ceux de Charleville.

— 17. (191). Les poinçons qui distinguaient les ouvrages de la communauté de Charleville étaient, pour le titre de Paris, un *C couronné*, et pour celui de Lorraine, un *C pareillement couronné, mais dans le milieu duquel on voyait une croix de Lorraine.*

Les orfèvres de cette communauté, et ceux des villes qui en dépendaient marquaient tous les ouvrages d'un poinçon personnel, composé des deux lettres initiales de leur nom et d'une marque particulière affectée à chaque ville ; savoir, pour *Lunéville,* un croissant ; pour *Charmes,* un lévrier ; pour *Épinal,* une étoile ; pour *Rembervillers,* un R, et pour *Saint-Dié,* une rose.

— 18. (192). Les maîtres-orfèvres de Nancy et tous ceux qui étaient établis dans les duchés de Lorraine et de Bar, travaillaient l'or au titre de Paris ; quant aux ouvrages d'argent, ils les travaillaient à deux titres différents, savoir : ceux au titre de France à 11 deniers 12 grains, 2 grains de remède ; et ceux au titre de Lorraine à 9 deniers 12 grains, sans remède.

Les ouvrages au titre de Paris portaient pour marque distinctive l'empreinte d'un poinçon représentant un A *surmonté d'un alérion couronné* ; et ceux au titre de Lorraine étaient marqués d'un poinçon portant la lettre A *surmontée d'une croix de Lorraine.*

Les orfèvres qui composaient cette communauté ou qui en dépendaient étaient tenus d'ajouter aux deux lettres initiales de leur nom, que portait un poinçon personnel, une marque spécialement affectée à la ville où ils demeuraient, et qui était : pour *Nancy,* un chardon ; pour *Briey,* un B ; pour *Commercy,* une couronne de roses ; pour *Étain,* une cruche ; pour *Mirecourt,* une hermine, pour *Neuf-Château,* une tour ; pour *Pont-à-Mousson,* un cœur ; pour *Saint-Mihiel,* une balance ; pour *Saint-Nicolas,* une molette ; pour *Vezelize,* un losange ; pour *Bouquenom,* un bouc ; pour *Dieuze,* un épi de blé ; pour *Forbach,* une pomme de pin ; pour *Saint-Avold,* un pigeon ; et pour *Sarreguemines,* un gland.

— 19. (194). Les orfèvres de Saint-Denis-en-France étaient soumis à la jurande de la communauté de Paris.

NOTE RELATIVE AU TERME REMÈDE

Le *remède d'aloi* est l'insuffisance ou l'excès, dans le titre de l'or ou de l'argent, tolérés pour leur fabrication.

Au dix-huitième siècle, on employait l'expression *chatouiller le remède* pour indiquer que les orfèvres ou les monnayeurs approchaient, dans leur fabrication, des limites du poids toléré.

Le *grain* était le plus petit poids usité en France, il y en avait 4 608 au *marc.* Le *marc* pesait 8 *onces* contenant chacune 8 gros de 72 *grains,* et la *livre* ordinaire était de 16 *onces.*

Dans le système français actuel, l'équivalent du poids du *grain* est de 0^{gr},053115.

ÉTANT DONNÉ
UN ANIMAL PRIS AU FIGURÉ OU AU SENS MATÉRIEL
UNE FLEUR, UN FRUIT, UN OBJET RÉEL OU CONVENTIONNEL
COMMENT IDENTIFIER LES POINÇONS

Les chiffres placés à la suite de la désignation des poinçons renvoient à leurs représentations pages 194 à 203.

POINÇONS DES COMMUNAUTÉS D'ORFÈVRES
DES
ANCIENNES PROVINCES FRANÇAISES
1784 A 1789

Par lettres-patentes en date du 4 avril 1789, la fabrication de la menue bijouterie fut autorisée à 18 karats.

Une déclaration royale du 15 décembre 1783 ordonne qu'à l'avenir chaque communauté ait un poinçon particulier et invariable.

Pour le classement alphabétique des poinçons par leur figuration : animal pris au figuré ou au sens matériel, une fleur, un fruit, un sujet réel ou conventionnel, etc., consulter les pages 191 à 193.

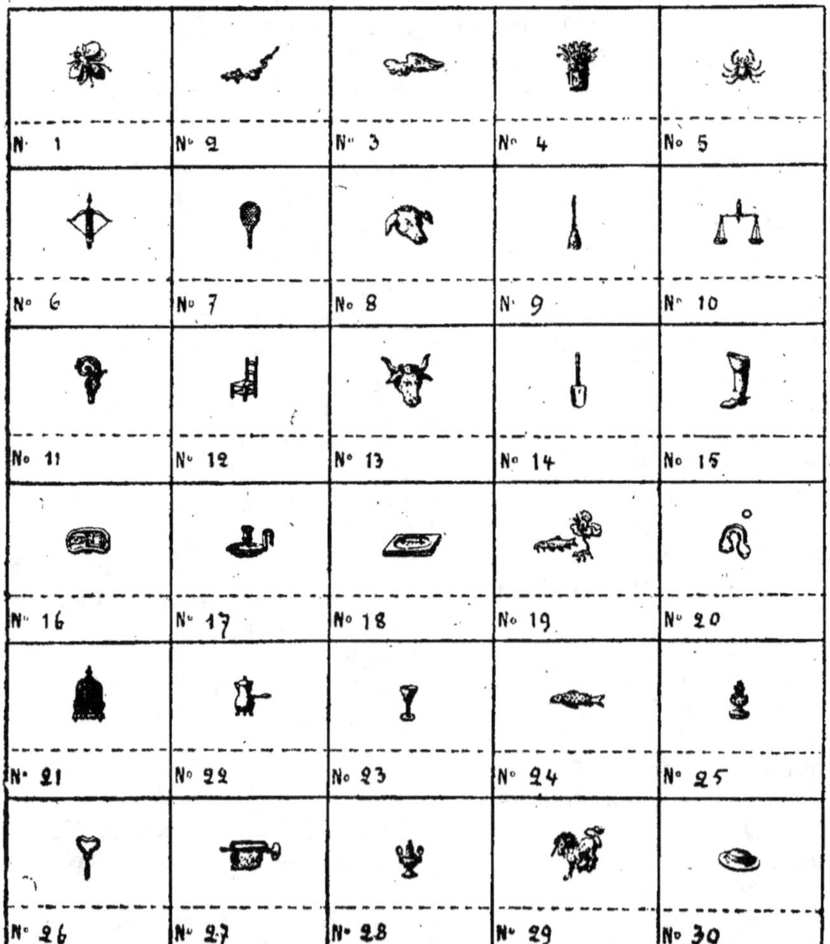

Nº 1	Nº 2	Nº 3	Nº 4	Nº 5
Nº 6	Nº 7	Nº 8	Nº 9	Nº 10
Nº 11	Nº 12	Nº 13	Nº 14	Nº 15
Nº 16	Nº 17	Nº 18	Nº 19	Nº 20
Nº 21	Nº 22	Nº 23	Nº 24	Nº 25
Nº 26	Nº 27	Nº 28	Nº 29	Nº 30

POINÇONS DES COMMUNAUTÉS D'ORFÈVRES
DES
ANCIENNES PROVINCES FRANÇAISES
1784 A 1789

Le chiffre placé avant le nom de ville est un numéro d'ordre correspondant à celui du poinçon représenté à la page précédente.

La date qui suit désigne celle de la fondation de la communauté, puis, en **caractère gras**, le nombre de maîtres-jurés et, en fin, le lieu de leur juridiction.

1.	Abbeville	1558	**5**		Amiens.
2.	Agen	1775	**10**		Bordeaux.
3.	Aix	?	**17**		Aix.
4.	Alais	1775	**4**		Montpellier.
5.	Alençon	1718	**7**		Caen.
6.	Amiens et Montdidier	1727	**8**		Amiens.
7.	Angers	?	**11**		Angers.
8.	Angoulême	1719	**10**		Limoges.
9.	Annonay	?	**2**		Montpellier.
10.	Apt	?	**6**		Aix.
11.	Arles	?	**12**		Aix.
12.	Arras	15	**14**		Lille.
13.	Avalon	1743	**4**		Dijon.
14.	Avesnes	1773	**3**		Lille.
15.	Aurillac	?	**12**		Riom.
16.	Autun	1784	**3**		Dijon.
17.	Auxerre	1731	**6**		Cour des Monnaies, Paris.
18.	Bailleul	1736	**8**		Lille.
19.	Bar-le-Duc	?	**11**		Nancy.

Consulter note n° 1, page 188.

20.	Bar-sur-Aube	1763	**2**		Troyes.
21.	Bayonne	1512	**10**		Bayonne.

Consulter note n° 2, page 188.

22.	Beaucaire	1776	**7**		Montpellier.
23.	Beaune	1742	**6**		Dijon.
24.	Beauvais	1609	**4**		Paris.
25.	Bergues	1759	**7**		Lille.
26.	Besançon	1688	**8**		Besançon.

Consulter note n° 3, page 188.

27.	Béziers	1598	**7**		Montpellier.
28.	Blois	1567	**9**		Orléans.
29.	Bordeaux	12	**40**		Bordeaux.
30.	Boulogne-s.-Mer et Montreuil	1744	**5**		Amiens.

N° 31	N° 32	N° 33	N° 34	N° 35
N° 36	N° 37	N° 38	N° 39	N° 40
N° 41	N° 42	N° 43	N° 44	N° 45
N° 46	N° 47	N° 48	N° 49	N° 50
N° 51	N° 52	N° 53	N° 54	N° 55
N° 56	N° 57	N° 58	N° 59	N° 60
N° 61	N° 62	N° 63	N° 64	N° 65
N° 66	N° 67	N° 68	N° 69	N° 70

31.	Bourg-en-Bresse..	1747	3	Dijon.
32.	Bourges	1557	7	Bourges.
33.	Brest........	1695	12	Rennes.
34.	Caen	1594	18	Caen.
35.	Cahors	1777	3	Toulouse.
36.	Calais	1748	4	Amiens.
37.	Cambrai	1315	10	Lille.
38.	Carcassonne.....	1676	12	Perpignan.

Consulter note nº 4, page 188.

39.	Castres	1749	4	Perpignan.
40.	Caudebec	?	1	Rouen.
41.	Chalon-s.-Saône .	1749	6	Dijon.
42.	Châlons-s.-Marne.	1749	6	Reims.
43.	Chartres	15	11	Paris.
44.	Château-Gonthier.	1757	4	Angers.
45.	Château-Thierry .		4	Reims.
46.	Châtellerault	1758	10	Poitiers.

Consulter note nº 5, page 188.

47.	Chatillon-s.-Seine.	15	4	Dijon.
48.	Chaumont-en-Bassigny .	1744..	4	Troyes.
49.	Clermont-Ferrand.	15	22	Riom.
50.	Cognac	1762	5	La Rochelle.
51.	Colmar	?	6	Strasbourg.
52.	Compiègne.......	1667	5	Paris.
53.	Coutances	1751	4	Caen.
54.	Daligre	1758	4	La Rochelle.
55.	Dieppe	1559	7	Rouen.
56.	Dijon	15	16	Dijon.
57.	Dinan	1746	6	Rennes.
58.	Dôle........			Besançon.

Consulter note nº 6, page 188.

59.	Douai		4	Lille.
60.	Draguignan	1751	5	Aix.
61.	Dunkerque	1753	9	Lille.
62.	Étampes	?	2	Paris.
63.	Falaise	1750	6	Caen.
64.	Fécamp	1745	6	Rouen.
65.	Fontenay-Comte.	1571	6	Poitiers.
66.	Gien...........	1757	3	Orléans.
67.	Gisors	1754	3	Rouen.
68.	Grasse	?	6	Aix.
69.	Grenoble	?	14	Grenoble.
70.	Guise et Vervins .	1745	6	Reims.

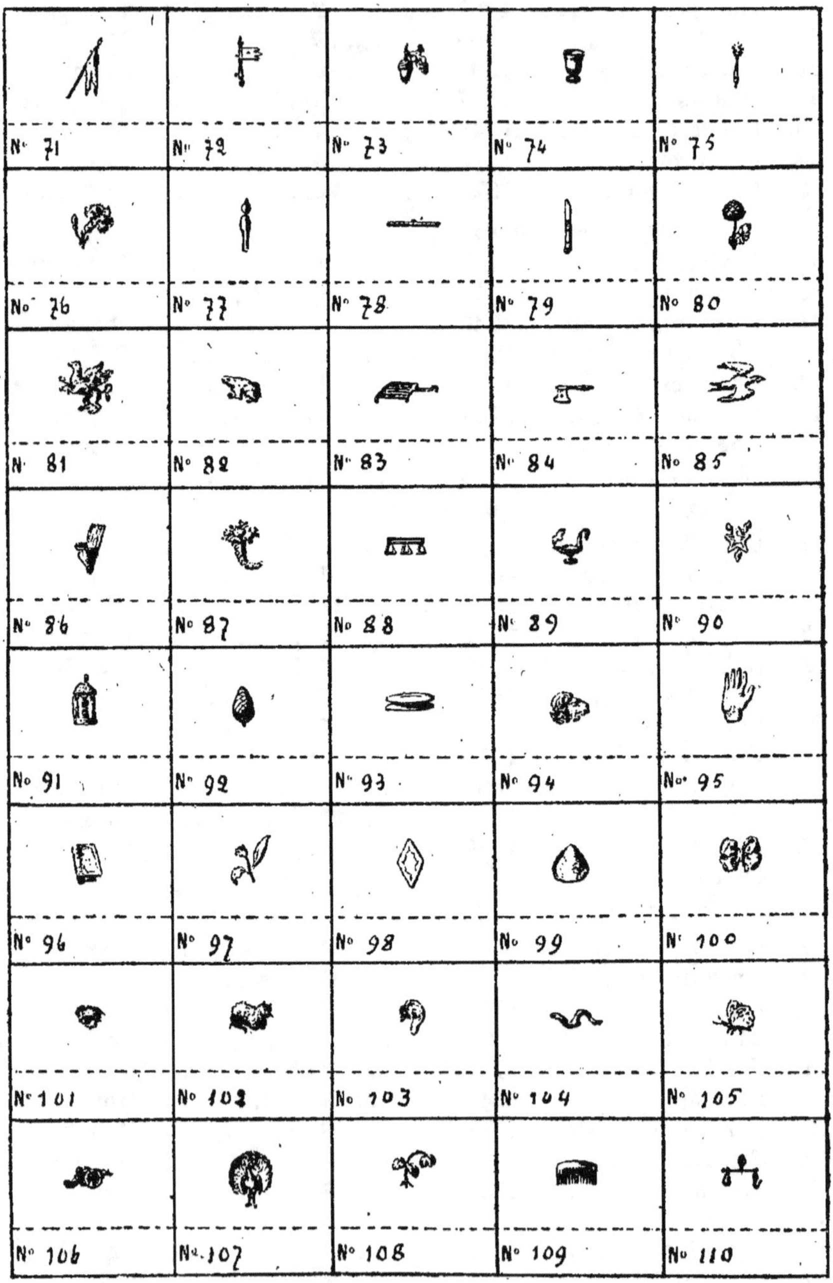
N° 71
N° 72
N° 73
N° 74
N° 75
N° 76
N° 77
N° 78
N° 79
N° 80
N° 81
N° 82
N° 83
N° 84
N° 85
N° 86
N° 87
N° 88
N° 89
N° 90
N° 91
N° 92
N° 93
N° 94
N° 95
N° 96
N° 97
N° 98
N° 99
N° 100
N° 101
N° 102
N° 103
N° 104
N° 105
N° 106
N° 107
N° 108
N° 109
N° 110

71.	Le Havre	15	7	Rouen.
72.	Joinville	1757	2	Troyes.
73.	Issoire	1766	4	Riom.
74.	Issoudun	1757	3	Bourges.
75.	La Charité	1757	3	Bourges.
76.	La Fère	?	3	Reims.
77.	Landrecy	1779	3	Lille.
78.	Langhéac	1784	5	Riom.
79.	Langres	1566	7	Troyes.
80.	Laon	?	4	Reims.
81.	La Rochelle	1698	18	La Rochelle.
82.	Laval	?	6	Angers.
83.	Le Vigan	1775	3	Montpellier.
84.	N.-D.-de-Liesse	1749	21	Reims.
85.	Lille	?	73	Lille.

Consulter note n° 7, page 188.

86.	Limoges	1719	14	Limoges.
87.	Lisieux	1750	6	Caen.
88.	Longwy	?	4	Metz.
89.	Lons-le-Saulnier	1780	5	Besançon.
90.	Lorient	1745	5	Nantes.
91.	Loudun	1646	6	Tours.
92.	Lunel	1775	6	Montpellier.
93.	Luçon	1758	4	Poitiers.
94.	Lyon			

Consulter note n° 8, page 189.

95.	Mâcon	1600	7	Dijon.
96.	Manosque	?	4	Aix.
97.	Le Mans	1757	3	Tours.
98.	Mantes	?	3	Paris.
99.	Marennes	1777	4	La Rochelle.
100.	Marseille	12	58	Aix.
101.	Maubeuge	?	3	Lille.
102.	Meaux	?	6	Paris.
103.	Melle	?	3	Poitiers.
104.	Melun	1727	3	Paris.
105.	Mende	1757	4	Montpellier.
106.	Mézières	1746	5	Reims.
107.	Metz	1635	6	Metz.
108.	Milhau	1770	4	Toulouse.
109.	Montargis	1737	4	Orléans.
110.	Mautauban	1705	7	Toulo use

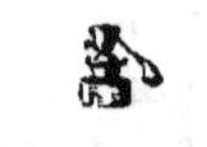 N° 111	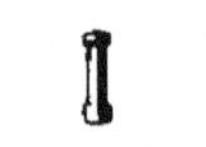 N° 112	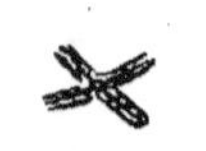 N° 113	N° 114	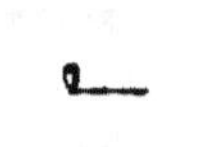 N° 115
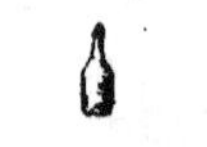 N° 116	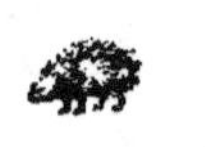 N° 117	N° 118	N° 119	N° 120
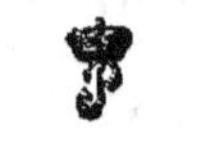 N° 121	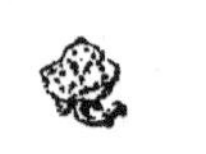 N° 122	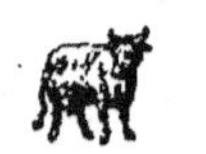 N° 123	N° 124	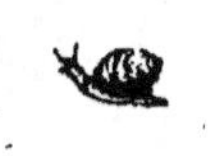 N° 125
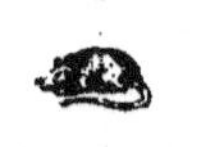 N° 126	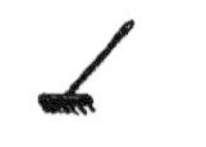 N° 127	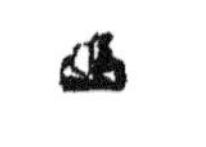 N° 128	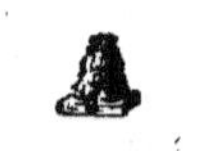 N° 129	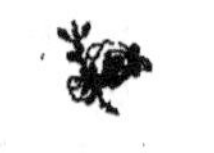 N° 130
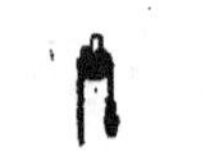 N° 131	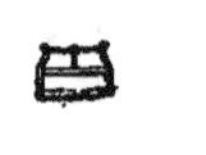 N° 132	N° 133	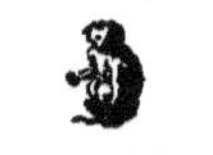 N° 134	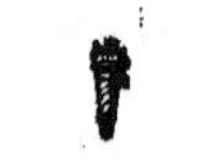 N° 135
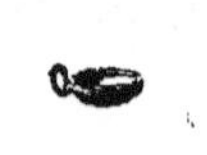 N° 136	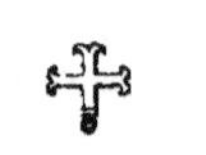 N° 137	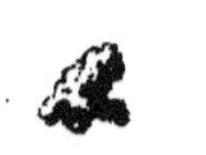 N° 138	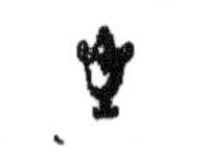 N° 139	N° 140
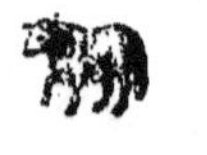 N° 141	N° 142	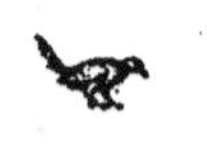 N° 143	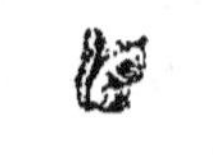 N° 144	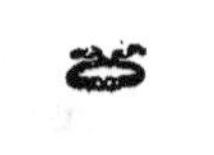 N° 145
N° 146	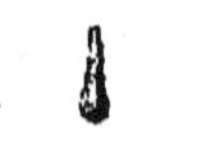 N° 147	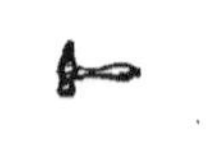 N° 148	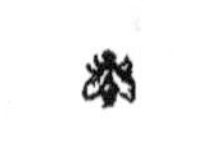 N° 149	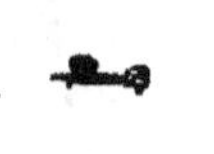 N° 150

111.	Montpellier		........12...........	Montpellier.
	Montdidier...		(Voir nº 6...........	Amiens.)
112.	Morlaix	1607........ 4...........		Rennes.
113.	Moulins	1736........10...........		Riom.

Consulter note nº 9, page 189.

114.	Nantes	1576........20...........		Nantes.
115.	Narbonne.. 1669. 6. Perpignan.			Consulter note nº 10, page 189.
116.	Nevers.........	1757........ 6...........		Bourges.
117.	Nîmes..........	1586........12...........		Montpellier.
118.	Niort	15 ....11...........		Poitiers.
119.	Noyon	1748........ 4...........		Amiens.
120.	Orléans........	1611........15...........		Orléans.
121.	Paris..........	1260.......500...........		
122.	Parthenay	1745........ 3...........		Poitiers.
123.	Pau...........	?........ 7...........		Pau.
124.	Payrat........	1753........ ?...........		Toulouse.
125.	Périgueux	?........ 4...........		Bordeaux.
126.	Perpignan.. ?.18. Perpignan.			Consulter note nº 11, page 189.
127.	Pézénas	1586........ 7...........		Montpellier.
128.	Poitiers	........14...........		Poitiers.
129.	Pons-en-Saintonge ...... 1785........ 4..			La Rochelle.
	Pontoise. (Voir nº 177.)			
130.	Provins	1759........ 4...........		Pau.
131.	Le Puy-en-Velay........ 1367........ 3..			Riom.
132.	Quimper.......	1780........ 4...........		Nantes.
133.	Reims.........	1560........13...........		Reims.
134.	Rennes	1579........12...........		Rennes.
135.	Rethel	1660........ 4...........		Reims.
136.	Riez	?........ 4...........		Aix.
137.	Riom	?........ 4...........		Riom.
138.	Rochefort	1713........11...........		La Rochelle.
139.	Rodez... 1777... 6.. Toulouse.			Consulter note nº 12, page 189.
140.	Rouen	13 ....36...........		Rouen.
141.	Les Sables	1682........ 5...........		Poitiers.
142.	Saintes	1758........ 8...........		La Rochelle.
143.	Saint-Esprit ...	1777........ 5...........		Montpellier.
144.	Saint-Flour.....	1785........ 5...........		Riom.

Consulter note nº 13, page 189.

145.	Saint-Germain-Laye	...... 6..		Paris.
146.	Saint-Jean-d'Angely..... 1779........ 6..			La Rochelle.
147.	Saint-Lô.......	?........ 3...........		Caen.
148.	Saint-Malo......	1684........13...........		Rennes.
149.	Saint-Maixent ..	?........ 5...........		Poitiers.
150	Saint-Martin-de-Ré...... 1785........ 4..			La Rochelle.

N° 151	N° 152	N° 153	N° 154	N° 155
N° 156	N° 157	N° 158	N° 159	N° 160
N° 161	N° 162	N° 163	N° 164	N° 165
N° 166	N° 167	N° 168	N° 169	N° 170
N° 171	N° 172	N° 173	N° 174	N° 175
	N° 176	N° 177	N° 178	

151.	Sainte-Menehould.	1782	3	Reims.
152.	Saint-Omer	?	13	Lille.
153.	Saint-Quentin	1748	5	Amiens.
154.	Salins	1640	1	Besançon.
155.	Saumur	1749	7	Angers.
156.	Sedan	1575	7	Metz.
157.	Semur-en-Auxois	1701	3	Dijon.
158.	Senlis	?	4	Paris.

159.	Sens	1745	**9**	Paris.
160.	Soissons	1734	**7**	Reims.
161.	Strasbourg	?	**104**	Strasbourg.

Consulter note n° 14, page 189.

162.	Tarascon		**7**	Aix.
163.	Thouars	1714	**7**	Poitiers.
164.	Toul	1643	**6**	Metz.
165.	Toulon	1712	**21**	Aix.
166.	Toulouse	1500	**30**	Toulouse.
167.	Tours	1529	**13**	Tours.
168.	Trévoux	1783	**4**	Lyon.
169.	Troyes	1369	**13**	Troyes.
170.	Valenciennes	1625	**12**	Lille.
171.	Valognes	1750	**4**	Caen.
172.	Vannes	1745	**4**	Nantes.
173.	Verdun	1630	**10**	Metz.
174.	Versailles	1768	**8**	Paris.
174.	Versailles	1768	**8**	Paris.
175.	Vesoul	1775	**5**	Besançon.
176.	Vitry-le-François	1614	**4**	Troyes.
177.	Pontoise	1752	**4**	Paris.
178.	Uzès	1776	**3**	Montpellier.

COMMUNAUTÉS D'ORFÈVRES ÉTABLIES EN FRANCE

FIN DU RÈGNE DE LOUIS XVI (1784-1789)
ET
ASSUJETTIES A UN POINÇON PARTICULIER

Des dates de fondation et quelques poinçons nous sont inconnus.

NOTE. — Le chiffre placé avant chaque nom de ville est un numéro d'ordre ; celui qui suit en **caractère gras** indique le nombre de maîtres. Le nom de ville placé à la fin est celui de *leur juridiction.*

179.	Aubenas		**2**	Montpellier.
180.	Auxonne		**1**	Dijon.
181.	Barcelonnette		**1**	Aix.
182.	Barjols	?	**2**	Aix.
183.	Bléré	?	**1**	Tours.
184.	Castel-Jaloux	?	**2**	Bordeaux.
185.	Charleville			Consulter note n° 17, page 189.
186.	Chinon	?	**2**	Tours.
187.	Clamecy	?	**2**	Dijon.
188.	Clermont-en-Argonne			Consulter note n° 16, page 189.

189.	Cosne..........	?........	**1**	....	Bourges.
190.	Forcalquier.....	?........	**2**	....	Aix.
191.	Lunéville	1772.......	**9**	....	Nancy.

Consulter note n° 17, page 189.

192.	Nancy	1605........	**29**	....	Nancy.

Consulter note n° 18, page 190.

193.	Pertuis	....	**3**	....	Aix.
194.	Saint-Denis en France..........			Consulter note n° 19, page 190	
195.	Sainte-Maure...	....	**1**	....	Tours.
196.	Saint-Maximin .	....	**1**	....	Aix.
197.	Saint-Remi	....	**1**	....	Aix.
198.	Salon	....	**3**	....	Aix.
199.	Sisteron.......	....	**2**	....	Aix.
200.	Tournon.......	....	**1**	....	Montpellier.
201.	Vence	....	**1**	....	Aix.

NOTES RELATIVES AU NOMBRE DE MAITRES JURÉS INDIQUÉ EN CARACTÈRES GRAS PAGES 195 à 204

Le chiffre placé avant chaque nom de ville est un numéro d'ordre correspondant aux précédents pages 195 à 204 ; celui qui suit indique, **en caractères gras**, le nombre de maîtres, puis viennent des indications complémentaires.

8.	Angoulême	**10**	.....	y compris les horlogers.
12.	Arras...............	**15**	.....	dont 2 veuves.
23.	Beaune.............	**6**	.....	dont 1 veuve.
25.	Bergues............	**7**	.....	dont 1 veuve.
27.	Béziers	**7**	.....	dont 1 veuve.
32.	Bourges...........	**7**	.....	dont 1 veuve.
43.	Chartres..........	**11**	.....	y compris 6 agrégés.
53.	Coutances.........	**4**	.....	dont 1 veuve.
61.	Dunkerque	**9**	.....	y compris 1 maîtresse.
64.	Fécamp............	**6**	.....	dont 1 veuve.
69.	Grenoble...........	**14**	.....	dont 2 veuves.
85.	Lille..............	**73**	.....	dont 6 veuves.
95.	Mâcon	**7**	.....	dont 2 veuves
98.	Mantes	**3**	.....	non compris les horlogers.
107.	Metz	**6**	.....	y compris les horlogers.
121.	Paris	**500**	.....	non compris les horlogers.
128.	Poitiers	**14**	.....	dont 1 veuve.
139.	Rodez	**6**	.....	dont 1 veuve.
140.	Rouen	**36**	.....	dont 3 veuves.
151.	Sainte-Menehould...	**3**	.....	dont 1 veuve.
152.	Saint-Omer	**13**	.....	dont 1 veuve.

156.	Sedan	7	dont 1 veuve.
161.	Strasbourg	104	dont 5 veuves.
163.	Thouars	7	dont 1 veuve.
164.	Toul	6	y compris les horlogers.
165.	Toulon	21	dont 1 veuve.
173.	Verdun	10	dont 1 veuve.
192.	Nancy	29	dont 3 veuves.

ÉTAT ALPHABÉTIQUE
DE
DEUX CENT QUARANTE-DEUX ATELIERS D'ORFÈVRES
DÉPENDANT DE DEUX CENT UNE COMMUNAUTÉS

Le chiffre composé en caractère gras, placé après le nom de ville, renvoit aux Communautés dont elles dépendaient (p. 194 à 204) ; celui qui suit indique le nombre des artisans qui travaillaient spécialement pour chaque atelier de maîtres.

EXEMPLE : Agde **27** signifie voir n° 27 (page 195) ; il s'ensuit que Agde dépendait de la communauté de Béziers.

En résumé, 418 artisans travaillaient pour 240 dépendances de communautés, ce qui, avec le nombre de maîtres indiqué pages 204 et 205, donne un total de 2 320 orfèvres. On peut ainsi se rendre compte de la quantité d'ouvrages qui ont été fabriqués.

Agde	**27**	2		Bayeux	**34**	3
Aire	**152**	2		Beaulieu	**86**	1
Ambert	**49**	2		Beaume	**26**	1
Amboise	**167**	2		Beaumont Oise	**158**	3
Andelys	**140**	2		Bergerac	**29**	3
Anduze	**4**	1		Belfort	**51**	1
Antibes	**68**	2		Bernay	**87**	2
Arbois	**154**	1		Béthune	**12**	2
Arcis-sur-Aube	**169**	1		Billom	**49**	2
Argentan	**63**	3		Blaye	**29**	2
Armentières	**85**	3		Bolbec	**71**	5
Arpajon	**62**	1		Bouquenon	**192**	1
Aubusson	**49**	1		Bourbourg	**61**	1
Aurillac	**15**	1		Bourg - Saint - Andéol	**143**	1
Avranches	**53**	2		Bray-sur-Seine	**130**	1
Bagnères	**123**	2		Briançon	**69**	3
Bapaume	**12**	1		Brie - Comte - Robert	**104**	1
Barbezieux	**50**	1				
Barjac	**143**	1				
Bar-sur-Aube	**47**	2				

Briey	192	1	Dreux	43	1
Brioude	49	3			
Brignolles	165	2	Elbeuf	140	1
Brives	86	1	Embrun	69	2
Buis	69	2	Épernay	42	2
			Épinal	191	4
Cajarc	35	1	Estaire	18	1
Cany	71	1	Étain	192	6
Cassel	152	2	Évreux	140	2
Cateau - Cam - brésis	37	1	Figeac	35	3
Caussade	35	1	Fontainebleau	104	1
Cette	111	3			
Chantilly	158	1	Forbach	192	2
Charmes	191	1	Fougères	134	2
Château - du - Loir	167	1	Ganges	83	1
Château, île d'Oléron	99	1	Gap	69	4
Châteaudun	120	2	Gignac	111	3
Châteauroux	74	2	Gourdon	35	1
Chauny	76	1	Gournay	67	2
Chef-Boutonne	103	1	Grandville	53	2
Chemillé	7	1	Gravelines	61	1
Chinon	167	2	Gray	20	2
Chollet	7	2	Guingamp	112	2
Civray	128	1			
Clermont - Beau- voisis	158	2	Hagueneau	161	2
			Ham	119	1
Cluny	95	1	Hazebrouck	18	4
Commercy	192	2	Hennebon	90	1
Condé	170	2	Herdin	12	1
Condom	2	2	Honfleur	71	3
Corbeil	104	1	Hyères	165	2
Corbigny	75	2			
Coulommiers	102	1	Jarnac	50	1
Craponne	131	1	Joigny	159	1
Crépy-en-Valois	158	2	Jonzac	142	1
Crest	69	2			
			La Châtre	74	1
Dax	21	1	La Ciotat	165	2
Dieuze	192	1	La Ferté - sous - Jouarre	102	2
Doudeville	55	1			

La Flèche	7	3	Nions	69	1
Lagny - sur - Marne	102	1	Nogent - le - Rotrou	5	1
La Loupe	43	1	Nogent - sur - Seine	130	1
Lamballe	57	2	Nozeroi	154	1
Lamotte - Saint - Heraye	149	1	Noyers	13	1
Landau	161	2			
Lanion	115	1	Oléron	123	3
La Réole	29	2	Orange	69	7
Les Ricey	47	2	Orthez	123	2
Lesvans	4	2	Ovans-Sérène	143	1
Libourne	29	2	Périgné	103	1
Ligny	19	4	Phalsbourg	107	1
Loches	167	2	Pithiviers	120	2
Lodève	111	3	Poligny	154	1
Loriol	69	1	Pont-à-Mousson	192	11
Louhans	41	1	Pontarlier	154	2
Louviers	140	1	Pont - Saint - Maxence	156	2
Magny	67	1	Port-Louis	90	1
Mamers	97	1	Puy-l'Évêque	35	1
Maringues	137	1			
Marles	80	1	Quesnoy	170	3
Mayenne	97	3			
Merville	18	1	Redon	172	1
Meulan	98	1	Rembervilliers	191	4
Mirecourt	192	3	Remiremont	191	2
Montbrison	94	1	Ribeauvillé	51	1
Montélimar	69	2	Richelieu	167	2
Montereau	104	1	Roanne	94	1
Montivilliers	71	1	Rocroy	106	1
Montluçon	137	3	Romans	69	3
Morteau	26	1	Roye	119	2
Moustier-en-Der	20	1	Rozoi	104	1
Murat	15	2	Ruffec	8	1
Nangis	130	1			
Nemours	104	2	Saint - André - de-Lubzac	29	1
Nérac	2	2	Saint-Affrique	108	2
Nesle	119	1	Saint-Ambroix	4	1
Neuf-Brissac	51	1	Saint-Amand	170	1
Neuf-Château	192	4	Saint-Amour	89	1
Neufchâtel	55	1			

Saint-Avold	192	2	Stenwoorde	18	1
Saint-Brieuc	57	2	Sumène	83	1
Saint-Céré	35	1	Tarbes	123	2
Saint-Claude	89	1	Thenezai	122	1
Saint-Dié	191	2	Thiers	137	3
Saint-Dizier	72	2	Thionville	107	5
Sainte-Foix	29	3	Thorigny	147	1
Saint-Hippolyte	83	2	Tonneins	2	1
Saint - Jean - de-Luz	21	1	Tonnerre	169	1
Sainte-Marie	167	1	Tourcoing	85	1
Saint-Mihiel	192	3	Tournus	41	2
Saint-Nicolas	192	2	Tulles	86	3
Saint-Paul-trois-Châteaux	69	1	Valence	69	1
Saint-Sever	123	1	Vendôme	28	2
Saint-Tropez	165	1	Vernon	98	1
Sablé	45	1	Vezeline	192	1
Sancerre	75	1	Vic	107	1
Sarrebourg	107	1	Vienne	69	4
Sarreguemines	192	2	Villedieu	53	1
Sarrelouis	107	2	Villefranche	94	2
Saujon	142	1	Villenaux	130	1
Sauve	83	1	Villeneuve	2	2
Sauzai	149	2	Villers-Cotterets	52	1
Saverne	161	2	Villote	19	1
Schelestadt	51	1	Vitré	134	2
Sézanne	169	2	Vitteaux	157	1
Sillé - le - Guillaume	97	1	Wassy	72	1
			Weissembourg	161	3
Sommières	92	2	Yvetot	140	3

NOTE RELATIVE AUX POINÇONS FAUX.

Les œuvres d'art ancien et notamment celles en or ou en argent sont rares. Aussi, plusieurs fabriques d'argenterie, dite ancienne, se sont-elles établies en Allemagne, et, pour leur donner une apparence d'authenticité, des contrefacteurs n'hésitent pas à les frapper de faux poinçons. Ces contrefaçons sont marquées, il est vrai, à leur entrée en France, du *poinçon d'importation*, le *charançon*, qui suffit pour signaler aux connaisseurs leur origine étrangère ; mais, il en est autrement pour la majorité des amateurs, qui s'en rapportent aux vieux poinçons, toujours placés d'une façon apparente. L'invasion de ces œuvres frauduleuses cause un grave préjudice non seulement aux collectionneurs, mais encore aux antiquaires.

COMPRÉHENSION DES ŒUVRES D'ART EN ÉMAILLERIE

CE QU'ON ENTEND PAR ÉMAIL CLOISONNÉ
ÉMAIL CHAMPLEVÉ OU EN TAILLE D'ÉPARGNE
ÉMAIL DE PLITE, ÉMAIL MIXTE
ÉMAIL TRANSLUCIDE OU DE BASSE TAILLE, ÉMAIL DE NIELLURE
ÉMAIL SUR APPRÊT OU ÉMAIL DES PEINTRES
ÉMAIL EN RÉSILLE

Le nom d'émail a été donné à des matières vitreuses diversement coloriées par des oxydes métalliques, subissant une cuisson analogue à celle du décor de la céramique. Cette expression, qui a été appliquée, à tort, à la faïence émaillée, doit être réservée pour désigner l'émail mis en fusion sur un *excipient* en métal.

On dit généralement une peinture en *émail* sur porcelaine ; une porcelaine *émaillée* ; il faut se garder d'attribuer au mot *émail* une valeur toujours absolue. Appliquée sur son *excipient*, la décoration polychrome de la porcelaine devient un *émail* ; grâce aux combinaisons opérées dans le moufle, elle s'incorpore avec la *couverte*, sorte d'émail blanc qui passe ainsi à l'état d'*émail colorié*.

Les *émaux* sont *opaques* ou *transparents* ; leur opacité est obtenue par une addition à la masse vitreuse d'une certaine quantité d'oxyde d'étain. Par métonymie, on donne le nom d'*émail* à toute œuvre

(1) Un curieux passage du rhéteur grec Philostrate semble prouver que l'art, inconnu de l'antiquité, d'appliquer par le *feu* les émaux sur les métaux était pratiqué dès le troisième siècle par les nations *barbares* (Gaulois, Belges, Bretons) habitant le littoral de l'Océan. C'est donc un Art que la France peut revendiquer comme *national*. Les preuves abondent pour signaler, dès le onzième siècle, l'importance des ateliers de *Limoges* sous le rapport de la réputation attachée au nom de ses artisans, et même de son *monopole* pour cette fabrication spéciale.

d'art ou objet de haute curiosité, en or, en argent, en platine, en cuivre ou en fer émaillé.

Les procédés de décoration, correspondant à des époques très distinctes, forment sept divisions principales ; leur dénomination varie selon les procédés employés.

1º *Émail* cloisonné. — 2º *Émail* champlevé ou *émail* en taille d'épargne. — 3º *Émail* mixte. — 4º *Émail* de plite, de plique ou d'oplite. —, 5º *Émail* translucide sur relief ou de basse taille. — 6º *Émail* de niellure. — 7º *Émail* sur apprêt ou *Émail* des peintres.

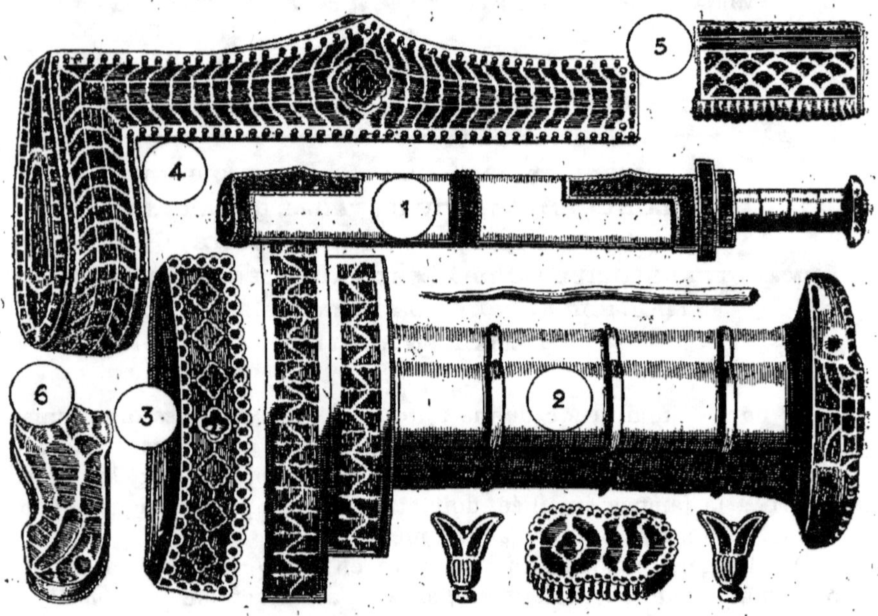

EXEMPLES DE CLOISONNAGE MOBILE

Fig. 895 à 900. — Monuments en *cloisonnage mobile*, propre aux émaux grecs, provenant du tombeau de Childéric Iᵉʳ (458 † 481), découvert à Tournay, le 25 mai 1653.

Nous avons représenté le *scramasaxe*, reconstitué, et des détails de la monture (2, 3, 4) ainsi que deux abeilles et deux fragments (5 et 6).

Bibliothèque Nationale (Cabinet des Antiques), Paris.

IVᵉ AU XIIᵉ SIÈCLE

CE QU'ON ENTEND PAR ÉMAIL CLOISONNÉ

Les *émaux cloisonnés* ont été obtenus de deux manières : 1º en sertissant de petits morceaux de verre, des petites tables de pâtes de verre colorés, entre des *cloisons* fixées de champ sur un fond de métal ; c'est, à la translucidité près, de petits vitraux dont les *verges* ou *vergelles* en plomb sont remplacées par le cuivre, ou par un métal précieux, une *mosaïque* dont les fragments vitreux sont maintenus entre eux, assemblés, à l'aide de lames minces ; 2° en remplissant de pâtes d'émail chaque espace *enclavé* dans un *cloisonnage*.

La première manière n'a point besoin d'être définie ; voici, en ce qui concerne la seconde, la description du procédé employé. Sur

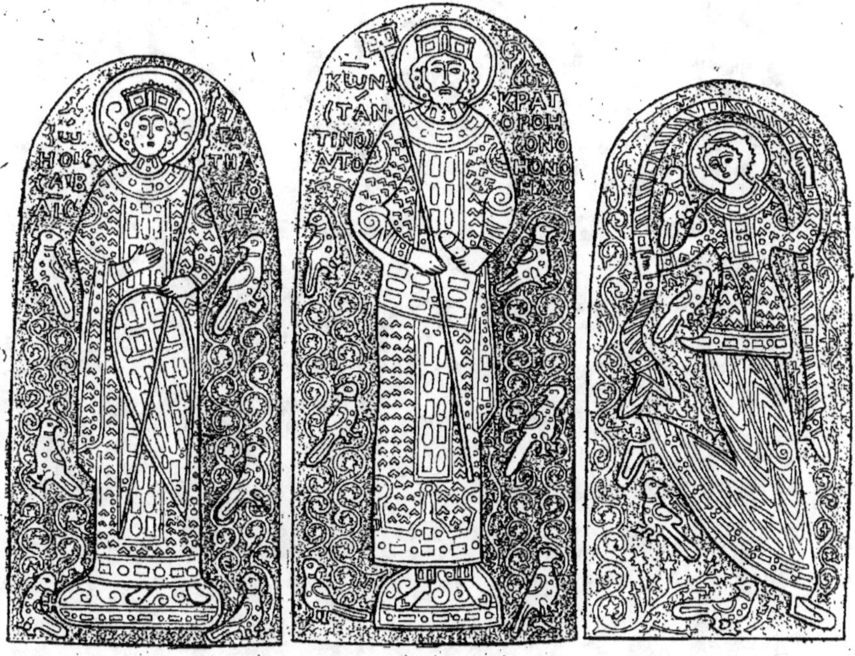

EXEMPLES D'ÉMAIL CLOISONNÉ SUR UN EXCIPIENT EN OR

Fig. 901 à 903. — X^e-XIe SIÈCLES. — ART BYZANTIN
Musée national hongrois, Budapest.

Constantin Monomaque (surnom de Constantin IX, empereur d'Orient) (960 ? ✝1028) et deux impératrices. L'or, métal ductile et très flexible, fut employé, comme *excipient*, pour les cloisonnages des anciens émaux byzantins.

un fond en métal, dit *excipient*, or, argent ou cuivre, sur lequel il était indispensable que le dessin fût bien arrêté, tracé à la pointe, dans la silhouette générale et ses principales divisions, l'artisan disposait, à l'aide d'une pince, des filets de métal, soit en or, en argent ou en cuivre, placés sur champ, en leur faisant suivre les traits mêmes de la silhouette, formant ainsi une série de *cloisons*, un *cloisonnage* qui donnait la représentation du dessin, hérissé pour ainsi dire, et offrait une série d'alvéoles analogues à ceux d'un gâteau de miel, mais de formes irrégulières. Ces *cloisons*, fixées soit à la gomme, soit à la cire,

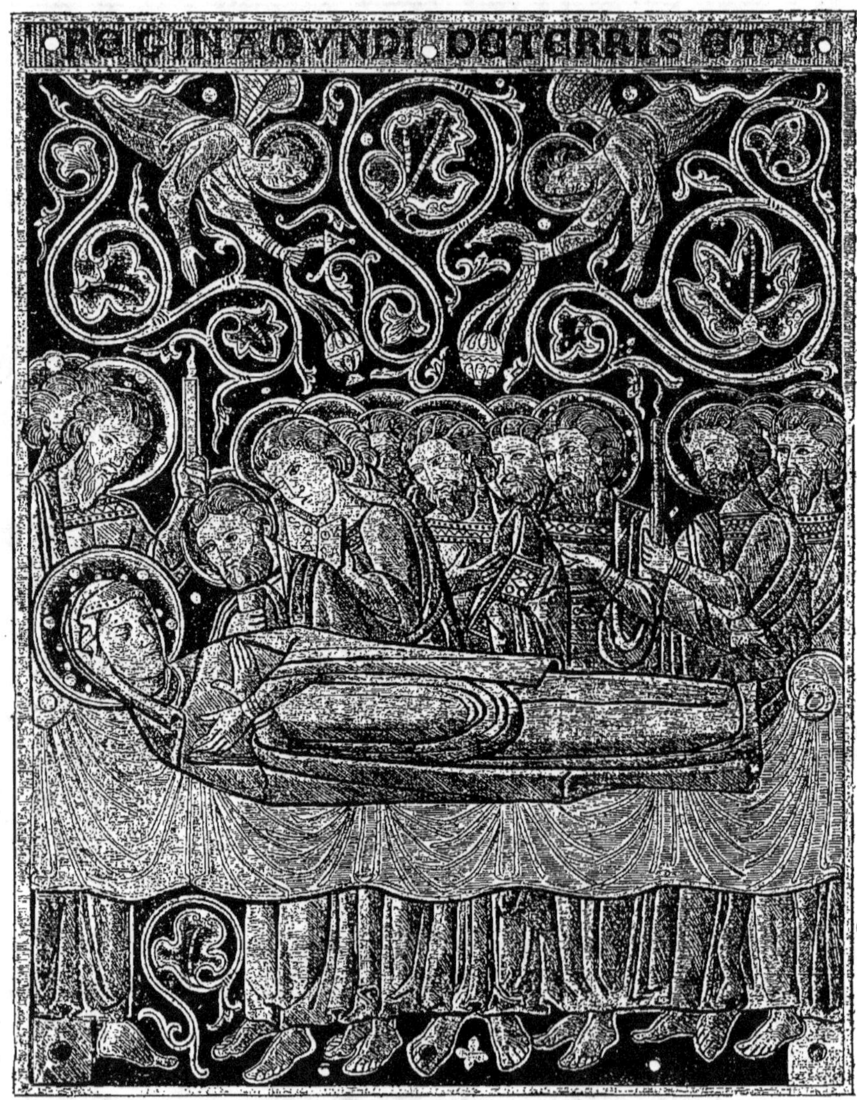

EXEMPLE D'ÉMAIL CHAMPLEVÉ

XIIIᵉ SIÈCLE. — ÉCOLE DE LIMOGES
Fig. 904. — LA MORT DE LA VIERGE.
Musée du Louvre, Paris.

La Vierge, nimbée, a la tête recouverte d'un voile et est étendue sur un lit à drapérie. Les douze apôtres sont placés en arrière, et deux d'entre eux portent un cierge à la main. Deux anges nimbés et tenant des encensoirs se voient au-dessus de la composition. Les nimbes, les drapéries du lit, les fleurons et les nuages sont émaillés, en *champlevage*, ainsi que le fond.

puis soudées à la plaque de métal, dont on avait légèrement relevé les bords en cuvette, isolaient les pâtes d'émail, formées de verre pulvérisé et d'essence, dont on remplissait leurs intervalles.

Après la fusion, la chaleur ayant fait fondre ce qui se trouvait entre chaque cloisonnage, mais ayant été assez basse pour respecter le métal, on laissait refroidir la pièce. La surface étant devenue inégale, comme poreuse, à cause de petites bulles d'air venues y crever, et concave par le retrait causé par l'agrégation de la matière, on polissait l'émail, unissant ainsi les filets de métal, *cloisonnages* n'ayant souvent que l'épaisseur d'un cheveu. Ces filets de métal, formant autant de traits effilés, brillants et que l'on pouvait dorer ou argenter au feu, délimitaient le dessin par des treillis brillants. Ajoutons que les émaux étaient souvent *glacés* en passant, à l'aide d'une dernière cuisson, une légère couche de verre translucide.

XIIᵉ, XIIIᵉ ET XIVᵉ SIÈCLES
CE QU'ON ENTEND PAR ÉMAIL CHAMPLEVÉ OU EN TAILLE D'ÉPARGNE

On a pu se rendre compte que, dans les *émaux cloisonnés*, le *grillage*, le *cloisonnage* qui isole et retient, soit les petites plaques de verre, soit

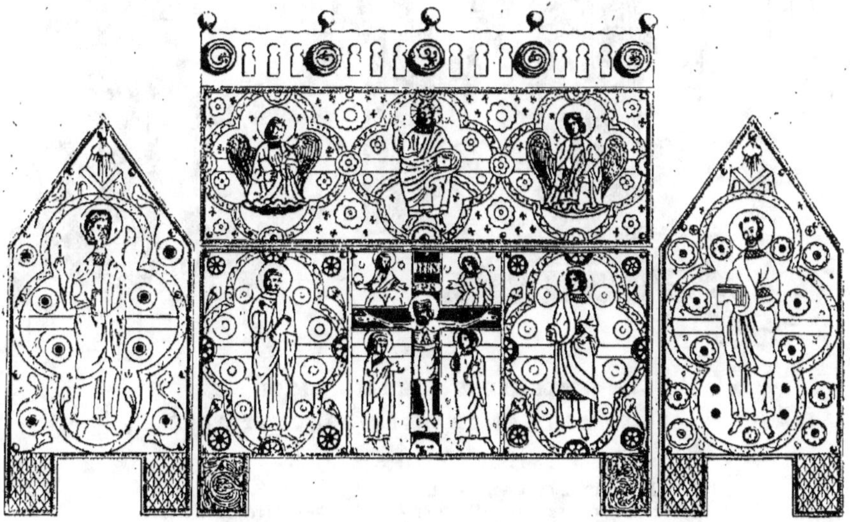

XIIᵉ SIÈCLE — ATELIERS BYZANTINS
Église de Villemaur (Aube).

Fig. 904 *bis*. — Les figures de ce reliquaire (dont il ne reste que la face principale, les parties latérales et la toiture) *sont presque toutes entièrement en saillie* ; quelques-unes n'ont que la *tête en bas-relief*.
Elles représentent le Christ en croix, le *Dieu de majesté*, les apôtres et les martyrs.

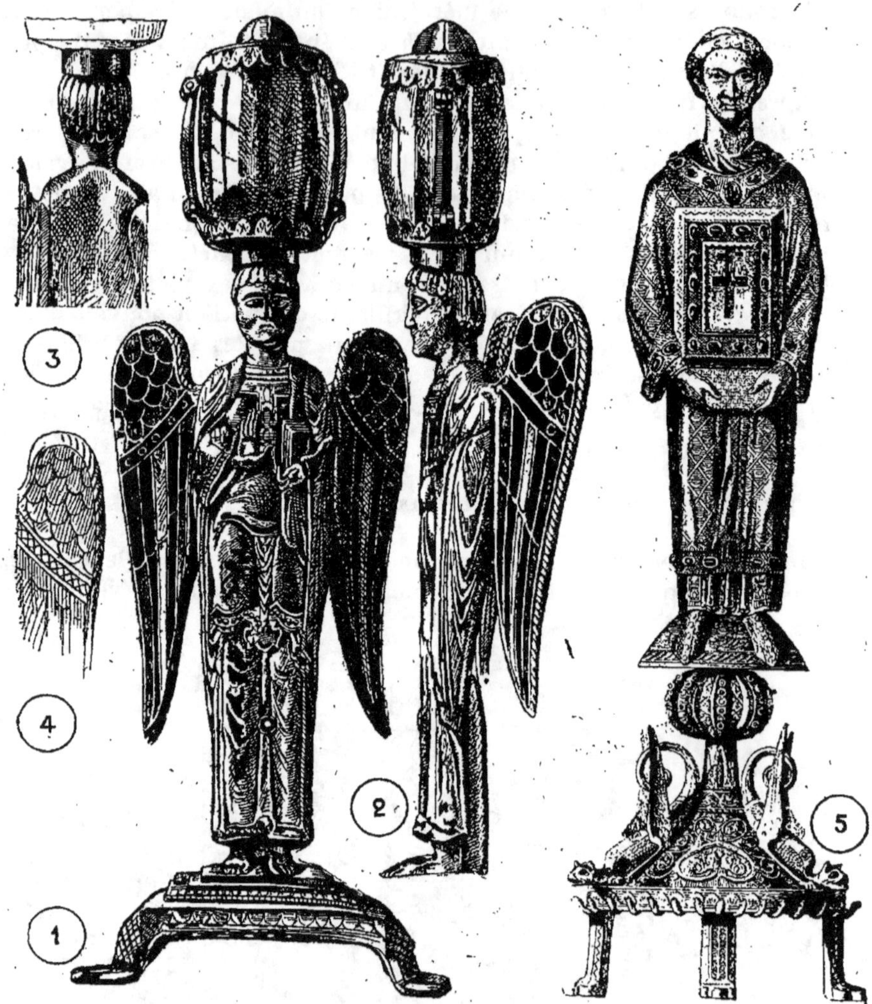

EXEMPLES D'ÉMAIL MIXTE
CLOISONNAGE ET CHAMPLEVAGE JUXTAPOSÉS

XIIe ET XIIIe SIÈCLES

XIIe SIÈCLE. (1 A 4). — Fig. 905 A 908. — SAINTUAIRE.
Trésor de l'église Saint-Sulpice-les-Feuilles (Haute-Vienne).
XIIIe SIÈCLE. (5). — Fig. 909. — SAINTUAIRE.
Reliquaire de Saint-Étienne de Murat.

Nous avons dit que les *émaux incrustés* s'exécutaient de deux manières : 1° par *cloisonnage* et 2° par *champlevage*. Divers auteurs ont donné, à ces procédés, dont le résultat est le même, des dates et origines diverses. Or, nous les trouvons réunis dans la technique du *reliquaire à l'ange* : sur les ailes, les émaux, de nuance différente, sont séparés par des lignes verticales *réservées* dans le métal du fond ; et de petits cercles métalliques *cloisonnent*, sans soudure, des points d'émail dans une bande transversale.

l'émail en poudre, est en quelque sorte mobile, qu'il n'adhère que d'une manière artificielle à l'*excipient*, sur lequel il est fixé.

Pour obtenir des *émaux champlevés*, dits *émaux incrustés* ou *émaux en taille d'épargne*, l'artisan prenait une plaque de métal, d'une certaine épaisseur, sur laquelle il commençait par tracer, à la pointe, les principales lignes du dessin qu'il voulait reproduire. Puis, à l'aide d'un burin, il creusait des alvéoles, *champlevait, incrustait, taillait* plus ou moins cette plaque de métal dans toutes les parties destinées à recevoir la poudre d'émail, *levant* en quelque sorte des morceaux de ce *champ* de métal, *épargnant* les cloisons qui restaient adhérentes au fond. La fusion de la poudre d'émail, le polissage des émaux, la dorure ou l'argenture des parties apparentes de filets, s'obtenaient par les mêmes procédés que ceux employés pour les *émaux cloisonnés*.

On a pu ainsi graver de vastes surfaces, et l'outil du *champleveur* a creusé le métal avec plus de sûreté que ne l'avait travaillé la pince du *cloisonneur* ; les déformations, par l'action du feu, ont été moins à redouter pour les plaques, relativement épaisses, des *émaux champlevés* que pour celles, beaucoup plus minces, des *émaux cloisonnés*.

Ce n'est qu'à la fin du douzième siècle que Limoges, abandonnant aux orfèvres l'émaillerie, sur métaux précieux, l'appliqua exclusivement au cuivre doré.

XIIe, XIIIe ET XIVe SIÈCLES
CE QU'ON ENTEND PAR ÉMAIL DE PLITE, DE PLIQUE OU D'OPLITE

Par *émaux de plite*, de *plique* ou d'*oplite*, on entend des émaux exécutés sur des plaques de petites dimensions et montés de manière à pouvoir être *appliquées*, vissées, serties ou soudées sur un coffre, une pièce d'orfèvrerie, ou même cousus sur étoffe. L'*émail semé* est une

---

NOTE RELATIVE AUX FIGURES 905 à 909. — Ange en bosse, de cuivre doré émaillé, porté sur un pied carré, et qui a sur la tête un petit reliquaire en cristal garni de cuivre doré, sur lequel est ce billet : *De sancto Juniano*. On y a trouvé un os du doigt plié avec cet écrit : *Sancti Juniani, confessoris* et quelques cendres.

Les *inventaires* ne font pas mention de ce cristal, ni des reliques qu'il renferme, ce qui fait croire qu'elles y ont été mises postérieurement.

On reconnaît, dans la technique du *Reliquaire à l'ange*, deux manières très différentes : le pied carré, gravé et élevé sur quatre pattes, ainsi que la lanterne de cristal, appartiennent certainement à l'industrie limousine ; mais l'ange en cuivre fondu et ciselé, à l'attitude raide, aux vêtements serrés a, depuis longtemps, provoqué les discussions des archéologues.

Les savants Léon Palustre et X. Barbier de Montault, qui ont examiné cette pièce à l'exposition de Limoges, en 1866, et ont pu l'étudier de près, la considèrent comme étrangère au Limousin.

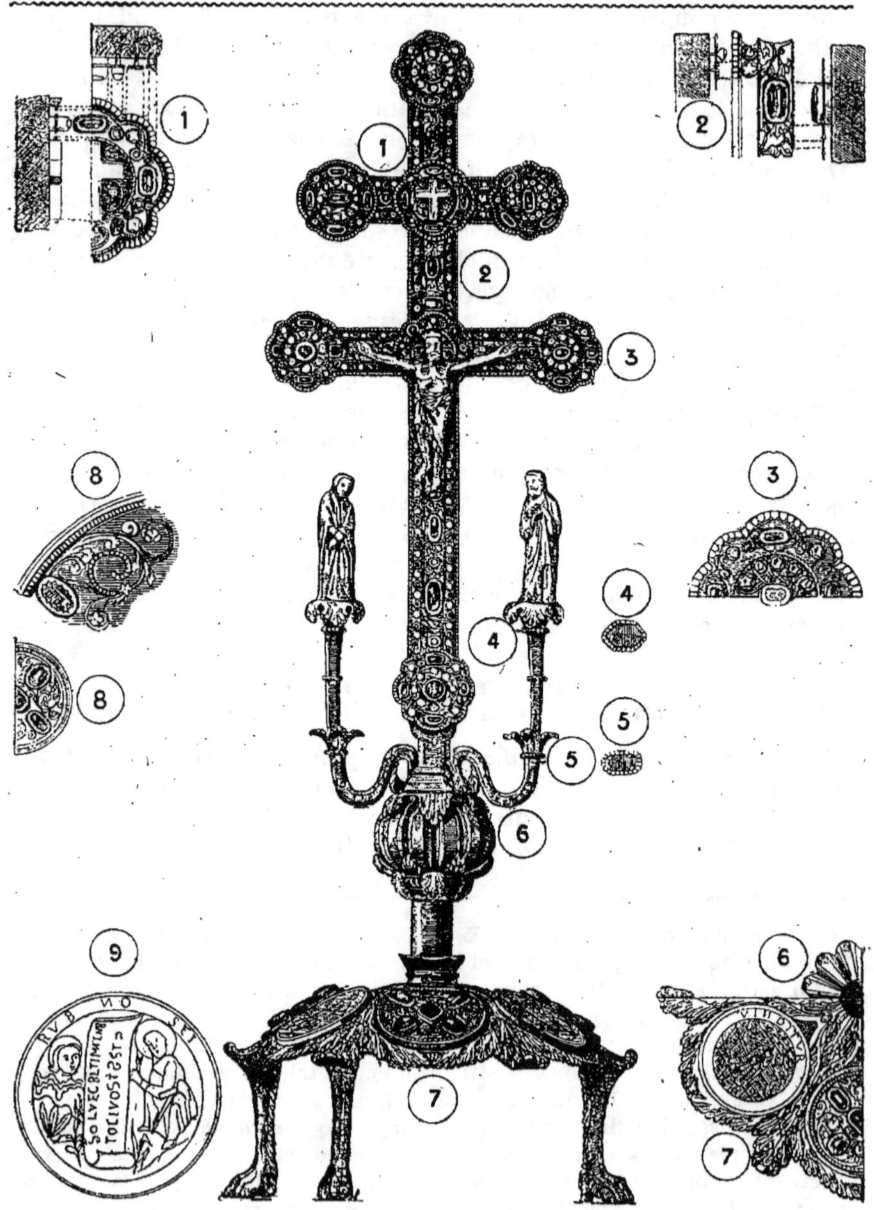

EXEMPLES D'ÉMAIL DE PLITE, DE PLIQUE OU D'OPLITE

XIVᵉ SIÈCLE. — ATELIERS DE LIMOGES
Fig. 910 à 918. — Reliquaire de la vraie Croix.
Musée du Louvre, Paris.

variété des *émaux de plite ou d'applique* et, lorsqu'il est mention, dans les *inventaires* de *lyeures*, d'*émaux semés* de plusieurs chatons, ce sont évidemment les liens ou encadrements qui servaient à fixer les *émaux semés* sur la pièce d'orfèvrerie, eux-mêmes semés de pierres fixées dans des chatons. Les *émaux de plite à jour* sont des plaques de petites dimensions, évidées et découpées, émaillées avec soin, serties ou soudées sur des pièces d'orfèvrerie de grandes dimensions. Appliqué au verre ou au cristal, les *émaux de plite à jour* forment une sorte d'enveloppe en treillis à jour.

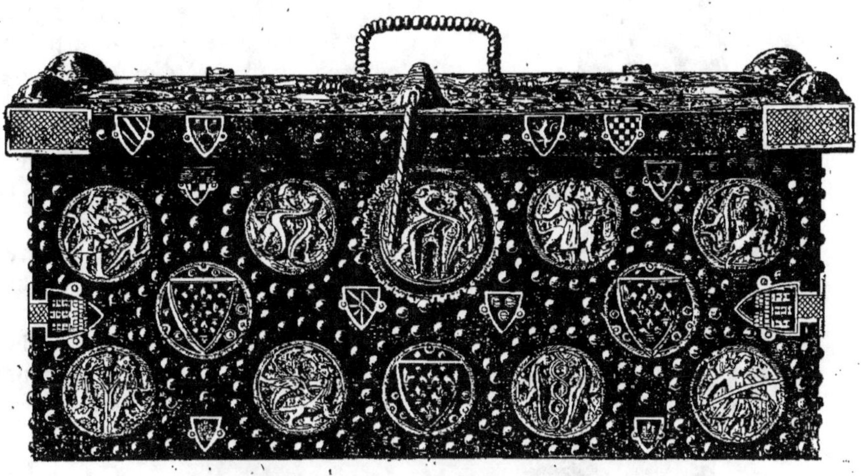

EXEMPLE D'ÉMAIL DE PLITE OU DE PLIQUE

FIN DU XIIIe SIÈCLE. — ATELIERS DE LIMOGES.
Fig. 919. — Coffret dit de saint Louis.
Musée du Louvre, Paris.

Dans les *chroniques* du commencement du quatorzième siècle, les émaux de *plite* sont rarement mentionnés, et se trouvent principalement désignés pour être appliqués à la décoration de calices en or.

Note relative aux figures 910 a 918. — Au quatorzième siècle, on appelait *lyeures* les liens qui fixaient les émaux de plite et leur servaient d'encadrement ; on les ornaient de pierres précieuses.

Cette croix, semée de pierres précieuses serties sur un fond de *filigrane*, est ornée aux extrémités de ses six branches ainsi qu'à leurs points de croisement, de rosaces à huit *lobes*. Elle porte l'image du Christ surmontée, à la place indiquée par une croix unie, de la sainte Relique.

Deux branches recourbées, ornées de bagues et de bourgeons de feuilles, surgissent d'une boule godronnée dont on voit le profil en 6, supportent deux figures. Le prolongement du fût vient se fixer sur un riche trépied dont la surface supérieure (détail 7) est recouverte de six médaillons alternés, de pierres incrustées servant de *lyeures*, c'est-à-dire fixant des *émaux de plite* (8) et des émaux *cloisonnés* (9).

Les figures 1, 2, 3, 4 et 5 donnent l'emplacement et le profil, ou détail de la décoration, ainsi que la mise en place des pierres précieuses.

On trouve encore, dans les *inventaires*, des émaux désignés sous le nom d'*émaux de plite à jour*.

XIVᵉ ET XVᵉ SIÈCLES
CE QU'ON ENTEND PAR ÉMAIL D'AZUR

Le terme *plique* viendrait de *applicare*, *appliquer*, *mettre sur*, parce qu'en effet les dessins, dans les *cloisonnés*, sont exprimés par des bandelettes d'or appliquées, posées sur le fond, et non pas par des filets de métal y tenant pris aux dépens de celui de la pièce, comme dans les émaux *champlevés*.

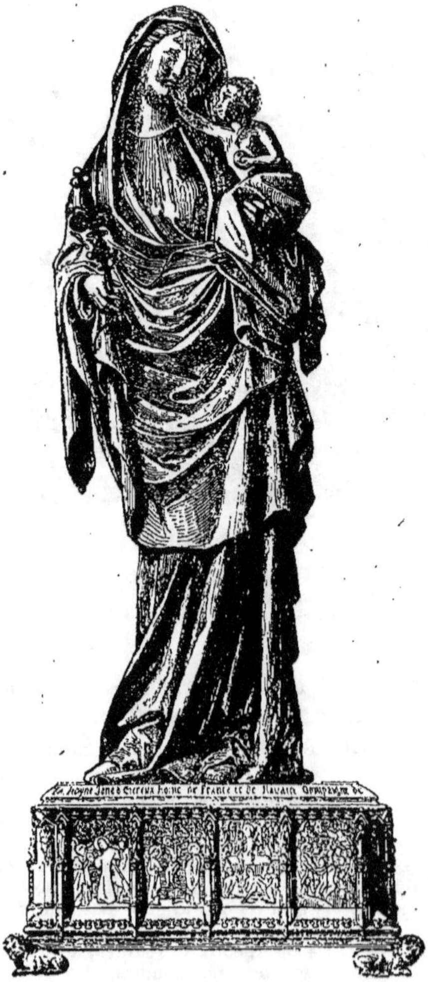

On appelle *émail d'azur* celui qui décore le reliquaire donné à l'abbaye de Saint-Denis par la reine Jehanne d'Évreux, en 1339, veuve de Charles le Bel, un des plus beaux échantillons de l'art de ce temps.

L'émail est transparent ; le bleu et le rouge sont les seules couleurs dont on fait usage pour ce précieux monument.

XIVᵉ, XVᵉ SIÈCLES
CE QU'ON ENTEND PAR ÉMAIL TRANSLUCIDE SUR RELIEF DIT DE BASSE TAILLE

Les *émaux translucides*, qui ont la propriété de s'identifier avec la ciselure et présentent l'aspect d'une fine peinture métallique, étaient obtenus par des *basses tailles*.

Sur une plaque d'or ou d'argent, souvent de peu d'épaisseur, l'artisan déterminait, par une intaille destinée à retenir l'émail, le contour du champ que la partie à émailler devait occuper, puis, avec de très fins outils, y gravait en *basse taille* la figure ou le

EXEMPLE D'ÉMAIL D'AZUR

XVᵉ SIÈCLE. — Fig. 290.
Figure-reliquaire de Jehanne d'Évreux.
Musée du Louvre, Paris.

sujet qu'il voulait reproduire. Les parties les plus saillantes des carnations et des vêtements présentaient alors un très léger relief ; les traits du visage n'étaient souvent rendus que par une *intaille*.

Au commencement du seizième siècle, lorsque ce genre d'émaillerie tendit à sa perfection, on prépara l'excipient d'or ou d'argent, en le fixant par la chaleur sur un stuc composé de poix et de brique pilée,

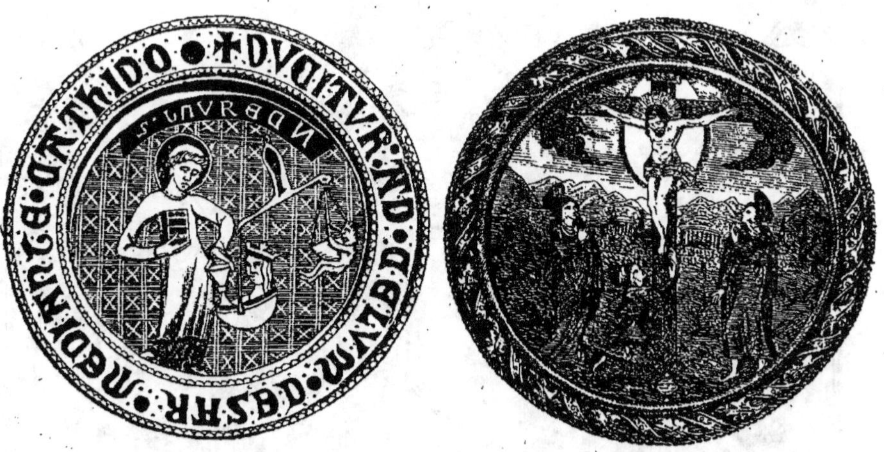

EXEMPLES D'ÉMAIL TRANSLUCIDE DIT DE BASSE TAILLE

XIVᵉ SIÈCLE. — ART ALLEMAND.

Fig. 921 et 922. — ÉMAUX TRANSLUCIDES SUR RELIEF, DITS DE BASSE TAILLE.
Provenant du reliquaire de saint Henri. Ancienne collection Basilewski.

mélangé avec un peu de cire. Après avoir tracé, avec un compas, le contour du champ que devait remplir l'émail, l'artisan abaissait toute cette partie de la plaque sur l'épaisseur qu'il jugeait à propos de donner à l'émail ; puis il dessinait alors, sur la partie abaissée de la plaque, le sujet à reproduire et le gravait en relief.

Les différentes couleurs d'émail devaient être, avant tout, pulvérisées dans l'eau, dégraissées et lavées. L'eau en était ensuite exprimée ; puis, ces soins pris, l'artisan commençait à émailler le *bas-relief* en procédant ainsi qu'il suit : il prenait les émaux en pression avec une petite spatule de cuivre, puis les étendait peu à peu, en couche très légère, sur la ciselure, en distribuant les différentes couleurs.

La pièce, ainsi préparée et placée sur une plaque en fer, pouvait être portée au feu, en prenant soin de ne l'approcher que peu à peu pour qu'elle s'échauffât graduellement. Lorsque la plaque était suffi-

samment chaude, on la mettait au milieu du fourneau, en observant
attentivement l'instant où l'émail commençait à fondre ; puis on le

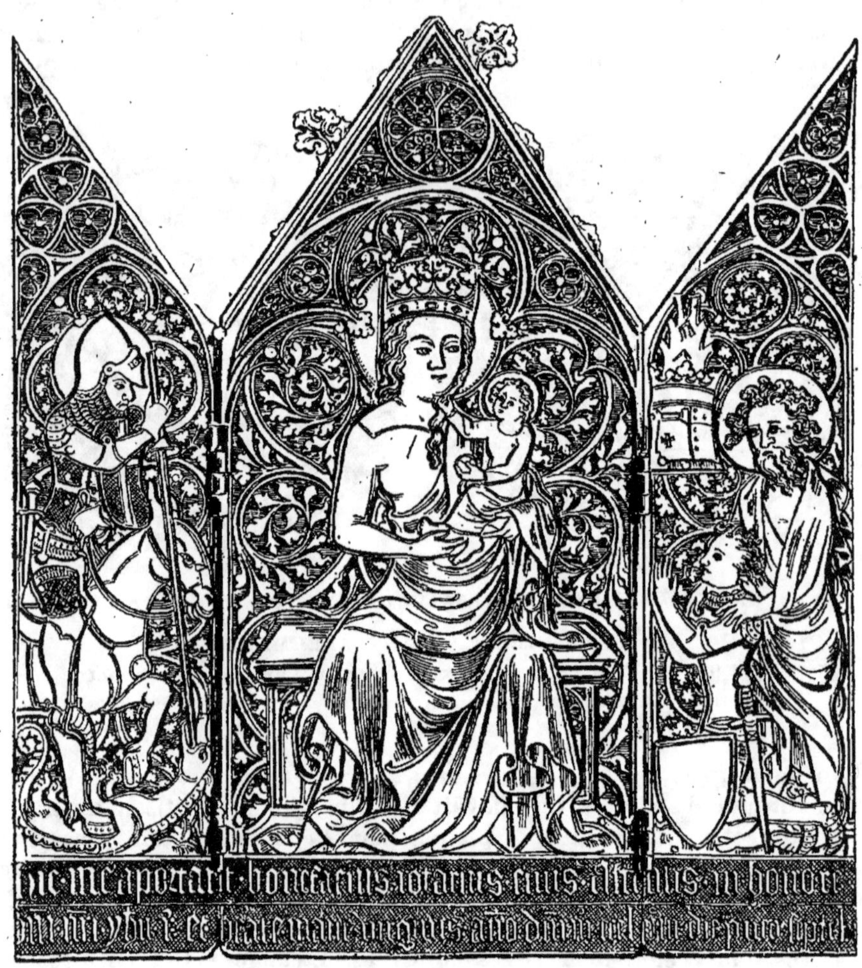

EXEMPLE D'ÉMAIL DIT DE NIELLURE

XIVe SIÈCLE. — ART ITALIEN.
Fig. 923. — TRIPTYQUE DE LA MADONE DE ROCCIAMELONE.
Trésor de la cathédrale de Suse.
(Consulter, au bas de la page suivante, la note relative à la figure ci-dessus.)

retirait. La pièce étant refroidie, on la chargeait d'une seconde
couche d'émail aussi légère que la première, et on la remettait au

fourneau, jusqu'à ce que l'émail entrât en fusion. Après refroidissement, l'artisan amincissait l'émail jusqu'à ce qu'il fût suffisamment transparent.

Les émaux, employés pour ce genre d'émaillerie, présentent une gamme de couleurs assez variée ; on y trouve des verts, rosés, rouges, violets, gris, noirs, et plusieurs sortes de brun et de bleu clair. L'émail blanc et l'émail bleu-lapis, toujours opaques, ne sont pas employés et, comme la couleur de chair a pour base l'émail blanc qui lui donne l'opacité, les carnations dans les *émaux sur relief* sont rendues par le fond même du métal, recouvert à leur endroit d'un émail incolore, ou d'un émail légèrement violacé.

C'est, en résumé, ce procédé de translucidité en tant que *basse taille* qui a été employé, vers la moitié du dix-neuvième siècle, à Rubelles, pour fabriquer des faïences à fond légèrement modelé noyés sous une couche d'émail ombrant, monochrome.

XVe, XVIe, XVIIe et XVIIIe SIÈCLES

CE QU'ON ENTEND PAR ÉMAIL SUR APPRÊT
ou
ÉMAIL DES PEINTRES

Vers le milieu du quinzième siècle, une nouvelle pratique s'introduisit dans l'émaillerie. C'est encore la gloire de Limoges d'avoir su régénérer cet art et d'avoir donné, une seconde fois, son nom à un différent genre d'émail.

Les divisions générales de l'*émail sur apprêt* ou *émail des peintres*

CE QU'ON ENTEND PAR ÉMAIL DE NIELLURE

Note relative a la figure 923. — Lorsque nous nous occuperons des divers procédés de gravure sur bois et sur métal, et que nous donnerons l'explication de termes usités pour en reconnaître la manière, ainsi que des indications permettant de discerner les *divers états* de gravures, nous consacrerons un chapitre aux estampes dites en niellure. La *nielle*, c'est-à-dire un *magma* d'argent très fin, de cuivre et de soufre pulvérisés et traités par le feu, a été confondue avec l'*émail noir*. Une couverture de manuscrit, conservée à la Bibliothèque nationale, à Paris, et décrite dans un *inventaire* de 1480, comme *niellée*, ne laisse aucun doute à cet égard ; c'est une plaque d'argent gravée en *taille d'épargne* et *émaillée de noir*. On employa l'*émail* noir avec les procédés d'*émaux en taille d'épargne, en basse taille*, ou en apprêt, c'est-à-dire peints.

Le triptyque représenté ci-contre est en bronze, entaillé sur traits comme une sorte de *nielle*. Ce monument date de l'an 1338 ; il fut offert au Dôme de Suse par Boniface Rocro. A la droite de la Vierge on remarque saint Georges, armé de toutes pièces et, à la gauche, se trouve la figure du *donateur* accompagnée de son saint patron.

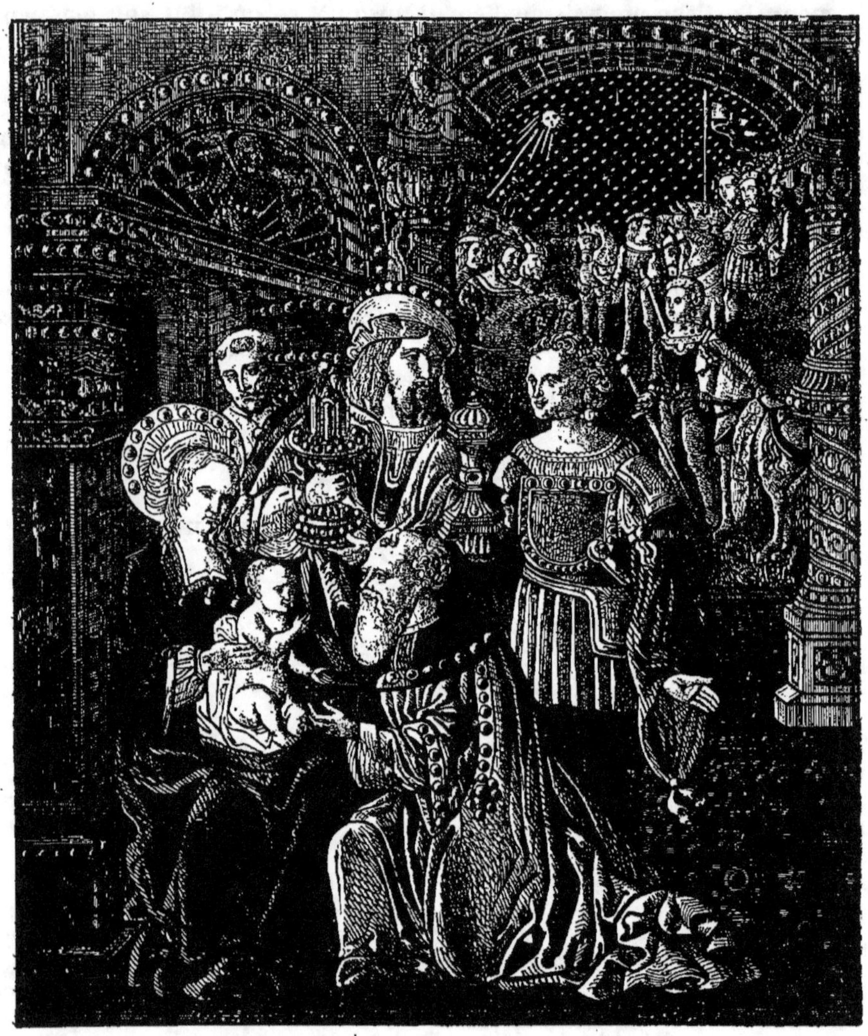

EXEMPLE D'ÉMAIL SUR APPRÊT

XVe-XVIe SIÈCLES. — ATELIERS DE LIMOGES.

ŒUVRES DE JEHAN Ier, PENICAUD, DIT L'ANCIEN. — *Ancienne Collection Basilewski.*

Fig. 924. — Nous attribuons cette adoration des Mages à Jean Ier Penicaud, dit l'Ancien, un des maîtres de cette brillante école limousine qui nous a valu de nombreux chefs-d'œuvre.

La Vierge est assise à gauche, à l'entrée d'un palais d'une architecture fabuleusement riche (véritable *anachronisme*). Un des rois est agenouillé devant la Vierge et l'Enfant-Dieu. Les deux autres, debout et vêtus de costumes de la fin du XVe ou du commencement du XVIe siècle, tiennent en mains leurs présents. Une suite nombreuse de mages apparaît au dernier plan.

Les émaux sont très coloriés ; les chairs violet foncé. — Fond avec rehauts d'or.

peuvent se ramener à : 1° *émaux polychromes* ; 2° *émaux en grisaille* ou *grisailles*. En voici les caractéristiques.

SECONDE MOITIÉ DU QUINZIÈME SIÈCLE

Dès le milieu du quinzième siècle, les plis et les saillies son rendus par une plus grande épaisseur d'émail, mais avec teinte uniforme ; puis, quelques années plus tard, par un dessin léger à la pointe sur le cuivre. Une couche légère d'*émail translucide* couvre la plaque ; un filet d'émail foncé rend les lignes du dessin ; les fonds cernés par ce filet sont remplis par l'émail qu'il semble cloisonner : un émail noir ou violet foncé est placé sur les chairs des personnages ; c'est avec la plus ou moins d'épaisseur d'une couche d'émail blanc appliqué que les demi-teintes sont formées en même temps que certains reliefs ; les *rehauts d'or* marquent les parties éclairées.

SEIZIÈME SIÈCLE

On couvre la plaque d'un émail noir sur lequel on dessine en émail blanc ; les différences d'épaisseur forment les demi-teintes, qui sont aussi produites par un grattage ou enlevage. On emploie des rehauts d'or et de blanc ; les carnations ont une teinte rosée et non violacée.

DIX-SEPTIÈME SIÈCLE

Époque de décadence, les artisans forment des sortes de *bas-reliefs en pâte d'émail blanc*, sur lesquels ils peignent une couche légère en émail coloré.

Au lieu de fondre l'émail opaque dans des alvéoles, ou l'*émail translucide* sur des ciselures creusées dans l'*excipient*, on couvre entièrement le métal d'une couche d'émail, à l'aide duquel on chercha à produire les effets des *émaux translucides* sur relief.

ÉMAIL SUR APPRÊT, OU ÉMAIL DES PEINTRES

Le dessin à reproduire étant tracé à la pointe sur la plaque de métal, on le recouvrit tantôt d'une couche mince d'émail blanc, tantôt de *paillons* d'or ou d'argent (1). Sur ce fond, on ébauchait le dessin en noir, par des hachures et des traits posés au pinceau. Dans le principe, les carnations, dans ces émaux, dits *émaux en résille*, étaient exprimées par un émail violet translucide posé sur

---

(1) Les *paillons* sont de petites plaques très brillantes, que les artisans faisaient adhérer sur quelques parties de la plaque qu'ils devaient émailler. L'emploi exclusif du *paillon* donnait, à cette pièce, un éclat magique. Des feuilles d'or et d'argent, battues très minces, imitant l'éclat des métaux et des pierres fines, étaient collées sur toute l'étendue de plaques de cuivre et découpées selon les contours des figures et juxtaposées : l'argent pour être recouvert par les bleus, les verts, les violets ; l'or par les rouges, les jaunes et les bruns. On se servait du mucilage extrait des pépins de coings pour fixer ces feuilles de métal sur l'*excipient*. Une fois qu'ils étaient collés, bien étendus, on traçait en noir vitrifiable, les contours des figures de la composition et on indiquait les draperies,

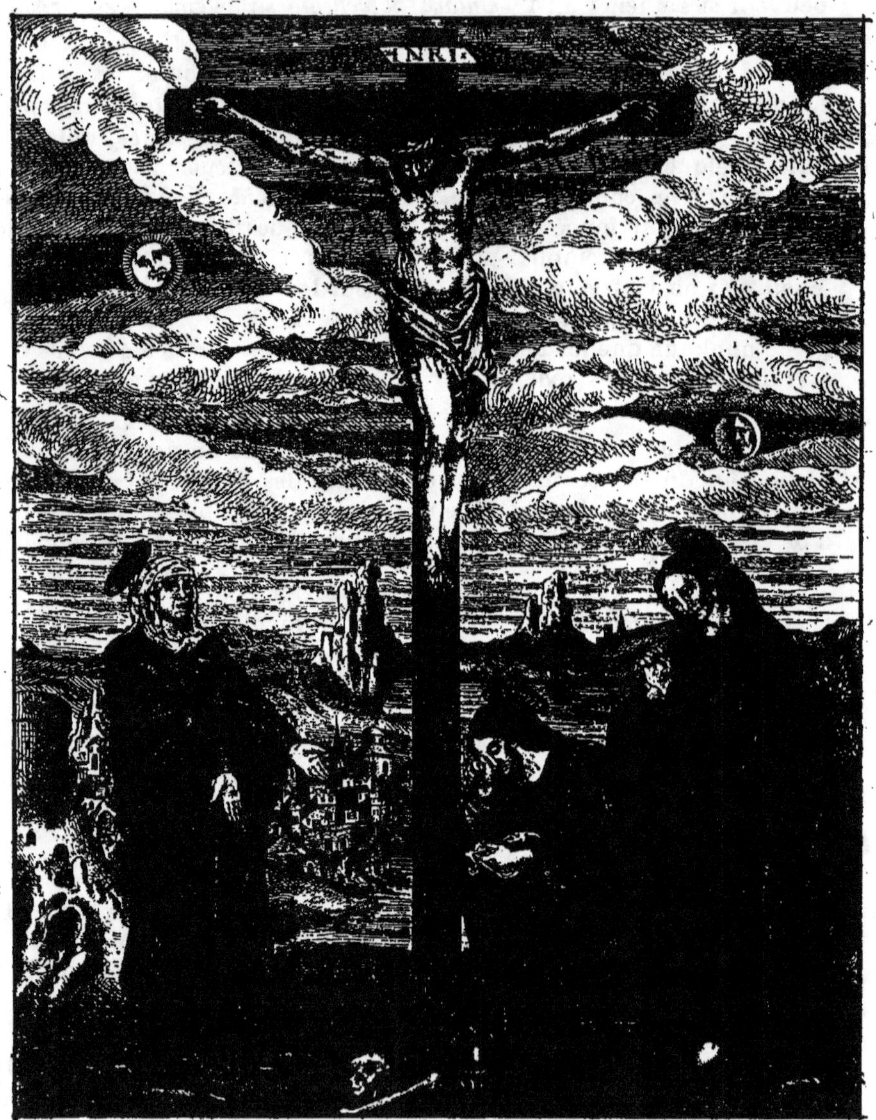

EXEMPLE D'ÉMAIL DES PEINTRES

FIN XVI⁰ SIÈCLE. — ATELIERS DE LIMOGES.
Fig. 925. — ÉMAIL PEINT, ŒUVRE DE JEHAN LIMOSIN.
Ancienne Collection H.-B. de Montegut.

Ce grand émail fait connaître Jehan Limosin avec une manière nouvelle, celle d'un réalisme puissant, ne présentant ni incorrection dans le dessin, ni trivialité dans l'expression. (Voir n⁰ 13, page 239.)

fond blanc et éclairé par des touches d'émail blanc. Les traits du visage et les divisions des extrémités étaient redessinés en noir. Pour les drapreies, costumes et accessoires, on employa encore l'*émail translucide*, de façon à laisser apparaître le dessin et le modelé *sous-jacents*, pour exprimer les ombres. Des rehauts d'or étaient appliqués sur les lumières.

CE QU'ON ENTEND PAR GRISAILLES

Vers la moitié du seizième siècle, on adopta un autre procédé auquel on a donné le nom de *grisailles*.

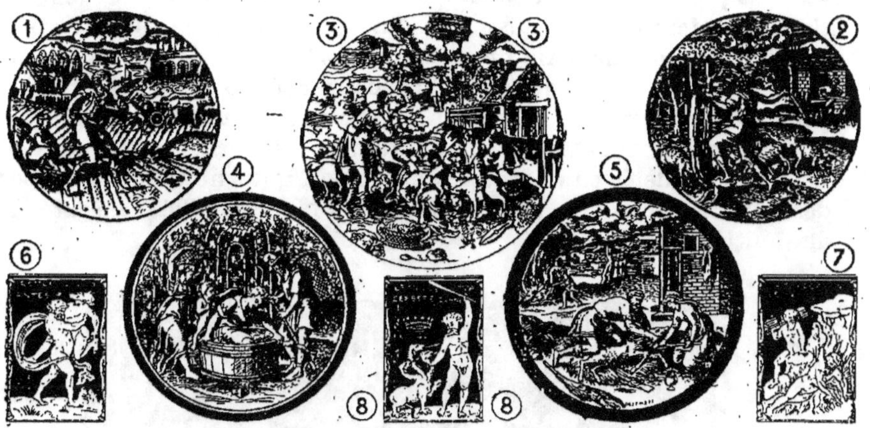

EXEMPLES D'ÉMAIL DIT EN GRISAILLE

XVIᵉ SIÈCLE. — ATELIERS DE LIMOGES.
Fig. 926 à 933. — 1 à 5. LES MOIS DE L'ANNÉE. — 6 à 8. DÉTAILS DE SALIÈRES.
Musée du Louvre, Paris.

Pour obtenir les *grisailles*, on recouvrait le métal d'une couche d'émail noir virant, plus ou moins, au bleu ou au violet, et qui recevait une couche mince de poudre humide d'émail blanc, sur laquelle le dessin était modelé légèrement à la pointe, ainsi que fait un graveur à l'eau-forte. Ce qui dépassait les contours était enlevé de façon à laisser le fond nu. Cette préparation, fixée par la chaleur, était modelée par la superposition de nouvelles couches d'émail blanc, d'autant plus épaisses que la lumière devait être plus vive. Quelques traits d'or pour dessiner les accessoires complétaient les tons, parfois glacés de bistre, plus ou moins saumonés pour les carnations, et de bleu ou de vert-turquoise pour les costumes.

Vers la fin du seizième siècle, on abandonna la *grisaille* pour revenir aux *émaux coloriés en partie sur paillon*. Les carnations ne furent plus modelées : on dessina au pinceau les traits par-dessus l'apprêt du fond en bistre rouge, et les formes furent précisées par un travail de hachures. Ce procédé, dit *enlevage*, fut pratiqué par les émailleurs, lorsqu'ils eurent à exécuter des portraits. Enfin, avec le dix-septième siècle, on revint en partie à la *grisaille*, coloriée au pinceau.

En 1632, un orfèvre de Châteaudun, Jean Toutin, inventeur des *émaux dits de bijouterie*, habile dans l'art d'employer les *émaux translucides*, parvint à trouver une gamme de couleurs vitrifiables opaques qui, étendues sur un fond d'émail monochrome, auquel une plaque d'or servait d'*excipient*, se parfondaient au feu sans s'altérer. Mentionnons aussi, au dix-septième siècle, Jean Petitot, à qui l'on doit une série de précieux portraits peints en miniature. Jean Petitot eut Jacques Bordier pour collaborateur ; le premier peignait les figures et le second les cheveux et les draperies.

On désigne sous le nom de *rocaille* les ornements, de goût douteux, modelés en rinceaux blanc et or, qui entourent la plupart des bénitiers, plaques, coupes et autres objets émaillés, exécutés au dix-huitième siècle.

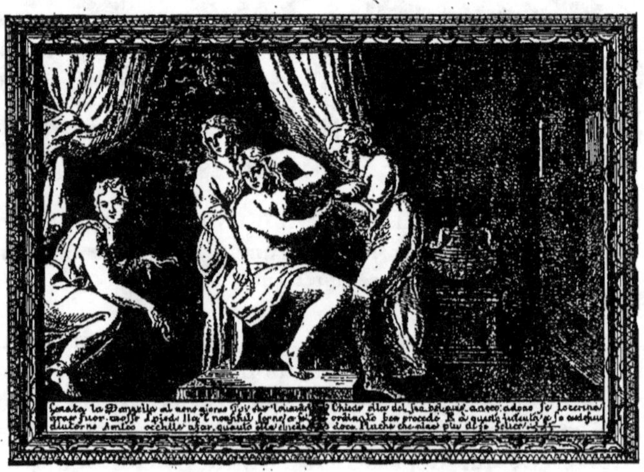

EXEMPLE D'ÉMAIL DIT EN GRISAILLE

MILIEU DU XVIᵉ SIÈCLE. — ATELIERS DE LIMOGES.

Fig. 934. — ÉMAIL DIT EN « GRISAILLE », PEINT PAR LÉONARD Iᵉʳ, LIMOSIN.
Musée du Louvre, Paris.

Dans cette *Toilette de Psyché*, d'après Raphaël,
le trait et le modelé sont exécutés par *enlevage* à travers une couche mince.
Les carnations sont bistrées et largement rehaussées de blanc et d'or.

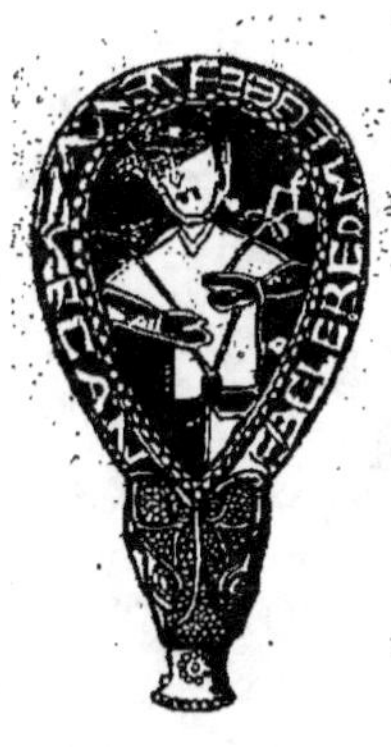
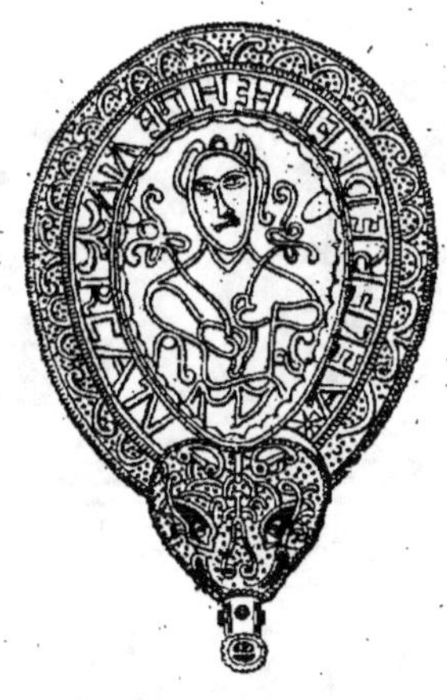
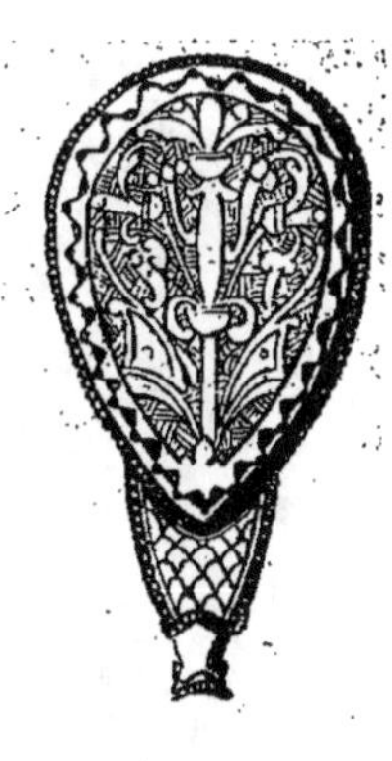

IX· SIÈCLE. — ART BYZANTIN.
Ashmolean Museum, Oxford.

ÉLÉMENTS DÉCORATIFS DONT LE PRINCIPE DOIT ÊTRE CHERCHÉ DANS L'ART BYZANTIN.

Fig. 935 à 937. — ÉMAIL A CLOISONS D'OR, DE TROIS TONS ET A FOND BLEU.
Joyau dit du roi anglo-saxon Alfred le Grand (871-901).
Sur la bordure on lit : *Aelfred mec heht gewrcan* (Alfred ordonna que je fusse fait).

NOMS ET TRAVAUX DE QUELQUES ARTISANS ÉMAILLEURS
DU
ONZIÈME AU TREIZIÈME SIÈCLE
ET
PROCÉDÉS, MANIÈRES ET CENT QUARANTE-CINQ MARQUES
D'ARTISANS ÉMAILLEURS DU XIV· AU XVIII· SIÈCLE

Nous avons fait précéder la représentation des cent cinquante-cinq marques, lettres et chiffres des émailleurs français et étrangers, du quatorzième au dix-huitième siècle, par quelques indications relatives aux orfèvres émailleurs des siècles antérieurs et à leurs œuvres.

Dès le commencement du onzième siècle, on trouve, sur les bords du Rhin et dès le douzième, en France (à Limoges et à Verdun), en Espagne, puis aux treizième et quatorzième siècles en Italie, un art de l'émail qui absorba, à son profit, la renommée des ateliers byzantins. Nous ignorons les noms du plus grand nombre de ces célèbres artisans, et il existe peu d'œuvres sur lesquelles on trouve des indications de provenance.

Parmi celles qui ont été relevées, nous citerons, dès le VII⁰ ou VIII⁰ siècle, Undiho et Ello (Voir fig. 964), au onzième siècle ou au commencement du douzième : Frater Willelmus, de Limoges (fig. 938 à 943). — Au cours du douzième siècle : Nicaulaus Virdunensis (Nicolas de Verdun) ; frater Reginaldus, de Limoges ; Pelagius Abbas (fig. 944), f (rater) Guinamundis, d'Espagne. — Au treizième siècle : Magiter (*sic*) G. Alpais (fig. 965), Magister Johannes Limovicensis (de Limoges). — Au quatorzième siècle : Barthélemy Vidal, Frater Marcus de Brideroi (Marc de Bridier) et Aymericus

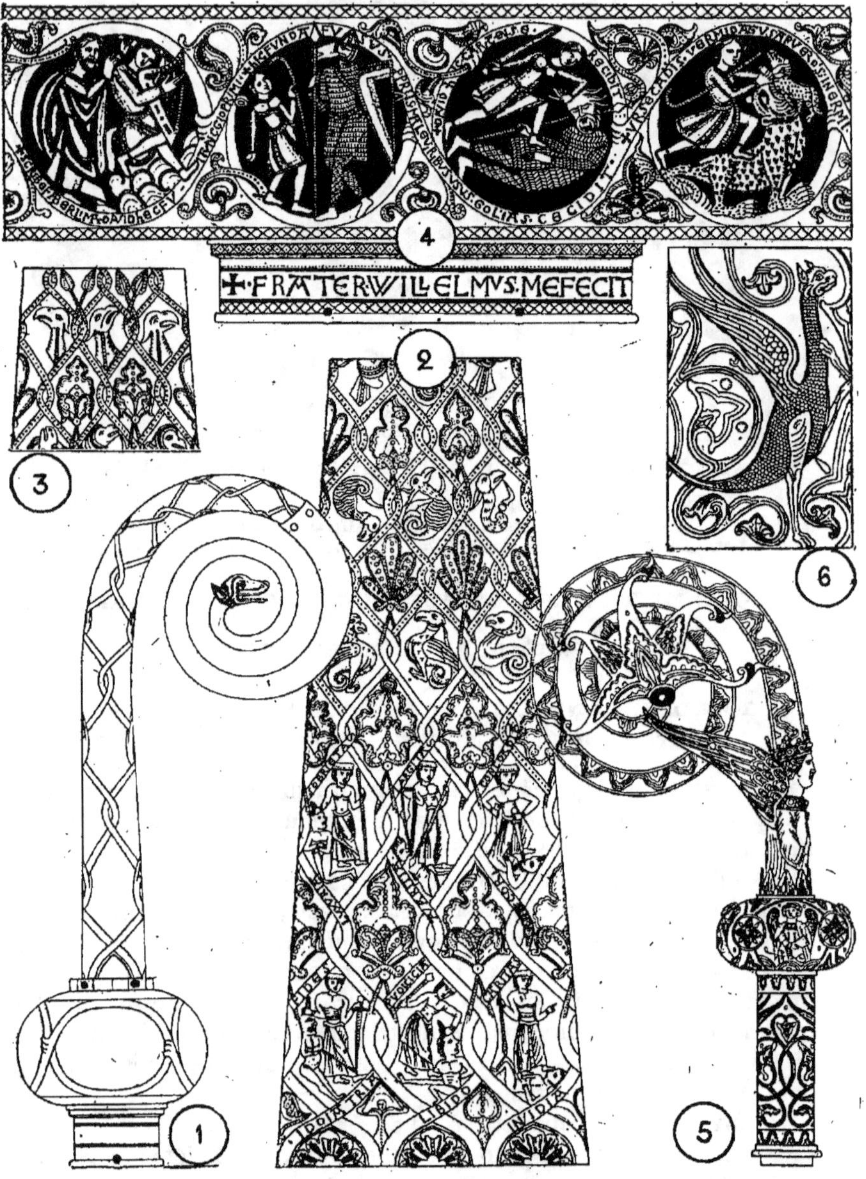

XIᵉ-XIIᵉ SIÈCLES. — ATELIERS DE LIMOGES.

Fig. 938 à 943. — ORNEMENTS, FIGURES ET INSCRIPTIONS placés sur une crosse, que nous estimons être de la fin du XIᵉ siècle et que nous croyons faussement attribuée à Ragenfredus, élu évêque de Chartres, en 941, et mort en 960.
Florence, Musée de Bargello.

Dans cette crosse, les figures sont exprimées partie en émail, partie en métal réservé et gravé ; c'est comme une transition entre la première phase du *champlevage* et la seconde, entre l'imitation des procédés grecs et une application plus raisonnée des effets de l'émail. (CONSULTER NOTE CI-CONTRE.)

Christiani (Aimari), chrétien de Limoges ; Borginum de Puteo civitatis, M (edio) l (an) (de Milan), Ghorodis (es) Neroccio (Goro di Neroccio) ; et Paulum et Petrum (Paolo et Pietro d'Arezzo).

Notes relatives aux figures 938 à 943. — La crosse (fig. 1, et détails fig. 2, 3, 4) *dite de* Ragenfredus, évêque de Chartres, qui, suivant la *Gallia Christiana,* succéda à l'évêque Haganon, offre un précieux modèle de simplicité et d'élégance de formes, jointes à une grande délicatesse d'ornement ; elle est la caractéristique du bâton pastoral.

Le pommeau et le montant de la volute sont ornés de compartiments émaillés ; les sujets sont expliqués en vers léoniens. La douille porte le nom de l'artisan qui a exécuté ce curieux spécimen de l'art de l'émail au commencement du moyen âge ❀ FRATER WILLELMVS ME FECIT.

Les quatre compartiments entourant le pommeau (fig. 4) renferment des sujets de l'histoire de David :

Scribe faber lima : David hec fuit unccio primi (prima) : «Écris, ouvrier, à l'aide de ta lime. Ceci fut le premier sacre de David. »

Hic funda fusus propriis male viribus usus : « Ici est terrassé par la fronde celui qui fit un mauvais usage de sa force. »

Golias cecidit : David hic caput ense recidit. « Goliath est tombé ; ici David tranche la tête avec son épée. »

Urse cadis vermi : pagus a puero sic inermi : « Ours, tu tombes en proie aux vers ; ainsi le païen est vaincu par un enfant sans armes. »

Le montant de la *volute* (fig. 2 et 3) est divisé, au moyen d'un ornement en forme de réseau à mailles allongées, en trente-trois compartiments, renfermant, sur des fonds de couleur variée, des petits sujets allégoriques, des chimères et autres animaux fantastiques, ou de larges feuilles à bords découpés et recoquillés.

Nous avons placé, en regard de la crosse dite de Ragenfredus, une crosse de a fin du XIIe siècle (fig. 5, et détail fig. 6).

Les enroulements du pommeau, quoique ayant quelque ressemblance avec la disposition de ceux de la figure 1, n'ont plus la même simplicité ni la même élégance dans le décor : l'émail déploie toute sa richesse de tons sur la douille et le pommeau. La volute est ornée d'une longue fleur à longues pointes recoquillées, qui s'épanouit, et en relie les parties.

L'introduction, dans cette gracieuse composition, d'une *demi-figure* d'ange couronné servant de base à la volute n'est pas très rare. En général, ces éléments caractéristiques des crosses, peu variés dans leur choix et combinés de diverses manières, se rencontrent assez fréquemment, ce qui semblerait indiquer que les artisans se plaisaient à reproduire, avec peu de variantes, des types consacrés ou, du moins, préférés.

Note relative a la figure 944, page suivante :

La calice ainsi que sa patène représentés figure 944 sont en argent ciselé. La coupe, très évasée, suivant le mode primitif, ne porte aucun

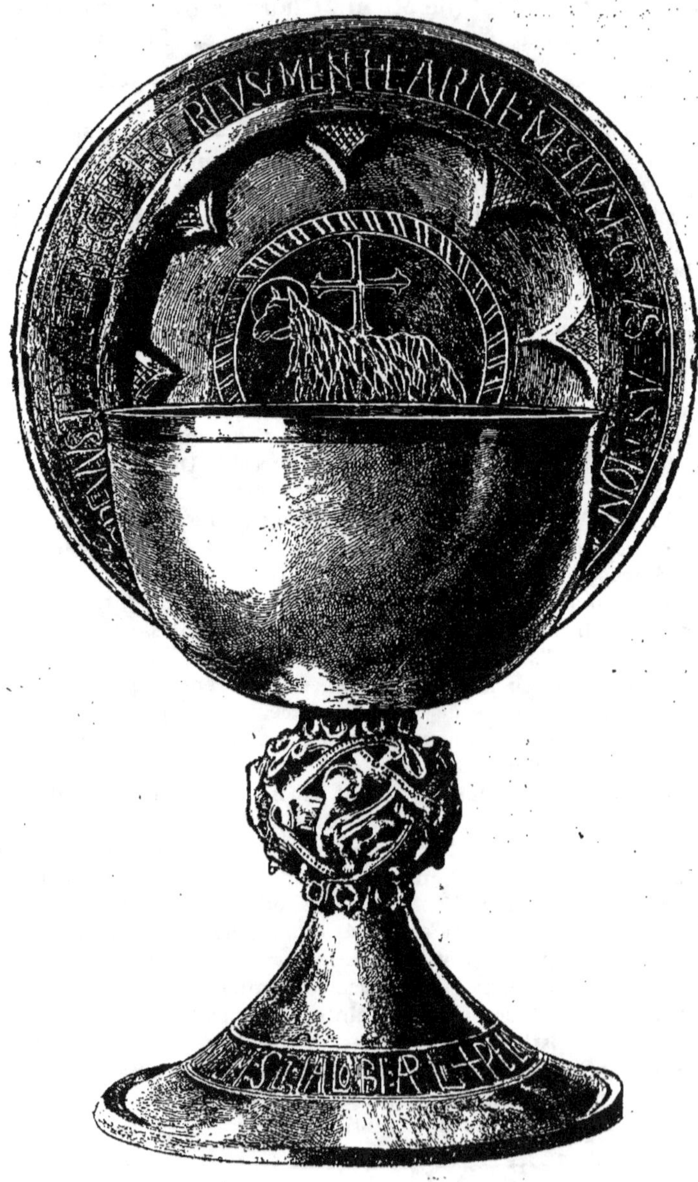

XIIe SIÈCLE. — ART ESPAGNOL.

Fig. 944. — Calice dit de l'abbé Pélage, et patène.

Musée du Louvre, Paris.

ornement. Elle se relie au pied par un nœud orné des quatre symboles évangéliques au milieu de vigoureux entrelacs.

Une première inscription, gravée en lettres capitales : + *Pelagius*

✝ PELAGIVS ABBAS ME FECIT AD HONOREM SCI IACOBI APLI

abbas me fecit ad honorem s (*an*) *c* (*t*) *i Iacobi ap* (*osto*) *li*, nous apprend qu'il est d'origine espagnole.

La patène, de forme circulaire, est munie d'un bord plat. Le fond est occupé par un médaillon à huit lobes inscrivant un autre médaillon circulaire au centre duquel est gravé l'Agneau pascal, passant, nimbé, dirigé vers la gauche.

La seconde inscription sur le bord de la patène, ainsi conçue :

+ *Carnem qum gustas non adterit ulla vetustas — Perpetuus cibus et regat hoc reus. Amen.*

ne laisse pas que de présenter certaines difficultés d'interprétation.

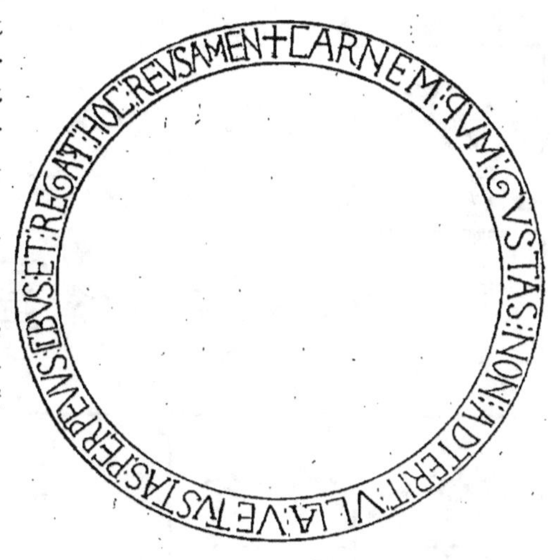

En ce qui concerne la première inscription, il y a lieu de faire remarquer que le mot *fecit* a la valeur de *fieri fecit*, que ce sont principalement les orfèvres émailleurs qui en ont fait usage, et qu'il est possible que ce calice ne soit pas l'œuvre de l'abbé Pélage.

Nous pouvons appliquer la même remarque à l'inscription que porte la douille de la crosse dite de Ragenfredus (fig. 938 à 943), et à celles d'un ciboire du XIIe siècle, que nous décrivons ci-dessous et est, faute de place, représenté page 256 (fig. 965).

Cette inscription, gravée au fond de la coupe, inscription diversement interprétée, donne le nom de l'atelier et celui de l'artisan qui l'exécuta : — *Magiter: G.: Alpais: me fecit: Lemovicarum.*

La coupe et le couvercle, de formes semblables, sont frettés de bandes croisées dont l'intersection est ornée d'une pierre précieuse : les bandes sont enrichies de gravures. Les quadrilatères formant ces bandes contiennent chacun la figure d'un personnage, dont la tête seule est en relief ; tandis que le buste, tracé sur le métal, se détache

Nº 1	Nº 2	Nº 3	Nº 4	Nº 5
R.G	A. S.		Bm	Bm
Nº 6	Nº 7	Nº 8	Nº 9	Nº 10
B^te n	C	C.D.F.	C.E.D.F.	C.F.Z.
Nº 11	Nº 12	Nº 13	Nº 14	Nº 15
.C N	D.A		E.M	FMP
Nº 16	Nº 17	Nº 18	Nº 19	Nº 20
F.E.S.L.	FESL	FIL	FL	FL
Nº 21	Nº 22	Nº 23	Nº 24	Nº 25
FoL	F.L	F.P.M	F.P	TK
Nº 26	Nº 27	Nº 28	Nº 29	Nº 30
KI	G.N.F.	GNF	gs	GST
Nº 31	Nº 32	Nº 33	Nº 34	Nº 35
HA	HB	H	H.P.F	HPF
Nº 36	Nº 37	Nº 38	Nº 39	Nº 40

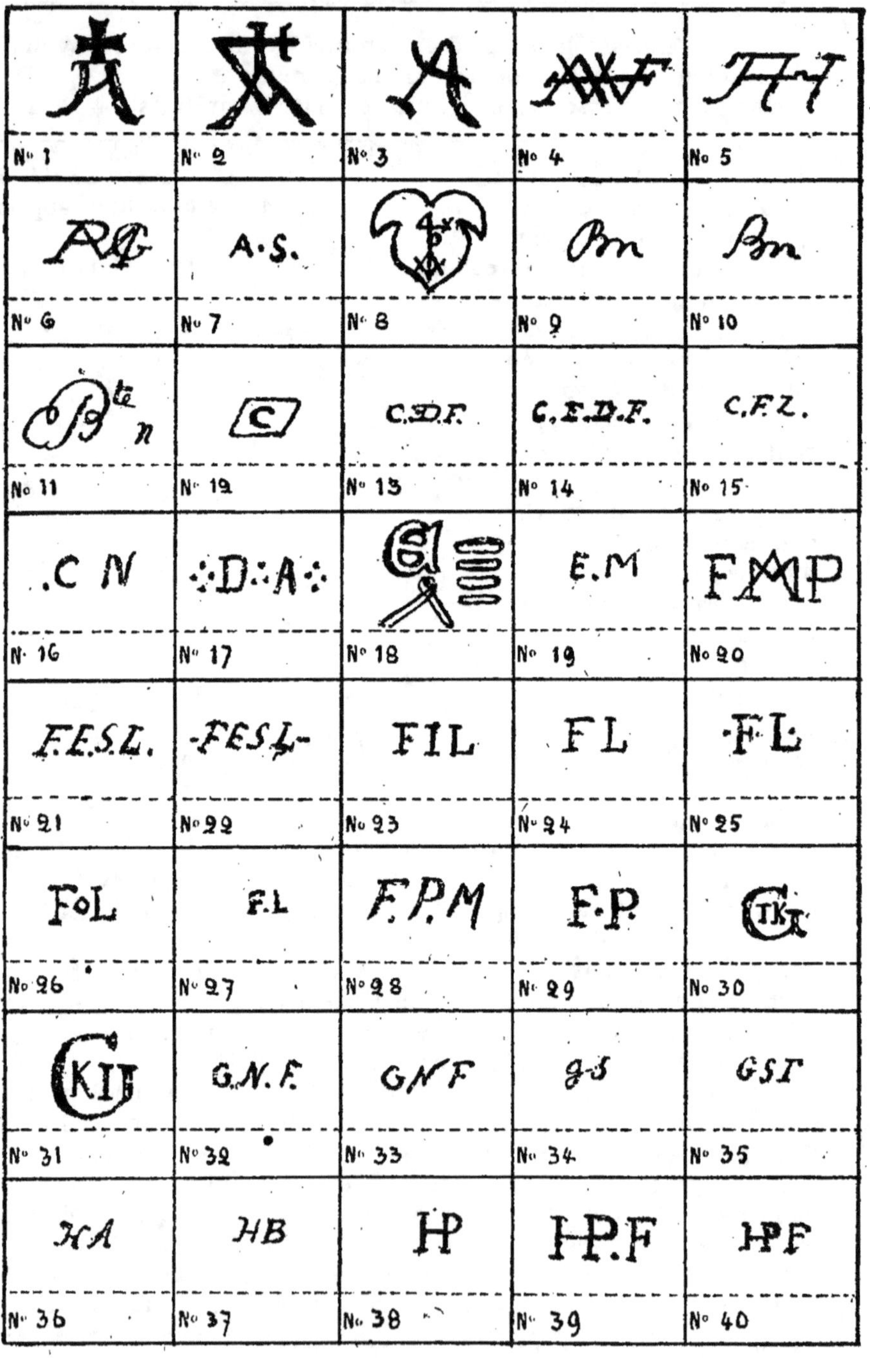

MÉTHODE DE CLASSEMENT ADOPTÉE

Les marques sont classées à la lettre la plus rapprochée de l'A : Exemples nᵒˢ 5 et 6.
Les marques composées de lettres séparées] sont classées à la première : nᵒ 17.

1. — Allemagne, artisan *inconnu*, xɪvᵉ siècle.

2. — France (Limoges), xvᵉ-xvɪᵉ siècles, artisan *inconnu*, dont les œuvres se rapprochent de la manière de Léonard ou Nardon Pénicaud. (Voir nᵒ 113.)

3. — Italie, xvɪɪɪᵉ siècle, artisan *inconnu*.

4. — Allemagne (Munich), xvɪᵉ siècle, Anton Werner.

5. — Allemagne (Nuremberg), xvɪᵉ siècle, Aug. Hirschvogel.

6. — France (Limoges), fin du xvɪᵉ siècle, Mouret.

7. — France (Limoges), xvɪᵉ siècle, artisan *inconnu*, œuvres se rapprochant de la manière de Pierre Reymond. (Voir nᵒˢ 108 et 109.)

8. — France (Limoges), xvᵉ siècle, artisan *inconnu*.

9 et 10. — France (Limoges), xvɪɪɪᵉ siècle, Bernard Nouailher.

11. — France (Limoges), xvɪɪɪᵉ siècle, J.-B. Nouailher. (V. nᵒˢ 44, 45, 46, 145.)

12. — France (Limoges), xv-xvɪᵉ siècles, artisan *inconnu*, contemporain de Jehan Iᵉʳ Pénicaud. (Voir nᵒˢ 63, 64, 65, 81, 82, 83, 114, 115.

13 et 14. — Allemagne, xvɪɪɪᵉ siècle, artisans *inconnus*.

15 et 16. — France (Limoges), xvɪᵉ siècle, Couly, ou Colin Nouailher, ou Noylier. (Voir nᵒ 76.)

17. — Allemagne (Augsbourg), xvɪᵉ siècle, David Attemstetter.

18. — Allemagne (École Rhénane), xɪɪɪᵉ siècle, artisan *inconnu*.

19. — France (École de Limoges), xvɪɪᵉ siècle, artisan *inconnu*.

20. — France (École de Limoges), xvɪᵉ siècle, artisan *inconnu*.

21 et 22. — France (Limoges), fin du xvɪᵉ siècle, F. E. S. Lobaud.

23. — France (École de Limoges), xvɪᵉ siècle, artisan *inconnu*.

24, 25, 26, 27. — France (Limoges), xvɪᵉ-xvɪɪᵉ siècles Limosin. Trois émailleurs, membres de la famille Limosin, ayant porté le prénom de François, il n'est pas possible d'attribuer ces marques.

28. — France (Limoges), xvɪᵉ siècle, F.-P. Mimbielle.

29. — France (Limoges), xvɪɪᵉ siècle, François Poillevé.

30 et 31. — France (Limoges), xvɪɪᵉ siècle, artisans des ateliers de Jehan II Pénicaud. (Voir nᵒ 56.)

32 et 33. — Allemagne, xvɪɪɪᵉ siècle, artisans *inconnus*.

34, 35, 36, 37. — France (Limoges), xvɪᵉ siècle, artisans *inconnus*.

38, 39, 40. — France (Limoges), xvɪɪᵉ siècle, Henri ou Helie Poncet.

PROCÉDÉS ET MANIÈRES DES PEINTRES ÉMAILLEURS
classés par ordre alphabétique

1. — Jehan de COURT, dit VIGIER, xvɪᵉ siècle. — *Grisailles* et peu d'émaux polychromes. Finesse et netteté dans l'exécution, dans le travail de la pointe. Touche délicate pour les tons de chair. Technique en rapport avec celle de LÉONARD LIMOSIN et MARTIN DIDIER, moins l'élégance du premier et la puissance des effets du second, mais supérieure à celle de PIERRE REYMOND. (Voir Marques nᵒˢ 48 à 50, 116 à 119, 123, 124.)

2. — Jehan de COURT, xvɪᵉ siècle. — *Excipient* repoussé, émaux de couleurs, emploi des *paillons* et

HW.	H.W.	HW	JB	·I·B·N·
No 41	No 42	No 43	No 44	No 45
IB.N.	I·C·	·I·C·D·V·	I.D	·I·D·C·
No 46	No 47	No 48	No 49	No 50
I·F	I×F	·I·F·	×I×F×	I.H.H.
No 51	No 52	No 53	No 54	No 55
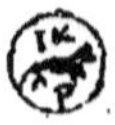	I L	I·L	+I·L+	I×L
No 56	No 57	No 58	No 59	No 60
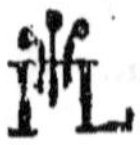	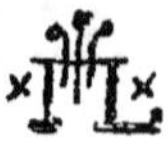	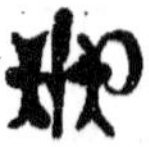	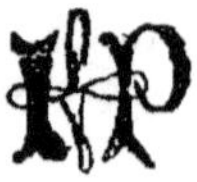	
No 61	No 62	No 63	No 64	No 65
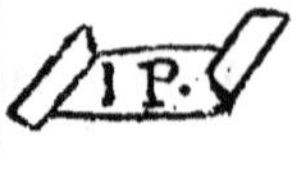	J.F.	J.H.	J-P	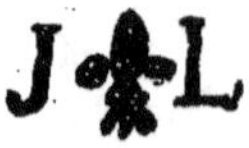
No 66	No 67	No 68	No 69	No 70
J·L	J-R	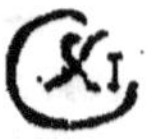	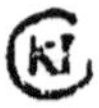	KIP
No 71	No 72	No 73	No 74	No 75
LC·N	L·L		·L·L	·L·L·
No 76	No 77	No 78	No 79	No 80

41, 42, 43. — Allemagne, xviiᵉ siècle, Hans Wechter.

44, 45, 46. — France (Limoges), xviiiᵉ siècle, J.-B. Nouailher. (Voir nᵒˢ 11, 145.)

47. — France (Limoges), xviᵉ siècle, Jehan Courteys.

48. — France (Limoges), xviᵉ siècle, Jehan de Court, dit Vigier. (Voir nᵒˢ 48, 116, 117, 118, 119, 123, 124.)

49. — France (École française), xviᵉ siècle, artisan *inconnu*.

50. — France (Limoges), xviᵉ siècle, Jehan de Court, dit Vigier. (Voir nᵒˢ 116, 117, 118, 119, 123, 124.)

51, 52, 53, 54. — France (Limoges), xviᵉ-xviiᵉ siècles, Jacques Fargue.

55. — Allemagne, xviiᵉ siècle, artisan *inconnu*.

56. — France (Limoges), xviᵉ siècle, artisan de l'atelier de Jehan II Pénicaud. (Voir nᵒˢ 30, 31, 66, 74, 75, 76.)

57. — France (Limoges), xviᵉ-xviiᵉ siècles, Jehan Limosin. (Voir nᵒˢ 59, 60, 61, 62, 70, 71, 133.)

58. — France (Limoges), xvii-xviiiᵉ siècles, Jacques II Laudin.

59, 60, 61, 62. — France (Limoges), xviᵉ-xviiᵉ siècles, Jehan Limosin. (Voir nᵒˢ 57, 70, 71, 133.)

63, 64, 65. — France (Limoges), xvᵉ-xviᵉ siècles, Jehan Iᵉʳ Pénicaud. (Voir nᵒˢ 12, 81, 82, 83.)

66. — France (Limoges), xviᵉ siècle, Jehan II Pénicaud. (Voir nᵒˢ 30, 31, 56)

67. — France (Limoges), xvi-xviiᵉ siècles, Jehan Fargue.

68 et 69. — France (Limoges), xviiᵉ siècle. artisan *inconnu*.

70 et 71. — France (Limoges), xvi-xviiᵉ siè...s, Jehan Limosin. (Voir nᵒˢ 57, 59, 60, 61, 62, 133.)

72. — France (Paris), seconde moitié du xviiᵉ siècle, Jacques Raux.

73, 74, 75. — France (Limoges), xviᵉ siècle, artisans des ateliers de Jehan II Pénicaud. (Voir nᵒˢ 30, 31, 56, 66.)

76. — France (Limoges), milieu du xviᵉ siècle, Couly, ou Couly Nouailher, ou Noylier. (Voir nᵒˢ 15, 16.)

77, 78, 79, 80. — France (Limoges), xviᵉ siècle, Léonard Iᵉʳ Limosin. (Voir nᵒˢ 135, 136, 137, 138.)

---

rehauts d'or ; ou *excipient* de surface plane... Imitation des COURTOIS. Composition mythologique, ajustement recherché. Abus du *paillon*, excès des rehauts d'or, carnations vives, ton vert froid pour feuillage et verdure. Défaut caractérisé par des figures longues ; profil maniéré de forme carrée ou pointue.

Quoi qu'il en soit, figures gracieuses, maniérées, tons clairs, carnations saumonées, fond d'ornements colorés de tons harmonieux.

3. — Suzanne de COURT, xviᵉ-xviiᵉ siècles. — Plus d'afféterie et moins de variété que dans les émaux de Jehan de COURT. Exécution propre de dessins manquant de correction. Peu de goût dans l'exécution d'émaux polychromes, avec abus de rehauts et de pointillé d'or. Tons vineux, criards. (Voir Marques nᵒˢ 111, 120 à 122.)

4. — Jehan COURTEYS, milieu du xviᵉ siècle. — *Grisailles* avec tons de chair très vifs et émaux brillants, colorés sur *paillon*, abus des rehauts d'or, pointillé minutieux, bordure d'or sur fond noir, arabesques polychromes. Rinceaux blancs sur fond noir et plus vermiculé d'or au revers de l'excipient. Peu d'effet, de charme.

N° 81	N° 82	N° 83	MC N° 84	M·C. N° 85
·M·D· N° 86	·M·D· N° 87	MDI N° 88	M·D·P·P· N° 89	M·I N° 90
MP N° 91	M·P· N° 92	M·PAPE N° 93	MR N° 94	MR N° 95
·NB· N° 96	N.H., N° 97	NL N° 98	NL N° 99	P.B. N° 100
PC N° 101	·P·C· N° 102	P·C·M· N° 103	·P·N· N° 104	PN N° 105
PN N° 106	P.N. N° 107	PR N° 108	·P·R· N° 109	PV IG N° 110

S.C. N° 111	B N° 112	IOHAN D: ENICAVLT N° 114
IOHNNES·PENC CAVD: N° 115		N° 113

81, 82, 83. — France (Limoges), xv-xvie siècles. Poinçons insculpés au revers de l'excipient de la plupart des émaux de Jehan Ier Pénicaud et de ceux de Léonard ou Nardon Pénicaud. Le poinçon no 83 est attribué à Jehan Varacheau. (Voir nos 12, 63, 64, 65.)

84. — France (Limoges), commencement du xvie siècle, Martial ou Marsau.

85. — France (Limoges), xvie siècle, Martial Courteys.

86, 87, 88. — France (Limoges), xvi-xviie siècles, Martin Didier.

89. — France (Limoges), milieu du xvie siècle, M. Pape. (Voir nos 92, 93.)

90 et 91. — France (École de Limoges), xvie siècle, artisans *inconnus*.

92 et 93. — France (Limoges), milieu du xvie siècle, M. Pape (Voir no 89.)

94 et 95. — France (Limoges), milieu du xvie siècle, Martial Ier Reymond.

97. — Angleterre, xviiie siècle, Nataniel Hone.

98 et 99. — France (Limoges), xviie-xviiie siècles, Noël II Laudin. (Voir no 142).

100. — Suisse (Genève), xviie siècle. Pierre Bordier.

101, 102, 103. — France (Limoges), xviie siècle, Pierre Courteys ou Courtois, où Courtoys. (Voir nos 125, 126, 127, 128, 129, 130, 131.) — No 103, P. C. M. F. (Pierre Courteys m'a fait.)

104, 105, 106, 107. — France (Limoges), xvi-xviie siècles, Pierre Ier Nouailher.

108, 109. — France (Limoges), xvie siècle, Pierre Raymond. (Voir no 7.)

110. — Espagne (Barcelone), xvie siècle, Puig.

111. — France (Limoges), xvi-xviie siècles, Suzanne Court ou de Court. (Voir nos 120, 121, 122.)

112. — France (Limoges), xvie siècle, Barthélemy Texier, dit Pénicaille.

113. — France (Limoges), xvie siècle, Léonard ou Nardon Pénicaud. (Voir no 2.)

114 et 115. — France (Limoges), xv-xvie siècles, Jehan Ier Pénicaud, frère ou neveu de Nardon Pénicaud. (Voir nos 12, 63, 64, 65, 81, 82, 83.)

---

dans ses *Grisailles*. Miniaturiste et interprète habile des œuvres de petites-maîtres graveurs. En résumé, montre plus d'harmonie dans la manière que de pensée dans l'art.

5. — Pierre COURTEYS ou COURTOIS, milieu du xvie siècle. — Lourdeur dans le dessin, rudesse pour exprimer les figures. Recherches dans les effets et la couleur. Tons sombres, bruns, vineux, rehauts de bleus vifs. Emploi le paillon, rehausse les tons par la dorure. Interprète RAPHAEL. Applique ses travaux à la décoration des édifices, à celle des meubles et à des vaisselles de dressoirs. Rival de PIERRE REYMOND, plus harmonieux dans les tons de chairs, moins rude dans les hachures servant à donner de la vigueur aux ombres, plus fondu dans son émail. (Voir Marques nos 101 à 103, 126 à 131.)

6. — *Martin* DIDIER, seconde moitié du xvie siècle. — Grisailles rehaussées d'or, sur fond bleu foncé. Aspect froid, sévère de ses émaux polychromes. Exécution large, distinguée, d'après les Maîtres italiens. Blanc des yeux terne. Habileté dans l'emploi de la pointe, noirs à effets, bruns *translucides*. Figures à tons roux, fond verdâtre. En résumé, exécution large. Relief puissant et brillante glaçure. (Voir Marques nos 86 à 88.)

7. — Noël Ier, LAUDIN, xvie-xviio siècles. — *Grisailles* entourées d'arabesques en relief d'un ton laiteux. Recherches d'effets dans

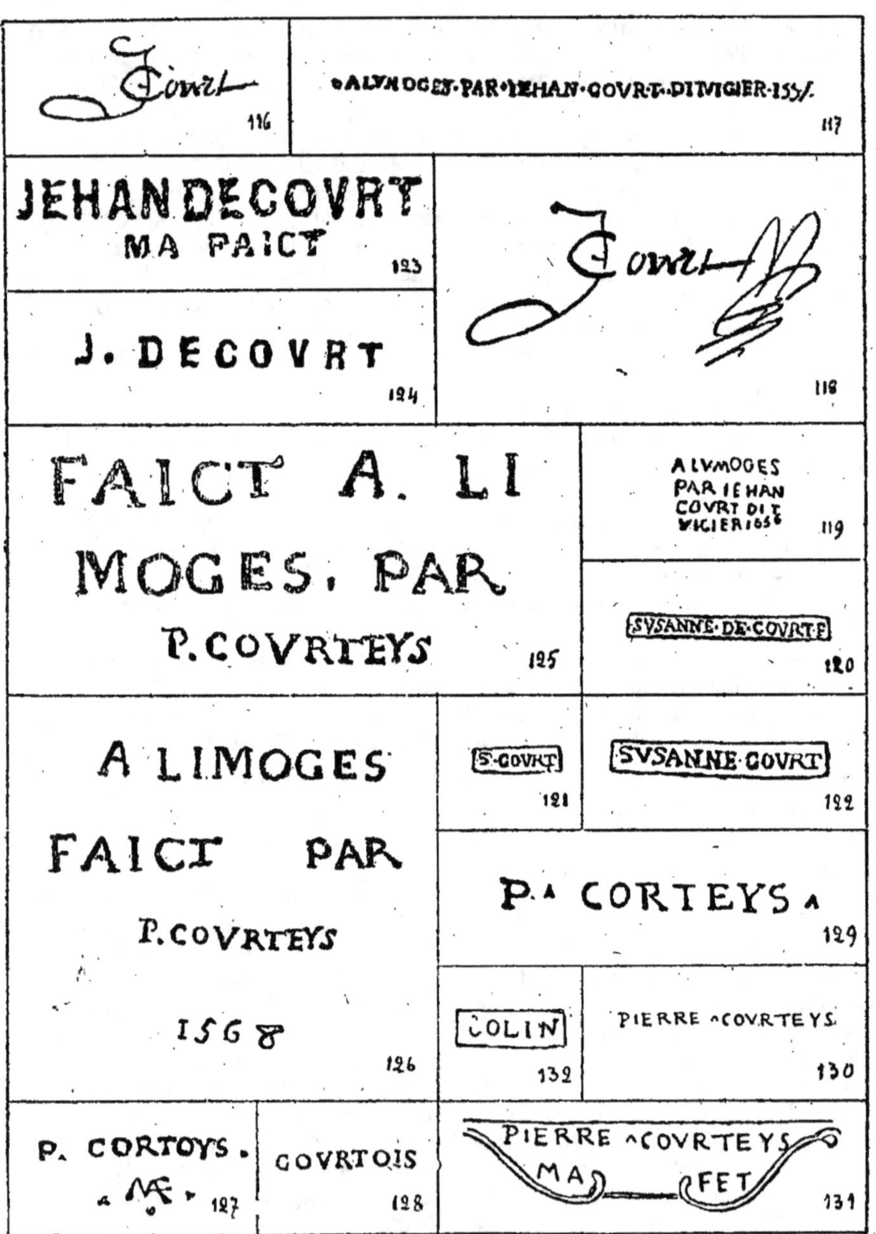

Pour les Numéros 116, 117, 118, 119, 123 et 124, se reporter aux Numéros 48 et 50.
Pour les Numéros 120, 121 et 122, se reporter au Numéro 111.
Pour les Numéros 126, 127, 128, 129, 130, 131, se reporter aux Numéros 101, 102 et 103.
Pour le Numéro 133, se reporter aux Numéros 57, 59, 60, 61, 62, 70, 71.

la composition. Touche fine, mais froide et monotone. (Voir Marques n°s 140 et 142.)

8. — Jacques Iᵉʳ, LAUDIN, xviiᵉ-xviiiᵉ siècles. — *Grisailles*. Blancs laiteux et noirs profonds. Effets tranchés heurtés, froids, donnant à ses œuvres une apparence de camaïeux gravés en noir. Dessin tourmenté. Expressions nulles et affectées. Copie banale des œuvres des Maîtres. En résumé, du métier; comparable à ce qu'est la faïence commune à la *pâte tendre* de Sèvres. (Voir Marque n° 139.)

9. — Jacques II, LAUDIN, xviiᵉ-xviiiᵉ siècles. — *Grisailles* et émaux polychromes sur fond noir. Nuances fausses, heurtées. Bordures blanches et bleues. Dessin médiocre, figures manquant d'expression. (Voir Marques n°s 58 et 141.)

10. — Noël II, LAUDIN, xviiᵉ-xviiiᵉ siècles. — Finesse dans le dessin arrêté avec douceur, contours bien fondus, fraîcheur de tons. (Voir Marques n°s 98, 99, 140 et 142.)

11. — Nicolas III, LAUDIN, xviiiᵉ siècle. — Dessin froid, sec, vide et sans esprit. Couleurs sales et ternes. Sécheresse dans les contours. *Grisailles* d'un ton blanc laiteux. Emploi d'un rouge-brique et d'un jaune vif de mauvais goût. Bordures formées d'ornements en relief, pointillés en noir et rehaussés d'or. Émaux de pacotilles, médiocres, de tons faux et criards : tasses, sucriers, bourses, râpes à tabac, cuillers, encriers, etc.

12. — François LIMOSIN, xviᵉ-xviiᵉ siècles. — Sujets mythologiques. Ton verdâtre. Hachures fréquentes. Emploi des *enlevages* et des *paillons*. Adresse de main, de métier, d'où est exclu tout sentiment d'art. (Voir Marques n°s 24 à 27.)

13. — Jehan LIMOSIN, xviᵉ-

xviiᵉ siècles. — Émaux de grandes dimensions, polychromes, à *paillons* et à rehauts d'or. Composition bibliques. Réalisme puissant. Bons émaux, types de vieilles gravures coloriées recouvertes d'une glace. (Voir Marques n°s 57, 59 à 62, 70, 71, 133.)

14. — Joseph LIMOSIN, première moitié du xviiᵉ siècle. — Dessin net. Finesse de touche. Netteté dans l'ensemble de l'exécution. Chairs modelées par un travail de pointillé et de hachures. Nuances fondues et formes arrondies. Vêtements sur *paillon*, rehaussés d'or apposé en hachures très fines.

Fonds de rinceaux et d'arabesques en or et en tons verts.

15. — Léonard Iᵉʳ, LIMOSIN, milieu du xviᵉ siècle. — Cité parmi les plus habiles artisans de Limoges. Plusieurs manières et modifications sensibles dans ses procédés. *Grisailles* et émaux polychromes. Effet général éclatant, clair, harmonieux. Bleus de ciel vifs. Bleus de turquoise chatoyants sur *paillon*. Teintes bleuâtres adoucies, légers glacis. Carnations rosées, bistrées. *Grisailles* sur noir et sur bleu, et *grisailles* teintées fondues et brillantes. Lumières modelées avec de l'or. Interprète plutôt que copiste. Finesse et naïveté des *crayons* de CLOUET. Tons pâles avec modelés un peu sec. Personnages allongés, extrémités petites. (Voir Marques n°s 77 à 80, 135 à 138.)

16. — Léonard LIMOSIN, xviᵉ-xviiᵉ siècles. — Adresse de main suppléant à l'art et à l'originalité. Figures courtes et mal campées. Émail noir, rendu brillant par un travail de *résille* d'or, en pointillé et en rinceaux.

17. — MONVEARNI ou MONVAERI, fin xvᵉ siècle. — Dessins sur fond blanc couverts en *émaux*

IEHAN LIMOSIN

133

Ioseph Limosin Fect

134

LEONARD IXMOSIN · M · F · 1553

135

LEONARD LIMOSIN · M · F · 1553

136

LEONARD LIMOSI ·

137

· LEONARD · LIMOSIN · ESMAILLEVR ET PEINCTRE · ORDIN AYRE · DE LA CHAN BRE · DV · ROY · M · 1553 ·

138

· I Laudin emaillieur a limoges · 1693

139

I Laudin lainé emailleur au faubourg boucherie · a Limoges ·

140

Laudin aux fauxbourgs De Manigne a limoges

141

N Laudin luisne. emailleur au faubourg boucherie a Limoges

142

REYMOND

143

YZAAC MARTIN

144

Bapte nouailher emalieur A Limoges

145

Pour les Numéros 135, 136, 137 et 138 se reporter aux Numéros 77, 78, 79 et 80.
Pour les Numéros 140, 142, se reporter aux Numéros 98 et 99.
Pour les Numéros 141, se reporter au Numéro 58.
Pour les Numéros 143, se reporter aux Numéros 94 et 95.
Pour les Numéros 145, se reporter aux Numéros 11, 44, 45 et 46.

translucides. Carnations d'un blanc gris-perle. Draperies ou modelage blancs, remarquables par des empâtements. Traits noirs marquant les plis. Fleurettes dorées.

18. — Colin (ou Couly) NOUAILHER ou NOYLIER, milieu du xvie siècle. — Couleurs vitreuses nageant dans un excès de fondant. *Grisailles* à rehauts d'or. Sujets religieux, médaillons, objets d'usage domestique, salières, etc., médiocrement dessinés. (Voir Marques nos 15, 16 et 76.)

19. — Jacques NOUAILHER, xviie siècle. — Colorations légères sur relief de pâte d'émail modelée puis fondue. Composition et dessin d'une grâce tendant à la mignardise. Modelé habile.

20. — Jehan-Baptiste NOUAILHER, seconde moitié du xviiie siècle. — Contours accentués peints sur émail noir. Travail sec. Dessin lourd. Tons criards, jaune, rouge, vert faux. Bordures formées de rinceaux en relief, blanc, bleu, pointillés noirs ; ornements dorés. (Voir Marques nos 11, 44 à 46 et 145.)

21. — Pierre Ier NOUAILHER, xvie-xviie siècles. — Émaux polychromes. Coloris faible. Tons violets, verts et bleus, quelquefois criards. *Grisailles* en partie dessinées par enlevage. Bordures ornements en relief ; rinceaux de tons rosés. (Voir Marques nos 104 à 107.)

22. — Pierre II NOUAILHER, xviie-xviiie siècles. — Modelages par hachures. Les œuvres de cet artisan attestent la décadence de l'art de l'émail.

23. — PAPE, milieu du xvie siècle. — *Grisailles* d'une grande finesse d'exécution. Travaux qui semblent être contemporains de la plus belle époque de l'émaillerie, et dans la manière de Jehan III PÉNICAUD.

dit *Pénicaud* le jeune (Cf. no 26). (Voir Marques nos 89, 92 et 93.)

24. — Jehan Ier PÉNICAUD dit l'ANCIEN, xve-xvie siècles. — Deux manières : Manière archaïque. Carnations violacées. Chevelures jaune foncé. Emploi le bleu à profusion. Ton plus foncé. Figures expressives. Yeux en émail blanc laiteux. Émaux polychromes et grisailles. Draperies tracées sur *l'excipient* et non sur apprêt blanc. Un ton général roux distingue ses œuvres de celles de LÉONARD ou NARDON PÉNICAUD (Cf. no 27). (Voir Marques nos 12, 81 à 83.)

25. — Jehan II PÉNICAUD dit PÉNICAUD LE JEUNE, fin du xvie siècle. — Nombreux portraits. Dessins, teintes produites par un ton grisâtre. Émail blanc en vigoureuse transparence sur fond d'émail noir. Surface presque sur *paillon*. Deux manières : d'abord timide, sérieuse, un peu sèche, puis grandiose, facile et aussi peu lâchée. (Voir Marques nos 30, 31, 56, 66, 73 à 75.)

26. — Jehan III PÉNICAUD, fin du xvie siècle. — Figures allongées à la Parmesan, maniérées, attitudes élégantes de l'École de Fontainebleau. Beaux blancs laiteux et rehauts d'or sobrement mais vigoureusement appliqués sur des fonds noirâtres, ou *grisailles* coloriées avec rehauts d'or. *Grisaille* appliquée du premier coup sur *l'excipient*, puis redessinée, et modelée par enlevages à travers une première couche très foncée. Carnations teintées. Travaux d'un ensemble distingué et séduisant dans lesquels l'artisan prend la première place, et de beaucoup supérieure à ceux de Pierre Pénicaud (Cf. no 28).

27. — Léonard ou Nardon PÉNICAUD, xve-xvie siècles. — Émaux polychromes. Rehauts d'or. Imi-

tation de pièces précieuses sur *paillons*. Ton général bleu. Gammes un peu sombre, triste. Bleu-turquoise et vert d'eau. Carnations violacées. Des gouttes d'émail, formant des gouttelettes de peu de saillies, décorent la circonférence des nimbes et la bordure des vêtements. Les revers de *l'excipient*, ou *contre-émail*, sont d'une couche d'émail opaque brun, violacé ou marbré. (Voir marques nᵒˢ 2 et 113.)

28. — Pierre PÉNICAUD, fin du xvɪᵉ siècle. — Sujets mythologiques. Influence de l'École de Fontainebleau. *Grisailles* à effets violents. Compositions pauvres et mal équilibrées. Émaux polychromes, rehauts d'or. Tons noirs et blancs heurtés. On doit remarquer une grande différence entre les œuvres de Pierre Pénicaud et celles de son frère Jehan III Pénicaud (Cf. nᵒ 26) ; celles du second sont préférables à celles du premier.

29. — Pierre REYMOND, xvɪᵉ siècle. — Émaux polychromes et nombreuses grisailles. Scènes religieuses ou mythologiques. Abus d'un ton rose-saumon dans la carnation des personnages. Luxueuse vaisselle d'apparat d'une harmonie quelquefois séduisante. Tons noirs, blancs, rosés. Nous avons écrit *quelquefois*, car, dans ses œuvres, datées de 1534 à 1578, on remarque deux manières d'une sensible différence ; et, parmi

celles de la seconde, ses *grisailles* à fond noir, chairs teintées et quelques dorures, imitées à profusion par des élèves ou des ouvriers plus ou moins habiles, sont d'une exécution maladroite. Elles n'en portent pas moins la marque P. R., il est donc indispensable d'en faire un choix judicieux. (Voir Marques nᵒˢ 7, 108 et 109 et ci-dessous.)

30. — Jean et Joseph REYMOND, xvɪᵉ siècle. — Émaux polychromes, tons brillants, possédant les qualités de ceux de Pierre COURTEYS ou Courtois (Cf. nᵒ 5).

31. — Martial Iᵉʳ, REYMOND, xvɪᵉ-xvɪɪᵉ siècles. — Expression sévère et tragique dans les visages, dans les yeux de ses figures. Travail de hachures, de ton brun, exécuté au pinceau avec sécheresse. Emploi du *paillon* dans les tons violets et bleus. Nuances vives, très colorées. (Voir Marques nᵒˢ 94, 95 et 143.)

32. — Barthélemy TEXIER, dit PENICAILLE, xvɪᵉ siècle. — Manière ayant des rapports avec celle de Jehan II Pénicaud, dit Pénicaud le jeune (Cf. nᵒ 25). (Voir Marque nᵒ 112.)

33. — Jehan VARACHEAN, xvɪᵉ siècle. — Aurait travaillé avec les Pénicaud et, dans ce cas, le poinçon PV (Marque nᵒ 83), surmonté d'une couronne, témoignerait de leur collaboration.

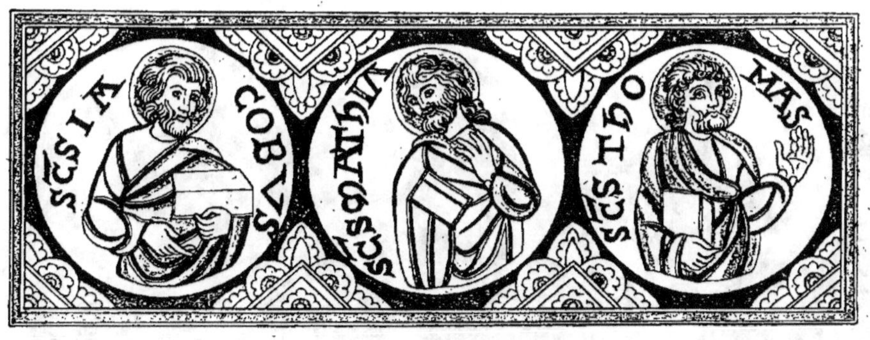

XIIᵉ SIÈCLE. — ART BYZANTIN.

Nous croyons savoir que cette plaque (fig. 945) émaillée sur *excipient* en or a été détachée d'un reliquaire présentant la réunion des douze apôtres, puisqu'on voit ici figurer trois d'entre eux : saint Jacques, saint Mathias et saint Thomas.

Le travail en est primitif, les têtes ont été modelées en relief et appliquées après coup, mélange de deux procédés, que les artisans du xiiᵉ siècle employaient souvent pour donner plus d'effet à leurs compositions, et que ceux du rite grec paraissent avoir mis en pratique dans de petits sanctuaires, dont les figures sont en relief et les têtes en plate peinture ; souvent, cependant, les têtes étaient simplement gravées sur le métal.

FORMES ET SOMPTUOSITÉ DES RELIQUAIRES

Les œuvres d'art étant des créations organiques, conçues par la réunion de toutes les facultés de leurs créateurs, on ne doit les considérer que dans l'ensemble de leurs qualités.

Néanmoins, on est obligé d'analyser chacune de ces qualités afin de pouvoir les réunir ensuite par la synthèse et arriver à la compréhension du développement originaire.

Dans cette opération, l'analyse est la tâche de la critique de premier degré, et la synthèse de la critique celle de second. C'est ainsi qu'on procède dans les sciences naturelles où la synthèse, l'énoncé de la loi, ne se fait qu'après des observations et des expériences particulières bien étudiées et constatées.

De même que les œuvres d'art, les corps des animaux, quoique individuels, c'est-à-dire proprement indivisibles, se composent néanmoins de parties différentes. Il y a, dans chacun d'eux, une charpente, un squelette nécessaire pour réunir le tout dans son ensemble. Cette charpente, ce squelette, constitue la base de l'entier ; c'est par l'étude de ce squelette que doit commencer la critique analytique pour arriver ensuite à l'étude des parties qui l'entourent et pour céder enfin la tâche ultérieure à la critique synthétique.

Dans les *édicules* (1), comme dans les édifices, l'analyse de cette charpente des animaux ne peut être autre chose que la proportion,

(VOIR SUITE PAGE 246.)

(1) On a donné le nom d'*édicule* aux œuvres d'art ancien, dont les formes ont subi l'influence architecturale de l'époque à laquelle ils furent fabriqués.

Le terme *faitage* désigne les plans inclinés, les *rampants* formant le toit de ces pièces d'orfèvrerie. — La crête est une galerie à jour formant *échine* à la rencontre du toit.

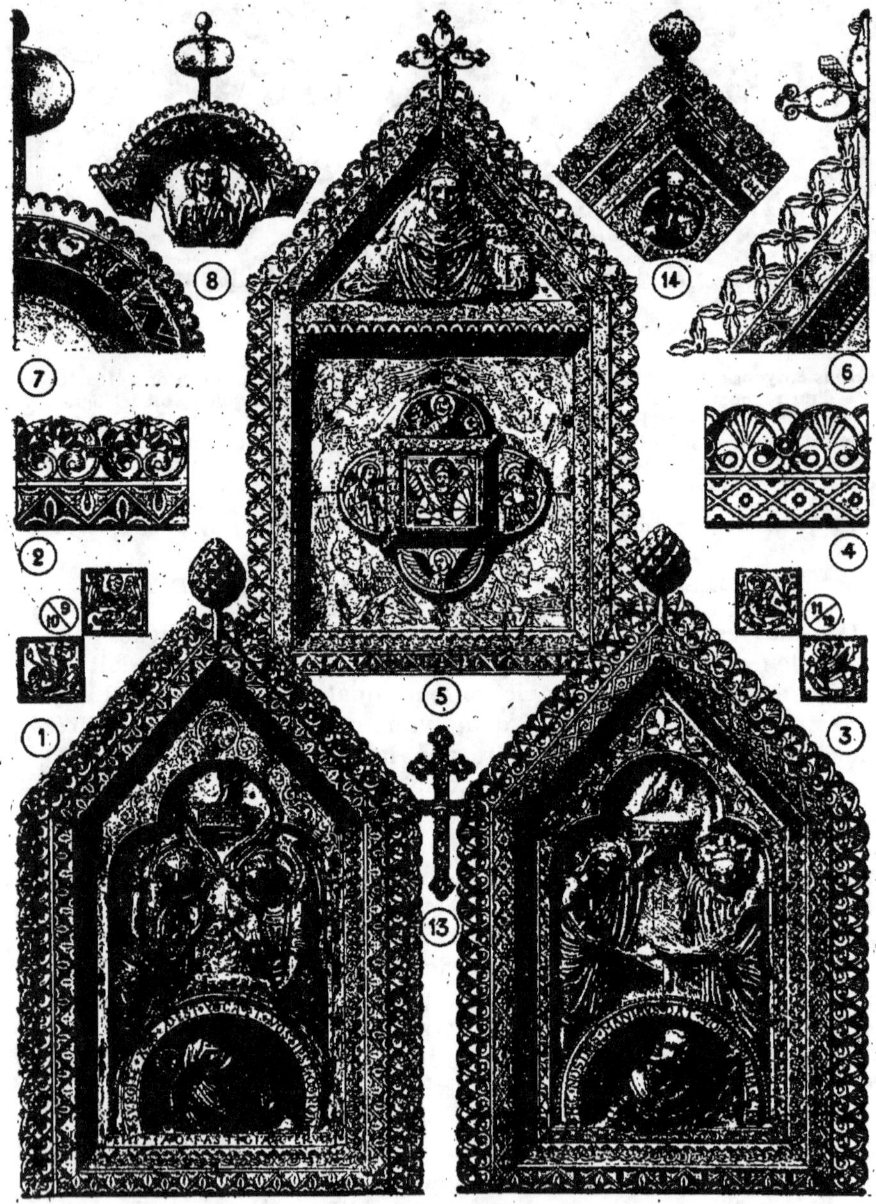

XII· SIÈCLE. — ATELIERS DE L'ÉCOLE DU RHIN.

**Fig. 946 à 959. — Exemples de chasses a pignons surmontés de crêtes ajourées.
Détails en cuivre émaillé, gravé et doré.**
Musée d'Antiquités, Bruxelles.

Le besoin qu'éprouvaient les artisans du Moyen Age de parler à l'âme en s'adressant aux yeux ne s'est pas exprimé seulement par le sens mystique des pierreries et le symbolisme des couleurs, mais encore dans les formes de chasses et de reliquaires qu'ils adoptèrent, et qui sont allégoriques. (Consulter notre page suivante.)

Note relative aux figures 946 à 959. — Dès le douzième siècle, l'orfèvrerie, sœur de l'architecture et de la statuaire, aime à ranger sous des arcades ou dans des niches, qui deviendront de forme ogivale, des figures longues, roides et graves, dont les proportions et les poses accusent un système particulier à l'art plastique du Moyen Age : l'orfèvre semble construire en petit les édifices que l'architecte construit en grand.

La plupart des châsses des douzième et treizième siècles sont à pignon, ainsi que les représentent les détails (fig. 1, 3 et 5), mais elles ont, en plus, des pieds.

La structure en est élémentaire : c'est un carré sur lequel pose un triangle ; mais carré et triangle sont ornés avec profusion de gravures, d'émaux, d'ornements et de *figures* en repoussé. Les artisans qui produisirent les *châsses* (fig. 1 et 3) ne recherchaient pas l'originalité dans la forme générale ; elles sont, en effet, des plus simples.

C'est la naïve maison à pignon du Moyen Age réduite aux proportions d'un objet portatif, revêtue d'ornements émaillés et de *bas-reliefs* en cuivre repoussé.

Mais, tout en restant dans ces données simples, il est facile de constater que l'orfèvre du douzième siècle a été bien inspiré dans l'agencement de sa décoration, et comment il a sù mêler, avec habileté, les ornements émaillés aux ornements en relief, sans que les uns viennent atténuer les autres. Le sujet central est très caractéristique et exécuté avec une grande habileté (fig. 5).

Les *crêtes ajourées* (fig. 2 et 4) qui règnent sur les rampants des pignons, et aussi sur les côtés verticaux, sont d'un bon dessin.

La *châsse* (fig. 5) appartient à l'*École dite de Cologne* et montre des émaux d'une grande pureté. Elle contenait des reliques et ferme à clef. La figure 6 montre un détail de la crête ajourée qui entoure le pignon.

Les fleurons à quatre pétales ou branches (fig. 5 et détail fig. 6) formant bordure et contournant pour ainsi dire l'objet dénotent un goût un peu naïf, mais, en, revanche, les ornements en repoussé des moulures et la *figure* du pignon sont d'un beau travail, d'un heureux agencement.

Il en est de même du *quadrilobe* symbolique du centre, composé d'émaux reliés entre eux par un cadre richement orné, et de la bordure en ornements courants émaillés. Les anges gravés au trait, et trop peu apparents sur notre représentation, sont aussi d'un beau caractère.

La forme générale de la *châsse*, dont nous donnons des détails (fig. 7 à 13), est des plus simples et, si rien n'est moins gracieux que sa silhouette générale, rien n'est plus exquis que sa décoration d'une entente parfaite et d'une habileté incomparable. On se rend compte, par l'application d'une croix à double branche représentée figure 13, véritable chef-d'œuvre où les *filigranes* s'enroulent à travers les pierres précieuses, que ce *reliquaire* contenait autrefois des fragments de la vraie croix.

La bordure principale est cantonnée aux angles du symbole des évangélistes (fig. 9 à 12) ; puis des pierres précieuses, semées sur cette bordure, sont reliées entre elles par des enroulements gravés d'une rare perfection.

Le pignon en forme de *trilobe* (fig. 8) est décoré, dans ses moulures, d'émaux, de pierres précieuses et de *filigranes* et montre dans son tympan le Christ au ciel, nimbé. La figure 7 montre, à une plus grande échelle, le sommet du pignon et la boule de cristal de roche qui le termine.

la raison des mesures des membres entre eux, et les rapports de l'ensemble de ces mesures à l'œuvre tout entière. Ce sont ces proportions qui engendrent autant la construction physique, en assujettissant les matériaux à l'idée, que les formes tant constructives que décoratives.

C'est la proportion à laquelle tient le tout, c'est elle qui, donnant

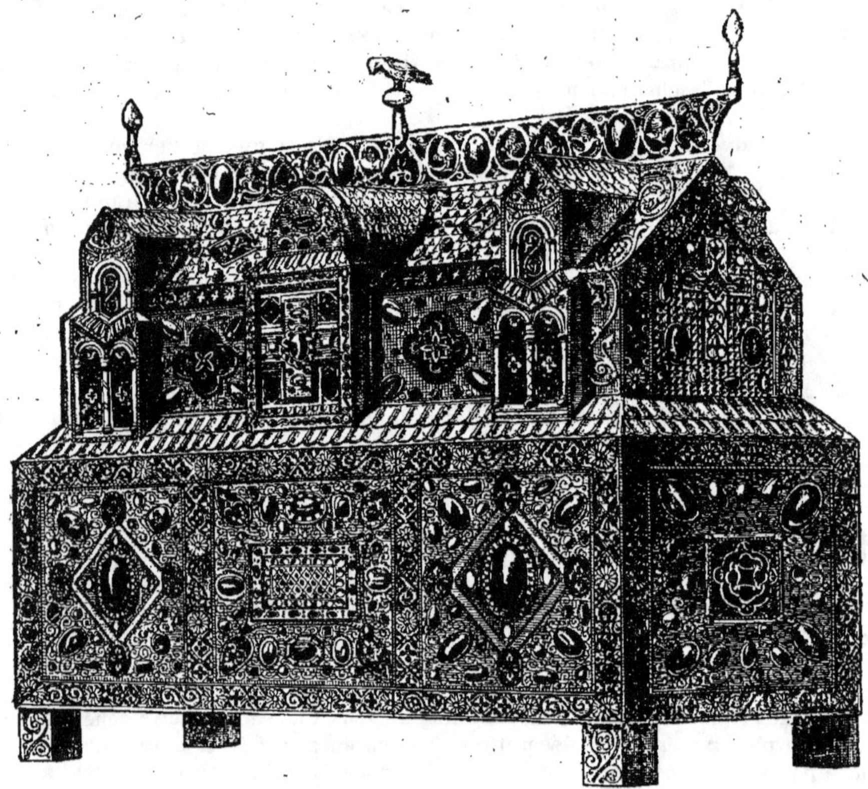

FIN DU XIIᵉ SIÈCLE. — ATELIERS DE LIMOGES.

Fig. 960. — Chasse d'Ambazac, provenant de l'abbaye de Grandmont. *Église d'Ambazac (Haute-Vienne).*

l'unité de base, unifie les éléments différents en une œuvre individuelle.

Tout convaincu qu'ils étaient de cette vérité, les artisans du Moyen Age durent, tout d'abord, trouver une loi dont ils purent ensuite dériver leurs proportions et leur donner ce que nous appelons l'harmonie, c'est-à-dire la concordance parfaite entre l'ensemble et les détails, entre la pensée génératrice et son apparition réelle, définie par le but individuel et l'emploi des matériaux spéciaux, déterminant la construction positive.

Pour l'exécution des grandes pièces d'orfèvrerie destinées à orner les églises, les orfèvres du Moyen Age subirent l'*influence de l'architecture*. Les *châsses* et les *reliquaires*, qui se prêtaient si merveilleusement au développement du génie du créateur de l'œuvre, reçurent, dans leur forme, une modification importante. Au lieu de figurer un *sarcophage*, les *châsses* affectèrent la forme d'édifices religieux, et les *reliquaires* devinrent de petites églises d'or et d'argent.

Dans la *châsse* d'Ambazac, un des plus remarquables monuments d'orfèvrerie de la fin du douzième siècle, d'une extrême richesse, des *émaux champlevés* y sont prodigués, et de nombreux *cabochons*, en pierres précieuses, les accompagnent. La forme générale est celle d'un petit édifice à deux pignons, et orné d'une crête ajourée. Une colombe au-dessus de la crête occupe le point central de cette *châsse*, qui révèle, chez les émailleurs limousins, un sens très pur de la décoration (fig. 960).

Sur les faces latérales et sur la partie en retrait simulant une sorte d'étage, on voit trois avant-corps de formes différentes. Ces simulacres de lucarnes, dont le but est d'accidenter la silhouette générale, sont décorés d'émaux. Les pignons montrent, sur un fond de gaufrure, une croix en relief émaillée et flanquée de *cabochons* de diverses grosseurs.

L'orfèvre du Moyen Age se fit l'émule de l'architecte, il s'empara des formes élégantes et des plus gracieux ornements de l'architecture ogivale ; sous sa main, le *moulage*, la *ciselure* et le *repoussé* rivalisèrent avec la grande sculpture ; les décors en *émail champlevé* remplacèrent, sur de petits monuments de métal, la peinture murale et les vitraux ; les *filigranes* rendirent avec soin toute la délicatesse des enroulements, des *entrelacs*, des *festons*, des *crochets* et des *crêtes* en pierre des églises.

Les *bas-reliefs* et les *statuettes* d'or et d'argent se multiplièrent à l'infini, à l'imitation des chefs-d'œuvre de la *statuaire* dont se couvraient les portails des cathédrales. C'est principalement au treizième siècle que l'art de l'orfèvrerie religieuse fut porté à un très haut degré de perfection.

Les orfèvres produisirent encore, à la fin du même siècle, de riches bijoux et des pièces d'orfèvrerie de table très remarquables. Ce fut à l'architecture civile et militaire qu'ils empruntèrent leurs motifs comme ils empruntaient aux églises pour édifier leurs *châsses* et leurs *reliquaires*.

L'atelier de l'orfèvre a été, pendant toute la durée du Moyen Age, le fécond laboratoire d'où sont sortis de précieux reliquaires, devants

d'autel, candélabres, croix processionnelles, encensoirs, crosses d'évêques ou d'abbés, et tant d'autres œuvres d'art religieux. On peut
dire encore qu'il a été l'École où se sont formés les plus remarquables
sculpteurs et statuaires de cette brillante époque de l'art français.

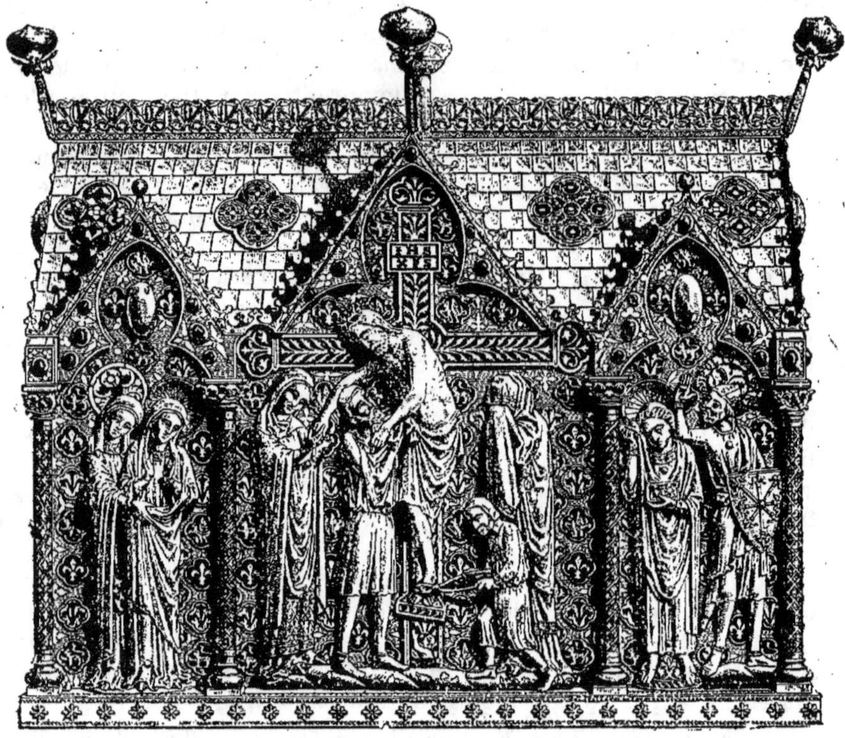

XII-XIIIe SIÈCLES. — ATELIERS DE LIMOGES.

Fig. 961. — Chasse en cuivre émaillé et doré, figures en haut-relief
Ancienne Collection Germeau.

Les figures en *haut-relief* décorant chacun des compartiments sont d'un beau
caractère et ne le cèdent en rien aux *émaux champlevés* des colonnes, des semis de
quadrilobes, de la croix et du décor de la toiture. Le fond est obtenu par une sorte
de *guillochage* et le toit de la châsse orné d'*imbrications* simulant des ardoises.

Là ils apprenaient à manier tous les procédés, à mettre en œuvre
toutes les matières ; l'artisan dont le talent s'était assoupli à repousser,
dans une feuille de métal, les figurines destinées à l'ornement d'une
châsse, d'un autel, de l'un de ces bustes ou de ces *chefs*, renfermant
quelques fragments de la tête d'un saint, n'éprouvait pas de diffi-
culté à exécuter par le même procédé, ou à fondre et à ciseler les

grands *gisants* en bronze placés sur les tombeaux, qui étaient nombreux dans les cathédrales et dans les grandes églises.

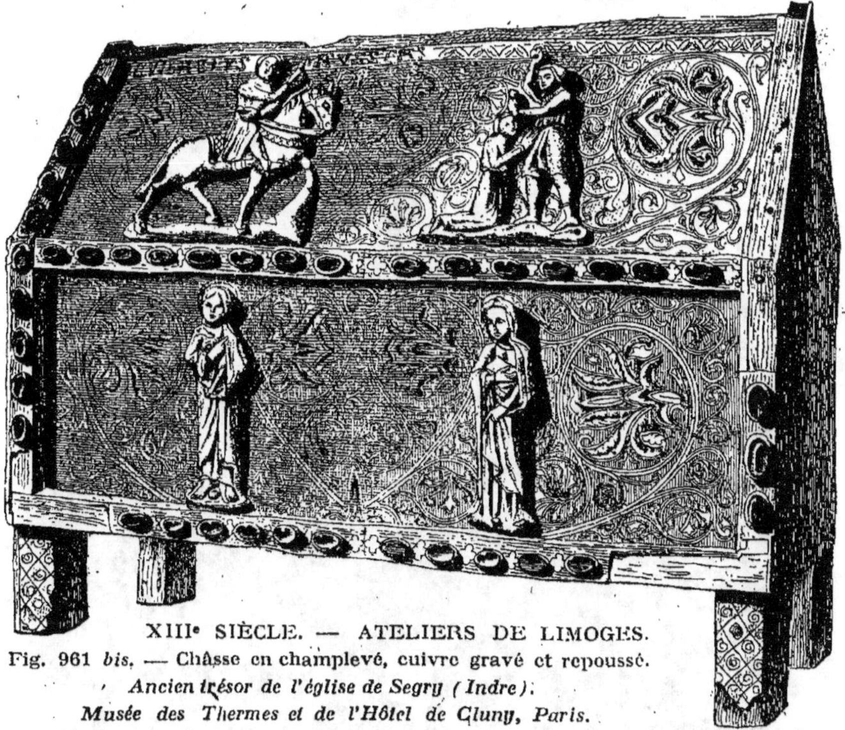

XIIIᵉ SIÈCLE. — ATELIERS DE LIMOGES.
Fig. 961 *bis*. — Châsse en champlevé, cuivre gravé et repoussé.
Ancien trésor de l'église de Segry (Indre).
Musée des Thermes et de l'Hôtel de Cluny, Paris.

Cette face porte cinq figures : celle du proconsul ordonnant le martyre, la figure de la sainte agenouillée près du bourreau et, dans la partie inférieure, sainte Marie et saint Jean.

Ces figures sont en bronze doré de haut-relief, sur un fond d'émail bleu largement décoré de rinceaux en cuivre gravé, et de fleurons en émaux de couleurs.

La châsse-reliquaire que nous représentons figure 961 est un exemple de la parenté de la statuaire et de l'orfèvrerie dans la plus belle *époque* de l'art du Moyen Age. Elle appartient à la fin du douzième ou au commencement du treizième siècle, et sans vouloir la comparer à certains chefs-d'œuvre de cette époque, dont elle n'a pas la finesse, le mouvement et la grâce, on peut dire qu'elle a sa place à côté d'eux par le sentiment et le style.

Cette châsse, comme un grand nombre de celles qui furent fabriquées aux douzième et treizième siècles, affecte la forme d'un petit *édicule*. Elle est en bois entièrement recouvert de plaques de cuivre gravé et émaillé ; les figures *bas-relief* sont repoussées ; leur dessin, aussi bien que le choix et la couleur des émaux, dénote l'École de Limoges, dont les produits avaient alors une grande réputation.

Dans l'*auréole* qui entoure la tête de l'un des personnages est inscrit le nom d'Hippolyte. La présence de ce saint, à côté des personnages que l'on rencontre plus habituellement dans les scènes de la Passion, a fait conjecturer que la châsse contenait de ses reliques. On remarquera que le saint porte la casque conique et le petit écu triangulaire en usage au commencement du treizième siècle. Des autres figures d'hommes ont sur la tête le petit bonnet de la même époque, qui ressemble à une coiffe de femme.

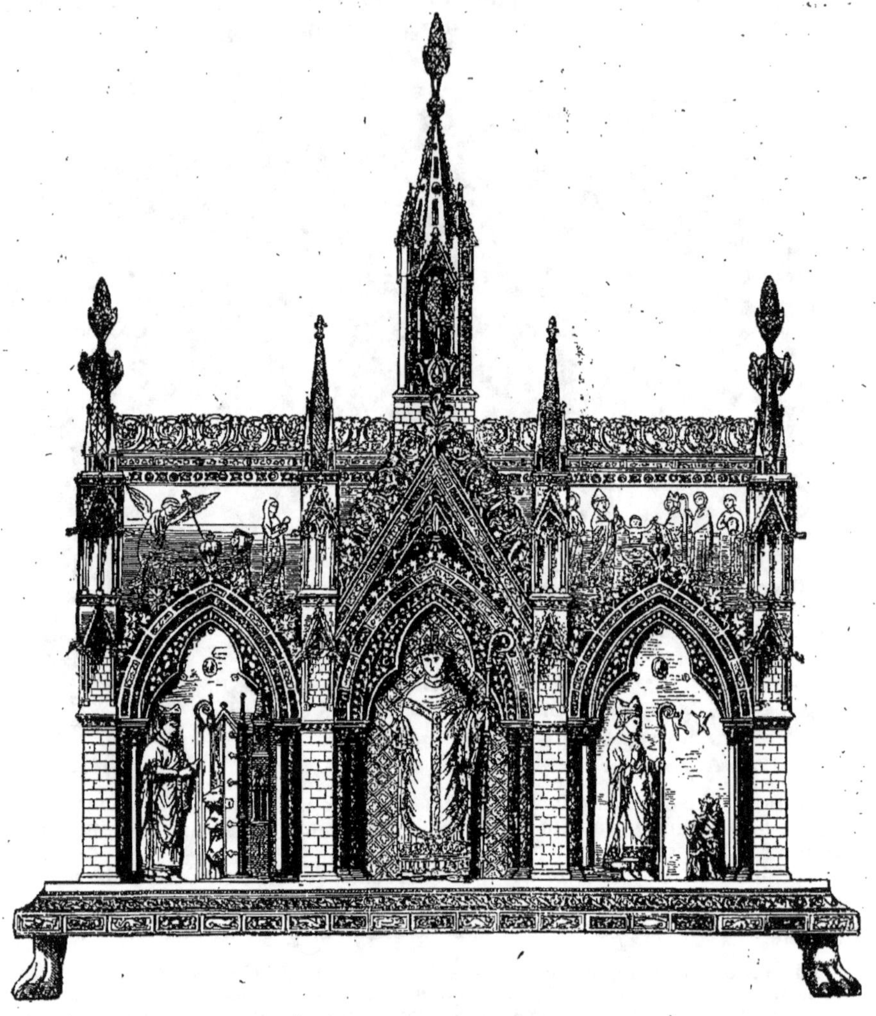

XIIIe SIÈCLE. — ART FRANÇAIS.

Fig. 962. — CHASSE DE SAINT TAURIN, PROVENANT DE L'ABBAYE DE SAINT TAURIN.
Cathédrale d'Évreux (Eure).

On y remarquera, à droite de la figure centrale, c'est-à-dire à la gauche du lecteur, saint Taurin s'avançant pour entrer dans la ville, lorsque trois têtes de bêtes s'opposent à son passage.

Ces têtes nues semblent être celles de bêtes féroces que le Dante rencontre aux portes de l'enfer et représenter les trois concupiscences : la panthère, concupiscence de la chair ; la louve, concupiscence des yeux ; et le lion, concupiscence de l'orguell.

Les châsses sont de toutes formes, depuis la grande *châsse* en forme, d'église, jusqu'au médaillon qu'on portait au col ; depuis les butes en argent, les membres recouverts ou vêtus en métal, les berceaux pour les saints Innocents, les boîtes de toutes sortes et de toutes manières, jusqu'aux tableaux qui présentaient les reliques classées et étiquetées comme des collections d'objets d'histoire naturelle.

Parmi les *châsses* remarquables, nous citerons celle de saint Taurin (fig. 962), conservée à Évreux et provenant de l'abbaye de saint Taurin. Elle fut exécutée par les ordres de l'abbé Gilbert, élu en 1240 et mort en 1265. Cette châsse reproduit une petite église à deux pignons, décorée de trois arcades sur chacune de ses faces latérales et couverte d'un toit à deux versants que surmonte un *clocheton* central.

L'influence de l'architecture ogivale se fait sentir dans cette œuvre d'orfèvrerie. On n'y trouve plus ni les grandes lignes horizontales, ni les arcs en fronton du reliquaire d'Aix-la-Chapelle ; les huit arcades à *trilobe* (1) aigu et les *contreforts* surmontés de flèches légères qui les accompagnent, les pampres déchiquetés, et leurs feuilles à *lobes* anguleux qui décorent l'extrados des arcs, dénotent le style de l'architecture de la seconde moitié du treizième siècle.

La châsse de saint Taurin est une petite sainte chapelle en miniature ; les *bas-reliefs* qui enrichissent les *arcades* et les deux versants du toit, exécutés au *repoussé*, sont très remarquables par la correction du modelé et la finesse de l'exécution.

SPLENDEUR DE L'OR, ÉCLAT DES ÉMAUX

FEUX COLORÉS DES PIERRES RARES ET PRÉCIEUSES
DONT
LA MYSTAGOGIE RELIGIEUSE A REVÊTU LES RELIQUAIRES

De même que les églises du Moyen Age furent des catéchismes bâtis et sculptés, de même il n'est pas une *châsse* ou un *reliquaire* des douzième et treizième siècles, et du commencement du quatorzième, dont l'ensemble, la combinaison générale et les détails ne té-

---

(1) Le terme *lobe* désigne des segments de cercle à l'aide desquels on forme des roses, ou rosaces, ou autres ornements qui présentent des *lobes* en un nombre plus ou moins considérable.

La figure à trois lobes se nomme *trilobe* ou *trèfle* ; celle à quatre lobes, *quadrilobe* ou *quatrefeuille* ; celle à cinq lobes, *quinquelobe* ou *quintefeuille* ; celles à six, à sept et à huit lobes, *hexalobe*, *eptalobe*, *octalobe*, etc. Les lobes ont d'abord été formés d'une portion de cercle ; plus tard ils deviennent *ogivés*, puis *lancéolés*, enfin *cimatiformes*, c'est-à-dire *chantournés* en forme de cimaises.

En architecture, les festons de l'intrados des arcs, lorsqu'ils sont découpés en segments de cercles saillants, se nomment aussi *lobes* ; on les désigne, au contraire, *contre-lobes* quand ils sont découpés en creux ; dans ce dernier cas, ils sont ordinairement dénommés *contre-arcatures*.

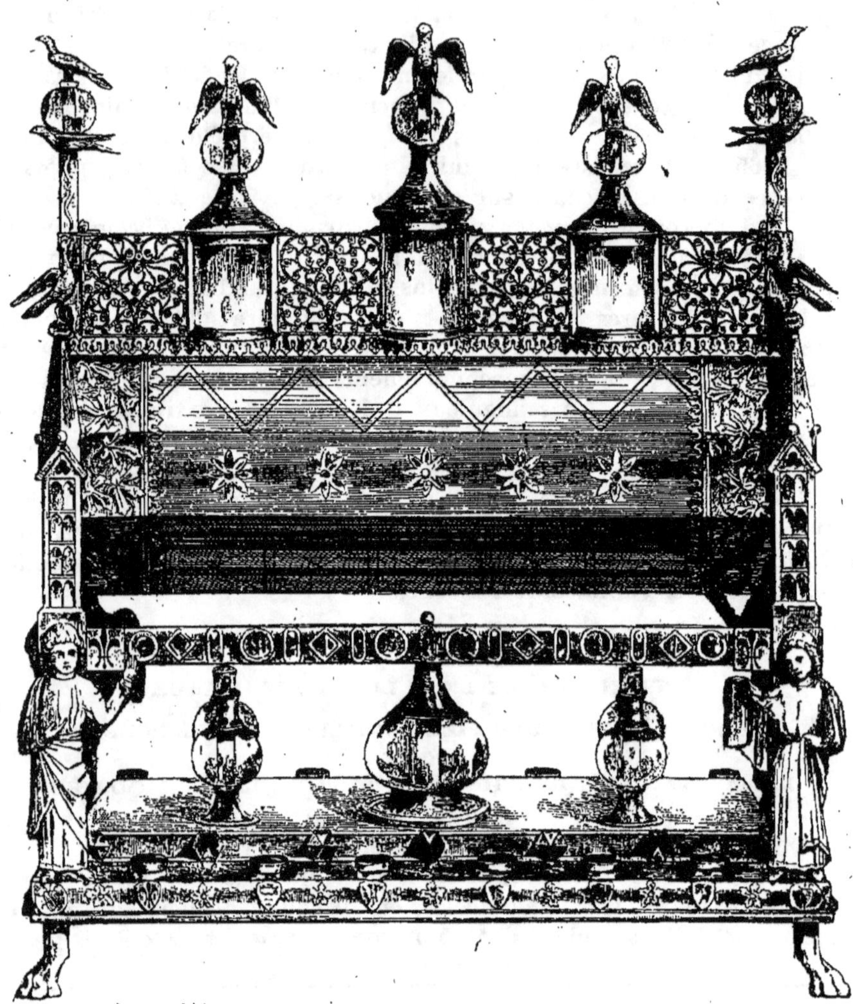

XIII° SIÈCLE. — ART FRANÇAIS.
Fig. 963. — Reliquaire en cuivre doré, avec pierreries et cabochons.
Dans la science tropologique,
les améthystes décorant le soubassement de cet édicule rappellent la modestie des
vierges, la largesse chrétienne, l'abnégation totale de soi et l'humilité sans exemple.

Ancienne Collection du baron Sellière.

Ce reliquaire est incontestablement une des plus élégantes œuvres d'orfèvrerie qui
nous aient été léguées par le Moyen Age.

Les pierres précieuses, les *cabochons*, le cristal taillé, les *ornements filigranes* y sont
prodigués et donnent à cette œuvre gracieuse, de l'époque Louis IX, dit saint Louis

moignent avec quelle ferveur les artisans de ces époques, moines, abbés ou prélats, unis par les mêmes croyances, ont donné à ces *édicules* sacrés, ayant leurs sens à part et leurs allusions, une richesse de langage, un trésor de mnémonique, proclamant l'unité de Dieu, les enseignements des apôtres et leur primitive mission.

Des chiffres sacrés rappellent les différents dogmes ou vérités fondamentales, et des résumés de morale. La mystagogie, incitation aux mystères sacrés du culte catholique, les a revêtus d'un brillant réseau où se reflète la splendeur de l'or, l'éclat des émaux et les feux colorés des pierres rares ou précieuses.

SENS MYSTIQUE

NATURE SPÉCIALE, PROPRIÉTÉ, ÉCLATS DES PIERRERIES

En raison de leur nature spéciale, de leur propriété et de leur éclat, chacune de ces pierreries avait un sens mystique signifiant des qualités, des vérités, et répondant à plusieurs vertus.

Cette science tropologique demandait une connaissance appro-

(1215 † 1270), un caractère tout particulier de poésie et de perfection artistique.

Cette châsse, dite *aux oiseaux*, renfermée dans une monture de cuivre doré, reproduit la forme d'un édifice religieux. L'ossuaire, en cristal de roche taillé à huit pans, est placé longitudinalement entre deux pignons figurant des portails d'église, à frontons triangulaires.

Chaque portail est flanqué de deux tours carrées, surmontées sur leurs quatre faces de frontons triangulaires, du centre desquels s'élève une flèche à quatre pans, terminée par une boule sur laquelle une colombe aux ailes éployées est posée.

Les deux pignons sont réunis par un ornement de faîtage en *filigrane*, qui est interrompu par trois lanternes rondes contenant des reliques. Ces lanternes sont surmontées de boules de cristal portant des colombes, symboles du martyr.

Ce petit *édicule*, qui s'élève sur une plinthe ornée de pierreries et d'écussons armoriés, est porté sur les épaules de quatre anges vêtus de longues tuniques. Leurs pieds nus reposent sur un soubassement orné d'*améthystes*, de *cristaux de roche*, de fleurons d'argent et d'écussons armoriés, parmi lesquels on remarque l'écu de France ancien, celui d'Angleterre, de gueules aux trois léopards d'or, celui de Bourgogne ancien bandé d'or et de gueules de six pièces, celui de Flandres, d'or au lion de sable, et celui de Hongrie, fascé d'or et de gueules de huit pièces.

Des reliques, contenues dans les différentes parties de la châsse, les plus importantes sont : une portion considérable d'un os de sainte Marguerite, avec cette inscription : S. MARGARETA V., en caractères du quatorzième siècle ; un os de saint Philippe apôtre, avec l'inscription : PHILIPPI APLI, en caractères du quinzième ; une petite fiole contenant de cette huile qui, suivant la légende, suintait des os de sainte Catherine (1) ; une inscription, en ancien flamand, y est attachée : OLLICH VAN SCTE KATHERINE JOFFER, *huile de sainte Catherine, vierge* ; un petit médaillon renfermant sous verre une parcelle de la vraie croix, ainsi que l'indique cette inscription en vieux flamand, qui y est jointe : VAN DE HILGEN CRUX. Notons encore un morceau de linge roulé dans un papier portant pour inscription : VALERI EPI, en caractères du treizième siècle.

(1) Les anges prirent son corps et l'apportèrent au mont Sinaï, et ils l'ensevelirent honorablement ; et il coule continuellement de ses os une huile qui guérit les membres de tous les malades. Cf. *La Légende dorée* (Vie de sainte Catherine), par JACQUES DE VORRAGINE. Nouvelle traduction de l'abbé ROZE, publiée en 1903, avec introduction, notice et notes par ÉDOUARD ROUVEYRE.

fondie des livres sacrés et seul, le clergé, pouvait en combiner les caractères. Lorsque, vers la fin du quatorzième siècle, les traditions de l'art chrétien passèrent du domaine sacerdotal dans le domaine des laïques, l'esprit du mysticisme et le caractère idéal de la statuaire hiératique se dénaturent et s'abâtardissent ; de cette époque date la décadence de l'art chrétien.

VERTUS DES PIERRERIES DANS LA TROPOLOGIE HIÉRATIQUE

VERTUS DES PIERRERIES

La vertu de guérir et de chasser les fièvres ainsi que celle de neutraliser les poisons et le venin étaient attribuées à l'*Agathe* ponctuée de blanc et veinée de couleurs diverses ; elle figurait la sainteté.

La longanimité, la force, la science, ainsi que les Saintes Écritures, la Sainte Doctrine et le saint héroïsme sont rappelés par l'*Aigue-marine*, couleur de l'eau frappée des rayons du soleil.

L'*Améthyste*, dont la nuance réunit le violet, le rose et le pourpre, représente la modestie craintive des vierges, la largesse chrétienne, l'abnégation totale de soi et l'humilité sans exemple.

L'humilité, la modestie, la douce miséricorde, sont figurées par la *Chalcédoine*, sorte d'agate de nuance trouble, dont la clarté s'altère à celle du jour et se vivifie dans les ténèbres.

La vigilance, la sapience et la pénitence sont représentées par la *Chrysolite*, d'un ton jaune d'or mélangé de vert.

La réunion des bonnes œuvres et leurs mérites sont figurés par la *Chrysoprase*, topaze nuancée de vert clair.

Le *Diamant* est comparé, dans la tropologie hiératique, à la résistance du mal, à la force cachée au fond des cœurs chrétiens et à leur invulnérable sainteté.

La virginité que seul, parmi les apôtres, l'Évangéliste saint Jean avait conservée, l'incorruptibilité de l'âme du juste, la foi vive et inaltérable sont rappelées par l'*Émeraude*, dont le ton se rapproche de celui de la nature, toujours renaissante, et de la parure des champs.

La charité et la modestie sont désignées par l'*Escarboucle*, dont le nom grec signifie charbon enflammé ; et les œuvres de charité par le *Grenat*, qui a une certaine analogie avec la sardonix.

La prudence, commandée par le Christ aux parfaits et leur condescendance, le calme de la conscience, la paix du cœur, sont figurés par l'*Hyacinthe*, dont la teinte approche de celle d'un ciel pur.

L'opacité, la dureté, la nuance souvent verdâtre du *Jaspe* la rendent propre à représenter la Foi, sa fermeté et sa persistance.

La suavité, les mœurs célestes sont figurées par la *Ligurius* et l'innocence, la candeur, la vérité et le sincérité par l'*Onyx*, agate fine, rubanée de blanc. La couleur du *Saphir*, qui rappelle l'éclat de l'azur, représente l'Espérance et sa contemplation.

La *Sarde*, d'une teinte approchant de celle du feu, rappelle l'élévation de la foi et le martyre. La fécondité de la charité vive est désignée par la *Sardonix*, d'une teinte pourpre brillante.

La sagesse, la chasteté et la sainte espérance sont figurées par la *Topaze* d'un jaune brillant approchant de celui de l'or.

Ajoutons que le jaspe, le saphir, l'émeraude, l'escarboucle, la sarde, la chrysolyte, le béryl, et l'améthyste sont énumérés simultanément dans les *Fondements de la nouvelle Jérusalem* et parmi les douze pierres du *Rational*.

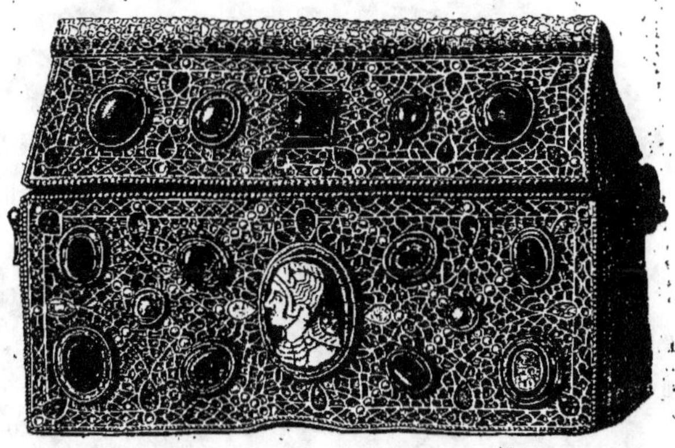

VII⁰-VIII⁰ SIÈCLES. — ART MÉROVINGIEN.

Abbaye de Saint-Maurice d'Agaune.

Fondée par les Burgundes, peuple de la Germanie septentrionale.

Fig. 964. — RELIQUAIRE ORNÉ DE CAMÉES, DE PERLES, INCRUSTÉ DE *grenats*.

Ce précieux monument porte, sur la face opposée à celle que nous représentons, les noms des deux moines orfèvres qui l'exécutèrent ; Undiho et Ello.

SUITE ET FIN DE LA NOTICE PAGE 231, RELATIVE A LA FIG. 965. VOIR PAGE 256.

sur un fond d'émail bleu. Les triangles sont occupés par des anges ailés et nimbés du même travail que les figures précédentes.

Le pied de ce riche ciboire est un cône tronqué orné de rinceaux d'où sortent des figures humaines et des dragons. Le couronnement, de forme élégante, se lie au couvercle par une étroite moulure. Quatre anges nimbés, portant chacun une hostie, se voient dans quatre arcades cintrées. Une pomme de pin domine le tout.

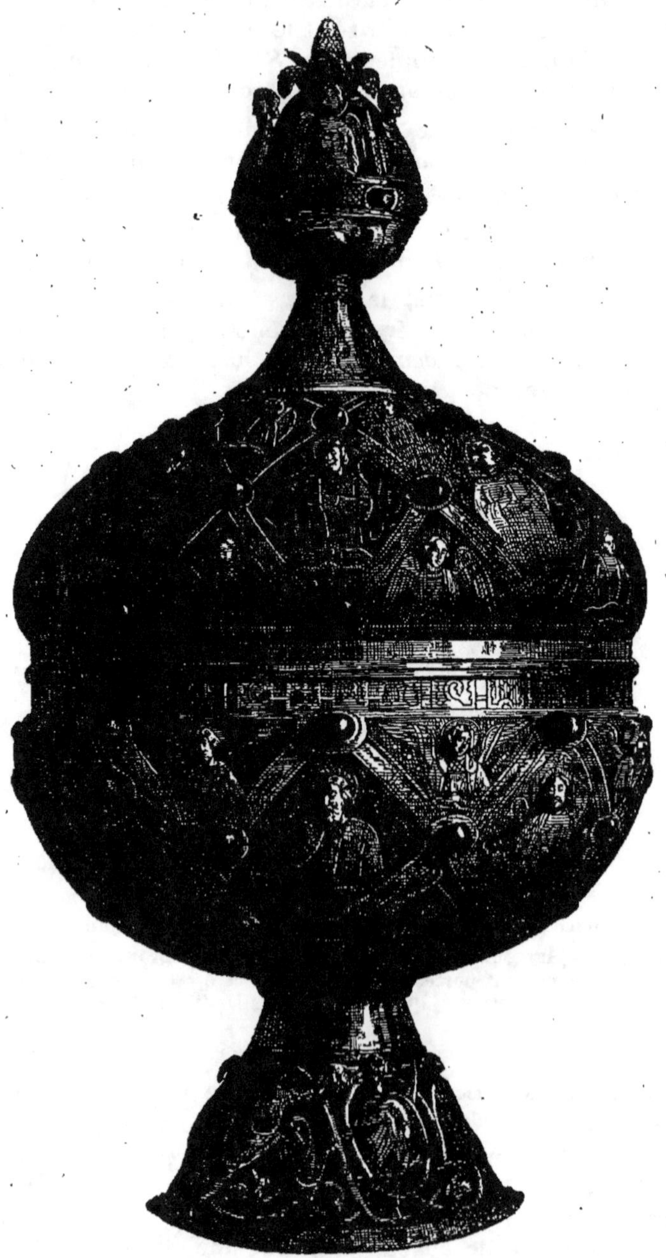

XIIe SIÈCLE.   ATELIERS DE LIMOGES.
Fig. 965. — CIBOIRE ÉMAILLÉ ET GRAVÉ. — Consulter les notes pages 231 et 255.
Musée du Louvre, Paris.

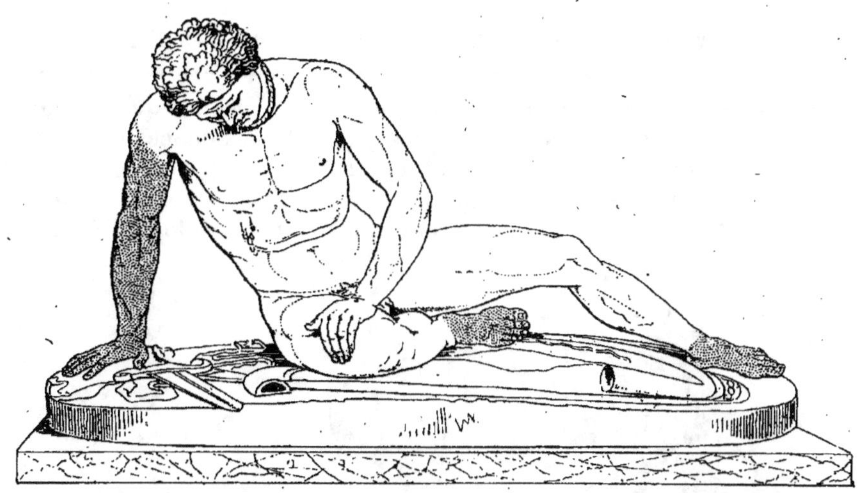

Fig. 936. — GLADIATEUR BLESSÉ, DIT GLADIATEUR MOURANT
Le bras droit et les pieds ont été *remis à neuf* au seizième siècle.
Musée du Capitole, Rome.

COMMENT RÉPARER LES ŒUVRES ET OBJETS D'ART

PRESQUE TOUTES LES ŒUVRES D'ART ANTIQUE, EN MARBRE,
ONT SUBI DES RÉPARATIONS
REMISES A NEUF, RETOUCHES, DÉFORMATIONS, GRATTAGES, ETC.
AYANT EU POUR RÉSULTAT D'EN DIMINUER LA VALEUR

La réparation d'une *figure* ou d'un *groupe* antique, ne doit consister qu'à en joindre les morceaux lorsqu'ils se trouvent être intacts, et non à les refaire pour adapter des parties modernes en remplacement de celles détruites, ou tellement mutilées qu'il n'est plus possible d'en opérer le raccord.

Pour un grand nombre de ces œuvres mutilées, les parties les plus importantes ont été *rapiécées* par des artisans improvisés répareurs.

Il en résulte qu'on possède, par morceaux disparates, rajustés l'un à l'autre, un ensemble présentant ce que le premier *metteur au point* aurait fait; ou bien encore, au lieu d'être à même d'admirer des fragments authentiques de l'École de Phidias (498 ┼ 450 ay. J.-C.), ou de celle de Praxitèle (360 ┼ 280 av. J.-C.), beaux et précieux, s'ils eussent été conservés tels quels, on ne possède que des membres refaits, ajustés à un torse outrageusement retouché et déformé, entaillé, frotté, poli par le ciseau, confondu avec un travail moderne, disparate. Presque toujours le répareur a employé un marbre d'un ton différent, ou d'une tout autre provenance que celui ayant servi à créer l'œuvre originale. Quelques *figures* et *groupes* antiques, exposés dans les musées ou placés dans les parcs de résidences nationales, offrent, en tous pays, de fâcheux exemples de têtes remplacées (¹).

L'art antique ne nous a guère laissé que des débris dus au sol, universelle sépulture et protecteur des morts. Le plus célèbre des

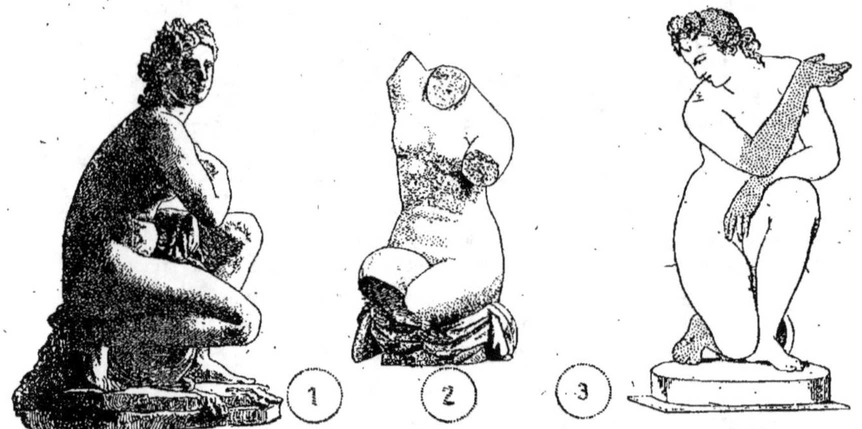

Fig. 967. — Vénus au Bain.   Fig. 968. — Torse de Vénus.   Fig. 969. — Vénus au Bain.
Réplique par Coysevox.   *Musée du Vatican, Rome.*

La charmante *figure* de *Vénus au Bain*, Musée du Vatican (3), mériterait d'être citée aussi souvent que la *Vénus de Médicis* et la *Vénus du Capitole*. Elle offre la plus grande pureté dans les contours ; le travail du ciseau disparaît pour laisser voir la souplesse de la chair, et la tête présente toute la noblesse, toute la grâce, convenables à la déesse de la beauté. Malheureusement, le bout du pied droit, la main gauche, la main et l'avant-bras droits, ainsi que la coiffure, ont été réparés. — On trouve d'autres *figures*, avec la même pose, au Palais Farnèse, au jardin Ludovici, à Rome, et dans la Galerie de Florence.

chefs-d'œuvre de la sculpture grecque, la *Vénus* dite *de Milo*, est l'un des marbres les moins mutilés qui nous ait été rendu.

Dans la fièvre qui la transportait, la Renaissance mit autant de confiance naïve que de soins pieux à restituer les parties détruites des figures antiques ; nous nous rendons compte que ces réparations ont toujours défiguré l'œuvre originale.

Si, comme les philologues, les antiquaires contemporains éprouvent

(¹) Caligula, troisième empereur romain (12-41), que ses cruautés ont rendu tristement célèbre, non seulement méprisait Virgile, trouvait Tite-Live verbeux et conçut, au dire de Suétone (XXXIV, C. *Cal.*), la pensée d'anéantir Homère, « Cogitavit etiam de Homeri carminibus abolendis », mais encore fit enlever, en Grèce, de merveilleuses statues de Praxitèle, supprimait les têtes des dieux de marbre et, selon Tacite, *Supplément*, 579, les remplaçait par la sienne.

un impérieux besoin de revenir aux originaux, c'est avec un respect scrupuleux qu'ils doivent en réunir les linéaments primitifs.

J.-G. Félix Ravaisson-Mollien (1813†1900), le regretté et célèbre philologue et archéologue, membre de l'Académie des Inscriptions et

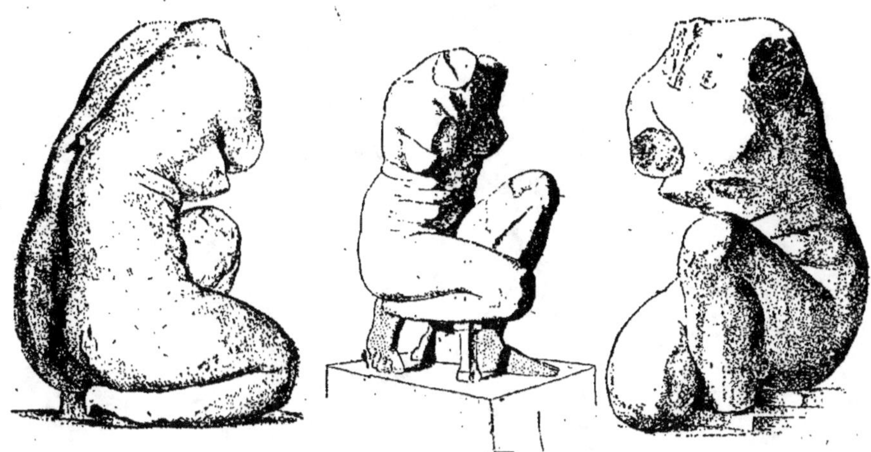

Fig. 970. — Vénus de Vienne. Fig. 971. — Vénus de Vienne. Fig. 972. — Vénus de Vienne.
Avant réparation.   *Réparée en partie.*   *Avant réparation.*

Musée de Vienne (Isère), et Musée du Louvre, Paris.

Le fragment de la *Vénus* dite *de Vienne*, découvert au Palais des Miroirs, à Sainte-Colombe, près Vienne (Isère), consiste dans un corps de jeune femme nue, accroupie sur le talon droit et un peu penchée en avant, le pied gauche portant sur le sol.

Cette *Vénus accroupie* était, sans nul doute, représentée au bain, c'est ce qu'indique, dans la répétition que possède le Musée du Vatican, la présence d'une urne renversée.

Un reste de tenon, à la partie inférieure du corps de la *figure* du Musée de Vienne, semble témoigner que, là aussi, il y avait une urne.

Sur le haut du côté gauche de la poitrine et sur l'épaule du même côté, on voit deux tenons, que l'on pourrait expliquer comme étant les traces de la chevelure à demi dénouée et abandonnée à elle-même.

On voit, sur la cuisse gauche, les restes des extrémités des doigts de la main gauche qui venait s'y appuyer; plusieurs autres, sur le même côté de la poitrine et de la cuisse, montrent que la déesse, en même temps qu'elle se courbait sur elle-même, se voilait des bras et des mains.

Sur la *Vénus accroupie* consulter, dans la *Gazette des Beaux-Arts*, un intéressant travail dû à M. Théodore Reinach, ayant pour titre : *l'Auteur de la Vénus accroupie.*

Belles-Lettres, et membre de l'Académie des Sciences Morales et Politiques, a reconnu et mis en évidence, un des premiers, des réparations arbitraires, et signalé des parties ajoutées, qu'on avait expertisées authentiques, des parties authentiques qu'on croyait modernes. Ce savant a montré comment on avait métamorphosé en Sénèque (3†65) un type de pêcheur négroïde, comment on avait greffé sur un même tronc, tantôt une Clio, la muse de l'Histoire, tantôt une Hygie, déesse de la Santé, tantôt une Fortune, fille de l'Océan.

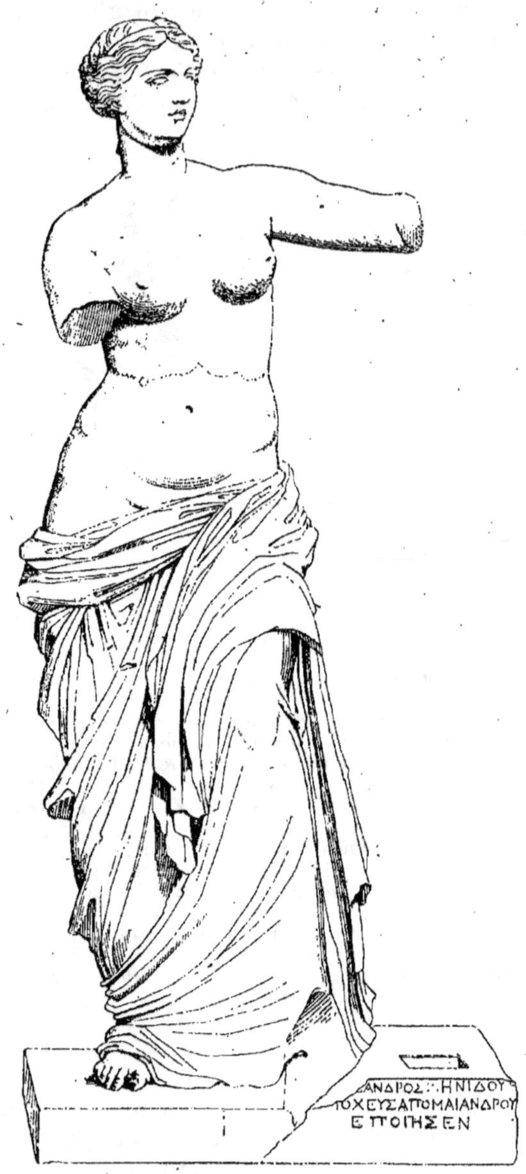

ANTIQUITE. — ART GREC. ÉCOLE DE SCOPAS (420†350 av. j.-c)
Musée du Louvre, Paris.
Fig. 973. — Vénus Victrix, découverte en 1820, dans l'Ile de Milo (Ile de l'Archipel),
transportée à Paris et donnée au roi Louis XVIII
par le marquis de Rivière, Ambassadeur de France à la Cour Ottomane.

Cette œuvre célèbre est en cinq morceaux : le buste (dont le bout du sein gauche a été
réparé), la tête (dont le lobe des oreilles et le nez ont été réparés); les jambes drapées

Si l'on en juge par les représentations que nous donnons ci-dessous des restitutions proposées pour la *Vénus de Milo*, on se rendra compte qu'on ne peut dénaturer, avec plus de mauvais goût, un chef-d'œuvre de l'art antique. A ces représentations, il est intéressant

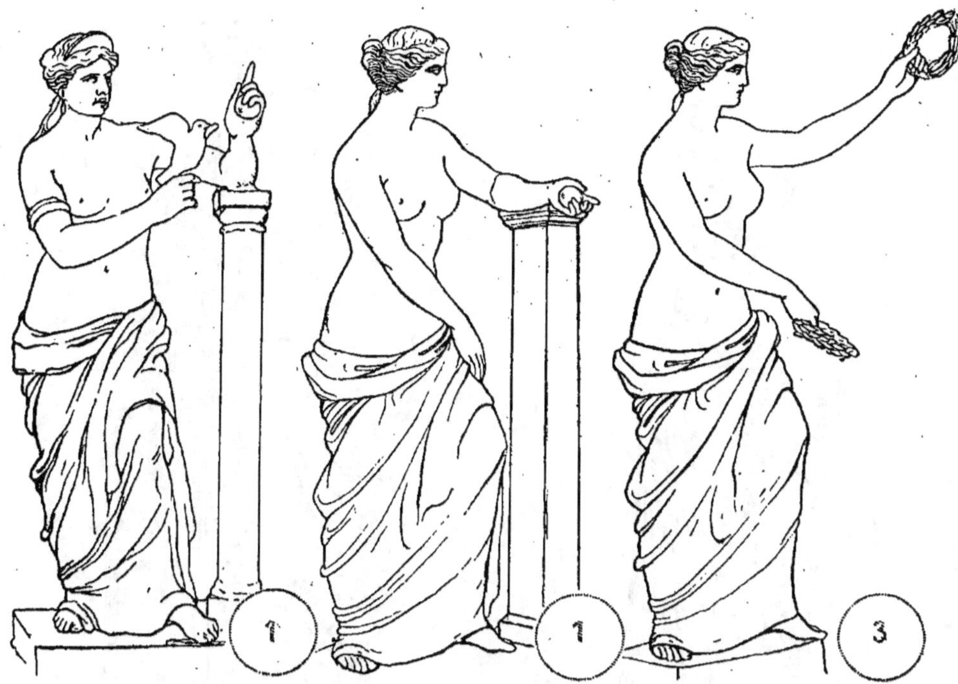

Fig. 974. — G. Saloman.   Fig. 975. — Furtwængler.   Fig. 976. — Bell.

RESTITUTIONS PROPOSÉES POUR LA VÉNUS DITE DE MILO

les deux hanches et le chignon. Le pied gauche, qui n'existe plus, avait été refait en plâtre ainsi qu'une partie du socle. Originairement, la *Vénus, dite de Milo*, était formée de la superposition de deux blocs de *marbre coralitique*, qu'on ne trouve qu'en Asie-Mineure, et dont la blancheur et le grain se rapprochent de l'ivoire.

Le bas de la figure, jusqu'aux hanches où s'arrête la draperie, est pris dans le même bloc, ainsi que le socle. Un second bloc a donné la tête et le torse, où s'ajustaient des bras rapportés, ainsi que l'indique le trou du tenon encore visible près de l'épaule. Ces bras ne sont pas perdus ; des fragments ont été trouvés près de la Vénus et ramenés en France. Des essais de réparation ont fait dédaigner ces précieux restes, qui auraient fourni, sur l'action tant controversée de la figure, des renseignements précis.

En 1871, le plâtre reliant les deux blocs se détacha et laissa voir des cales en bois taillées en biseau, faisant incliner en avant le bloc supérieur, c'est-à-dire la tête et le torse, et pencher légèrement de côté l'attitude de la déesse.

C'est ainsi que ces deux blocs avaient été assemblés à l'arrivée de la Vénus à Paris, en 1821, par Bernard Lange, le réparateur ordinaire du musée du Louvre ; c'est sous cet aspect qu'elle est devenue le type traditionnel de la beauté absolue.

de joindre la restitution de la *Joueuse de lyre*. Il semble incompréhensible que de soi-disant connaisseurs aient fait ajouter, sur un corps grec d'un grand style, une tête dont la coiffure annonce l'époque d'Adrien, empereur romain, l'an de Rome 888 (an 117 ap. J.-C.), ou

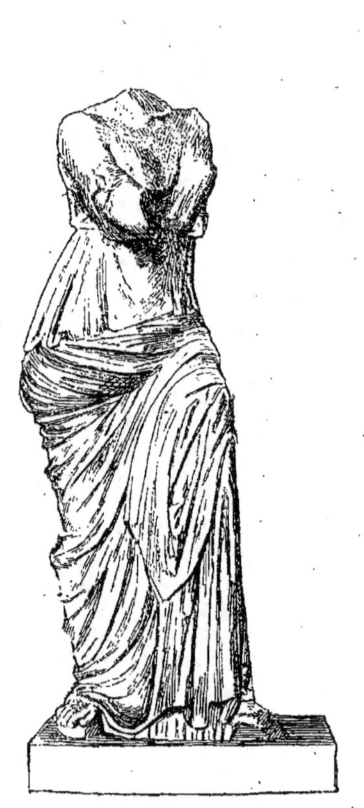

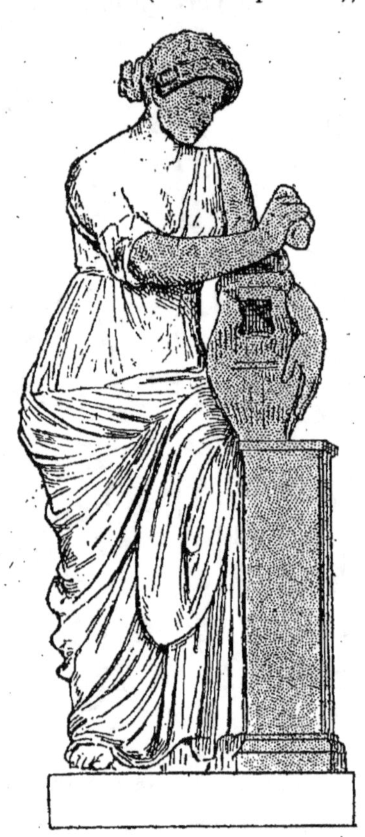

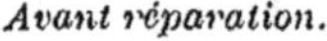

Avant réparation. Après réparation.

Fig. 977 et 978. — La Joueuse de Lyre.

Musée du Louvre, Paris.

celle de Trajan (51 †127). Ajoutons que la lyre, le cippe, le bras et la main gauches, l'avant-bras droit ont été refaits au seizième siècle.

Comme autres exemples de fâcheuses réparations, plus nombreuses que l'on ne saurait l'imaginer, nous citerons, au Musée du Louvre, à Paris, la figure héroïque d'*Alexandre le Grand* (356†323 av. J.-C), en marbre de Paros. La tête antique, mais rapportée, est de *marbre pentélique*; les bras, la jambe gauche, la cuisse droite, à la hauteur du tronc, et le tronc sont en *marbre moderne*. Le corps de l'*Apollon pythien*, vainqueur du serpent python, est surmonté d'une tête de Vénus; il n'y a aucun raccord entre les boucles de la coiffure, formant une masse large et plate, qui tombent en tresses sur le dos; la main et le poignet gauches, ainsi que le *plectrum*, sont modernes.

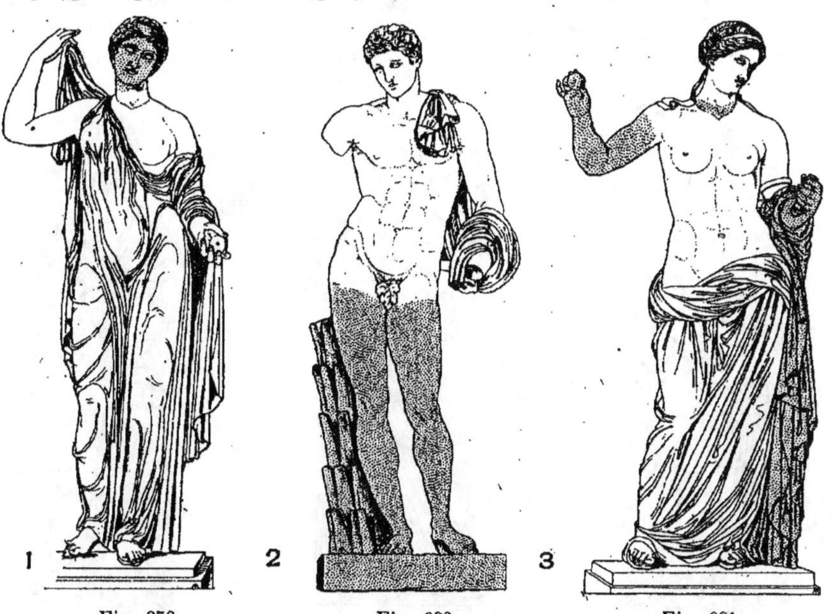

Fig. 979. Fig. 980. Fig. 981.

FIGURES ANTIQUES AVEC PARTIES ÉCHANGÉES OU REFAITES

1 et 3. *Musée du Louvre, Paris.* — 2. *Musée du Vatican, Rome.*

1. *Vénus Genitrix*, la tête rajustée semble lui appartenir, les oreilles sont percées, ce qui rappelle la coutume antique d'orner quelques statues de précieuses boucles d'oreilles. — 2. *Mercure*, dit *Lantin* (?) les deux jambes étant brisées, l'artisan réparateur ne remit pas la jambe droite au-dessus du pied, et la raccorda maladroitement. — 3. *Vénus* dite *Vénus d'Arles*, le haut du nez, bas du cou, deux morceaux de l'oreille gauche, ce qui flotte des bandelettes, bras droit, avant-bras gauche, mains, partie du vêtement, ont été refaits. La plinthe a été remise à neuf. Mentionnons que les seins, étant ébréchés, le célèbre statuaire, improvisé réparateur, François Girardon (1628 † 1715) les a repris, grattés, ce qui l'obligea, pour leur conserver quelque rondeur, à tailler dans le torse entier (¹).

La tête antique du buste coloré d'un *Domitien* (51 † 96), en *marbre de Carrare*, est rapportée sur un buste d'un *autre marbre*. Les contours des joues, retouchés et frottés pour en faire disparaître le tartre, sont

(¹) Sur la *Vénus*, dite *Vénus d'Arles*, que nous croyons être une *Vénus Victorieuse* portant un casque d'une main, probablement celui que Vulcain avait forgé pour Énée, et de l'autre s'appuyant sur une lance, consulter Gustave Babin. *L'Illustration*, 4 avril 1903 et 4 novembre 1911 ; P. Waltz, *Le Larousse mensuel*, Janvier 1914; *Gazette des Beaux-Arts*, *La Revue de l'Art ancien et moderne*, *La Renaissance*, *Le Monde Illustré*, les travaux de MM. Héron de Villefosse et Jules Formigé; les *Chroniques* relatives aux œuvres et objets d'art publiées par *Les Débats*, *L'Echo de Paris*, *Le Figaro*, *La Gazette de l'Hôtel Drouot*, *Le Gaulois*, *L'Intransigeant*, *Le Journal*, *Le Journal des Arts*, *La Liberté*, *Le Matin*, *L'Œuvre*, *L'Opinion*, *Le Petit Journal*, *Le Petit Parisien*, *Le Temps*, etc.

appauvris; le nez, les oreilles, le sommet de la tête jusqu'à la moitié des cheveux sur le front, ainsi que la couronne, sont modernes.

La tête de l'empereur *Lucius Vérus* (130✝169), en *marbre de Paros*, provenant du château d'Ecouen, est, au-dessus de la barbe, rapportée sur un corps moderne. Le buste, le nez et l'oreille droite d'un *Trajan* (51✝127), tête colorée, en *marbre pentélique*, datent d'un siècle.

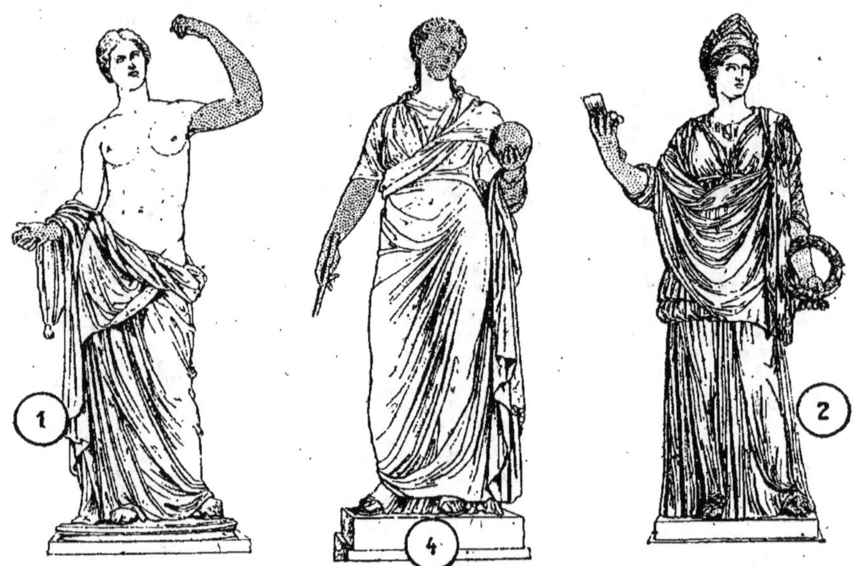

Fig. 982.   Fig. 983.   Fig. 984.

FIGURES ANTIQUES AVEC PARTIES REFAITES OU CHANGÉES (¹)

1. *Collection de Lord H..., Londres.* — 2 et 3. *Musée du Louvre, Paris.*
4. *Musée du Vatican, Rome.*

1. *Vénus d'Ostie*, a quelques rapports avec la *Vénus d'Arles* : poli conservé; avant-bras gauche, main droite et nez refaits. — 2. *Cérès*, couronne et diadème, nez, avant-bras et pieds refaits. — 4. *Uranie*, cette *figure*, à laquelle on changea la tête, fut transformée de *Fortune* en *Uranie*, et dégagée des attributs de la première pour recevoir ceux de la seconde.

Le superbe buste colossal d'*Esculape*, dieu de la médecine, en *marbre pentélique*, a été fort maltraité par d'anciennes réparations.

Un *Cupidon* en marbre grec dur, dont la tête, le torse et toute la partie antique sont pleins d'une grâce qui convient au plus jeune des

(¹) Un grand nombre de *figures* et de groupes antiques ne nous sont parvenus qu'après avoir subi une réparation partielle ou d'ensemble, dont le grave inconvénient a été d'enlever, sur toute la surface, une légère pellicule de marbre.

Sous prétexte de mieux raccorder des parties ajoutées, des sculpteurs, improvisés réparateurs, en amaigrissant insensiblement la *figure*, ont fait disparaître le dernier coup de ciseau du Maître.

dieux, nous paraît être une copie de celui que Praxitèle le Jeune, le plus célèbre nom de l'art grec après Phidias, avait créé pour Parium, a le bras gauche en entier, le bras droit au-dessous du déltoïde, la cuisse et la jambe gauches, le milieu de la cuisse droite, le pied droit un peu au-dessus des malléoles, la draperie, une partie des ailes, et le tronc d'arbre refaits. On a gratté la cuisse droite du *Faune*

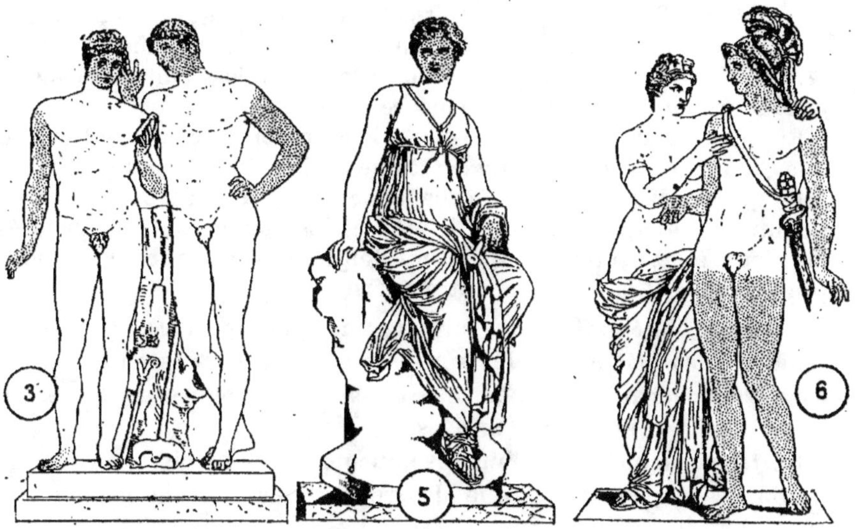

Fig. 983. Fig. 986. Fig. 987.

FIGURE ET GROUPES ANTIQUES AVEC PARTIES REFAITES OU CHANGÉES
3. Musée du Louvre, Paris. — 5. Musée du Vatican, Rome.
6. Galerie de Florence.

3. *Mercure et Vulcain*, têtes rapportées, que nous croyons leur appartenir ; mains, avant-bras des deux *figures* et pied droit de Vulcain refaits. — 5. *Euterpe*, la tête ne nous semble pas appartenir à cette muse, la main gauche est refaite. — 6. *Mars et Vénus* : de Mars, le torse seul est antique ; la tête, l'avant-bras droit, le bras gauche et les jambes sont modernes.

dansant, en *marbre de Paros* ; la tête rapportée est moderne, la moitié du bras droit et la main gauche, ainsi que la jambe droite et le haut de la gauche, sont réparés.

On a retouché et frotté, en plusieurs endroits, le *Jeune Athlète vainqueur*, en *marbre grec* ; la tête antique est rapportée, le nez et le menton sont réparés ; les jambes, les pieds et les bras sont modernes.

On a raclé l'*Amazone blessée*, en *marbre pentélique*, provenant du château de Richelieu. Au lieu de conserver, à cette figure, le costume des amazones, et faute d'en avoir bien saisi le sujet, on a substitué une robe longue à la tunique relevée jusqu'au-dessus du genou, que

L. 34

nous retrouvons pour d'autres guerrières ; enfin, non content d'avoir refait le nez, les bras, et une partie du corps au-dessous de la ceinture du bas, le répareur a raclé, usé, toute la partie antique.

On a rajusté la tête d'une *Vénus*, en *marbre pentélique*, ayant beaucoup de rapport avec la *Vénus* dite *d'Arles*; le nez, le bras droit et l'avant-bras gauche ont été réparés, les pieds refaits. Une autre *Vénus* en *marbre de Paros* qui, par sa pose et ses accessoires, ressemble à celle du Capitole et en est une imitation antique, a subi le même sort; la tête a été rajustée, le corps déformé ; les bras, les jambes, le vase et la draperie ont été refaits en marbre moderne.

Enfin, pour clore cette brève et triste nomenclature, mentionnons que, dans l'*Antinoüs en Hercule*, la tête est antique, mais rapportée; celle qui est disparue était probablement un portrait de l'empereur Commode (161 † 193). Le bras, le nez et les jambes ont été réparés; les pieds, à l'exception de quelques doigts, sont antiques; le tronc, la peau du lion et la massue, sont modernes.

Il serait intéressant de former une galerie dans laquelle on réunirait des plâtres moulés sur les parties reconnues authentiques, en y rapprochant les types identiques ou analogues de toutes les collections publiques ou privées.

Un tel ensemble serait d'un enseignement plus précis, pour la restitution des œuvres d'art, que des réparations souvent maladroites.

ACCEPTION ET COMPRÉHENSION DE TERMES RELATIFS A LA STATUAIRE

1. Sculpteur. — 2. Statuaire. — 3. Figure.
4. Demi-figure, Figure demi-nature. — 5. Figurine. — 6. Groupe.
7. Bosse, Demi-bosse, Ronde-bosse.
8. Relief, Haut-relief, Demi-relief. — 9. Bas-relief. — 10. Méplat.

1. — *Sculpteur* ne devrait jamais se dire que de l'artisan qui taille dans la pierre ou dans le marbre, soit la figure, soit l'ornement, et l'on entendrait alors par *statuaire* celui qui exécute des *figures*, des bas-reliefs, et rien autre chose, non seulement au ciseau, mais aussi par les autres moyens de l'art, tels que la fonte en bronze et les divers procédés du modelage.

2. — *Statuaire* signifie aussi l'art du statuaire et, dans cette acception, il est féminin : la statuaire comprend tous les procédés par lesquels on crée des *figures*.

L'œuvre du *statuaire* consiste en *figures* de *plein relief*, en marbre, en pierre, en plâtre, en bronze, ou de toute matière à l'usage de la statuaire. On appelle *figure équestre* celle qui représente une *figure à cheval*.

Le terme *statuaire* n'est guère usité que dans le style soutenu et en ce qui concerne les maîtres de l'antiquité. En parlant des artisans modernes, on se borne à l'usage du mot *sculpteur* : c'est, sans raison, s'abstenir d'user des richesses de la langue française, que d'employer un mot signifiant trop ou trop peu, au lieu de l'expression juste.

3. — Par *figure*, on entend la représentation de l'ensemble du corps humain. Dessiner la *figure*, peindre la *figure*, *figure* en bronze, *figure* en marbre s'entendent toujours d'un dessin, d'une peinture, d'une statue, d'après un modèle d'homme ou de femme.

4. — On appelle *demi-figure* celle qui ne présente que la partie supérieure du corps depuis la ceinture, et *figure demi-nature*, celle dont la hauteur est de deux à trois *pieds* (le pied mesure 0ᵐ,32484). En parlant de *figures* de vingt à vingt-quatre *pouces*, on dit quelquefois *figures de proportion académique* (le pouce mesure 0ᵐ,02707).

5. — Par *figurine*, on entend *petite figure*, *figure* de très petite dimension dans un tableau. Mais plus souvent on entend, par *figurines*, de très petites *figures* antiques, en marbre, en pierre, en terre cuite, en or ou en argent.

6. — Le *groupe* est la réunion de plusieurs *figures*, un assemblage de divers objets matériels, mis en contact les uns avec les autres, afin de former une seule masse; tel est, sous le rapport pittoresque, le motif de la formation des *groupes*. On appelle *groupe* de sculpture, tout ouvrage de *ronde-bosse* composé de deux ou de plusieurs *figures*.

7. — La *bosse* est un ouvrage de sculpture figurant les objets en *plein relief*. On appelle ouvrage de *demi-bosse* l'espèce de *bas-relief* dans lequel quelques parties des figures sont entièrement détachées du fond, et ouvrage de *ronde-bosse* les *figures* proprement dites.

8. — On distingue trois genres de *relief* : on appelle *haut-relief* ou *plein relief*, ceux dont les *figures* sont entières, ou paraissent saillantes hors du fond, dont elles semblent se détacher; le *demi-relief* est celui où la *figure* sort à demi-corps du plan; le *bas-relief* proprement dit est celui où les *figures* perdent leur saillie et sont représentées comme aplaties sur le fond.

9. — Cependant l'usage a consacré la dénomination de *bas-relief* à toutes les sculptures appliquées sur une surface plane, avec laquelle elles font corps, quelle qu'en soit la saillie.

10. — On donne le nom de *méplat* aux *figures* dont la saillie est légère.

COMMENT APPRÉCIER LA QUALITÉ DES MARBRES
ET
COMMENT EN RECONNAITRE LES DÉFAUTS ET LES CONTREFAÇONS

MARBRE BLANC DIT STATUAIRE
DESSUS DE COMMODES, CONSOLES, ENCOIGNURES, ETC.
PURETÉ DE LA COULEUR — BEAUTÉ ET VARIÉTÉ DU MARBRE COLORE

1, Marbres terrasseux. — 2, Marbres filandreux. — 3, Marbre fier. — 4, Patine. — 5, Marbre homogène. — 6, Marbre rabattu. — 7, Polissage du marbre. ═ 8, Marbre antique. — 9, ... de Paros. — 10, ... pentélique, ... de Luni. ═ 11, Marbre noir antique. — 12, ... rouge d'Égypte. — 13, ... vert antique. — 14, ... bleu antique, bleu turquin. — 15, ... petit antique. — 16, ... jaune antique. — 17, ... grand antique. — 18, ... cipolin antique. = 19, Brèche violette antique. = 20, Marbres blancs, ... d'ivoire, ... du Bosphore, ... coralitique, ... du mont Hymette, ... de Lesbos, ... pentélique, ... de Paros, ... Synnadique, ... de Tyr. = 21, Marbres verts, ... d'Auguste, ... du Taygète, ... de Ténare, ... de Tibère, ... de Thessalie. = 22, Marbres noirs, ... antique ou drap mortuaire, ... petit granit, ... Sainte-Anne, ... petit antique, ... portor. = 23, Marbres rouges, ... griotte, ... de Sarrancolin, ... du Languedoc ou incarnat. = 24, Marbres ruiniformes. = 25, Marbres bréchoïdes, ... pouddings, ... brocatelles. Brèche rose, ... jaune antique, Brèche arlequine, ... rouge et blanche. Brèche vierge, ... fleur de pêcher. Brèche africaine antique. = 26, Lumachelles, ... d'Astrakan, ... opalines. Lumachelle jaune, noire, blanche.

Il est à remarquer que le *marbre antique* (n° 8) a servi, de tous temps et en tous pays, pour de nombreuses contrefaçons de figures, groupes, bustes et vases soi-disant *antiques*.

1. — Les marbres, principalement les *marbres terrasseux* qui ont des parties molles, sont endommagés par la *rhizolithe*, champignon fossile, et par l'*endocarpon*, du genre des lichens angiocarpes, dont le thalle foliacé forme des écailles qui adhèrent par un ou plusieurs points.

2. — Dans la texture des marbres on rencontre des *clous*, sorte de nœuds ou fragments informes; des *fils*, des *fissures*, donnant, au défaut de continuité dans les molécules des *marbres filandreux*, une apparence fibreuse.

3. — On dit du marbre qui a été dur à travailler, qui ne s'égrène pas, qu'il est *fier*; si sa texture est trop lâche, si ses crêtes s'écornent facilement, on dit qu'il est *pouf*. Le second est plus sujet à se *déliter* que le premier, c'est-à-dire à se fendre ou à s'écailler sous l'influence des brusques variations d'une basse température, sous celles de la gelée ou du dégel.

4. — Une *patine*, sorte de concrétion terreuse, se forme sur les marbres soumis depuis longtemps aux influences atmosphériques.

5. — Un beau *marbre* est *homogène*, sa teinte est vive, et son poli intact; il ne doit pas être *émerisé*, c'est-à-dire sans *émeris*, sans taches noires.

6. — Pour *rabattre le marbre*, en faire disparaître les défauts, les *inégalités*, on le frotte avec de la terre cuite réduite en poudre impalpable.

7. — On l'*égrise*, avec un morceau de grès. On le *polit* avec une autre plaque de marbre, un *martin*, en interposant entre elles du grès humide pulvérisé.

8. — On appelle *marbre antique* le marbre dont les carrières sont épuisées ou perdues. Des *contrefacteurs* en ont souvent augmenté la nomenclature, vendant, comme *marbre antique*, des variétés de marbre qui ne se rapprochent pas, d'une manière positive, aux descriptions données par les auteurs anciens. On en a tiré des ruines de villes mortes, et principalement des fouilles de Pompéi, d'Herculanum, de Caprée, de Palmyre, de Persépolis, de Carthage, de Timgad, de Tébessa, etc., ayant servi, et servant encore, à de nombreuses *contrefaçons* de *figures, groupes, vases antiques*, etc.

Sous la désignation de *marmor, marbre*, dont l'étymologie grecque *marmaron* indique l'éclat et le brillant, on comprenait, dans l'Antiquité et au Moyen Age, toutes les pierres plus ou moins dures, susceptibles d'un beau poli, et propices à la sculpture ou à la décoration des édifices.

9. — Le plus célèbre marbre qui ait été employé est le *marbre de Paros*;

c'est de ce marbre que sont faites la *Vénus de Médicis* et la *Diane chasseresse*, du musée du Louvre, à Paris.

10. — Le *marbre pentélique*, que l'on tirait du mont Pentèles, plus fin et plus serré, mais d'une teinte moins unie, se reconnaît dans le *Vase* dit *de la villa Borghèse*, du même musée. Par la suite, les statuaires grecs abandonnèrent le *marbre de Paros* pour celui de *Luni*, près Carrare, que son grain *saccharoïde*, qui a l'apparence du sucre, rendait plus propre à la sculpture; l'*Apollon du Belvédère*, à Rome, réplique du type de l'*Apollon pythien* (Voir pages 262 et 263), Ecole de Lysippe (seconde moitié du ıvᵉ siècle av. J.-C.), prouve son antiquité.

11. — Le *noir antique*, surnommé *marmor luculleum*, parce que ce fut Lucullus (109 † 57 av. J.-C.) qui le fit connaître à Rome, venait d'Alabanda en Carie, ville de l'Asie Mineure.

12. — Le *rouge d'Égypte* ou *rouge antique*, dont les carrières ont été retrouvées entre le Nil et la mer Rouge, était très rare.

13. — Le *vert antique* est une brèche composée de fragments de *serpentine* réunis par un ciment calcaire mélangé de talc: on l'exploitait dans la Thessalie.

14. — Le *bleu antique*, d'un blanc rosé avec des taches d'un bleu ardoise, en zigzags interrompus, ne doit pas être confondu avec le *bleu turquin antique*, dont les carrières se trouvaient dans le nord de l'Afrique; nous ignorons où les anciens trouvèrent le premier.

15. — Le *petit antique*, que la finesse de son grain a fait nommer ainsi, veiné de blanc et de gris d'ardoise, se tirait de Toscane.

16. — Le *jaune antique* s'exploitait en Macédoine; la *grecque* qui entoure les deux *tables de lapis-lazuli* de la Galerie d'Apollon, au musée du Louvre, à Paris, est faite de ce marbre.

17. — Le *grand antique* est une belle brèche entièrement calcaire, composée de fragments et de linéaments d'un noir foncé, mélangés de fragments du plus beau blanc; nous ignorons d'où les anciens le tiraient.

18. — Le *cipolin antique* est une chaux carbonatée magnésifère, dans laquelle le talc forme des veines; nous croyons qu'il est originaire de Thasos, île de la mer Égée, célèbre dans l'antiquité pour ses mines d'or.

19. — La *brèche violette antique*, appelée *brèche d'Alep*, ce qui a fait admettre qu'on la tirait de Syrie, s'exploitait aussi dans les environs de Carrare, ses couleurs sont très variées; le plus souvent cette *brèche* présente des fragments anguleux de couleur lilas, sur un fond d'un brun violâtre.

20. — Parmi les *marbres blancs* nous citerons: 1° le *marbre blanc d'ivoire*, très compact; 2° le *marbre du Bosphore*, blanc grisâtre; 3° le *marbre coralitique*, qui se trouvait en Phrygie, auprès du fleuve *Coralius*, blanc d'ivoire ou lait caillé. Les morceaux qu'on exploitait n'excédaient pas trois coudées (*coudée*, mesure ancienne représentée par la distance du coude à l'extrémité du doigt majeur). On l'a nommé aussi *Sagarius lapis*, pierre du Sagare, fleuve de Phrygie; 4° le *marbre du mont Hymette*, aujourd'hui Trelo, près d'Athènes; 5° le *marbre de Lesbos*, d'un blanc jaunâtre à gros grains; 6° le *marbre Pentélique*, le *marmo greco fino* des Italiens, dont il est souvent question dans Pausanias (seconde moitié du ııᵉ siècle ap. J.-C.); 7° Le *Paros* qui ressemble au *Poros*, e *marmo greco duro* des Italiens; 8° le *marbre Synnadique*, de

Synnas ou de Docimium en Phrygie, dont le blanc ressemble à celui de l'albâtre; 9° le *marbre de Tyr* ou *marbre du Liban* (dont la teinte blanche tire un peu sur le bleu).

21. — Nous avons remarqué, parmi les *marbres verts* dus à un mélange de calcaire et de schiste talqueux, ou de serpentine : 1° le *marbre d'Auguste*, vert ondé et par taches; 2° le *marbre du Taygète*, appelé aussi *marbre de Lacédémone*, vert porreau; 3° le *marbre de Ténare*, en Laconie, d'un vert foncé presque noir; 4° le *marbre de Tibère*, ainsi nommé parce qu'il fut découvert sous cet empereur (42 av. J.-C. † 37 ap. J.-C.), vert veiné de raies déliées et très mêlées; 5° le *marbre de Thessalie*, notre *marbre vert antique*.

22. — Dans les *marbres noirs*, qui doivent leur coloration à un mélange de bitume, nous citerons : 1° le *noir antique* ou *drap mortuaire*, dont la couleur est uniforme; 2° le *petit granit*, dont le fond noir est parsemé de parties claires, disséminées régulièrement dans la masse; 3° le *marbre Sainte-Anne* présentant des veines blanches se croisant en tous sens, sur un fond noir; 4° le *petit antique*, offrant un mélange de taches noires et blanches, à peu près égales et anguleuses; 5° le *marbre portor*, présentant des veines d'un jaune doré sur un beau fond noir.

23. — Parmi les *marbres rouges* dont la coloration est due à l'oxyde de fer, on distingue : 1° le *marbre griotte*, dont le fond, d'un rouge brun, est régulièrement parsemé de taches d'un rouge plus clair; 2° le *marbre de Sarrancolin*, dans les Pyrénées, d'un rouge foncé, mêlé de gris et de jaune, avec des parties transparentes; 3° le *marbre du Languedoc* ou *marbre incarnat*, d'un rouge assez clair, irrégulièrement mêlé de parties encore plus claires.

24. — Les *marbres ruiniformes* présentent des dessins d'un brun jaunâtre sur un fond gris, simulant l'apparence de ruines.

25. — Les *marbres bréchoïdes* sont formés d'une réunion de pierres agglutinées dans un ciment naturel ; si ces fragments sont ronds, on leur donne le nom de *pouddings*, s'ils sont anguleux, on les nomme *brocatelles*.

La *brèche rose* et la *brèche jaune antique* sont composées : la première, de petits fragments rosâtres sur un fond rouge clair ; la seconde d'un jaune clair, avec des taches plus foncées.

Nous citerons encore la *brèche arlequine*, présentant des taches rondes de diverses couleurs, la *brèche rouge et blanche*, dans laquelle ces deux couleurs dominent ; la *brèche vierge*, composée de fragments anguleux blancs, bruns, rouges et jaunâtres ; la *brèche fleur de pêcher*, qui offre de grandes taches violettes ou lie de vin sur un fond blanc. La *brèche africaine antique* n'est pas moins variée par les couleurs de ses fragments rouges, gris, violets, etc., sur fond noir ; ce marbre produit un très bel effet.

26. — Lorsque les calcaires compacts contiennent des coquilles fossiles à l'intérieur, ils prennent le nom de *lumachelles*; la plupart présentent des reflets variés. Les *lumachelles* les plus estimées sont celles d'*Astrakan*, à reflets jaunes sur un fond brun, et la *lumachelle opaline*, à reflets de couleur rouge ou orangée, rouge de feu et gorge de pigeon.

La *lumachelle jaune*, la *lumachelle noire et blanche* sont, comme toutes les lumachelles, formées de fragments de coquilles.

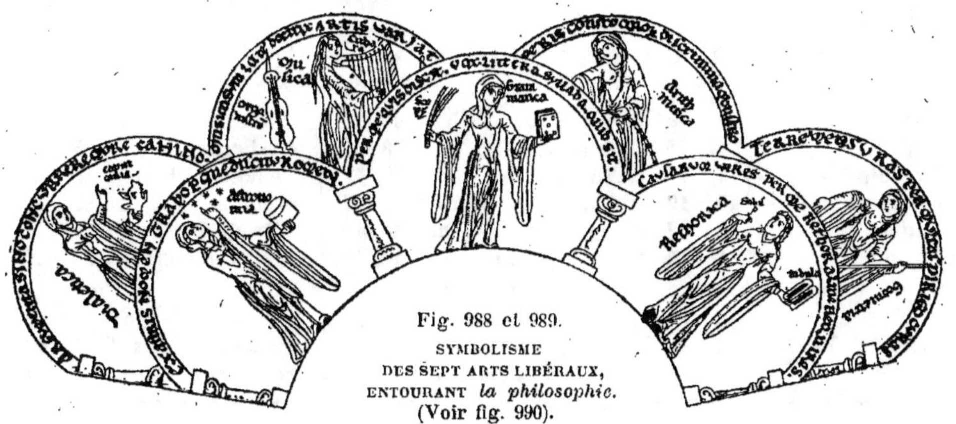

Fig. 988 et 989.

SYMBOLISME
DES SEPT ARTS LIBÉRAUX,
ENTOURANT *la philosophie*.
(Voir fig. 990).

Extrait d'un Manuscrit du XII° siècle, Hortus deliciarum, *par Herrade von Landsberg, abbesse de Hodenbourg, en Alsace (vers 1180), ayant fait partie de la Bibliothèque de Strasbourg.*

Ce manuscrit, brûlé lors du bombardement de Sträsbourg, en 1871, était le plus intéressant que l'on pouvait consulter, non seulement sur l'état de l'art, mais sur celui de la science et de la philosophie, sur le symbolisme, les meubles et les costumes de la fin du douzième siècle.

QUATRE MILLE RÉFÉRENCES CLASSÉES MÉTHODIQUEMENT

EPOQUES, PERSONNAGES HISTORIQUES, STYLES
DÉNOMINATION ET PARTIES COMPOSANTES DES ŒUVRES ET OBJETS D'ART
NOMS ET MANIÈRES DES ARTISANS, PARTICULARITÉS CARACTÉRISTIQUES
EXPRESSIONS EN USAGE DANS LE COMMERCE DE LA CURIOSITÉ
FAUSSAIRES, MARQUES, PROVENANCES

❋ Les chiffres en caractères maigres (6) renvoient à la page du texte. ❋
Les chiffres en caractères gras (18) renvoient à la page des marques
ou à celle des documents graphiques.

ÉPOQUES ET CARACTÈRES DE L'ART

COMPRÉHENSION DES ŒUVRES D'ART EN CÉRAMIQUE
DÉVELOPPEMENT DE LA FORME D'ART DES VASES
COMMENT EN DISCERNER ET APPRÉCIER LA BEAUTÉ

LES ŒUVRES D'ART EN FAYENCE DE ROUEN

LOUIS XIV FAIT FONDRE SES SOMPTUEUX SERVICES D'OR ET D'ARGENT ET LES REMPLACE PAR LA VAISSELLE EN FAYENCE

PERSONNAGES ET RENSEIGNEMENTS HISTORIQUES, PROVENANCES

IMPORTANCE, SUPÉRIORITÉ, PERFECTION DE LA FAYENCE DE ROUEN
MARQUES ET RÉPERTOIRE DE CINQUANTE-QUATRE ATELIERS

DÉSIGNATION DE QUELQUES FORMES

TYPES DES PRINCIPAUX DÉCORS

VARIANTES DE LA FLEUR DE LYS — MARQUES NOMINATIVES
MARQUES DÉTERMINÉES ET INDÉTERMINÉES

PERSONNAGES HISTORIQUES ET NOMS DIVERS CITÉS

NOMS DE VILLES ET DE LIEUX

———— LES ŒUVRES D'ART EN PORCELAINE DE SÈVRES ————

PERSONNAGES HISTORIQUES

TECHNIQUE, FORMES, QUALIFICATION DE PATE TENDRE ET PATE DURE

CONCORDANCE, LETTRES ET DATES DE FABRICATION. MARQUES OFFICIELLES

COMMENT IDENTIFIER CENT SOIXANTE-TROIS MARQUES

IMITATION, SUR DÉCORATION, CONTREFAÇON, DÉFAUTS

NOMS, MARQUES, DÉCORS, DATES DES TRAVAUX DES ARTISANS

PERSONNAGES HISTORIQUES, AUTEURS ET NOMS DIVERS CITÉS

COMPRÉHENSION DES MEUBLES DE STYLES ROYAUX

— SEPT CENT VINGT MEUBLES DU DOUZIÈME AU DIX-HUITIÈME SIÈCLE —

PÉRIODE MOBILE ET PÉRIODE FIXE DU MEUBLE

LES AGES DU CHÊNE, DU NOYER, DE L'ÉBÈNE, DES BOIS DE COULEUR
LE COFFRE, LE SIÈGE, LA TABLE, LE LIT

RENSEIGNEMENTS HISTORIQUES. — NOMS CITÉS

CHRONOLOGIE POUVANT AIDER A DÉTERMINER LES DATES

— LES COFFRES DE STYLES ROYAUX, XVᵉ AU XVIIIᵉ SIÈCLE —

PERSONNAGES HISTORIQUES

ENSEMBLE ET DÉTAILS. FORMES, ORNEMENTS, DÉCORS

NOMS ET MANIÈRES DES ARTISANS

LES SIÈGES DE STYLES ROYAUX, XVᵉ AU XVIIIᵉ SIÈCLE

RENSEIGNEMENTS DIVERS, PROVENANCES

———— LES TABLES DE STYLES ROYAUX, XVe AU XVIIIe SIÈCLE ————

PERSONNAGES HISTORIQUES

ENSEMBLES ET DÉTAILS, FORMES, ORNEMENTS, DÉCORS

PERSONNAGES CITÉS. RENSEIGNEMENTS DIVERS. PROVENANCES

———— LES LITS DE STYLES ROYAUX, XVᵉ AU XVIIIᵉ SIÈCLE ————

PÉRIODES, ÉPOQUES, STYLES

ENSEMBLES ET DÉTAILS. FORMES, ORNEMENTS, DÉCORS

PERSONNAGES HISTORIQUES ET LITTÉRAIRES

MOEURS ET COUTUMES. OUVRAGES CITÉS

FORMES, DÉCORS DES PIEDS ET MONTANTS DE MEUBLES

AGES DU CHÊNE, DU NOYER, DE L'ÉBÈNE, DU BOIS DORÉ, — BOIS DE COULEUR, ACAJOU, ETC.

LOUIS XII ET FRANÇOIS Ier. — FRANÇOIS Ier A CHARLES IX. — HENRI II A HENRI IV. — LOUIS XIII. — LOUIS XIV. — RÉGENCE ET LOUIS XV. — LOUIS XVI. — *Appendice.* NAPOLÉON Ier

◇ AGE DU CHÊNE. — xv°-xvi° siècles. Époques Louis XII et François Ier (1498-1515). — *Décoration homogène, robuste, vigoureuse. La ligne droite évoque la rectitude et la fermeté.* — Pieds de forme carrée ou rectangulaire. Pilastres cubiques ou cylindriques. Forme plate souvent employée de préférence à la colonne. Composition tranquille. Décor sobre et délicat ; feuillages menus, fruits, guirlandes, cantonnés de figurines, ou ornés de cannelures ; imbrications, spirales champlevées. Page 161.

◇ AGE DU NOYER. — XVIᵉ siècle. Époque François Iᵉʳ à Charles IX (1515-1574). — *Décoration homogène, élégante, païenne. Invasion des dieux et demi-dieux du paganisme.* — Pieds de forme carrée, ronde ou oblongue, ou en boule aplatie. Animaux. Cariatides. Termes engainés. Chimères adossées. Naïades, personnages mythologiques ou fantastiques. Ornements et détails, montants, compliqués, bizarres. P. 162.

◇ AGE MIXTE, CHÊNE ET NOYER. — XVIᵉ-XVIIᵉ siècles. Époque Henri II à Henri IV (1547-1610). — *Décoration homogène, sobre, sévère. Importation des ordres et formes de l'architecture antique.* — Pieds de forme carrée ou oblongue. Boule godronnée ou aplatie. Montants cannelés, quadrillés, en balustres, etc. . . . . . . Page 163.

◇ AGE MIXTE, NOYER ET CHÊNE. — XVIIᵉ siècle. Époque Louis XIII (1610-1643). — *Décoration homogène, massive, sobre, grave. L'influence flamande modifie celle de la Renaissance française.* — Pieds en boule aplatie ou sectionnée par moitié. Griffes. Masques. Croisillons, entre-jambes. Montants à colonnes torses, à moulures... . Page 164.

◇ AGE MIXTE, ÉBÈNE ET BOIS DORÉ. — XVIIᵉ-XVIIIᵉ siècles. Époque Louis XIV (1643-1715). — *Décoration homogène, hétérogène, somptueuse, solennelle. Au sombre louis XIII succède le luxe et la magnificence.* — Pieds massifs en toupie, en console. Enroulements de rinceaux. Acanthes plaquées. Boule engagée, etc. Frises en marqueterie, montants, pilastres en balustres. Cariatides, femmes engainées, monstres adossés. Page 165.

◇ AGE DES BOIS DE COULEUR. — XVIIIᵉ siècle. Époques Régence et Louis XV (1715-1743). — *Décoration homogène, hétérogène, sensuelle, ventrue. Asymétrie, élégance, fantaisie capricieuse.* — RÉGENCE. — Pieds d'un aspect solide, quoique svelte, élégant. Courbe légèrement cambrée. Sabots en bronze ciselé et doré. Rinceaux ondulés. Branchages en enroulement ou en déroulement. Têtes et bustes de femmes engainés, etc. — LOUIS XV. — Pieds souvent armés de sabots. Pieds-de-biche. . . . . Page 166.

◇ AGE MIXTE, BOIS DE COULEUR ET ACAJOU. — XVIIIᵉ siècle. Époque Louis XVI (1743-1792). — *Décoration hétérogène, sensuelle, sentimentale. Influence féminine, gracilité, sveltesse, légèreté.* — Pieds de forme ovoïde pointue ou à toupie. Sabots en bronze ciselé et doré, moins saillants qu'à l'époque précédente. Montants rectilignes et légers. Cannelures étroites et parallèles, à saillies et reliefs timides. Minutieuse délicatesse. Balustres, dans lesquels la ligne droite domine. Montants à décors de carquois, à enroulements de fleurs champêtres. . . . . Page 167.

◇ APPENDICE. — AGE DE L'ACAJOU. — XIXᵉ siècle. Style impérial, Napoléonien (1805-1814). — *Décoration hétérogène, froide, sévère. L'antiquité égyptienne, grecque, romaine, domine.* — Formes et décors se ressentant du culte de la Civilisation antique, si bien étudiée par René Ménard et Claude Sauvageot. Pieds raides et guindés. Montants à sphinges ou à sphinx drapés ou ailés. Cariatides à cornes d'abondance. Un sentiment de pondération plane dans un ensemble où rien n'est discordant. Page 168.

BAGUETTES EN BRONZE CISELÉ, DÉCORANT DES MEUBLES

———————— BAGUETTES, CANAUX, CANNELURES, RUDENTURES ————————

COMPRÉHENSION DE LA VIEILLE ARGENTERIE

— CENT QUARANTE-SEPT POINÇONS DE LA VIEILLE ARGENTERIE DE PARIS —

RENSEIGNEMENTS GÉNÉRAUX. ARTISANS

CE QU'ON ENTEND PAR POINÇON DE MAITRE ORFÈVRE
POINÇON DE CHARGE DU FERMIER
POINÇON DE LA MAISON COMMUNE. POINÇON DE DÉCHARGE

Poinçon personnel . 178	Poinçon de décharge 177, 183	Contre-marque . . . 181
Poinçon du maître 177, 178	Deniers 183	Devise 178
Poinçon de charge du fermier . 177, 179	Grains 183	Fleur de lys 178
	Grains de remède . 179	Lettre couronnée (marque) . . 177, 181
Poinçon de la maison commune . . . 177	Petits points 179	P. Lettre couronnée. 181
	Remède 183	Paris 181

INITIALES DES POINÇONS IDENTIFIÉS DE MAITRES ORFÈVRES

AB . . . 178	EPB . . . 180	JDB . . . 182	LP . . . 182
AB . . . 178	FBL . . 180	JEB . . . 182	LR . . . 182
ADR . . . 178	FCB . . . 180	JFB . . . 182	MB . . . 182
AJ 178	FJ 180	JFG . . . 182	MEJ . . . 182
AJV . . . 178	F(M)M . . 180	JFU . . . 182	MM . . . 183
AL 178	FTG . . . 180	JG 182	NB . . . 183
AP 178	GFR . . . 180	JJD . . . 182	NL . . . 183
AS . . . 178	GL . . . 180	JLAG . . . 182	NO . . . 183
ASN . . . 178	GM . . . 180	JLM . . . 182	PDB . . . 183
BP 178	HA . . . 180	JLO . . . 182	PFB . . . 183
CAB . . . 178	HNDB . . 180	JNS . . . 182	PFM . . . 183
CB . . . 178	IBL . . . 180	JP . . . 182	PS . . . 183
CCH . . . 178	IL 180	JPM . . . 182	RAJ . . . 183
CEB . . . 178	IR 180	JQ 182	RC . . . 183
CEC . . . 178	JAB . . . 180	JR 182	RJA . . . 183
CIB . . . 178	JB 180	JR 182	RM . . . 183
CND . . . 178	JBC . . . 180	JIV . . . 182	RPF . . . 183
CR . . . 178	JBP . . . 180	LET . . . 182	SAN . . . 183
CS . . . 180	JCD . . . 182	LL . . . 182	SB . . . 183
DF . . . 180	JD 182	LL . . . 182	TG . . . 183

DIFFÉRENTS DES POINÇONS IDENTIFIÉS

Aigle 183	Étoile. 179, 181, 183, 184	Pilastre 181
Ancre 183	Fleur 179, 184	Pique 183
Anneau 179	Globe 181	Point? 181
Boule 181	Grenade 179	Pot de fleurs . 181, 183
Cinq feuilles . . . 181	Hermine 183	Raisin 183
Clef 181	Lampe 179	Rosace . . . 181, 183
Cœur . . . 179, 181	Lis 183	Rose 170
Colonne 183	Marc? 183	Renard 183
Coq 184	Marteau . . . 183	Saint-Esprit . . 181, 183
Coquille 183	Mitre 181	Soleil. Vase . . . 179
Coupe 183	Oiseau 183	Toison . . . 181, 184
Croissant 183	Palme 179	Triangle 181
Croix de Malte . . . 184	Pied 179	Tulipe. 184. Vase . . 179

ORFÈVRES DONT LES POINÇONS ONT ÉTÉ IDENTIFIÉS

H. Allain 181	E.-P. Balzac . . . 181	N. Besnier . . . 184
R.-J. Auguste . . . 184	J.-F. Balzac . . . 183	J.-E. Blorzy . . . 183
F.-C. Bachman . . 181	E. Berrubé . . . 179	J.-A. Bonhomme . . 181
C. Ballin . . . 179	M. Berthe . . . 183	P.-F. Bormestraine . 184

PLACE DES POINÇONS SUR CINQUANTE-SEPT PIÈCES D'ORFÈVRERIE

AUTEURS CITÉS

— CENT QUATRE-VINGT POINÇONS DE LA VIEILLE ARGENTERIE DE PROVINCE —

MATIÈRES D'OR ET D'ARGENT, ET ARTISANS

TITRES ET POINÇONS DES OUVRAGES D'OR ET D'ARGENT

COMMENT IDENTIFIER LES POINÇONS. LEUR CLASSEMENT ALPHABÉTIQUE.

Par exception, les chiffres ci-dessous, du mot Abeille au mot Verre,
renvoient aux numéros des poinçons reproduits pages 194 à 202.

COMMUNAUTÉS D'ORFÈVRES DES ANCIENNES PROVINCES FRANÇAISES
POINÇONS PARTICULIERS — NOMBRE DES MAITRES JURÉS

DEUX CENT QUARANTE-DEUX ATELIERS D'ORFÈVRES

(NOTE RELATIVE AUX POINÇONS FAUX, page 208).

COMPRÉHENSION DES ŒUVRES D'ART EN ÉMAILLERIE

ARTISANS ÉMAILLEURS DU XIᵉ AU XIVᵉ SIÈCLE

RENSEIGNEMENTS HISTORIQUES, ÉPOQUES

PERSONNAGES HISTORIQUES ET ARTISANS

ŒUVRES D'ART REPRÉSENTÉES. SUJETS FANTASTIQUES ET ALLÉGORIQUES

TECHNIQUE ET PROCÉDÉS. — RENSEIGNEMENTS DIVERS ET PROVENANCES

PROCÉDÉS ET MANIÈRES DES ARTISANS ÉMAILLEURS

PÉRIODE GALLO-ROMAINE AU DIX-HUITIÈME SIÈCLE.

ANALYSE DE CE QU'ON ENTEND PAR CLOISONNÉ, CHAMPLEVÉ, TAILLE D'ÉPARGNE, PLITE, MIXTE, BASSE TAILLE, TRANSLUCIDE, ETC.

ŒUVRES D'ART REPRÉSENTÉES, ET INVENTAIRES

TECHNIQUE, PROCÉDÉS ET ARTS DIVERS

PERSONNAGES HISTORIQUES ET ARTISANS CITÉS

PROVENANCES

ARTISANS DONT LES MANIÈRES ONT ÉTÉ ANALYSÉES

ANALYSE ET MANIÈRES DE LEUR TECHNIQUE

ARTISANS DONT LES MARQUES SONT REPRODUITES

CONSULTER CES MARQUES, pages 231 à 240.

PAYS ET NOMS DE VILLES CITÉS

FORMES ET SOMPTUOSITÉ DES RELIQUAIRES

ÉCOLES DU RHIN ET ATELIERS DE LIMOGES

PÉRIODE BYZANTINE AU TREIZIÈME SIÈCLE

ANALYSE DES OEUVRES D'ART REPRÉSENTÉES

TECHNIQUE, MISE EN OEUVRE, CARACTÈRES, DÉCORATION

SYMBOLISME, MYSTICISME, APOTRES, SAINTS, ETC.

COMMENT RÉPARER LES ŒUVRES D'ART ANCIEN

— ŒUVRES D'ART ANTIQUE RETOUCHÉES, DÉFORMÉES, GRATTÉES. ETC. —

FIGURES EN MARBRE ANTIQUE, FACHEUSEMENT RÉPARÉES

PROVENANCES DES MARBRES

RÉPARATIONS CONDAMNABLES, MEMBRES DISPARATES, ETC.

PERSONNAGES HISTORIQUES ET STATUAIRES

AUTEURS ET PUBLICATION CITÉS. — PROVENANCES

COMPRÉHENSION DE TERMES RELATIFS A LA STATUAIRE

QUALITÉ DES MARBRES, DÉFAUTS ET CONTREFAÇONS

NOMS DES MARBRES, ET COLORATIONS

DÉFAUTS DES MARBRES, ET CONTREFAÇONS

PROVENANCES DES MARBRES

HISTORIENS D'ART A CONSULTER

A. Alexandre, F. d'Ayzac, E. Babelon, G. Babin, E. Bayard, Henri Bouchot, S. Blondel, Ed. Bonnaffé, A. Brongniart, J.-A. Brutails, G. Cerfberr, A. de Champeaux, V. Champier, L. Charvet, Cⁱᵉ de Chavagnac, H. Clouzot, Max Collignon, F. Contet, A. Dalligny, A. Darcel, Ed. Didron, E. Dumonthier, C. Enlart, P. Eudel, J. Formigé, Ed. Garnier, L. Gillet, Mⁱˢ de Grollier, Ch. de Grollier, J. Guiffrey, H. Havard, Héron de Villefosse, L. Hourticq, H. Houssaye, A. Jacquemart, H. Lapauze, F. de Lasteyrie, Cᵗᵉ A. de Laborde, P. Lacroix, P. Magne, A. Maze-Sensier, E. Mâle, A. Michel, E. Molinier, Morin-Jean, G. Papillon, R. Peyre, Bᵒⁿ J. Pichon, E. Piot, F. Ravaisson-Mollien, E. Reiber, Th. Reinach, Ris-Paquot, L. Roger-Milès, Max Rosenberg, P. Rouaix, C. Sauvageot, Ed. Valton, E. Viollet-le-Duc.

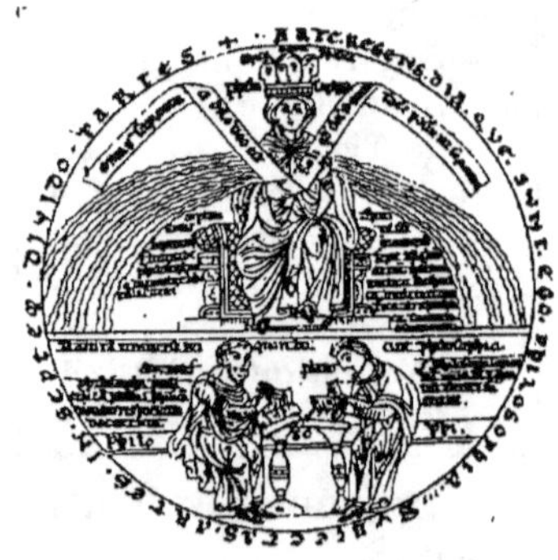

Fig. 990. — FIGURE SYMBOLIQUE DE LA PHILOSOPHIE.

Extrait d'un Manuscrit du XII siècle, Hortus deliciarum, par Herrade von Landsberg, abbesse de Hodenbourg, en Alsace (vers 1180), ayant fait partie de la Bibliothèque de Strasbourg.*

— *Consulter la note des fig. 988 et 989.* —

La philosophie est couronnée par un diadème que forment trois têtes désignées par les noms *Ethica, Logica, Physica.* De son sein coulent les sept fleuves des arts libéraux, dont elle est considérée comme la dispensatrice; mais qui ont leur source en Dieu. Dans la partie inférieure sont assis *Socrate* et *Platon*, chacun à un pupitre dont la forme est à remarquer.

BIBLIOTHÈQUE NATIONALE IMPRIMÉS

Les études relatives aux œuvres et objets d'art ayant pris le plus notable accroissement, nous avons jugé utile d'en établir une bibliographie méthodique. Cette bibliographie, dont nous préparons la publication, offrira l'avantage de pouvoir embrasser, d'un coup d'œil, la série des écrits sur chaque partie spéciale :

CÉRAMIQUE — VERRERIE — ÉMAILLERIE
BRONZES — FERRONNERIE — SERRURERIE — ÉTAINS
BRODERIES, AMEUBLEMENT, MEUBLES, TAPISSERIES, DENTELLES
ORFÈVRERIE — JOAILLERIE — BIJOUTERIE
TABLEAUX, DESSINS, GOUACHES, PASTELS, AQUARELLES,
MINIATURES, LIVRES, RELIURES, ESTAMPES

M. Edouard Rouveyre, rue de la Tour, 102, Paris XVIᵉ, prie les personnes que ce travail pourrait intéresser, de vouloir bien lui en faire part.

IMP. LAHURE, PARIS

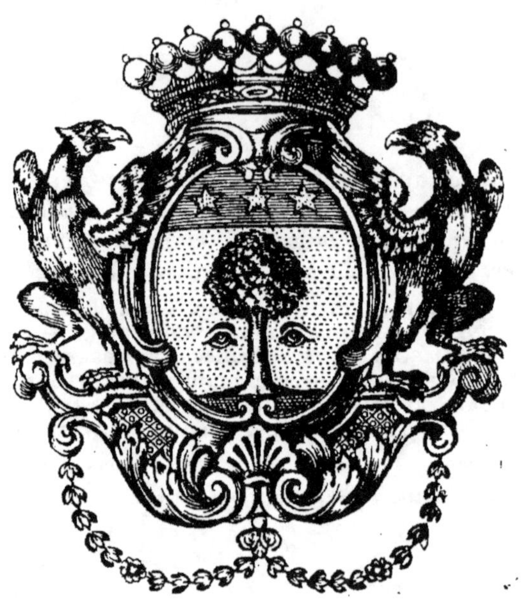

PET · JOS · ROUVEYRE · J · U · D · A G ·

Juris. Utriusque. Doctor. A Gratianopolis.

EX-LIBRIS   M. D. C. LIX

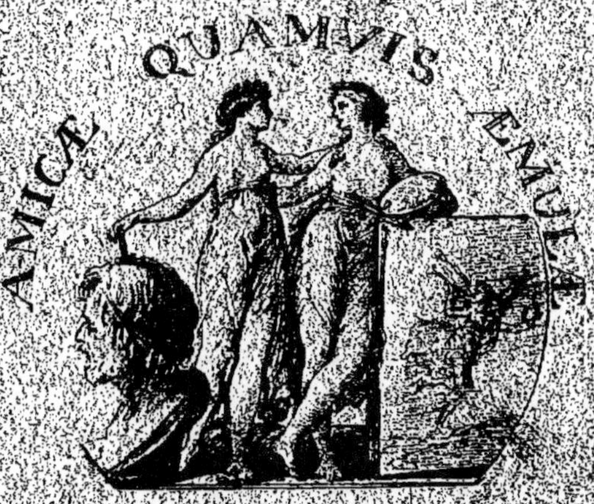

AMICÆ QUAMVIS ÆMULÆ

www.ingramcontent.com/pod-product-compliance
Lightning Source LLC
LaVergne TN
LVHW021139050726
842519LV00002B/440